| 博士生导师学术文库 |
A Library of Academics by
Ph.D.Supervisors

中国资本账户开放问题研究

戴淑庚　余　博　著

光明日报出版社

图书在版编目（CIP）数据

中国资本账户开放问题研究 / 戴淑庚，余博著 .-- 北京：光明日报出版社，2019.5

（博士生导师学术文库）

ISBN 978-7-5194-5342-8

Ⅰ.①中… Ⅱ.①戴… ②余… Ⅲ.①资本—金融开放—研究—中国 Ⅳ.① F832.21

中国版本图书馆 CIP 数据核字（2019）第 093583 号

中国资本账户开放问题研究

ZHONGGUO ZIBEN ZHANGHU KAIFANG WENTI YANJIU

著　　者：戴淑庚　余　博

责任编辑：宋　悦　　　　责任校对：赵鸣鸣

封面设计：一站出版网　　责任印制：曹　净

出版发行：光明日报出版社

地　　址：北京市西城区永安路 106 号，100050

电　　话：010-63169890（咨询），63131930(邮购）

传　　真：010-63169890

网　　址：http://book.gmw.cn

E - mail：songyue@gmw.cn

法律顾问：北京德恒律师事务所龚柳方律师，电话：010-67019571

印　　刷：三河市华东印刷有限公司

装　　订：三河市华东印刷有限公司

本书如有破损、缺页、装订错误，请与本社联系调换

开　　本：170mm × 240mm

字　　数：327 千字　　　　印　　张：20

版　　次：2020 年 1 月第 1 版　　印　　次：2020 年 1 月第 1 次印刷

书　　号：ISBN 978-7-5194-5342-8

定　　价：95.00 元

序

在《中华人民共和国国民经济和社会发展第十三个五年规划纲要》(以下简称《“十三五”规划纲要》)第四十九章第三节扩大金融业双向开放这部分内容中指出要“有序实现人民币资本项目可兑换，提高可兑换、可自由使用程度……”换言之，即有序实现资本账户开放。《中国共产党第十九次全国代表大会报告》(以下简称“十九大报告”)指出要“守住不发生系统性金融风险的底线”。由此表明，资本账户开放、系统性金融风险都是我国目前经济金融改革中急需解决的重要问题和热点问题。正是在这种背景下，本书对上述问题进行了系统而深入的研究。这些研究不仅丰富了资本账户开放乃至金融开放的理论内容，而且对于决策部门具有指导意义。

本书在梳理我国资本账户开放的发展历程与国际经验之后，深入阐述资本账户开放、跨境资本流动与系统性金融风险的逻辑关系，随后应用最新发展的半参数平滑系数模型、SV-TVP-VAR、复杂网络分析方法和TVP-FAVAR模型实证探究了资本账户开放对短期资本流动、金融市场、外汇风险传染和系统性金融风险的影响机制。而后，综合利率市场化、汇率改制和资本账户开放三大金融改革的脉冲响应关系揭示了人民币资本账户开放的路径选择；同时就其面临的风险提出必要的审慎管理措施。本书的研究表明：资本账户开放会通过改变相关因素的影响程度对跨境资本流动规模产生影响；资本账户开放对我国金融市场的影响随着金融市场体制改革的逐步推进而日益加深；资本账户开放对我国系统性金融风险的影响具有时变性；我国资本账户开放应遵循“利率市场化——资本账户部分开放——汇率市场化——资本账户完全开放”的实现路径；我国在推进账户开放时，应当加强对伴生风险的管理。

客观地讲，本书可能是我国目前系统地、全面地研究中国资本账户开放问题的学术专著。本书从理论和实际层面尤其是运用最前沿的研究方法从实证的角度对我国资本账户开放的九项内容进行深入探讨，从而使得本书具有理论深度和很高的可信度。尤其值得一提的是，本书所提的对策建议具有很强的针对性和可操作性。这对于决策部门就如何调整我国资本账户开放步伐、管理跨境资本流动、防范系统性金融风险都具有重要的参考价值。本书学术思想深刻，文风朴实、行文简洁流畅，具有较强的可读性，适合大专院校经济金融学专业师生阅读。

戴淑庚　博士、博士后

厦门大学经济学院金融系教授、博士生导师，金融系国际金融教研室主任

2018 年 12 月 31 日于厦门大学经济学院

前　言

在经济学界，资本账户开放一直都是具有争议的论题。诚然，资本账户开放作为我国市场化改革的一部分，是一个可预期的目标。然而，1997 年东南亚金融危机和 2008 年国际金融危机警钟长鸣，提示我们资本账户开放也蕴含着潜在风险。我国经济在改革开放进程中，对跨境资本进行流动性管制一直是主要的战略抓手之一，因此我国资本项目经历了循序渐进、漫长审慎的开放过程。一个重要的变化是，自 2012 年以来，资本账户开放步伐明显加快，政府对人民币资本账户开放的改革思路逐渐从谨慎转向积极，改革措施从被动转向主动，改革模式从渐进转向整体，资本账户开放速度的转变可能忽视了背后的潜在风险。特别是在当前，我国仍处于经济结构调整进程中，在外部和内部因素共同作用下，宏观经济下行压力依然较大，金融风险逐渐累积并集中爆发，如前期人民币汇率持续贬值、房地产泡沫化、居民和企业杠杆率处于高位、地方政府债务风险、P2P 暴雷、股权质押风险等。与此同时，国际经济金融局势波谲云诡，金融危机的深层次影响并未消除，发展中国家（或地区）经济增速普遍降档，重要经济体的货币政策出现分化以及特朗普执政的后续效应仍在发酵，全球尾部风险事件不断爆发。在此背景下，系统梳理资本账户开放的发展历程和国际经验，综合评价人民币资本账户开放，研究资本账户开放对短期资本流动、国内金融市场、外汇风险传染、系统性金融风险的影响机制，对于调整资本账户开放乃至金融开放步伐、跨境资本流动管理、汇率制度改革、系统性风险的监测和度量、宏观审慎监管框架的构建都具有重要的理论和现实意义。

首先，本书对资本账户开放的发展历程与国际经验做了系统梳理，并分别从资本账户实际开放水平与管制政策有效性两方面分析了人民币资本账户的现实状况。其次，资本账户开放最根本的意义在于解除了对跨境资本流出入的限制、允许国际资本自由流动，因此关于资本账户开放对金融市场、系统性金融风险的影响机制分析应基于跨境资本流动进行展开。资本项目自由化的推动使得跨境资本流动规模日益扩张，并迅速影响国内金融市场，最终传导至宏观经济。基于此，第一，在考虑资本账户管制的基础上，构建存在异质性风险偏好投资者的跨境投资模型，探究了资本账户管制对资本流动的影响机制，并结合半参数平滑系数模型实证分析了资本账户开放推进过程中国内外利差、人民币贬值预期、资产收益率、人民币汇率波动、美联储货币政策和国际金融风险等因素的动态影响特征。第二，将资本账户开放因素纳入传统的跨境投资组合模型，构建囊括资本账户开放、外汇市场、债券市场和股票市场的一般均衡理论模型，并利用 SV-TVP-VAR 模型实证研究了资本账户开放对三类金融市场的动态时变冲击，而且同时考虑了资本账户总体开放和短期资本账户开放不同的影响特征。第三，综合利用 Granger 因果检验、BEKK-MVGARCH 模型和复杂网络分析方法解析了全球 50 只主要货币汇率网络的总体关联性，以及每只货币的风险吸收、外溢效应，并基于面板数据进一步探究了资本账户开放、汇率制度改革对外汇风险传染的影响机制。第四，考虑到金融系统之间的复杂关联性，采用 TVP-FAVAR 模型构建了涵盖 7 个维度的中国系统性金融风险指数，并基于 SV-TVP-VAR 模型实证研究了资本账户开放对系统性金融风险的动态时变影响特征。第五，在分析了资本账户开放与相关金融改革之间的影响关系的基础上，进一步结合 TVP-VAR 模型实证了人民币资本账户开放的最优路径设计。同时，对资本账户开放风险的影响因素进行全面整合，并利用多因素多原因（MIMIC）模型确定关键因素，估计出人民币资本账户开放风险压力指数。具体来说：

对我国人民币资本账户开放的综合评价显示，人民币资本账户开放的实际水平较高，截至 2013 年人民币资本账户中资本流入方向的开放度为 41.18%，流出方向的开放度为 36.76%，综合开放水平已达到 77.94%。在管制政策有效性方面，当前采取的行政主导的管制方式在对短期隐蔽资本流动规模的限制上已逐渐失效，但作为宏观政策的一部分，国内管制政策仍有助于维护宏观经济稳定。在这样的现实条件下，推动人民币资本账户开放有助于实现管理水平与实际开放水平相匹配，有助于管理政策由行政主导向市场主导转变，避免投机性国际资本流动对国内宏观经济造成不利影响。

资本账户开放背景下中国短期资本流动的驱动因素研究发现：第一，资本账户开放没有明确的导向作用，但会通过改变相关因素的影响程度进而对资本流动的规模产生影响。第二，在资本账户快速开放以前，套汇和套利动机起主要作用；而后美联储货币政策影响程度大幅攀升并成为主导因素，国际金融风险影响也有明显提升，而套利动机则日趋式微。第三，人民币汇率波动存在“套汇空间”和“套汇风险”效应，国际金融风险存在“全局效应”和“替代效应”。

资本账户开放对国内金融市场的时变影响研究发现：第一，随着金融市场体制改革的逐步推进，资本账户开放对我国金融市场的影响日益加深。其中对外汇市场的冲击最大，债券市场次之，对股票市场影响较小。第二，短期来看，资本账户开放有利于我国金融市场的发展；但长远来看，资本账户开放将对金融市场造成负向冲击。第三，由于我国对短期资本流动管理一直较为慎重，因此与资本账户总体开放相比，短期资本账户的开放对国内金融市场的冲击性稍弱，但存在易变性。

资本账户开放、汇率制度改革与外汇风险传染的研究发现：第一，在考察期内，各货币波动溢出比收益率溢出更平稳，收益率溢出关系稳定性相对较弱、变动幅度更大，这与金融危机和欧债危机爆发有关。第二，全球主要货币总体关联性具有明显的时变特征和区制特征，且波动溢出与收益率溢出存在区制同步性。第三，资本账户开放和汇率制度是外汇风险传染的重要影响机制，汇率市场化改革有助于缓释外汇风险传染，而资本账户开放将扩大外汇风险传染效应。

资本账户开放是否加剧我国系统性金融风险的研究发现：第一，金融指标的风险界定应依照经济增长的不同阶段进行判断，其权重系数具有动态时变特征。第二，本书构建的系统性金融风险指数显示，2008 年国际金融危机和 2015 年、2016 年前后我国的系统性金融风险处于中高位，近期已出现缓和的迹象。第三，资本账户开放对系统性金融风险具有动态时变影响特征，金融危机以前开放资本账户有利于我国金融风险缓释，随后开放的风险效应逐渐显现，短期资本流动则展现出持续的危害性。

对人民币资本账户开放的开放路径研究表明，资本账户开放的整体模式应统筹安排账户开放政策与其他金融改革措施配套推进。在利用 TVP-VAR 模型检验了人民币资本账户开放、利率市场化与浮动汇率制三项改革措施的相关关系后，本书建立了“利率市场化——资本账户部分开放——汇率市场化——资本账户完全开放”的实现路径。这一过程能够充分发挥资本账户开放带来的市场调节动力，实现国内货币价值的内外均衡，降低改革过程中的宏观风险。

人民币资本账户开放风险管理研究认为，资本账户开放的风险根本来源于国际资本流动的规模和方向的突然变化。对开放风险机制的分析认为，风险传导的直接路径是通过外汇占款渠道影响宏观货币政策有效性，并在国内经济状况突然恶化时，资本流动逆转会加剧经济崩溃，甚至引发货币危机。间接路径则是资本流动影响利率和汇率市场预期，形成国内外市场的套利空间，引致国际资本的投机性流动，冲击国内经济稳定。本书在此基础上利用多因素多原因模型（MIMIC）构建了资本账户开放压力指数来描述账户开放过程中的风险程度，以此作为判断是否应加快资本账户开放进程的关键因素。结论显示，当前中国经济面临下行压力，贸然加快开放资本账户可能会加重经济衰退。

基于以上，本书建议应渐进推动资本账户开放、保持适时适度的资本管制，并加强对短期资本流动的审慎管理；建立人民币汇率锚、做好市场预期管理，并继续深化国内金融体制改革；强化系统性金融风险的监测和预警机制，并建立全面覆盖的金融监管理念。此外，必须注意防范国际货币政策转向引致的金融风险。

目　录
CONTENTS

导　论

一、研究背景及意义

（一）研究背景

中国的改革开放是近代世界经济发展历程中最引人注目的成果。在四十来年的时间里，中国坚持以改革促发展，以开放为导向，实现了经济快速发展，国家实力不断提升。回顾这一时期的开放历程，我国遵循着商品开放——市场开放——资本开放的路径，致力推动国内经济市场与国际接轨，加强商品贸易流通，引进外资和先进技术，直面世界经济一体化趋势所带来的机会与挑战。从商品开放来看，中国早在1996年便宣布实施国际货币基金组织（IMF）第八条款，完全开放国内经常账户，允许国内外商品的自由流通。经常账户自由化改革为中国国际贸易领域的发展提供了持续的增长动力。从市场开放程度来看，中国国内实体经济市场已基本实现全部对外开放，除涉及国家安全和部分稀缺资源的行业，大多数行业已允许外资通过合资企业、投资入股、跨国公司等形式参与国内经济生产。市场开放不仅引入了国外直接投资填补国内生产投资的缺口，还带来了国外先进技术的本土化，提升了本国企业的技术水平和竞争实力。当前中国正处在资本开放的关键阶段，通过逐步放开资本管制措施，推进资本账户自由化，来实现国内国外金融资本的全球配置，提升资本投资效率。由此之故，资本账户开放已成为中国深化改革开放新阶段中的核心内容。

1. 资本账户开放

继1996年我国经常账户实现自由兑换以后，资本账户可兑换开始被提上日程。资本项目可兑换的最终目的是资本账户开放，即逐步消除对跨境资本流动的限制和金融交易的汇兑限制。从各国经验来看，在经常账户开放之后的7年左右，资本账户就应该实现完全开放。然而1997年东南亚金融危机和2007年美国次贷危机的爆发迫使我国的资本账户开放进程不得不有所搁置。到了2012年，中国人民银行认为我国加快资本账户开放的条件基本成熟，并宣布在2015年实现资本账户的基本开放，2020年实现资本账户的全面开放。根据国际货币基金组织（IMF）《汇兑安排与汇兑限制》（AREAER）年报数据显示，截至2016年年底，我国在7大类40项资本项目交易中，直接投资双向（对外直接投资ODI和外商来华直接投资FDI）和大部分对外债权债务（如直接外债、跨境担保）等已实现基本可兑换，跨境证券投资资金也可以通过多种渠道进出我国；不可兑换项目仅剩4项，主要集中在非居民在境内发行股票、货币市场工具及衍生金融工具领域。总的来说，当前我国资本项目可兑换程度总体已达到较高水平。2017年3月9日，中国商务部发布服务贸易发展五年规划提出："努力扩大服务出口，缓解服务贸易逆差；'十三五'期间力争服务贸易年均增速高于全球服务贸易平均增速。进一步推进金融、电信、教育、文化等服务业领域开放，有序实现人民币资本项目可兑换。"

我国经济在改革开放进程中，对跨境资本进行流动性管制一直是主要的战略抓手之一，因此我国资本项目经历了循序渐进、审慎开放的漫长过程。如图1所示，2008年国际金融危机以前，我国资本账户管制程度[①]较高，而且进程也比较缓慢。但从2012年2月中国人民银行发布研究报告《我国加快资本账户开放的条件基本成熟》以后，我国资本账户开放明显加快。具体来说，第一，货币当局逐步放松了人民币跨境贸易与投资结算的管理。第二，为了方便境外人民币资金回流，货币当局一方面对境外央行、境外人民币清算行等机构部分开放了国内债券市场；另一方面，货币当局推出了人民币合格境外机构投资者（RQFII）制度，允许境外机构投资者在许可的额度内使用人民币投资中国境内的金融市场。第三，为了促进两岸资本市场的互联互通，货币当局还依次推出了沪港通、深港通和债券通，人民币证券投资额抬升。

① 这里采用Chen & Qian（2015）的中国资本管制程度的法定指数（De jure），时间更新至2014年12月。

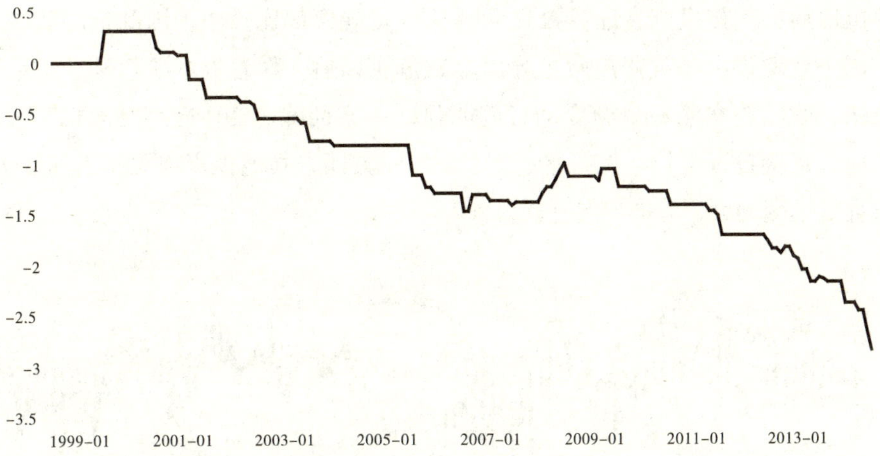

图 1　资本账户管制程度（Chen　&　Qian 指数）

资料来源：http://faculty.buffalostate.edu/qianx/index_files/ckc-index-Jan2017.xlsx。

2. 跨境资本流动

资本账户开放最根本的意义在于解除了对跨境资本流出入的限制，允许资本自由流动。因此，随着资本账户开放的快速推进，资本账户逐渐取代经常账户成为左右我国外汇储备的关键因素。如图 2（左）所示，2008 年国际金融危机以前，我国资本账户规模变动较小，外汇储备变动由经常账户主导。而金融危机之后，受欧美外需疲弱和人民币快速升值的影响，我国经常账户逐渐萎缩，至 2014 年才逐渐企稳，资本账户规模则在欧美日等国量化宽松货币政策和资本项目自由化的推动下得以大幅提升。同时，伴随资本项目自由化的演进，跨境资本流动不仅规模增长迅速，波动性也显著增强。同时如图 2（右）所示，在我国的资本账户交易中，中长期资本如直接投资（FDI）相对稳定，而短期资本流动的波动性较强。短期资本流动投机性强、规模变化大、流动方向容易逆转，对一国（或地区）实体经济与金融市场极易造成显著的负面冲击，而且资本的过度流入常以危机收场（Ghosh et al.，2016）。

从细分项目来看，跨境资本流动主要包括直接投资、证券投资和其他投资。如图 3 所示，横向对比来看，由于对证券投资管制一直比较严格，我国的证券投资规模相对较小；直接投资和其他投资规模较大，其中直接投资长期保持相对稳定的流入状态，而其他投资不仅规模较大，而且波动性也较强，是主导我国短期资本流动方向的关键部分。纵向对比来看，2008 年国际金融危机以前，直接投资、证券投资和其他投资规模都比较小，因此当时我国外汇储备变动也由经常账户所主导。金融危机以后，随着资本账户开放进程的加快，我国资本账户余额变动日趋明显，一方面除了2015年“8·11”汇改前后，直接投资项长期保持平稳增长；另一方面，其他投资项规模迅速放大，而且规模变动大、方向容易逆转。

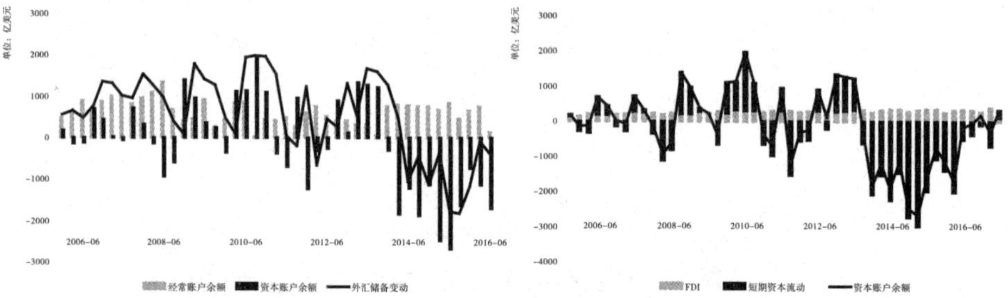

图2　中国外汇储备变动分解

资料来源：Wind资讯

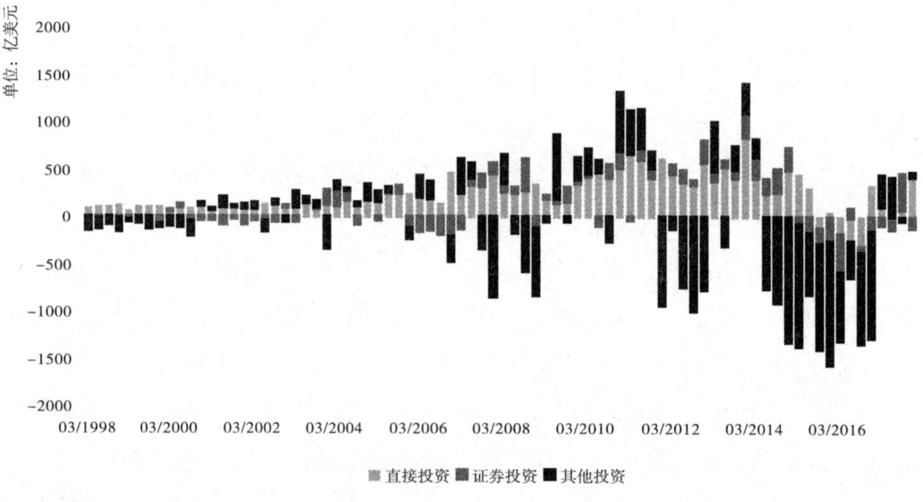

图3　中国金融账户分解

资料来源：CEIC数据库。

另外，考虑错误与遗漏账户的情况。为了反映统计过程中的误差，国际收支平衡表（BOP表）中人为设定了错误与遗漏账户作为平衡项目，但其不仅包含了真实的统计失误，也统计了短期因素冲击的影响。与英、美等国（或地区）不同，我国BOP表中的错误与遗漏账户明显不服从白噪声分布，而与汇率预期走势非常相关。如图 4 所示，早年错误与遗漏账户规模比较小，但随着经常项目完全开放之后，大量国际资本借由伪报进出口、地下钱庄和走私等方式跨境流动。其中，在 2005 年“7·21”人民币汇率改革前后，由于人民币有着较高的升值预期，资本大幅流入；而在 2015 年“8·11”中间价形成机制改革前后，人民币贬值预期日趋强化，形成了较大规模的资本外逃，这些都在错误与遗漏账户中得到了非常明显的显示。

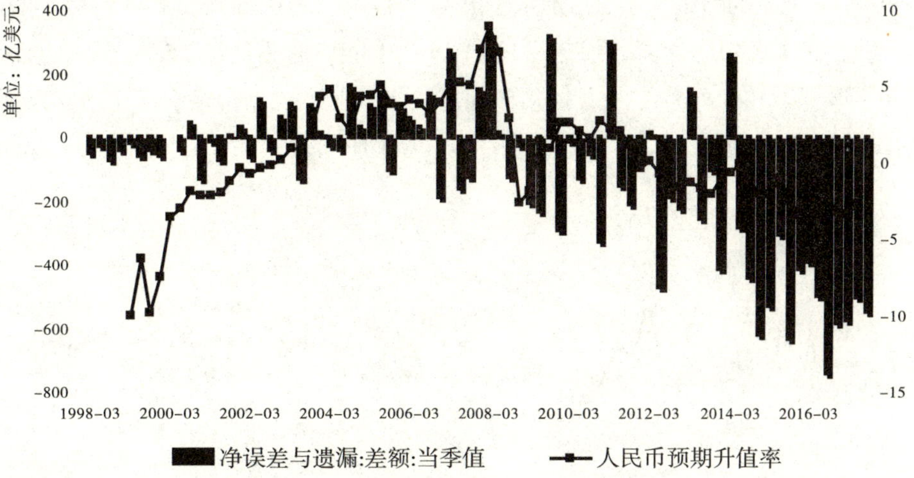

图 4 错误与遗漏项和人民币预期升值率

资料来源：CEIC 数据库。

3. 系统性金融风险

资本账户开放作为我国市场化改革的一部分，是一个可预期的目标，但资本账户开放速度的转变容易忽视背后的潜在风险。特别是在当前，我国仍处于经济结构调整进程中，在外部和内部因素共同作用下，宏观经济下行压力依然较大，金融风险逐渐累积并集中爆发，如前期人民币汇率持续贬值、房地产泡沫化、居民和企业杠杆率处于高位、地方政府债务风险、P2P 暴雷、股权质押风险等。与此同时，国际经济金融局势波谲云诡，金融危机的深层次影响并未消除，发展中国家（或地区）经济增速普遍降档，重要经济体的货币政策出现分化以及特朗普执政的后续效应仍在发酵，全球尾部风险事件不断爆发。中央在此背景下提出了“六个稳”作为应对思路，并发布多项政策支持以民营经济为主的实体经济，再次指出“一带一路”建设和人民币国际化的战略重要性，进一步强调深化改革。

从宏观层面来看，我国已经步入“新常态”：一方面，曾大力推动经济腾飞的传统动能正在消退；另一方面，经济发展的新动能尚未完全形成，因此经济发展的阶段性低谷仍将持续。“三去一降一补”的经济结构性改革仍在持续，中国多项宏观指标明显回落，反映了当前经济增长动能不足、经济下行压力有所增加。如图 5（左）所示，2017 年全年国内生产总值增长速度为 6.9%，较 2016 年虽然有所回升，但这主要是得益于出口贸易的改善。而作为经济运行中供求关系的集中反映，物价水平显示 2017 年、2018 年通货膨胀形势严峻。一方面，CPI 从 2016 年开始快速增长，并于 2018 年 2 月份突破 2.5%。另一方面，2017 年全年 PPI 高达 6.3%，这从侧面反映出工业产成品价格有所上升，展望 2018 年仍可能继续在高位运行，如图 5（右）所示。

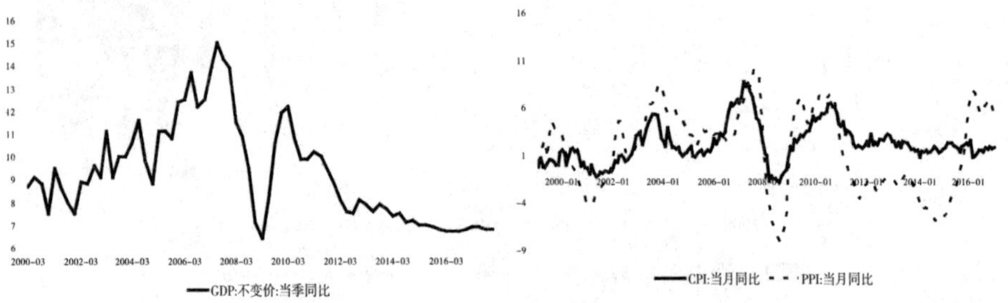

图 5　GDP 和 CPI 同比增速

资料来源：Wind 资讯。

从分项数据来看，出口回暖成为 2017 年我国经济增速回升的关键因素。与上年相比，“三驾马车”中消费和投资均有所回落，仅出口对经济增长的拉动作用由 2016 年负的 0.4 个百分点转为 2017 年正的 0.6 个百分点。回顾过去两年中国对外贸易的路径，2015 年、2016 年中国出口连续两年下降，2017 年中国出口增速达到 7.9%，但仍然不及 15.9% 的进口增速，如图 6（左）所示。人民币汇率波动方面，2015 年“8·11”汇改后人民币兑美元汇率呈现了一轮单边下跌，即期汇率从 2015 年 8 月 10 日的 6.2097 大幅贬值至 2016 年 12 月 30 日的 6.9495。人民币汇率变动也迅速反映到外汇储备上，2014 年 6 月我国外汇储备余额接近 4 万亿，而在汇率改革启动以后，外汇储备大幅缩减，2017 年 1 月一度跌破了 3 万亿，如图 6（右）所示。此后，随着人民币汇率回归双向波动，跨境资本呈现有序流动，外汇储备余额也持续回升。

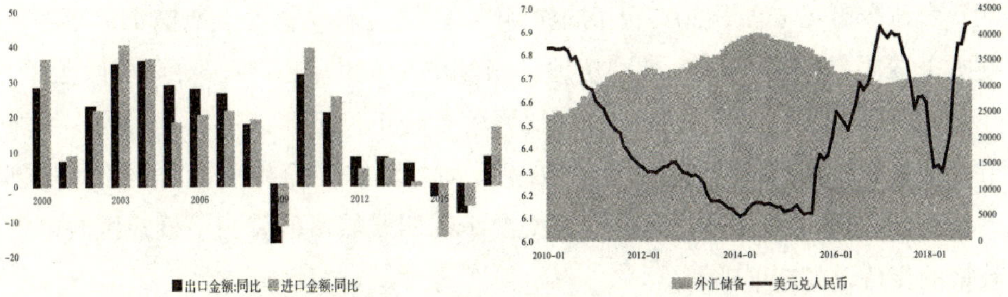

图 6　进出口同比增速、人民币汇率和外汇储备

资料来源：Wind 资讯。

图 7　上证综合指数和中债总全价指数

资料来源：Wind 资讯。

资本市场一定程度上也反映了我国经济基本面的相关事实。2017 年资本市场迎来“强监管”年，定增、减持、质押等新规频频亮相，A 股 IPO 坐上“过山车”、定增被“腰斩”、并购重组高压监管下呈现“严进宽出”趋势、新三板“死水”现象越发严重，监管层从各个层面出台政策，以保证资本市场的有序稳定。到了 2018 年，中国资本市场总体呈现出股市显著下跌、债市两极分化的特点，如图 7 所示。这主要是因为金融强监管的进一步深化，尤其是针对上市公司股权质押的监管，直接导致了股权质押风险的显性化与释放；同时一系列事件的发生显著降低了民营企业家对未来经济增长的信心。另外，中美贸易摩擦从 2018 年 3 月起突然加剧并且不断深化，同时 10 月初以来美国股市波动性显著增加。

房地产市场方面，2017 年房地产政策在供给端收紧了土地拍卖、在需求端则采取限购限贷，极力推动房地产市场的结构优化。在房价调控政策下，一方面，百城新建住宅均价涨幅环比回落、趋于稳定，这主要是因为一线城市管控趋紧、市场趋于理性；但在另一方面，2017 年全年商品房销售仍然创下新高、达到 16.9 亿平方米，这主要源于三四线城市的发力、棚户区改造等政策的支持，如图 8 所示。

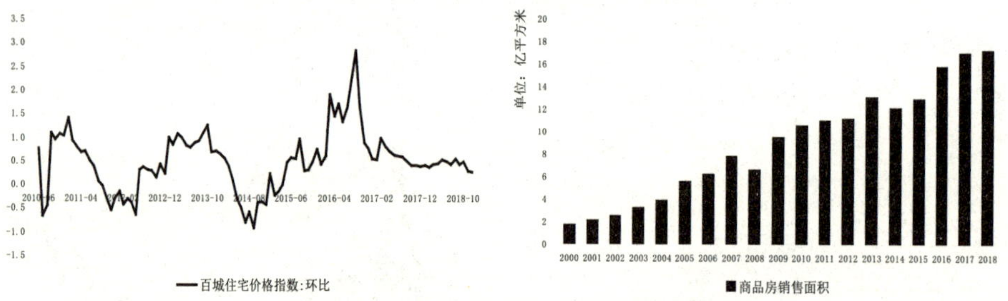

图 8　百城住宅价格同比和商品房销售面积

资料来源：Wind 资讯和笔者计算。

地方政府方面，自 1995 年至 2015 年，我国实施了近 20 年不允许地方各级政府预算列赤字的规定；同时，1994 年的“分税制改革”明确要求中央税和地方税进行分类管理，致使地方财政收支的矛盾加剧、地方债务不断累积，如图 9 所示。根据 2018 年的财政收支数据，地方政府债务余额为 18.39 万亿元，债务率（债务余额 / 地方综合财力）为 76.6%。总体而言，地方政府债务整体尚处于可控的范围内，地方政府负债率和债务率离公认安全范围仍有一定距离，我国地方政府债务主要投向基础设施建设等领域，拥有大量优质资产作为偿债保障。但需要注意的是，当前各省份地方政府债务风险出现明显分化，在西部经济欠发达地区以及中部融资比较激进地区债务负担较高，风险仍需要特别关注。我国地方政府隐性债务规模巨大且增长迅速，需重点防控，积极化解隐性债务风险。

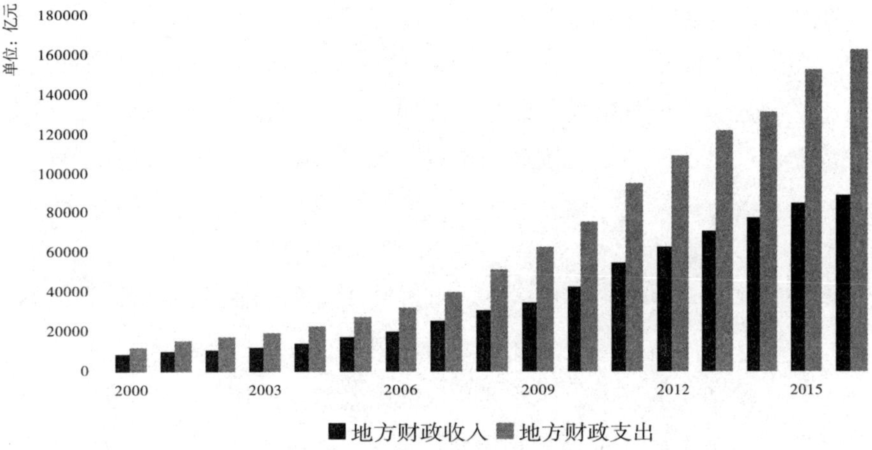

图9　地方财政收入及支出

资料来源：Wind 资讯。

（二）研究意义

系统梳理资本账户开放的发展历程和国际经验、综合评价人民币资本账户开放，研究资本账户开放对短期资本流动、国内金融市场、外汇风险传染、系统性金融风险的影响机制，对于调整资本账户开放乃至金融开放步伐、跨境资本流动管理、汇率制度改革、系统性风险的监测和度量、宏观审慎监管框架的构建都具有重要的理论和现实意义。具体表现在：

（1）长久以来，资本账户开放和跨境资本流动管理一直是社会各界关注的核心议题。在资本账户开放不断推进的过程中，我国跨境资本流动规模迅速放大。其中短期资本流动波动性较强、流动方向容易逆转，对一国（或地区）实体经济与金融市场可能造成显著的负面冲击。中国经济在改革开放进程中，对跨境资本进行流动性管制一直是主要的战略抓手之一，因此我国资本项目经历了循序渐进、漫长审慎的开放过程。然而从2012年以来，资本账户开放步伐明显加快。2015年“8·11”汇改前后，人民币汇率贬值预期强烈，跨境资本呈现大幅流出，外汇储备余额也出现快速缩减。在此种形势下，不得不让我们再次反思如何积极稳妥地推进资本账户开放，避免跨境资本流动异常、保证宏观经济健康运行。

（2）一直以来，跨境资本流动、外汇占款是影响我国货币供应的重要因素，因此资本账户的变化也会迅速传导至资本市场、房地产市场，进一步地探究资本账户开放对国内金融市场的影响机制显得十分必要。同时，随着各国资本项目自由化的推动，跨境资本流动日益扩张，已成为决定汇率的关键变量。而对于中国而言，汇率市场化的改革方向、步调将会对人民币汇率产生重要影响。随着人民币汇率制度改革的推进，人民币汇率变化趋势也由单边升值向双向波动的方式转变。因此，深入研究资本账户开放、汇率制度改革对全球外汇风险传染的影响特征对于人民币汇率市场化改革有着重要的启示意义。

（3）虽然资本账户开放是一个迟早都要实现的目标，但是货币当局对资本账户开放速度的转变可能忽视了背后的潜在风险。特别是在当前，我国仍处于经济结构调整进程中，在外部和内部因素共同作用下，宏观经济下行压力依然较大，金融风险逐渐累积并集中爆发，如前期人民币汇率持续贬值、房地产泡沫化、居民和企业杠杆率处于高位、地方政府债务风险、P2P 暴雷、股权质押风险等。与此同时，国际经济金融局势波谲云诡，金融危机的深层次影响并未消除，发展中国家（或地区）经济增速普遍降档，重要经济体的货币政策出现分化以及特朗普执政的后续效应仍在发酵，全球尾部风险事件不断爆发。在人民币国际化的背景下，深入理解和探究资本账户开放对系统性金融风险的影响机制具有重要的现实意义。

（4）发展中国家的资本账户开放过程一直是国际金融领域的重点关注内容，作为一国（或地区）金融改革的关键步骤，多数学者根据国家主体的经济水平、政策环境和开放条件等因素对资本账户开放路径选择展开研究。但由于各国自身禀赋的差异以及所处发展阶段的不同，导致了研究结论的多样性，至今，学术界仍未建立起统一的一国资本账户开放的普适思路，而是认为资本账户开放应因地制宜，根据本国宏观经济状况和金融市场层次来谨慎推进。本书将立足于中国经济金融市场环境，在深化改革开放的大背景下，探索人民币资本账户开放路径的可行顺序与评价标准。本书将利用中国经济改革现实论证排序理论在人民币资本账户开放进程中的合理性，建立理论和实证模型分析人民币资本账户开放在整个金融自由化进程中的作用和顺序，并基于研究结论为人民币资本账户开放的综合路径提供理论支持。

二、研究框架、篇章结构与研究方法

(一)研究框架与篇章结构

资本账户开放与否、资本账户开放如何开放是围绕金融开放展开的主要议题。从全局视角出发，本书遵循提出问题——理论与实证分析问题——结论与政策建议的基本逻辑。在对相关文献和经济学逻辑梳理的基础上，本书首先对资本账户开放的发展历程与国际经验做了系统梳理，并分别从资本账户实际开放水平与管制政策有效性两方面分析了人民币资本账户的现实状况。本书重点研究了资本账户开放对短期资本流动、国内金融市场、外汇风险传染、系统性金融风险的影响机制。第一，在考虑资本账户管制的基础上，构建存在异质性风险偏好投资者的跨境投资模型，探究了资本账户管制对资本流动的影响机制，并结合半参数平滑系数模型进行实证分析。第二，将资本账户开放因素纳入传统的跨境投资组合模型，构建囊括资本账户开放、外汇市场、债券市场和股票市场的一般均衡理论模型，并利用 SV-TVP-VAR 模型实证研究了资本账户开放对三类金融市场的动态时变冲击。第三，基于 SV-TVP-VAR 模型的实证发现资本账户开放因素对外汇市场影响最大。因此进一步，综合利用 Granger 因果检验、BEKK-MVGARCH 模型和复杂网络分析方法解构了全球 50 只主要货币的汇率网络总体关联性，以及每只货币的风险吸收、外溢效应，并基于面板数据实证探究了资本账户开放、汇率制度改革对外汇风险传染的影响机制。第四，采用 TVP-FAVAR 模型构建了我国的系统性金融风险指数，并基于 SV-TVP-VAR 模型实证分析了资本账户开放对系统性金融风险的非线性影响机制。最后，在分析了资本账户开放与相关金融改革之间的影响关系的基础上，进一步结合 TVP-VAR 模型实证了人民币资本账户开放的最优路径设计。同时，对资本账户开放风险的影响因素进行全面整合，并利用多因素多原因(MIMIC)模型确定关键因素，估计出人民币资本账户开放风险压力指数。依照研究思路，本书的技术路线如图 10 所示。

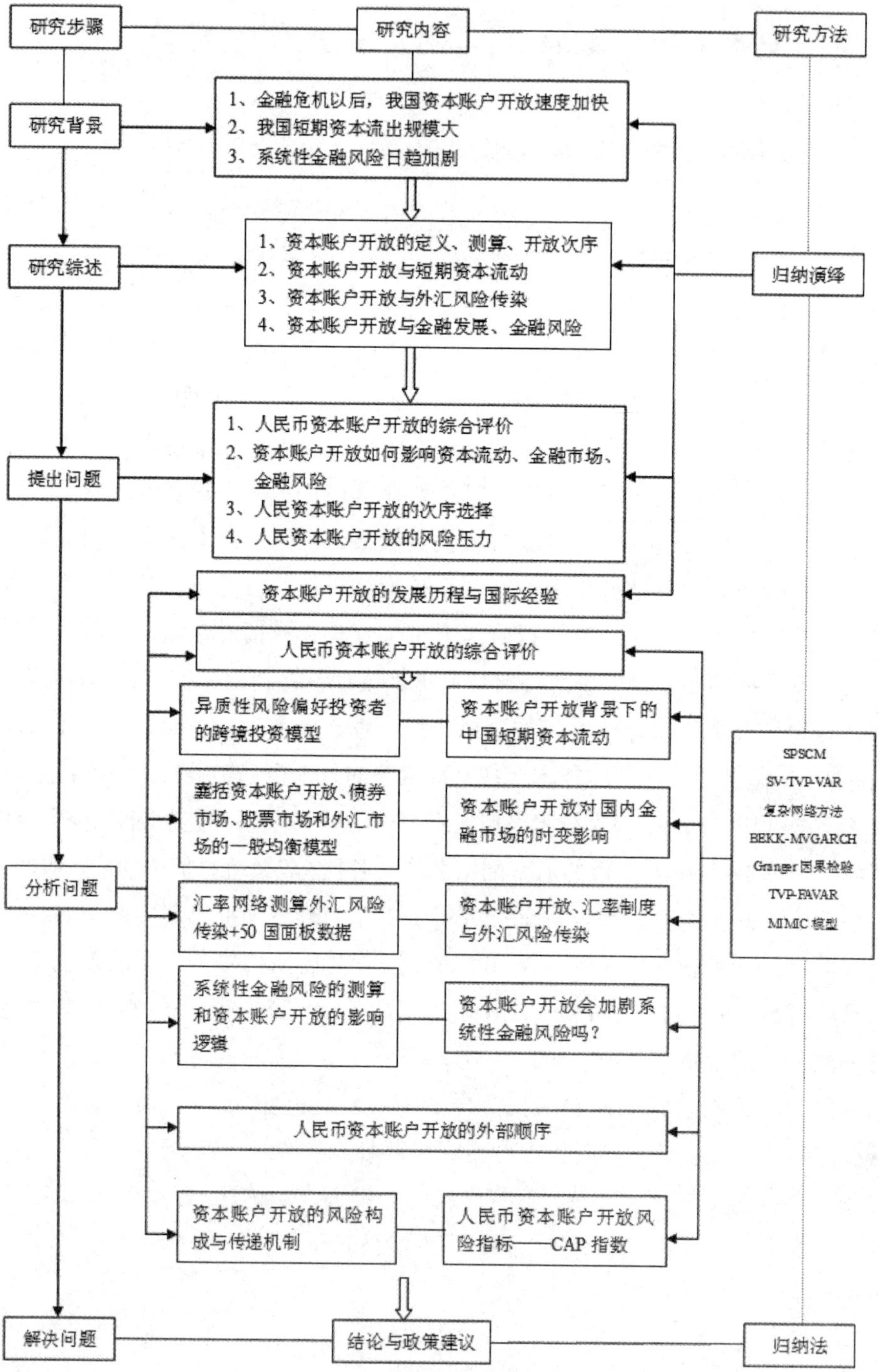
研究步骤
研究内容
研究方法
研究背景
1、金融危机以后，我国资本账户开放速度加快
2、我国短期资本流出规模大
3、系统性金融风险日趋加剧
研究综述
1、资本账户开放的定义、测算、开放次序
2、资本账户开放与短期资本流动
3、资本账户开放与外汇风险传染
4、资本账户开放与金融发展、金融风险
归纳演绎
提出问题
1、人民币资本账户开放的综合评价
2、资本账户开放如何影响资本流动、金融市场、金融风险
3、人民资本账户开放的次序选择
4、人民资本账户开放的风险压力
资本账户开放的发展历程与国际经验
人民币资本账户开放的综合评价
异质性风险偏好投资者的跨境投资模型
资本账户开放背景下的中国短期资本流动
囊括资本账户开放、债券市场、股票市场和外汇市场的一般均衡模型
资本账户开放对国内金融市场的时变影响
分析问题
汇率网络测算外汇风险传染+50 国面板数据
资本账户开放、汇率制度与外汇风险传染
系统性金融风险的测算和资本账户开放的影响逻辑
资本账户开放会加剧系统性金融风险吗？
SPSCM
SV-TVP-VAR
复杂网络方法
BEKK-MVGARCH
Granger 因果检验
TVP-FAVAR
MIMIC 模型
人民币资本账户开放的外部顺序
资本账户开放的风险构成与传递机制
人民币资本账户开放风险指标——CAP 指数
解决问题
结论与政策建议
归纳法

图 10　本书逻辑框架图

本书的具体章节安排如下：

导论。本章主要介绍本书的研究背景和意义，研究内容、篇章结构和研究方法，以及主要创新。

第一章为文献综述。本章主要从资本账户开放的定义、测度、顺序选择，短期资本流动的测算、驱动因素研究，系统性金融风险的测度，资本账户开放、汇率制度改革与外汇风险传染，资本账户开放与宏观经济，对人民币资本账户开放等九个方面，对现有的相关文献进行梳理和简要评述。

第二章为资本账户开放的发展历程与国际经验。本章运用历史分析法与案例分析法对代表性国家的资本账户开放经历进行研究总结，有助于我们厘清资本账户开放过程中的影响因素和互动机制，对后文研究人民币资本账户开放进程的政策安排提供可靠的国际实践经验。

第三章为人民币资本账户管制的现状分析。本章旨在分析我国资本账户管制现状，并藉此判断人民币资本账户开放的时机选择问题。文中运用趋势分解方法和状态空间模型对资本管制政策的有效性进行动态研究，从资本流动实际情况和宏观稳定目标两方面评价了现行资本管制政策的有效性变化。

第四章为资本账户开放、短期资本流动与系统性金融风险关系的逻辑梳理。本章主要从资本账户开放的概念界定、中国现状，资本账户开放对跨境资本流动的影响，资本账户开放→短期资本流动→系统性金融风险等几个方面，对本书涉及的经济学逻辑进行梳理和文献分析。

第五章为资本账户开放背景下中国短期资本流动的驱动因素研究。针对当前我国资本账户尚未完全开放的事实，本章在考虑资本账户管制的基础上，构建存在异质性风险偏好投资者的跨境投资模型，探究了资本账户管制、套利、套汇等因素对资本流动的影响机制。在实证部分，以资本账户管制为状态变量，以国内外利差、人民币贬值预期、资产收益率、人民币汇率波动、美联储货币政策和国际金融风险等因素为解释变量，构建了中国短期资本流动的半参数平滑系数模型，借此分析资本账户开放推进过程中相关因素的时变影响特征。

第六章为资本账户开放对国内金融市场的时变影响。将资本账户开放因素纳入传统的跨境投资组合模型，本章构建囊括资本账户开放、外汇市场、债券市场和股票市场的一般均衡理论模型，从而能够有效消除内生性对模型参数估计的影响。进一步，利用 SV-TVP-VAR 模型实证研究了资本账户开放对三类金融市场的动态时变冲击，并综合考虑了资本账户总体开放和短期资本账户开放不同的影响特征，以期为资本账户开放和国内金融市场改革提供有益的经验证据。

第七章为资本账户开放、汇率制度改革与外汇风险传染。从第五章的方差分析中发现资本账户开放对外汇市场影响最大，因此本章在 Billio et al.（2012）的研究基础上，结合 Granger 因果检验方法、BEKK-MVGARCH 模型，并引入 Pearson 静态相关系数和动态相关系数，构建了全球 50 只主要货币“有向有权”的汇率收益率和波动溢出网络。然后，参考多种网络关联性测度方法，解构了汇率收益率、波动溢出网络的总体关联性，以及各货币的风险吸收效应、外溢效应。进一步地，在外汇风险传染诱因和影响机制的理论分析基础上，使用混合效应面板回归方法实证检验了资本账户开放、汇率制度改革等因素对外汇风险传染的影响机制，并从内生性检验、估计方法和分时段子样本三个角度进行了稳健性检验。

第八章为资本账户开放会加剧我国系统性金融风险吗？本章在借鉴最新发展的 TVP-FAVAR 模型的基础上，综合金融机构、货币市场、债券市场、股票市场、房地产市场、外汇市场和政府部门 7 个维度（共计 96 个指标），构建了我国系统性金融风险指数。进一步地，在分析资本账户开放通过金融机构、资产价格、汇率波动和政府部门等渠道进而影响系统性金融状况的逻辑基础上，同时考虑资本账户开放的非线性效应，采用 SV-TVP-VAR 模型实证探究资本账户开放对系统性金融风险的动态时变影响。通过以上两方面的研究，以期为我国人民币资本项目的对外开放以及系统性金融风险的审慎监管提供理论依据和实证支撑。

第九章为人民币资本账户开放的改革顺序研究。本章从金融自由化改革的角度，对资本账户开放、利率市场化和汇率定价机制三大改革目标的关系进行分析，基于 TVP-VAR 模型对人民币资本账户开放与利率、汇率改革的顺序选择问题进行了实证模拟。利用 MCMC 方法分析了资本账户开放、利率市场化和汇率机制改革之间的影响关系以及对宏观经济的冲击作用，并据此提出人民币资本账户开放的最优改革顺序。

第十章为人民币资本账户开放风险指数的建立。本章以资本账户开放的风险作用机制为基础，发展了外汇市场压力指数 EMP 的建立思路，利用多因素多原因模型（MIMIC）构建了反映人民币资本账户开放压力的 CAP（Capital

Account Pressure）指数。

第十一章为本书结论与研究展望。本章主要对前文各章理论分析和实证分析所得到的结论进行归纳和总结，并提出资本账户开放背景下我国系统性金融风险的防范对策。同时，基于本书的研究不足，对未来研究做出展望。

（二）研究方法

本书结合国际金融学、微观经济学、计量经济学和网络科学等方法和相关理论，采用定性分析与定量分析相结合、理论分析与实证分析相结合、宏观分析与微观分析相结合，系统梳理了资本账户开放的发展历程与国际经验，并分别从资本账户实际开放水平与管制政策有效性两方面分析了人民币资本账户的现实状况，进一步深入研究了资本账户开放对短期资本流动、国内金融市场、外汇风险传染、系统性金融风险的影响机制，最后人民币资本账户开放的最优路径进行深入探讨，同时构建了人民币资本账户开放风险压力指数。

具体到理论模型方面，本书利用带有异质性风险偏好投资者的跨境投资模型，分析了资本账户管制、套利、套汇等因素对短期资本流动的影响机制；将资本账户开放因素纳入传统的跨境投资组合模型，构建囊括资本账户开放、外汇市场、债券市场和股票市场的一般均衡理论模型，探究了资本账户开放对三类金融市场的动态时变冲击；采用理论分析方法，分析了资本账户开放通过金融机构、资产价格、汇率波动和政府部门等渠道进而影响系统性金融状况的逻辑路径。对应地，在实证部分，构建了中国短期资本流动的半参数平滑系数模型，以资本账户管制为状态变量，以国内外利差、人民币贬值预期、资产收益率、人民币汇率波动、美联储货币政策和国际金融风险等因素为解释变量，分析资本账户开放推进过程中相关因素的动态时变影响特征；利用SV-TVP-VAR模型实证研究了资本账户开放对三类金融市场的动态时变冲击，并综合考虑了资本账户总体开放和短期资本账户开放不同的影响特征；在借鉴最新发展的TVP-FAVAR模型的基础上，综合金融机构、货币市场、债券市场、股票市场、房地产市场、外汇市场和政府部门7个维度（共计96个指标），构建了我国的系统性金融风险指数，并采用SV-TVP-VAR模型探究资本账户开放对系统性金融风险的动态时变影响。基于第六章——资本账户开放对国内金融市场的时变影响的分析，发现资本账户开放对外汇市场冲击最强，因此进一步地，利用Granger因果检验、BEKK-MVGARCH模型和复杂网络分析方法解析了全球50只主要货币汇率网络的总体关联性，以及每只货币的风险吸收、外溢效应，并基于面板数据实证探究了资本账户开放、汇率制度改革对外汇风险传染的影响机制。另外，在资本账户开放与金融改革逻辑梳理的基础上，利用TVP-VAR模型实证研究了资本账户开放、利率市场化和汇率定价机制三大改革目标的关系。而在研究人民币资本账户开放的风险管理问题中，拓展了外汇市场压力指数EMP的构建思路，利用多原因多因素模型（MIMIC）构建了反映人民币资本账户开放的风险压力指数CAP。

三、主要创新

与以往的研究相比，本书的创新点主要体现在：

研究视角上，本书主要采用了动态时变和系统网络分析的视角。一方面，以往文献对于短期资本流动驱动因素的研究多基于静态视角，或者没有考虑到资本账户开放等结构性因素产生的影响。显然，随着关键结构性因素—资本账户开放进程的推动，传统的推力—拉力因素对于跨境资本流动必然呈现动态的影响特征。因此，本书在研究我国跨境资本流动时，考虑了资本账户开放因素并构建带有异质性风险偏好投资者的跨境投资模型。在实证部分，采用半参数平滑系数模型实证检验了推力—拉力因素在我国资本账户开放推进过程中的动态时变影响特征。同时，从前期实践来看，我国主动引进外资，发展国内经济和金融市场，跨境资本流动对我国改革开放起到了重要的推动作用；但随着宏观经济和国际金融形势的变化，资本账户开放、跨境资本流动的“优良传统”是否已经丧失，该问题在较多的国外文献中已多次被提出。因此，在关于资本账户开放对国内金融市场、系统性金融风险的影响研究中，本书采用了SV-TVP-VAR模型探究了其中的动态时变影响机制。另外，随着经济增长模式的转变，各经济金融变量在宏观经济增长中的作用也应具有动态特征，因此在构建我国系统性金融风险指数时采用了具有动态权重特征的TVP-FAVAR模型。在研究资本账户开放、利率市场化和汇率定价机制三大改革目标的关系时，利用TVP-VAR模型进行实证，将改革过程中的变参数影响纳入模型，使实证结果更符合中国经济发展的现实。在研究人民币资本账户开放的风险管理问题中，拓展了外汇市场压力指数EMP的构建思路，利用多原因多因素模型（MIMIC）构建了反映人民币资本账户开放的风险压力指数 CAP，藉此能够基于风险角度对人民币资本账户开放的时机选择和进度安排提供合理化建议，并监控开放过程中的风险变化。另一方面，随着各国资本项目自由化的推动和汇率制度变革的演进，各国货币的汇率变动关系复杂多变、已逐步迈入了复杂网络时代。因此，为了研究各国货币的信息溢出网络，更为精准的刻画总体关联性，以及各货币的风险吸收、外溢效应，弥补以往文献中仅考虑“方向”未考虑“权重”、或仅考虑“权重”未考虑“方向”的缺憾，本书将结合复杂网络分析法、Granger 因果检验和 BEKK-MVGARCH 模型，并引入 Pearson 静态相关系数和动态相关系数构建“有向有权”的汇率联动网络，全面解构和测算了全球 50 只主要货币汇率的网络总体关联性，以及每只货币的风险吸收、外溢效应。

研究内容上，本书首先对资本账户开放的发展历程与国际经验做了系统梳理，并分别从资本账户实际开放水平与管制政策有效性两方面分析了人民币资本账户的现实状况。并进一步研究了资本账户开放对短期资本流动、国内金融市场、外汇风险传染、系统性金融风险的影响机制，具体而言，资本账户开放最根本的意义在于解除了对跨境资本流出入的限制，允许资本自由流动，因此本书首先探究了在资本账户开放推进过程中，我国短期资本流动驱动因素的动态时变影响，验证了我国资本账户管制是否有效、国外推力和国内拉力因素在我国资本项目自由化过程中是否发生变化等重要问题。其次，资本账户开放经由跨境资本流动迅速影响国内金融市场乃至整体宏观经济，后续结合一般均衡分析框架和理论分析探讨了资本账户开放对国内金融市场、系统性金融风险的影响机理。最后，随着各国资本项目自由化的推动和汇率制度变革的演进，各国货币的汇率变动关系复杂多变、已逐步迈入了复杂网络时代。本书进一步结合面板数据、网络分析法，深入探究了资本账户开放、汇率制度变革对外汇风险传染的影响机理。最后，在分析了资本账户开放与相关金融改革之间的影响关系的基础上，进一步结合 TVP-VAR 模型实证了人民币资本账户开放的最优路径设计。同时，对资本账户开放风险的影响因素进行全面整合，并利用多因素多原因（MIMIC）模型确定关键因素，估计出人民币资本账户开放风险压力指数。

研究方法方面，如上所述，本书结合半参数平滑系数模型、SV-TVP-VAR 模型、TVP-FAVAR 模型、Granger 因果检验、BEKK-MVGARCH 模型、复杂网络分析方法和 MIMIC 模型等多种最新发展的计量方法。具体而言，与加入交互项的线性回归模型或门槛回归模型相比，半参数平滑系数模型的优势在于通过函数化系数形式和非参数估计方法可以推断出不同资本账户开放水平下相关因素对短期资本流动的影响程度。SV-TVP-VAR 模型允许截距、参数系数和扰动性方差具有时变特征，更符合动态变化并交叉影响的市场结构特征，在研究实际问题时更具有说服力。TVP-FAVAR 模型能够从众多经济金融指标中提炼出影响宏观经济增长的共同因子，并赋予其动态时变权重，构建更具现实意义的系统性金融风险指数。结合 Granger 因果检验、BEKK-MVGARCH 模型和复杂网络等方法，并引入 Pearson 静态相关系数和动态相关系数，能够有效区别以往文献，构建“有向有权”的汇率联动网络，并精准测算全球主要货币汇率的网络总体关联性，以及每只货币的风险吸收、外溢效应。而 MIMIC 模型能够通过严密的结构形式清晰反映潜在变量与外生原因变量及内生结果变量之间的相关关系，并获得全部解释变量对潜在变量的影响权重。

第一章　文献综述

资本账户开放、跨境资本流动和系统性金融风险之间存在紧密的联动关系：资本账户开放吸引大量资本流入，导致外汇储备上升、真实汇率上升，进一步引起基础货币投放增加（货币错配也会增加）、汇率波动加剧，进而导致经济过热、金融风险增加，最终可能会出现资本流入中断，转而资本流出、汇率贬值，跨境资本流动的频繁逆转和汇率大幅波动将严重危害国内资本市场，影响金融稳定和宏观经济健康发展。因此，资本账户开放、跨境资本流动、系统性金融风险一直以来都是中外学者研究的热点问题，本章分别从资本账户开放的定义、测度、顺序选择，短期资本流动的测算，短期资本流动的驱动因素，系统性金融风险的测度，资本账户开放、汇率制度改革与外汇风险传染，资本账户开放与宏观经济、对人民币资本账户开放的认识等九个方面进行论述。

第一节　资本账户开放的定义

一、资本账户开放的概念解读

资本账户与经常账户共同构成了一国（或地区）的国际收支账户，其严格定义出自国际货币基金组织（IMF）颁布的《国际收支手册》。在 1993 年出版的《国际收支手册》中，IMF 首次将原本的资本账户分拆为资本账户与金融账户，但在学术研究领域仍习惯使用资本账户来作为现行资本与金融账户的替代用语。本书所研究的人民币资本账户同样是对中国国际收支平衡表中的资本账户与金融账户的统称，因为这两个账户记录了一国（或地区）全部的金融资本流动。

资本账户在国际收支平衡（BOP）表中具体登记国际资本的流入流出，据第六版的《国际收支和国际投资头寸手册》中确定的涵盖范围，资本账户表述（a）居民与非居民之间的应收和应付资本转移；和（b）居民与非居民之间非生产非金融资产的取得和处置。金融账户的记录则涉及金融资产与负债以及发生于居民与非居民之间的交易，表明用于净国际融资交易的职能类别、部门、金融工具和期限。由此可见，资本账户的变化反映出金融资产在国家和地区间的转移流动。中国根据自身的国际收支条件与经济发展状况建立了中国国际收支平衡表，其中资本与金融账户同样涵盖了本国与其他国家和地区之间的全部金融资产交易，具体内容见附录 1A。其中，各个账户的记录数据又分为净差额、借方与贷方，借方记录发生资本流出的资本交易；贷方记录资本流入的资本交易；净差额则反映实际发生的资本流动净额以及资本进出方向。

在此基础上，可以讨论资本账户开放的具体定义。我国当前对资本账户的管制集中于两个方面：贸易阶段中的外汇管制，包括一系列的行政审批要求；以及金融交易阶段的外汇管制，表现为对货币自由汇兑的约束。基于此，对资本账户开放的直接定义可以认为就是对国际收支过程中解除关于金融资本交易和资本转移的各项内容的管制，允许自由交易以及资本自由流动。而更深层次的理解，在于资本账户开放是与货币可兑换、外汇管理制度以及金融自由化等紧密联系的复杂概念，其开放所意味的过程与一国宏观经济调整和改革政策紧密相关，是实现国内与国际金融自由化的重要环节。从这一点来看，资本账户开放是在金融自由化改革背景下，联通国内与国外金融市场，开放金融资产交易，实现资本自由流动的全部过程。

资本账户开放具备的复杂内涵，在学术界研究讨论中衍生出了不同视角的定义，包括资本账户开放、资本账户可兑换以及资本账户自由化。在资本账户开放方面，Quirk & Evas（1995）定义为解除对国际收支的资本和金融账户交易的涉及数量、税收和补贴的外汇管制措施；易宪容（2002）则认为资本账户开放应是解除账户交易下政府对资本国际流动的管制，包括取消跨境资本交易本身的管制和与资本交易相关的外汇管制，如本外币可兑换等；张光华（2004）定义资本账户开放为，对资本账户下的交易资金的转移支付不得加以限制和拖延，资本在境内外都可以实现自由流动。张礼卿（2004）认为资本账户开放是指不对资本跨国界交易进行直接限制或对其采取可能影响其交易成本的相关措施。

在资本账户可兑换方面，管涛（2001）将其定义为："避免对跨国界的资本交易及与之相关的支付和转移的限制，避免实行歧视性的货币安排，避免对跨国资本交易征税或补贴"。温建东（2001）认为资本账户可兑换是指对于跨货币区的经常性交易、资本交易及其支付、转移和收入相关的兑换解除限制，并且取消歧视性税收补贴以及单独汇率。姜波克和朱云高（2004）的定义是：解除对资本与金融账户交易施加的货币兑换、对外支付和交易的各种限制，基本实现资本的自由流动。赵庆明（2005）则认为，资本账户可兑换是指居民和非居民为了实现资本账户下的投资或交易、能够按照有市场确定的唯一汇率，将持有的金融资产在本比喻主要国际货币之间进行自由兑换。

在资本账户自由化方面，Eichengreen & Mussa（1998）定义为，取消对资本和金融账户的限制性措施，意味着解除基本交易的外汇和其他管制，但仍可以选择使用税收类手段条件国际资本流动。

对比上述定义可知，资本账户开放、资本账户自由化和资本账户可兑换的内涵基本相同，但在侧重点上有所差异。资本账户开放的概念侧重于对账户内资本交易管制的放松，以使资本跨境交易更加便利，资本流动更加开放；资本账户可兑换的概念则重视资本交易过程中的货币兑换限制，要求更加宽松的外汇管制政策；资本账户自由化的概念强调的是资本账户改革作为经济金融市场化的重要组成部分，实现账户内资本交易的市场主导。

本书选择资本账户开放作为研究主体，在概念界定上选择国际货币基金组织的观点，将其定义为消除国际收支平衡中资本与金融账户下各种交易的汇兑限制和资本管制措施，包括数量限制、税收补贴以及行政审批等。文中不特别区分资本账户开放与其他两个概念。

二、资本账户开放的理论基础

资本账户开放是一国（或地区）融入经济金融全球化的必经之路，同时也是宏观经济政策的重要组成部分。作为宏观政策，资本账户开放政策必须确保有助于实现宏观调控目标，即能够维护国内物价稳定、充分就业、经济增长和国际收支平衡。否则，资本账户的开放便难以长久维持。而作为金融自由化改革的核心内容，资本账户的开放要求解除对资本的各种管制措施，允许跨境资本流动和货币汇兑。因此，学术界对这一问题往往置于宏观经济内外均衡框架下展开研究，从开放宏观经济理论出发，讨论资本账户开放的合理性与必要性，得到了丰富的理论成果。具体而言，可以从资本流动理论、资本管制理论和金融深化理论来阐述资本账户开放的理论基础。

三、资本流动理论

资本流动理论是国际贸易理论在跨国资本交易领域的延伸，旨在分析国际资本在各个金融市场之间的流动过程、影响因素以及影响作用。对于一个开放经济体，资本流动理论重点分析该国资本项目下所有资金的流入和流出，及其对一国（或地区）经济和利率、汇率等方面的影响。资本流动理论根据一国经济规模、汇率制度以及资本账户开放水平的不同，形成有差异的研究模型，来完成对资本流动影响方式与结果的论证。

对资本流动与国际收支之间联系的讨论，最早可追溯到休谟（1752）提出的“物价—现金流动机制（Price Specie-Flow Mechanism）”，又称为“休谟机制”，是指在金本位制的国际货币体系下，一国国际收支可以通过物价波动与现金（即黄金）资本的跨国流动来自动恢复平衡。这一论断基于货币数量论，在理论分析上存在部分缺陷，但对于资本流动与国际收支平衡的影响作用的看法，为后续资本流动理论模型的建立提供了参考。随着国际货币体系由布雷顿森林体系发展为牙买加体系，在固定汇率制向浮动汇率制的转变过程中，资本流动理论研究更重视资本跨国流动带来的宏观经济变动。通过对希克斯和汉森提出的IS-LM模型加入国际收支因素，学术界对资本流动的动力、规模以及影响效应的分析取得了更具现实参考意义的结论。在“希克斯—汉森模型”加入国际收支平衡线（BP），得到开放经济的宏观经济模型IS-LM-BP，模型指出贸易余额是收入的函数、资本流动是国内利率的函数，当收入上升引起利率上升时，外部资本会流入国内，弥补贸易赤字，实现国际收支平衡，反之则反是。Mundell（1963）、Fleming（1962）在此基础上建立了开放经济条件下的M-F模型（Mundell-Fleming Model），主要适用于资本完全流动的小国经济体，分析在不同汇率制度下的资本流动变化对宏观经济的影响，以及不同政策组合的实际效果。研究结果证明了在固定汇率制下，一国宏观稳定政策的效果取决于国际资本流动的程度。这一认识确定了资本账户开放与汇率制度安排的影响关系，成为当时各国判断资本账户开放时机的一个重要因素。

在浮动汇率制时期，允许汇率自由浮动的国家不再干预外汇市场，而是通过货币政策工具来实现国内宏观调控目标。央行把名义货币供应量作为目标，不再因国际资本流动采取抵销政策导致货币政策失效。在这种情况下，一国的国际收支仍能基本自动恢复平衡，有赖于浮动汇率和资本流动共同形成的针对国际收支的调控机制。Thielwall & Nureldin-Hussain（1982）建立了国际收支平衡与经济增长之间的内在联系，并引入资本流动的分析条件，认为一国的国际收支总量以及经常项目的平衡，对国家的经济增长率存在显著影响，而资本流动对国际收支和宏观经济的作用会加深这种内在联系。Krugman（1999）则在 M-F 开放经济模型的基础上，详细阐述了“三元悖论”原则，建立了关于资本自由流动、浮动汇率制与独立货币政策之间的相互约束关系的分析框架。这一悖论是“米德冲突”在开放经济框架下的发展，其含义指出一国不可能同时实现货币政策独立性、汇率稳定以及资本自由流动三项金融政策目标，而只能选择其中两项，放弃另一项。这一极端结论在学术界引起强烈争论，主要的反对观点在于悖论并未考虑到中间状态的可能性，在现实社会中，没有哪一国家完全实现了其中两项金融目标，并完全放弃了另一项内容，大多数国家选择根据自身条件和外部环境对三项目标赋予不同的重要性，来实现宏观经济调控的最终目的。

四、资本管制理论

尽管从 20 世纪 70 年代以来，开放资本账户就成为世界各国的改革发展趋势，但没有任何一国家忽视了资本管制的重要性，在解除传统资本管制政策的同时，更灵活更具市场性的新管制方式被设立。作为维护宏观经济稳定的重要政策，资本管制并没有随着资本账户开放而消失。资本管制政策，是管制机构对国际资本的跨境交易以及本币兑换外币行为的限制措施，包括经常项目管制和资本账户管制。资本管制是介于完全自由流动与禁止流动之间的中间状态，因此根据政策目标的不同，资本管制的强度、内容和期限都会发生变化。资本管制理论的研究对象正是资本管制的政策工具与实际效果判断。

资本管制本质上是一系列复杂的法律、政策的集合体系，涉及影响内外经济市场运行的诸多因素，也演变出不同类型的管制措施。具体可划分为直接管制型和间接控制型，前者依赖管制机构的行政权力，通过出台法律法规来严格限制资本流动市场的参与主体与交易行为；后者更倾向采用市场化手段，通过增加特定资本流动成本来结构化调整一国面对的跨境资本流动问题。1982年，Tobin（1982）提出的在全球范围内向资本流动和交易征税，以此来限制不同市场短期资本的套利成本，抑制投机性流动。这里提出的托宾税，正是间接资本管制政策的代表措施，有助于一国实施外汇管理和风险防范。除此之外，还有以无息准备金或存款要求等形式对跨境资本流动征收间接性税收，通过影响资本流动的收益水平，来抑制流动规模；信用评级和交易报告制度，包括对参与跨境投融资的经济主体进行信用评级，以及对特定交易要求及时报告，这些流程会增加资本交易成本，从而降低跨境资本流动的规模。

资本管制政策的有效性评价是资本管制理论的另一核心内容。只有清晰掌握本国的资本管制政策是否发挥作用，才能判断下一阶段应采取何种方式处理资本开放。资本管制政策本身的综合性造成了其有效性难以直接量化分析，研究初期多选择使用经验分析法加以判断。Johnston et al.（1997）运用经验分析法对智利、印度尼西亚、韩国和泰国四国在1988—1997年间的资本项目开放情况作了分析，结论显示资本管制仅在短期内有效。Ariyoshi et al.（2000）同样运用经验分析叙事方法研究了14个样本国家的资本管制有效性问题，不同国家的管制有效性表现出不同特征，但总体来看，资本管制是通过稳定国内外资本收益差来阻碍资本跨国流动的，而且仅表现出短期有效性。

随着开放宏观经济模型分析的不断深入，资本流动与宏观经济变量之间的关系为评价资本管制政策有效性提供了新的思路。对管制有效性的定量研究，是运用计量工具将资本流动实际状况和管制政策目标纳入实证框架内分析，其模型的构建大都基于开放宏观经济学中的相关理论，通过寻找合适的描述变量，研究变量间的相关关系，以此反映资本管制有效性的变动特征。

基于利率平价理论形成了对管制有效性的利率平价检验法。其核心在于分析资本管制是否能维持合适的国内外利率差异。若同种金融资产的国内外收益率差异长期偏离利率平价，则表明该国的资本管制是有效的。Dooley & Isard（1980）最早运用此方法研究了德国1970—1974年实际资本管制的有效性，结果表明，在完全禁止私人资本流入的时期，可以造成离岸和在岸利率出现近4%的差异。Obstfeld（1995）通过对亚洲发展中国家在岸和离岸利差的研究，证实了发展中国家采取的资本管制政策能够在中短期内，维持国内外相似资本品之间的收益差异，但随着私人部门的规避行为，此差异会逐渐消失。Edwards & Khan（1985）依据发展中国家的利率形成机制，提出利率是有国内外因素综合决定的，表示为国际均衡利率与全封闭情况下国内利率的加权平价值。其权数越接近1，则表明国内外利率差越小，资本管制有效性越弱，反之则反是。

基于宏观经济恒等式发展出了储蓄—投资相关性检验，由 Feldstein & Horioka（1980）提出。其核心思想是，若一国采取了资本管制以限制资本内外流动，则国内的储蓄与投资具有很高的相关性。因为本国的投资只能来源于国内储蓄，如果允许资本自由流动，储蓄投资缺口则可以利用外部融资来弥补，投资盈余也可以流向国外寻求更高利润，这将导致本国储蓄投资相关性的明显降低。但这一方法在对 OECD 成员国的实证中得到了与理论推断不相符的结论，导致了“F-H 之谜”的产生。

基于三元悖论形成了以一国货币政策独立性作为资本管制有效性评价标准的方法。因为资本管制阻碍了资本的跨国流动，货币政策对国内资产的调整不会被国外资产的净变动所抵消，所以资本管制越有效，本国货币政策也同样越有效果。Kouri & Michael（1974）最早提出了“抵消系数模型”，通过估算简约方程中的央行国内资产净额的抵消系数，度量国际资本流动对国内货币政策的影响，以此来评价资本管制的有效性。

五、金融深化理论

资本账户开放作为全球金融自由化浪潮的核心内容，其理论基础应当从金融自由化的角度谈起。对金融自由化理论溯源，由 Mckinnon 和 Shaw 建立的金融深化理论是现代资本账户开放的理论基础。1973 年，Mckinnon 出版了《经济发展中的金融深化》，Shaw 出版了《经济发展中的货币与资本》，这两部经典著作的出版标志着金融深化理论的正式确立。该理论以发展中国家的货币金融与经济发展的关系作为研究对象，开创性地提出发展中国家落后的金融制度是阻碍经济发展的关键因素。从两者的关系来看，经济发展是金融发展的前提和基础，金融发展则是推动经济发展的动力与手段。该理论提出的金融深化要求发展中国家的政府放弃对货币金融的过度干预，使利率和汇率水平能够充分反映市场供求状况，实现资本有效配置，并在此过程中采取有效措施控制通货膨胀。

金融深化理论认为发展中国家采取的各种金融干预政策将产生严重的金融压抑，导致货币金融市场上的显著扭曲，无法形成对发展中国家储蓄和投资的正面激励，阻碍了政策的资本积累渠道。储蓄转为投资的国内渠道以及外部直接投资的国际渠道都不能充分发挥功能，这将恶化发展中国家本身存在的经济发展资本短缺的问题。基于这些观点，金融深化理论的核心思想便是解除金融抑制，实现金融自由化，以改善资本供给和配置效率，发挥货币金融对经济增长的促进作用。Mckinnon 和 Shaw 的政策主张是建议发展中国家积极推进金融自由化政策，让实际利率回归均衡水平；同时，加强金融中介的资本配置作用，鼓励机构间竞争提高经营实力，以此来提高整个货币金融市场的投融资效率，促进经济增长。资本账户开放作为金融自由化改革的一部分，有助于发展中国家提高外部融资渠道的资本配置效率，缓解国内经济发展的资本短缺。在金融深化理论的支持下，发展中国家推进资本账户开放能够带来明显的经济效应。

第二节　资本账户开放的测度

对资本账户开放程度的测算方法主要包括法定测度（De jure）和事实测度（De factor）。法定测度是将一国（或地区）关于跨境资本流动和金融交易法律法规的约束强度进行量化，以具体数值反映该国（或地区）对资本账户的管制程度，属于事前指标，其涵盖范围、强度和权重的赋值带有一定的主观性；事实测度主要是通过国内储蓄率与投资率的相关程度、国内外同类资产收益率（主要是利率和股市收益率）差异和跨境资本流动规模来间接反映一国（或地区）的资本账户开放情况，属于事后指标，具有时滞且波动性较大，未必能反映当期的资本账户开放水平，与实际情况偏差可能会比较大。

法定测度主要的信息主要来源于《汇兑安排与汇兑限制》年报分类表、AREAER 文本信息和《资本流动自由化法规》。法定测度最初的主要思路是二元法，或称之为 0—1 法，即在存在管制时赋值为 1，不存在管制时赋值为 0。以 AREAER 分类表中资本项目交易是否存在管制为标准，Alesina et al.（1994）首次构建了资本账户开放的测度指标，Johnston & Tamirisa（1998）也采用了相似的思路。二元法简便易行、但过于粗糙，因此 Grilli & Milesi-Ferretti（1995）、Klein & Olivei（2008）分别提出了基于 AREAER、《资本流动自由化准则》信息的份额法，即以资本项目不存在管制的年数除以考察期年数以衡量资本账户的开放程度，此类方法在 Rodrik（1998）的实证研究中也得到再次应用。但份额法仍然存在硬伤，如无法逐年衡量一国（或地区）的开放度，并在国别之间进行比较。对此，Quinn（1997）、Quinn & Toyoda（2008）引入 AREAER 文本信息，采用强度法构建了资本账户开放度指标。其具体做法是从资本账户流入和流出两个角度设置了二元指标，每个指标赋值区间为[0，2]，以 0.5 为间隔，最后将两个指标加总以衡量资本账户的开放程度。Chinn & Ito（2002，2006，2008）、Aizenman et al.（2010）同时考虑了资本账户的广度和强度，对 AREAER 中的四类项目（多重汇率、强制结售汇、经常项目、资本项目）进行 0 或 1 的赋值，最后再利用主成分分析方法构建一个平均期为 5 年的资本账户开放度指标——KAOPEN 指数，Karcher & Steinberg（2013）在此基础上构建了 CKAOPEN 指数。Schindler（2009）对资本项目进行了非常详细的分类（涵盖了股票、债券、货币市场、集合投资工具、直接投资、金融信贷等），并构建了 KA 指数。在其基础上，Fernández et al.（2015）做了进一步的补充与拓展，在数据库中囊括了更多的年份和国家（或地区）。

事实测度方面，Feldstein & Horioka（1980）通过回归投资—产出比率和储蓄—产出比率的相关关系来测度一国（或地区）的资本账户开放。但由于投资和储蓄的内生性关系，此方法实证结论与理论值相差较大。Edwards & Khan（1985）根据利率平价理论，提出更现实的利差法。其具体方法是：以资本账户开放度为权重，将当前国内的实际利率水平表示为资本账户完全开放下非抛补利率和完全资本管制时封闭利率的加权平均值，从而根据历史数据回归得出资本账户的开放程度。由于利率平价理论的痼疾，此方法在实证应用中仍有疑问。此后，Kraay（1998）将实际的跨境资本流动总规模（即资本流入的绝对量加上资本流出的绝对量）占国内生产总值（GDP）的比重来衡量资本账户的开放程度。此方法简单方便且数据易得，但跨境资本流动未必完全由资本账户开放引起，因此这种方法所反映的资本账户开放真实程度存疑。对此，Lane & Milesi-Ferretti（1999，2007）基于国际收支平衡表（BOP表）

中的资本与金融账户数据，通过计算直接投资、证券投资的资产和负债总量与 GDP 的比值来衡量资本账户的开放程度，并消除了其中的资产估值效应。

国内学者大多延续国外学者的方法，并针对中国具体情况进行适当改进，进而对中国的资本账户开放或资本账户管制展开研究。金荦（2004）复制了国外几种典型的测度方法（包括法定测度和事实测度），并根据中国实际提出资本账户管制的测算方法，即以 1994 年为基准年，根据法规变化增减每个项目的赋值，最后将 11 个项目赋值的平均数为管制指数。苟琴等（2012）参考此方法，构建了我国资本账户管制的月度指数。Chen & Qian（2015）以 Schindler（2009）的分类方法为基础，构建了 1999—2012 年中国资本账户管制的法定指标；同时引入事实指标作为权重，构建了混合指标。孙立坚和孙立行（2003）基于 Edwards & Khan（1985）的利差法，引入货币需求函数较好解决了国内实际利率的取值问题，结合动态参数的估计方法（SARIMA 模型和卡尔曼滤波）测算了韩国、印尼、泰国和墨西哥四国随时间变化的资本账户开放程度，运用 OLS 方法测算了中国资本账户的实际开放程度（由于中国数据偏少）。于洋和杨海珍（2005）、黄益平和王勋（2010）均采用储蓄率－投资率相关性法来检验中国资本管制的有效性。刘红忠等（2015）综合运用法规测度和事实测度方法测算了我国的资本账户开放程度，发现资本管制在我国仍大致有效。

第三节　资本账户开放的顺序选择

一、排序理论在资本账户改革中的运用

排序理论中涉及的经济政策行动的顺序选择，一般被定义为宏观经济政策或某项特定改革的采用次序。理论认为，确定合理的改革顺序远比争论改革方法或速度更有意义（Nsouli et al.，2002）。在 20 世纪七八十年代，经济改革的全球浪潮引起了学术界对改革最优顺序的讨论，部分学者认为经济改革应当存在一套广泛适用的措施，在最优顺序的安排下，能够实现改革时间最短、风险最低、效果最好（Edwards，1985；Bruno，1988）。随着南美国家经

济自由化改革的受挫，到前苏联和东欧的改革兴起，排序理论引起了全球性的广泛关注（Roland，2002）。

排序理论能够成为经济改革政策安排的重要参考，在于其理论对改革实务中的几点基本认识。其一，Mckinnon（1991）指出经济改革政策是一系列配套政策的组合，如果政府同时推进所有或大多数改革，必定会引起市场混乱。其二，政府的能力是有限的，不可能同时掌控所有的政策变化，因此，在实施改革时不得不采取分步推进，这一过程产生的路径依赖和迟滞影响，都要求政府设置一定时间来观察政策变动结果（McPherson，1996）。其三，Edwards（1989）指出经济改革的每一次调节都会产生相应的调节成本，而政策排序会影响成本的大小，以及后续政策的效果。由此之故，可知现实经济环境中不存在同时实现全部改革的理想方式。根据次优理论（The General Theory of The Second Best），如果一国（或地区）在进行经济改革时，无法消除过程中存在的扭曲，则同时进行所有改革不再是最优选择，逐步和分别进行经济改革的福利损失更低，是更适合的选择。

排序理论在资本账户改革过程中的应用，目的就是最大化放开资本流动管制的利益，同时最小化改革过程带来的风险（Johnston，1998）。Edwards（2001）的多国面板数据实证结果显示，对于金融体系较发达的国家，开放资本账户是有利的；而一国（或地区）在金融体系不完善的情况下推进资本账户开放，反而会引发风险。由此可知，资本账户开放应对存在一个最优改革顺序，按照这一顺序推进开放，才能获得改革的好处。实现对资本账户开放的排序，首先需要厘清改革的先决条件，在条件不满足的情况下推进改革，会有极大风险（IMF，1998）。这些条件包括：谨慎的财政货币政策、市场结清的汇率、充足的国际储备、健全的金融体系、完善的信息披露机制以及市场导向的激励制度（Guitian & Nsouli，1996；Mathieson & Rojas-Suarez，1993；IMF，1998）。资本账户开放与改革条件之间的关系决定了改革顺序的现实安排，根据20世纪七八十年代的各国改革实例，学者们对开放顺序的研究形成了不同的观点。Funke（1993）对这些观点做了汇总，如表1-1所示。根据大部分学者的观点可以看出，在将资本账户开放应当置于宏观经济稳定之后这一认识上，争议并不大。资本账户开放顺序的关键差异在于与其他经济改革措施之间的前后判断。

表 1–1 关于资本账户开放排序观点的整理

	机构改革	国内物价自由化	财政 / 货币稳定	国内金融体系	私有化	贸易改革	资本账户自由化
发展中国家							
Corden（1987）			1			1/2	2/3
Edwards（1984，1990）			1	2		3	4
Fiel（1990）			1	1		2	3
Frenkel（1982）						1	2
Krueger（1981，1984）			1	1		1/2	2/3
Mckinnon（1982）			1	2		3	4
Lal（1987）			1	1		3	2
Schweickert（1993）			1	2		1	3
转型经济							
Buch（1992）			2	1		1	1/2
Dornbusch（1991）	1	4	1	5	3	4	3/4/5
Fischer/Gelb（1991）	1	2	1	4	1/3	2	5
Gelb/Gray（1991）	1	1	1	3	1/3	1	3
Hinds（1991）	1	2	1	3	1/4	2	
Lipton/Scahs（1990）	1	1/2	1		3	1/2	
McKinnon（1991）	1	3	1	2		3	4
Nuti（1991）	1	1	1		2	3	4
Roland（1991）	1	3	3	2/4	2	3/4	2/3/4
Rybczynski（1991）	1		3	1	2		
Siebert（1991）	1	3	2	3	3	3	

注：表中以 1~5 将资本账户开放改革划分为五个先后阶段。其中，1 表示应最先推进的改革，5 表示最后推进的改革。

资料来源：FUNKE N. *Timing and sequencing of reforms: competing views and the role of credibility* [R]. Kiel Working Paper, 1993,（552）:337–362.

二、资本账户开放的顺序讨论

资本账户开放的改革顺序是实现金融自由化目标的关键问题之一。

Edwards（2002）指出，在经济改革的排序问题中，资本账户开放置于改革初期还是后期，是最主要的考虑。经过大量研究，当前学界对资本账户开放的政策排序基本形成了包括激进、中性和渐进三条路线的共识（Williamson，1997；Nsouli，1998；Toye，1999；Ishii，2002）。激进路线要求将资本账户开放置于系统性改革的首要位置，在短期内迅速解除对资本流动的限制，引入外部资本推动国内其他改革的实施；渐进路线则看重资本账户开放的先决条件，必须在充分满足改革要求的前提下，再逐步分阶段的推进资本账户开放，这一路线耗时最长；中性路线的改革时间介于上述两者之间，在改革思路上，既重视开放过程中的风险暴露，同时不执拗与改革条件的实现，而是根据现实环境灵活调整开放进度，尽量降低对宏观经济的冲击。张志超（2003）梳理了排序理论研究的结论，提出资本账户开放在改革过程中涉及三类排序问题：其一，资本账户与经常账户开放孰先孰后；其二，资本账户与其他经济改革政策的排序选择；其三，资本账户内各子项目开放的次序选择。

三、资本账户与经常账户的开放顺序

资本账户与经常账户的开放先后顺序是区别激进路线与渐进路线的关键差异。坚持资本账户开放应置于经常账户改革之前或两者同时开放的学者，认为资本账户开放引入的国际资本能够用来降低或抵消贸易改革的短期成本，有助于平抑国际收支平衡的波动（Krueger，1981；Michaely，1986）。基于资本账户与经常账户在开放过程中的紧密联系，学者们对具体改革路径提出了诸多看法。Lal（1987）主张资本账户开放要先于经常账户，因为对于具有公信力的政府而言，资本账户开放有助于消除国内市场价格相对于国际价格的扭曲，有助于国际资本进行长期投资决策，这有利于贸易改革的实现。Falvey & Kim（1992）则提出的“四阶段论”，提出的排序为实现宏观稳定是首要任务，然后开放经常账户，并在开放途中开始资本账户的开放，最后两大账户的开放改革同时完成。Wihlborg & Dezseri（1997）提出资本账户开放的顺序应与金融市场参与主体的理性反应有关，如果市场预期的风险与收益能够如实反映基本经济因素，那么应当在早期就开放资本账户。

反对资本账户过早开放的学者们也提出了相应的理由。Edwards（1989）指出资本账户开放置于贸易改革之后是最适当的改革顺序，因为资本开放引致的国际资本内流会推高实际汇率，这将增加贸易改革的实施难度。Corden（1987）同样认为资本账户开放将引起利率管理更加困难，导致贸易自由化改革更剧烈的冲击国际收支平衡性。Frenkel（1982）则提出由于商品市场的调节速度比资本市场迟缓，先开放贸易改革后开放资本账户产生的改革成本更小。Calvo（1987）将政府公信力纳入考虑，认为在缺乏公信力的情况下开放资本账户，可能引发过度进口，这将恶化国际收支，不利于贸易改革的开展。

在两派观点的争执中，学术界对资本账户开放的认识形成了几点关键共识。其一，资本账户开放不应等到所有条件都满足之后再展开，这样可能错过改革时机；其二，稳定有效的市场机制是实施改革的基础，若市场不存在扭曲，可以果断开放资本账户；其三，资本账户开放是一系列经济改革内容中的一项，逐步开放的思路有助于降低改革成本，维护整个改革进程的平稳推进。

四、资本账户开放与其他经济改革政策的顺序讨论

1997 年亚洲金融危机爆发以后，对资本账户应采取渐进开放模式的论断再度引起争议，随着国际社会金融危机爆发频率的加快，部分学者认为这是与资本账户自由化加快有关。介于激进路线和渐进路线之间的中间道路开始受到关注，具体而言，学术界开始关注强调将资本账户开放置于一揽子综合改革计划框架内进行。Johnston et al.（1997）对智利、印度尼西亚、泰国以及韩国的开放经验展开研究，认为要满足资本账户开放的改革风险最小、利益最大，就应当将开放政策与结构性改革以及宏观经济政策设计结合起来考虑。Nsouli & Rached（1998）同样指出在推出资本账户改革之前，应先采取健全的宏观经济政策，包括利率、汇率和财政稳定等，改革中要充分重视资本账户开放与其他结构性改革以及宏观政策的协调性。

这种将资本账户开放作为综合性改革方案一部分的观点，其核心思想是从整个金融体系改革的角度，来设计资本账户开放的最优改革顺序。Johnston（1998）进一步发展了自己的观点，直接将资本账户开放看作是金融部门自由化的一个方面。结论显示，一国实施资本账户开放时面临的最严重的挑战，是必须完善其金融机构来保证在市场制度转变时仍能正常运行，并在新的开放经济环境中实现货币政策目标以及维护宏观稳定。基于此，他在资本账户开放顺序的安排上，设计了以开放对金融广义改革目标的贡献作为评估标准

的排序方法。Ishii & Habermeier（2002）在研究报告中提出，应基于对资本管制、宏观经济和金融部门的脆弱性的评估，并据此安排资本账户开放与金融改革和其他政策之间的顺序。Nsouli et al.（2002）则从市场信息传递效率的角度指出，在稳定的经济环境中，价格信息所具备的经济内容更多，传递效率更高，在这种条件下推进资本账户开放不会引起市场严重扭曲，导致不利的经济后果。这些排序标准的提出，也反映了金融体系本身的稳定状况，以及多领域的结构性改革政策关系，对资本账户开放进程的重要性。

1997 年亚洲金融危机爆发后，学术界对资本账户开放的热烈争论逐渐形成了一系列的共识，对开放顺序提出了一些广泛性意见。Edwards（2002）整理了这些观点，提出了普遍认同的开放顺序：首先，一国应先处理国内的严重财政失衡，控制财政赤字与外债规模，在改革初期，必须实现宏观经济基本稳定；先推行经常账户自由化改革，在前者开始执行之后，再进行资本账户自由化；在这一过程中，现代银行监管体系的建立应放在金融改革的首要位置，资本账户开放同样要在其实现后再进行。这一共识仍显示出对资本账户开放选择渐进模式的支持，认为资本账户开放必须置于经济改革后期。但 Nyberg et al.（2001）发表的关于亚洲金融危机的研究报告指出，爆发危机的国家经验表明市场开放和资本账户开放顺序并不决定性的影响改革的成败，一国金融服务部门是否能在开放过程中承受来自国外机构的竞争压力以及市场冲击，才是更为重要的决定因素。由此，他们提出与共识相异的改革顺序：首先改进国内商贸环境与经济条件，提高国内金融主体的竞争实力与风险管理能力；然后，强化监管，保证宏观经济政策的协调性和有效性；在实现上述改革的基础上，才能逐步推行资本账户开放和市场开放。

五、资本账户中子项目开放排序问题

关于资本账户开放具体顺序的讨论，就是针对账户内各个子项目的开放顺序的安排。子账户开放顺序的失当，同样会引发剧烈的金融危机。如果将资本账户开放与其他结构型经济改革以及金融自由化改革的先后顺序看作改革的外部顺序，那么资本账户中子项目开放的具体顺序则是开放进程的内部顺序，表现为资本账户改革政策的现实行动安排。对此，Johnston（1998）提出了一个简单准则：以资本流动期限划分，先开放长期资本流动，后开放短期资本流动；以投资方式划分，先开放直接投资，后开放间接投资。Ishii & Habermeier（2002）基于上述规则提出建议，对于早期的短期资本流动开放，必须采取充分的谨慎性管制政策，以预防投机性流动带来的风险影响。以外国直接投资（FDI）为代表的长期资本流入一般作为资本账户开放的第一步，因为 FDI 能够提高国内总投资水平，并有助于引入国外先进技术，其稳定性不易受市场情绪影响，风险因素较低（Lim，2001；World Bank，2001）。

资本账户下的证券投资项目的开放是整个改革过程中最需谨慎考虑的部分，因为高波动性的短期投资资本会增加金融危机爆发的可能性。Eichengreen et al.（1999）的研究提出了证券投资项目开放的先决条件，包括完善的会计和审计制度、内幕曝光程序以及有效的支付系统。Fuchs（2001）进一步细分了证券投资项目，认为债务资本流动的开放应先于股权资本流动的开放，这是由市场发展规模所决定的。在适当的制度框架下，资本市场的开放才能发挥促进经济增长的正效应。对资本外流项目和内流项目的开放排序，大多数学者支持对资本内流的开放应在开放外流项目之前。其中，对资本外流项目的限制需要分清限制的原因，大多数情况，一国限制资本外流是为了避免资本流出引起的国内投资下降，导致宏观经济失衡，抑制经济增长；同时，国内金融市场的扭曲也可能造成政府限制资本外流（Nsouli et al.，2002）。

近年来，随着交叉学科联系不断增强，各种系统工程学、运筹学中的数理方法开始被经济学家们采用，对资本账户开放的最优时点选择的研究也有了新进展。Tomiyama（1985）提出了两阶段动态最优控制技术，Makris（2001）运用此技术讨论了资本账户开放的最佳时点选择问题。国内学者吴信如（2006）沿用此技术，对 BSV 模型进行延伸，对人民币资本账户开放时机的内生决定建立了理论模型并推导出了最优解。Cassandras（2002）梳理了包含离散事件的混杂系统优化控制问题，并给出了整体性的分析框架和求解方法。国内学者李巍（2009）运用切换系统的最优控制模型实证了人民币资本账户下股票市场和债券市场的开放时点选择。

第四节 短期资本流动的测算

短期资本流动的测算方法主要有直接法、间接法和混合法。直接法，最早由 Cuddington（1986）提出，主要是通过国际收支平衡表（BOP 表）中的几个项目直接相加的方法来衡量短期资本流动规模，其基本估算公式为“错误与遗漏项 + 私人部门短期资本流出”。间接法，又为剩余法，最早由 World Bank（1985）提出，主要是用外汇储备增量减去 BOP 表中正常使用的项目来衡量短期资本流动规模，其基本估算公式为“外汇储备增加—外商直接投资增加—经常项目顺差—外债增加”。之后 Cline（1987）进一步做了补充，主要考虑了商业银行海外净资产增量、停留在国外的海外资产再投资收益、其他投资收益和旅游收入四类项目。混合法，最早由 Dooley（1986）提出，其基本估算公式为“错误与遗漏项—本国居民除直接投资外的对外债权增量—世界债务表中债务增量与 BOP 表中外债增量之差 + 产生国际平均收益的对外债权额”。

国内学者多根据中国实际，通过改进相关方法来研究中国的短期资本流动。在基本的直接法估算公式基础上，杨海珍和陈金贤（2000）、任惠（2001）、刘莉亚（2008）补充加入了进出口伪报（转移定价）额和贸易信贷。进一步地，尹宇明和陶海波（2005）考虑了隐藏在投资收益、外商直接投资（FDI）和其他投资中的短期资本。就间接法而言，王世华和何帆（2007）、Michaelson（2010）利用最基本的估算公式对中国短期资本流动进行了测算。由于外汇储备增量中包含了主要货币汇率变动造成的估值效应，刘莉亚（2008）、林松立（2010）、张明（2011）采用外汇占款替代外汇储备，在此基础上苟琴等（2012）增加了进出口伪报额和净外债增量；张斌（2010）则采用货币当局外汇资产替代外汇储备。以上两种方法均很好地解决了“估值效应”问题。一般说来，直接法得到的短期资本流动规模较小，而间接法倾向于夸大其规模。鉴于此，曲凤杰（2006）、刘仁伍等（2008）、陈瑾玫和徐振玲（2012）等人以直接法和间接法的平均值作为最终的短期资本流动规模。石刚和王琛伟（2014）在对以往测算方法分析比较的基础上，基于国际收支平衡表（BOP 表）对我国短期资本流动进行了直接和间接的测度，发现二者具有一致性。此外，陈卫东和王有鑫（2016）认为人民币贬值背景下，地下资本外逃规模不容忽视。因此，他们构建了囊括合法渠道、地下渠道在内的测算框架，发现合法渠道下其他投资和证券投资是金融账户资本外流的重要渠道，灰色渠道下进口低报是香港贸易套利资金流入的主要渠道。

第五节 短期资本流动的驱动因素研究

随着各国资本项目自由化的快速推动，跨境资本流动尤其是短期资本流动规模日趋增大，其中对于其驱动因素的研究逐渐引起学者们的重点关注。早期 Calvo et al.（1993）、Barry & Mody（1998）认为利率、汇率是引起短期资本流动的主要因素。随着研究的深入，Reinhart & Montiel（2001）、Forbes & Warnock（2011）将影响因素划分为推力（Push）和拉力（Pull）因素，其中推力因素主要指国际因素，包括美元流动性、国际低利率和全球高风险偏好等，拉力因素主要是东道国内部因素，包括高利率、高经济增长、低通胀和高资产收益率。IMF（2011）、Koepke（2015）进一步区分了周期性因素与结构性因素。周期性因素本质上是短期因素，包括利率、经济增长和避险因素等，而结构性因素则与制度性等中长期因素有关，包括经济体中机构投资者的崛起、投资多样化趋势，信息和通信技术的进步，新兴经济体金融市场的放松管制，以及政府在经济中的作用。

国内学者对中国短期资本流动影响因素的研究基本延续了国际学者的思路。汪洋（2004）基于 1982—2002 年数据、王世华和何帆（2007）基于 1999 年 1 月—2006 年 6 月数据，利用 OLS 方法发现国内外利差和人民币汇率是中国资本流动的重要影响因素。而刘立达（2007）采用 1982—2004 年半年期数据，发现资本流入与国内外利差、人民币汇率均没有显著关系。但是，利率、汇率并不足以解释我国资本流动的规模特征，获取资本市场和房地产市场“套价”收益可能是早期短期国际资本流入我国的主要动机之一。因此，张谊浩等（2007）基于 1996—2005 年数据，张谊浩和沈晓华（2008）基于 2005 年 7 月—2007 年 9 月数据，结合三重套利模型论证了上证综合指数上涨是热钱流入的原因。考虑到期限性或动态性影响特征，陈浪南和陈云（2009）基于 1999 年 1 月—2008 年 6 月数据，利用 ARDL—ECM 模型研究发现：长期来看，人民币汇率预期变化和国内外利差对短期国际资本流动的影响显著，而人民币汇率水平、国内股市收益率和房地产收益率并未产生显著影响；短期来看，人民币汇率、国内外利差和房地产收益率的影响存在显著的滞后效应。马宇和杜萌（2013）基于 1982—2010 年 29 个新兴市场国家（或地区）的数据，采用 GMM 方法发现美元供应的增加、新兴市场国家（或地区）利率和汇率的提高均会引起短期资本流入增加。为了分析汇率制度因素与跨境资本流动的关系，刘粮和陈雷（2018）构建资本流动的收益—风险分析框架，结合 149 个国家（或地区）的数据实证发现浮动汇率制度能够吸收国外利率对净资本流动的冲击，以及全球风险偏好对总资本流动的冲击。由于变量之间可能存在双向互动关系，近年来学者们越来越多地采用 VAR 模型，如曹媚（2009）、吕光明和徐曼（2012）、张明和谭小芬（2013）、张明和肖立晟（2014）、林乐芬和应玮瑄（2014）、潘敏和唐晋荣（2015）、巴曙松等（2015）、李婧和吴远远（2017），但由于选用样本数据不同，学者们的研究结论不尽一致，如表 1–2 所示。此外，苟琴等（2012）在传统"推—拉"模型的基础上通过引入资本账户管制与利率、汇率的交叉项，判断资本管制在长期和短期均未完全失效。

表 1–2　中国短期资本流动影响因素研究的部分经验证据

学者	样本数据	主要结论
曹媚（2009）	1993—2008 年 中国	人民币升值预期是导致我国短期资本流入的重要因素
吕光明和徐曼（2012）	2002 年 1 月—2011 年 6 月 中国	我国短期资本流入的主要驱动因素是套汇因素，其次是套利因素，股票和房地产等资产价格的影响很弱
张明和谭小芬（2013）	2000 年 1 月—2012 年 6 月 中国	人民币升值预期是我国短期资本流动最重要的驱动因素；国内利率上升会导致短期资本持续流出；与房地产价格相比，股价影响更重要
张明和肖立晟（2014）	2000—2012 年 52 个经济体	对新兴市场国家（或地区）而言，国内经济增长率是最重要的拉动因素，全球风险偏好与美国经济增长率是最重要的推动因素；对发达国家（或地区）而言，本币汇率变动率是最重要的拉动因素，美国经济增长率是最重要的推动因素。在市场平静时期，本币汇率变动与经济增长是新兴市场国家（或地区）短期资本流动的重要驱动因素，但这些因素在市场动荡时期不再显著；在市场动荡时期，利差与经济增长对发达经济体（或地区）短期资本流动的影响转而变得显著
林乐芬和应玮瑄（2014）	2002 年 12 月—2012 年 12 月 中国	人民币汇率对短期资本流动的影响最为显著，其次是以股票和房地产为代表的资产价格因素，最后是利率因素

潘敏和唐晋荣（2015）	2005年7月—2013年12月 中国	扩大实际汇率和市场预期的差异有助于遏制热钱流入
巴曙松、顾磊和严敏（2015）	2000—2011年的季度数据 中国	人民币预期升值、房地产和股票价格上涨导致短期资本流入增加，没有发现对外开放度和国内外利差会吸引短期资本流入
李婧和吴远远（2017）	2009年1月—2016年9月 中国	房地产市场、人民币汇率、国内经济增长和国际金融风险对我国短期资本流动的影响较大，而国内外利差和股票市场的影响相对较小

第六节　系统性金融风险的测度

2008年国际金融危机爆发以后，系统性金融风险逐渐成为学术界和政策制定者们共同关注的焦点。系统性金融风险，是指某一事件对多个金融机构或者多类金融市场产生冲击，进而威胁整个金融体系以及宏观经济稳定，其核心在于金融机构、金融市场间的风险传染。对系统性金融风险的测度方法主要包括：（1）经验方法，主要是通过已经发生过金融危机国家的历史数据分析引发危机的影响因素，进而构建用以预测未来危机发生与否的预警系统，如Frankel & Rose（1996）、Kaminsky et al.（1998）。然而我国尚未发生真正意义上的金融危机，其适用性有待论证。（2）网络分析方法，主要是通过研究金融机构之间的系统关联、风险传染，进而判断金融体系的风险状况。如Müller（2006）、Billio et al.（2012）。（3）在险价值法（VaR）、或有权益法（CCA），主要是评估系统性风险损失及损失概率的方法。如Adrian & Brunnermeier（2016）、Gray & Jobst（2010）。（4）综合指标法，主要是综合影响系统性金融风险的相关指标，通过一定的赋权方法构建风险指数，如Illing & Liu（2006）的金融压力指数（FSI）、Goodhart & Hofmann（2002）的金融状况指数（FCI）。综合指数法不关心金融危机发生与否，也不关心系统性金融危机发生的原因，主要是按照各类金融指标与金融危机的相关性程度确定权重，操作简单、指标选择和权重确定相对灵活，在发展中国家（或地区）的系统性风险衡量方面具有无可比拟的优势。综合指标法的赋权方法，主要包括两大类：一是静态权重法，如等权重法（Balakrishnan et al.，2011；Cardarelli et al.，2011）、相关系数法、标准离差法、主成分分析法（English et al.，2005；Hakkio & Keeton，2009）和广义脉冲响应函数（Lack，2003）；二是动态权重法，如动态因子模型（Hatzius et al.，2010；Matheson，2012）、TVP-FAVAR 模型（Koop & Korobilis，2014）。在经济金融指标的选取方面，文献中涵盖的指标越来越广。如 Goodhart & Hofmann（2002）在指数中仅纳入了利率、汇率、房地产价格和股票价格 4 个变量，Hatzius et al.（2010）扩展为利率、股票、商品价格和市场波动率等 45 个变量。在研究视角上，Giglio et al.（2016）、Silva et al.（2017）思路类似，均采用金融指标对经济衰退的预测能力作为赋权依据构建系统性风险指数；而 Li & Perez-Saiz（2018）则采用多元极值估计方法，通过测算多个金融机构共同的信用风险来衡量系统性金融风险。

国内学者对系统性金融风险的研究起步较晚，主流思路是借鉴和改进国际常用方法，对系统性金融风险进行测度。张元萍（2003）运用 STV 横截面回归模型和 KLR 信号分析法对我国发生金融危机的可能性进行了实证分析，发现外部投机力量是我国预防金融危机的关键。陈守东等（2006）采用因子分析法分析我国金融风险状况，并运用 Logit 方法建立了预警模型。宫晓琳（2012）基于 CCA 方法测度了 2000—2008 年我国的宏观金融风险。李志辉等（2016）采用 SCCA 和非参数方法构建了我国银行业时变的系统性风险监测指标。梁琪等（2013）改进了 Acharya et al.（2012）的 SRISK 方法，计算了我国上市金融机构的资本短缺程度。许涤龙和陈双莲（2015）基于银行业、房地产业、股票市场和外部金融市场 18 个变量，采用 CRITIC 赋权方法构建了反映系统性金融风险的中国金融压力指数。陶玲和朱迎（2016）分金融机构、货币市场、债券市场、股票市场、房地产市场、外汇市场和政府部门 7 个维度，运用主成分分析方法对中国系统性金融风险进行了监测。何青等（2018）综合考虑了金融机构的个体风险、联动和传染效应、波动和不稳定性以及流动性与信用等风险因素，采用主成分分析分位数回归方法构建了反映实际经济增长的系统性金融风险指数。杨子晖和李东承（2018）基于“去一”分析法和蒙特卡罗模拟深入探究了各类型银行系统性金融风险的贡献度。杨子晖和周颖刚（2018）则利用有向无环图和网络拓扑方法，对全球系统性风险溢出分别作了静态、动态和网络分析。

第七节 资本账户开放、汇率制度改革与外汇风险传染

一、金融网络化特征显现，金融风险传染为并发特征之一

金融发展常伴随着金融创新，衍生品、表外业务、层级嵌套等金融新业态和新模式推动着金融关系网络日益复杂化，而密切的国际经济金融往来也将这个复杂金融网络推向更宽更广的层面。一方面，复杂的金融网络有利于优化全球的资源配置，降低信息传递成本和投融资成本，增强尾部风险冲击的吸收能力及风险分担能力（邓超和陈学军，2014；Acemoglu et al.，2015）；另一方面，一旦局部金融风险积累并爆发，将会促使风险传染至每个节点和末梢，形成全局性或系统性金融危机，关联性风险被认为是系统性金融风险的重要组成部分（Gai et al.，2011；Diebold & Yilmaz，2014；Elliott et al.，2014；Drehmann & Tarashev，2013；Greenwood et al.，2015；Silva et al.，2017），金融网络容易引发金融风险传染，亚洲金融风暴、美国次贷危机等都印证了这点。因此，金融网络具有“既稳健又脆弱”（Robust-yet-Fragile）的特性（Gai & Kapadia，2010）。

二、网络分析逐渐运用到金融风险传染研究中

近年来，复杂网络模型和网络分析法逐渐运用到金融网络和风险传染的研究中。越来越多学者通过网络分析法来研究金融网络的宏观特征、结构特征和互动特征，在金融风险传染方面，复杂网络模型具有明显优势，它能较为直观地刻画风险扩散效应。Watts & Strogatz（1998）、Barab ά si et al.（1999）相继提出“小世界网络”模型及“无标度网络”模型，在此基础上，随机网络（Nier et al.，2007）、分层网络（Teteryatnikova，2010）、规则网络（Battiston et al.，2012）等讨论不同网络模型对传染影响的研究也逐渐涌现，标志着复杂网络模型和网络分析法日趋成熟。网络分析法通过研究金融主体之间的系统关联、风险传导关系，进而判断金融体系风险状况（Gray & Jobst，2010）；通过构建金融网络，对金融网络的结构和性质进行分析，不仅能观测金融网

络的整体结构特征，还能深入分析不同金融机构间的局部关联水平，以便利不同金融部门对特定风险点采取针对性的处置策略，提高政策有效性（李敬等，2014）。通过网络分析法研究金融风险传染问题，得出了很多启发性的结论。Allen & Gale（2000）认为紧密的金融网络分散了个体风险，而稀疏的金融网络更容易传染风险。Vivier-Lirimonty（2012）持相反意见，其认为紧密网络增加了金融个体之间的关联度，因此提升了风险传染程度。鲍勤和孙艳霞（2014）利用最大熵方法建立了我国的银行间市场网络，发现"中心—边缘"层级网络比完全连接更容易传播和放大金融风险。朱正和贺根庆（2015）认为金融风险主要通过贸易溢出和投资者预期的净传染效应进行传导。需要特别指出，政策层面和学界的共识是，不能仅靠单个金融系统的微观审慎监管，必须对系统性金融风险进行宏观审慎监管。宏观审慎管理政策本质上也是将金融系统看作一种网络，网络分析方法对于评估整体金融稳定性和系统风险至关重要（Allen & Babus，2009；Haldane，2013）。

三、外汇风险传染是金融风险的重要组成部分

外汇风险是金融风险重要的组成部分，在错综复杂的国际经济环境中，即使本国宏观经济基本面尚未恶化，但仍有可能受外部影响产生外汇风险，这种全球货币联动带来的传染效应积聚可能引发严重的货币危机。Krugman（1998）认为国际市场上存在恐慌资金和投机资金，这部分资金在特殊市场环境下，通过跨国资金流动对金融脆弱性（特别是银行流动性不足）的国家造成冲击，形成货币危机。在主权货币作为国际储备货币条件下，全球失衡是必然的（赵文生和刘树林，2018），特别是主要货币之间存在明显的收益溢出和波动溢出效应（郭珺和滕柏华，2011）。过去不少研究主要考虑外币对人民币汇率波动的单向影响，如朱孟楠和严佳佳（2007）在人民币汇率波动分析中选取了美元、日元、港币等7种主要货币。但当前国际汇率市场具有显著的货币联动特征（Keskin et al.，2011），双向影响和交叉影响是当前主要的趋势之一，各国货币同时存在吸收效应和外溢效应，外汇风险传染复杂性提升，网络分析法将能较好地适用于此类复杂关联关系的研究。

从板块和区域层面上看，地域上相近的货币存在显著的区域性货币联动特征，主要有"亚洲货币板块"和"欧洲货币板块"两个主体（Kocakaplan et al.，2012）。麦勇和陈欢（2016）发现全球汇率波动存在以美元、人民币、丹麦克朗为主，新加坡元、马来西亚林吉特、瑞士法郎等货币为辅的汇率联动板块，并且以人民币、美元等货币为核心的板块联动溢出效应最为显著。2013 年“一带一路”倡议提出后，中国与“一带一路”沿线国家经济交往愈发密切，国际贸易、基础设施建设、投融资等方面交流进一步加强，货币互换、清算行建设等金融基础设施不断完善。在此背景下，人民币汇率波动对“一带一路”沿线国家的溢出效应和联动持续性逐渐增强（王中昭和杨文，2014；蔡彤娟和林润红，2018）。随着人民币国际化水平的提高，东盟区域将可能形成隐形的人民币货币锚（王颖和李甲稳，2015；唐洁尘和李容，2018）。但当前人民币锚效应仍有待提高，接受度和认可度仍不及美元和欧元（刘刚和张友泽，2018）。

次贷危机和欧洲主权债务危机的外汇风险传染是当前学者关注较多的案例，尾部风险事件时期，外汇风险传染性更大。梁芹和陆静（2013）发现次贷危机时期，五种样本货币汇率都出现大幅波动，汇率市场样本对之间存在显著的传染效应。万蕤叶和陆静（2018）使用相关系数的费雪 Z 转换将危机期间外汇风险传染效应分为净传染和转移传染两种类型，通过对 47 个国家（或地区）的货币汇率数据进行分析，发现次贷危机和欧债危机主要国家外汇市场大幅震荡，体现了各国外汇市场间的相互依赖关系，次贷危机期间转移传染效应明显，欧债危机期间净传染效应显著，实体经济间的联系和投资者心理预期对外汇市场的影响较大。在金融网络下的外汇风险传染是本书主要的关注点和研究核心。

四、外汇风险传染的影响机制——资本账户开放与汇率制度改革

对于外汇风险传染的影响机制，本书主要聚焦资本账户开放和汇率制度改革两个方面。“不可能三角”理论阐述了货币政策独立性、资本自由流动、固定汇率制度选择是相互制约、不可兼得的关系，不合理的政策搭配容易引发货币危机甚至是金融危机。Stiglitz（2000）基于 1997 年东南亚金融危机的历史经验，指出在固定汇率制度的协定框架下，如果金融系统相对薄弱的发展中国家（或地区）贸然开放资本账户，往往会引致外汇储备耗尽、本币崩溃。从“不可能三角”理论和一系列金融危机中不难看出，外汇市场风险受资本

账户开放、汇率制度选择影响较大。资本账户开放被学术界热议，其对汇率和经济增长具有显著影响（Eichengreen，2001），还会对发展中国家金融稳定产生负面冲击（李巍，2008）。资本账户开放通过提升资产对境外投资者的吸引力，从而减少本币汇率贬值压力（Akram & Byrne，2015），但也可能带来大规模净资本进出，使本币汇率稳定性下降（Erten & Ocampo，2014）。对于中国而言，汇率市场化改革的方向、实施顺序将对人民币汇率产生影响（管涛，2016；陈创练等，2017），汇率市场化将加大人民币汇率双向波动幅度，且波动具有较强有持续性（何启志，2017）。蔡彤娟和陈丽雪（2016）研究发现，“8·11”汇改后人民币与东亚主要货币汇率的联动性及持续性显著增强，汇率改革对外汇风险传染具有显著影响。

政策方面，中国人民银行在维持货币政策独立性基础下，逐渐开放资本账户，并朝着汇率市场化方向进行改革，以汇率制度“角点解”的方式来应对三元悖论（易纲和汤弦，2001）。资本账户开放和汇率市场化改革是当前中国全面深化改革的重要内容，这两项改革的实施不仅需要考虑国际资本流动和汇率形成机制的影响，还要斟酌多种因素交织的复杂互动关系，以及对外汇风险的影响（程惠芳等，2016）。赵茜（2018）考察了资本账户开放和汇率市场化改革对外汇风险的影响，发现资本账户开放能促使资金净流入，增大人民币升值压力，而汇率市场化改革能造成人民币贬值压力，两者配合才能有效释放外汇风险。因此，无论是资本账户开放，亦或是汇率制度选择和汇率改革，都是影响外汇风险传染的重要因素。在中国进一步深化改革的窗口期，以及防范系统性金融风险的攻坚期，将资本账户开放和汇率制度改革与外汇风险传染综合考虑分析，具有较强的现实意义。此外，全球各国资本账户开放进程不断推进，讨论资本账户这个影响因素也符合全球的现状与趋势。

第八节　资本账户开放与宏观经济

从检索文献来看，关于资本账户对宏观经济的影响主要包含跨境资本流动、经济增长和金融发展等方面。在经济学界，资本账户开放一直都是具有争议的论题，争论的焦点也主要集中在资本账户开放是否能吸引跨境资本流入，促进经济增长、金融发展，是否会增加或降低金融风险。

一、资本账户开放与跨境资本流动

资本账户开放最根本的意义在于解除了对跨境资本流出入的限制，允许资本自由流动。Bartolini & Drazen（1997）、Kim & Singal（2000）、Bekaert et al.（2002）、Forbes et al.（2015）一致发现，资本账户开放的确是推动跨境对外直接投资和证券投资流动的重要因素。而根据比较优势理论，在管制逐渐放开、趋于自由流动时，资本将由发达国家（资本相对充裕）流向欠发达国家（资本相对缺乏），从而使得两类国家的产出同时增加，进而实现全球福利的提升。对此，Williamson（2006）、Henry（2007）、Bussiere & Fratzscher（2010）通过实证研究，发现发展中国家（或地区）的资本项目自由化会明显增加资本流入。而 Giordani et al.（2016）也发现资本账户管制会使得跨境资本转移到具有类似经济特征的其他国家，从而减少国内的资本流入。结合我国实际，Verikios（2018）建立了动态可计算一般均衡模型，发现对外国直接投资（FDI）账户管制的减少会引起 FDI 流入显著增加。然而，在大部分新兴市场国家（或地区）在 20 世纪 80 年代放开资本项目以后，却不同程度地遭受了资本大规模流出入的冲击，如拉美、东欧国家的债务危机，东南亚金融危机等。Hagen & Zhang（2010）建立小型开放经济模型，发现金融开放有利于廉价外国资金的流入，提高生产效率，但会产生不利的分配效应。同时从现实来看，资本更多地是从相对落后的发展中国家（或地区）流向富裕的发达国家（或地区）（Lucas，1990）。对此，Reinhardt et al.（2013）、张天顶和张洪敏（2014）指出正是资本账户限制影响了富国和穷国之间的资本流动，很好地解释了卢卡斯之谜。同时，Prasad & Rajan（2008）、Sedik & Sun（2012）、Ding & Jinjarak（2012）、杨子晖和陈创练（2015）指出资本账户开放具有“门槛”效应，需要较高的经济增长、股票回报和较低的通货膨胀才能吸引资本流入。对于我国的不少实证研究则表明，由于大量国内储蓄寻求国际多元化投资的需求，资本项目自由化可能会引发资本外流（Aoki et al.，2010；Bayoumi & Ohnsorge，2013；He et al.，2012；周工等，2016）。姚小义和王曼霏（2016）基于我国 2005—2015 年的季度数据，利用 VECM 模型发现整体资本账户开放与资本账户项下敏感项目的开放在短期内对跨境资本总流量的影响显著。针对上述实证文献微观基础薄弱的缺憾，杨小海等（2017）建立动态随机一般均衡模型模拟发现，资本账户开放会导致中国面临资本外流的压力，而且流出的速度会随着管制程度的放松而加快。另外，苟琴等（2012）在传统“推—拉”模型的基础上通过引入资本账户管制与利率、汇率的交叉项，判断资本管制在长期和短期均未完全失效。另外，Okada（2013）利用1985—2009年112个国家（或地区）的数据，发现金融开放不会对国际资本流入产生重要影响，Neumann et al.（2009）亦有类似发现。

二、资本账户开放与经济增长

资本账户的开放效应最终落脚于其是否能推动经济增长，因此研究文献颇多、但同时不乏争议。对资本账户开放持支持态度的经济学家们普遍认为开放能够促进跨境资本流动、拓展融资渠道，尤其对于发展中国家（或地区）来说，较低成本的资本流入能够带来经济增长效应（Quinn，1997；Klein & Olivei，2008；Bekaert et al.，2005；Bekaert et al.，2011；Quinn & Toyoda，2008；Trabelsi & Cherif，2016；Epaulard & Pommeret，2016；盛松成，2013；孙俊和于津平，2014；苟琴等；2018）。具体来看，Quinn（1997）、Quinn & Toyoda（2008）分别基于1958—1989年64个国家（或地区）、1950—1999年94个国家（或地区）的面板数据，发现资本账户开放的确能够刺激经济增长。Epaulard & Pommeret（2016）结合理论分析和数值模拟，进一步证实了这一结论。Klein & Olivei（2008）基于1986—1995年67个国家（或地区）的面板数据，发现资本账户开放能够促进金融深化，进而产生经济增长效应。Trabelsi & Cherif（2016）基于1975—2011年新兴市场国家（或地区）的面板数据，发现资本账户开放存在显著的增长效应，同时他们认为这种增长效应是通过提高资本积累而非效率来实现的。孙俊和于津平（2014）基于动态随机一般均衡模型，研究发现提高证券投资项目的开放程度，有助于宏观经济增长。苟琴等（2018）基于1960—2011年182个国家（或地区）的面板数据，发现资本账户开放在短期和长期均显著地促进了经济增长。

然而，大部分新兴市场国家（或地区）在20世纪80年代纷纷放开资本项目以后，却不同程度地遭受了资本大规模流出入的冲击，如拉美、东欧国家的债务危机，东南亚金融危机等。面对危机的惨重代价，国际货币基金组织（IMF）承认资本账户开放也蕴含着潜在风险，应采取有序、稳健的开放策略（Eichengreen & Mussa，1998；Hagen & Zhang，2010）。Levchenko et al.（2008）基于1963—2003年56个国家（或地区）的面板数据，结合DID和倾向得分匹配方法发现金融自由化并没有带来产出的增长。张永升等（2014）基于1990—2011年的数据样本，发现资本账户开放对发达国家（或地区）和发展中国家（或地区）的经济增长均没有显著影响。同时，越来越多的学者指出，资本账户开放对经济增长具有门槛效应，较为发达的金融体系、以及良好的经济制度是一国（或地区）获得资本账户开放收益的关键（Chinn & Ito，2002；Eichengreen et al.，2011；Kaya et al.，2012；Saidi & Aloui，2010；Saidi et al.，2016；李泽广和吕剑，2017）。从实证检验来看，主要采用了分样本回归和门槛回归两种方法。Edwards（2001）、Arteta et al.（2001）、Klein（2003）研究发现资本账户开放有助于中高收入国家（或地区）的经济增长，但对低收入国家（或地区）的影响则恰恰相反，国内的李丽玲和王曦（2016）、张驰等（2018）等学者也得到类似结论。汪川（2018）基于1996—2014年144个国家（或地区）的面板数据，发现在全样本情况下，资本账户开放对经济增长不仅没有促进作用，反而存在负面影响；分组回归的结论显示，资本账户开放的增长效应存在收入门槛值。雷达和赵勇（2007）、林清泉和杨丰（2011）、Jiang & Zhang（2017）均使用多门槛模型探究资本账户开放对经济增长的"门槛效应"，其中雷达和赵勇（2007）以国民收入水平、贸易水平和金融水平作为门槛变量，林清泉和杨丰（2011）以世界银行开发的国家治理指标作为门槛变量，Jiang & Zhang（2017）以金融发展水平作为门槛变量。郭桂霞和彭艳（2016）则进一步从国家和省际两个层面分析了资本账户开放的门槛效应。另外，也有不少学者针对不同类型资本账户开放的经济增长效应展开研究。侯晓霞（2012）基于1994—2009年68个国家（或地区）的面板数据，发现资本流入对转型国家（或地区）的经济增长存在正向的影响效应，而资本流出则仅仅有利于发达国家（或地区）。游宇和黄宗晔（2016）基于1995—2010年78个国家（或地区）的面板数据，发现一国（或地区）对于股票账户的管制政策阻碍了经济增长，而对债券账户进行管制却能促进经济增长，直接投资项目影响不显著。智琨和傅虹桥（2017）基于1995—2012年58个发展中国家（或地区）的面板数据，发现直接投资开放对经济增长存在显著的正向效应，而证券投资和金融信贷的开放则恰恰相反。Law & Azman-Saini（2013）基于马来西亚的相关数据，发现法律意义上的资本账户自由化对经济增长产生了不利影响，而事实上的测度标准则显示出对经济增长的积极影响。

三、资本账户开放与金融发展、金融风险

除了对跨境资本流动、经济增长直接产生影响之外，资本账户开放还会通过金融机构、金融市场、金融风险等方面对宏观经济增长产生间接作用。从有利于金融发展的角度看，放松资本管制有助于提高国内金融市场的流动性、降低融资成本、提高资金配置效率（Henry，2000；Chinn & Ito，2006；Mishkin，2006；Klein & Olivei，2008；Alfaro et al.，2008），同时资本的自由流动有助于优化资源配置、分散风险（Obstfeld，1995；Levine & Schmukler，2007；Elsayed & Perros，2012）。更重要的是，引进国外金融市场的竞争机制，有助于提高东道国金融管理能力、完善金融监管机制，促进金融创新和金融深化（Levine，1996；Kaminsky & Schmukler，2003；Huang & Temple，2005；Kose et al.，2011）。其中，Bekaert et al.（2005）、Mishkin（2006）、Klein & Olivei（2008）基于理论论证指出，资本账户开放引起的外资银行进入，有助于丰富国内金融工具、提升国内竞争氛围，提供更为便利的金融服务，同时也对改善国内监管水平大有裨益，金融深化进而促进了经济增长；Chinn & Ito（2006）则强调，资本账户开放促进国内股票市场发展需要较为成熟的法制体系作为前提条件。因此从这一层面来看，资本账户开放可以有助于降低国内系统性金融风险（Fisher，1998；Prasad et al.，2003；Kose et al.，2006）。

然而，在面对一系列金融危机的惨痛代价之后，学者们开始意识到资本账户过快开放引起的跨境资本的频繁流动将可能诱发金融危机（Calvo，1998；Krugman，1999；Stiglitz，2000；Aizenman，2003）。Tirole（2002）、Komulainen & Lukkarila（2003）认为，允许跨境资本在各国间无限制地自由流入和流出，并非既有利于债务国以及世界其他国家，反而容易使得许多新兴市场国家（或地区）爆发大规模的金融危机。资本账户开放以后，跨境资本流动的顺周期性明显强化：经济繁荣时，逐利资金大量流入，资产价格攀升；而一旦经济放缓，资本流入的情况可能发生中断甚至反转，导致资产价格快速下降（Guo & Huang，2010；Broner et al.，2013；Gupta & Sengupta，2014；Ocampo，2015）。因此，一国（或地区）资本账户的开放程度越高，越容易受到外部金融风险

冲击的影响（Kaminsky & Reinhart，1999；IMF，2003；Aizenman，2008）。在资本账户开放与金融风险的相关文献中较多地侧重于对银行危机的分析，如Giannetti（2007）、Daniel & Jones（2007）、Reinhart & Rogoff（2014）、Qin & Luo（2014）。其中，Giannetti（2007）、Daniel & Jones（2007）、Qin & Luo（2014）均指出，由于跨境资本存在顺周期性流动的特征，资本账户开放在推动经济增长的同时，提高了银行业发展的不稳定性和银行危机发生的可能性。Reinhart & Rogoff（2014）通过回顾历次金融危机，指出银行危机与资本流向存在较强的相关性。

国内学者关于资本账户开放与金融发展、金融风险的研究起步相对较晚，研究结论呈现"忧多喜缺"。一类观点支持资本项目开放"红利"说。徐传平（2016）、姚战琪和张玉静（2016）发现资本项目开放有助于发展和稳定国内金融市场。黄均华（2017）运用PSTR模型实证检验了1996年1月—2015年9月56个国家（或地区）资本账户开放对货币市场的影响，研究发现其影响存在"阵痛期"，但长期来看资本账户开放有利于货币市场的稳定。彭欢欢（2016）基于1970—2011年58个国家（或地区）的面板数据，发现资本账户开放对发达国家（或地区）和新兴市场国家（或地区）的金融发展均具有积极影响。相对来说，大部分文献更多强调了资本项目开放伴随着显著的金融风险。在货币危机角度，焦成焕和何枭吟（2009）、胡义芳（2013）通过相关性分析，发现货币危机与资本账户开放确实存在较强的相关性。进一步地，朱孟楠等（2017）运用MS-VAR模型实证研究了中国2003年1月—2015年6月资本项目开放与货币危机间的关系，发现整体来说二者存在正相关关系。马勇和陈雨露（2010）采用面板Probit模型，发现危机的发生概率与资本账户开放程度、资本账户的开放方式都有较强关系。对于银行业而言，方显仓和孙绮（2014）、张春宝（2015）发现资本账户开放水平越高，越容易加剧国内银行体系风险。在金融市场方面，邱兆祥等（2013）、钱晓霞和王维安（2016）、周程（2017）认为随着资本账户的逐步开放，国内金融市场承受的冲击更强，因此金融开放可能会对金融发展产生负向影响。Zhang et al.（2015）基于2000—2009年我国30个省际面板数据，发现对外开放度的提升并未对我国金融发展带来显著推动作用，反而呈现抑制效应。从系统性风险来看，李巍和张志超（2012）、刘刚和何永（2015）、宁特林和谢朝阳（2016）认为资本账户开放往往导致金融杠杆率上升，继而增加一国（或地区）发生系统性金融危机的风险。刚健华等（2018）使用SRISK指标测度了我国的系统性风险，并利用VAR-MGARCH-DCC模型研究发现我国短期跨境资本流动与系统性风险，以及二者波动性之间均存在明显的关联关系。何国华和李洁（2018）以开放型理性预期均衡框架为基础，构建了跨境资本与金融风险的内生性关系，发现在系统性风险较高的情况下，跨境资本流动造成的风险效应会日趋加剧。因此，谨慎派学者纷纷指出资本账户开放具有风险效应，在金融风险不断增大的情况下，如果贸然开放资本账户，将会明显加剧资本外逃和资本流动波动对经济增长的负面冲击（李欣欣和刘海龙，2015；陈创练等，2015；方意等，2017）。丁志杰和田园（2016）、余永定（2014，2015）、张明（2012，2016）等学者均指出中国依然应该审慎渐进可控地开放资本账户，否则可能爆发系统性金融危机。同时，在市场经济薄弱、金融体系不完善的条件下，应采取适度资本账户管制以克服短期资本流动剧烈变动引起的国际收支危机或汇率波动（马西森，1995；Lardy & Douglass，2011；王勋，2013）。尤其值得一提的是，戴淑庚和胡逸闻（2016）利用MIMIC模型构建了资本账户开放压力的CAP指数，对我国资本项目开放进程所面临的风险给予了定量化的呈现。此外，也有少数观点认为资本项目开放是“中性”的。例如，曲昭光（2001）、章奇等（2003）发现资本账户自由化与金融危机间并没有必然关系。

第九节　对人民币资本账户开放的认识

一、人民币资本管制政策的有效性

资本账户开放过程是逐渐放松资本管制、允许居民与非居民持有跨境资产及从事跨境资产交易，实现货币自由兑换的过程（成思危，2014）。中国自改革开放以来，对人民币资本账户开放一直遵循先进后出、谨慎推动的渐进开放思路。但随着中国经济加速全球化发展，政府维持对资本自由流动的广泛管制愈加困难，同时不断扩张的经济规模以及稳步上升的国际地位，也对人民币国际化提出了更高要求。据中国人民银行调查统计司课题组（2012）的整理，截至2012年，人民币资本账户下实现基本可兑换的项目有14项，占总数的35%；部分可兑换项目22项，不可兑换项目4项，管制主要集中于私人外汇汇兑、国际资本投资以及资本市场交易等核心领域。并且，我国资本账户下暂无完全可兑换项目，这意味着人民币资本账户的管制程度仍然较高。

随着中国改革开放进程的不断深入，对中国资本管制有效性的讨论引起了学术界的广泛关注，但基本的研究思路仍在资本管制理论框架内进行。根据中国实际情况，部分学者选择从资本流动的实际情况展开资本管制有效性的研究。王世华和何帆（2007）分析了长期利差与汇率预期对短期资本流动的影响，认为汇率预期的作用更为突出，直接关系到资本管制有效性。在开放宏观经济恒等式框架下，于洋和杨海珍（2005）对中国1978—1999年的储蓄—投资相关性做了实证，认定中国资本管制在改革开放20多年里是有效的。张斌（2003）依据利率平价理论对中美两国贷款利差走势进行研究，证实了我国资本管制在维持内外利差适宜的有效作用。Ma & Robert（2007）则利用人民币对美元的NDF价格（无本金交割远期价格），估算香港离岸人民币市场利率。通过分析该利率与国内同期限人民币利率的差异变化，得出我国资本管制仍然有效的结论。

金荦（2004）总结了部分经验定性分析研究结论，认为资本管制的有效性表现出快速衰减的趋势。管制有效性在资本流动结构上呈现显著的不对称性，资本流入管制比流出管制更有效，市场化管制比数量性管制更有效。张斌（2002）进一步细化了评价资本管制有效性的宏观政策目标，并提出资本管制在维护宏观稳定的各项职能中，维护货币政策独立性是资本管制的核心目标，也理应作为评价有效性的主要因素予以考虑。张英和兰荣蓉（2007）对资本管制理论做了详细综述，并认为资本管制有效性在不同管制环境下因管制手段和目标的不同也会有所差异，不能一概而论。

鉴于资本管制有效性问题的复杂性，部分学者尝试综合运用多种评价方法来对资本管制有效性进行全面分析。金荦和李子奈（2005）从货币政策独立性，资本流动以及国际收支三个方面，对我国资本管制有效性进行了全面描述，结论显示中国资本管制是有效的，但随着本国经济的进一步开放，管制有效性将面临来自汇率、利率以及短期热钱冲击的挑战。何德旭和姚战琪（2007）综合运用了储蓄—投资相关法和利率加权平均法，测度了中国改革开放以来的资本流动规模，并在亚洲新兴国家内进行了对比，发现我国的资本流动性水平最低，资本管制有效性最强。徐明东和解学成（2009）整合了国内外评价资本管制有效性的定量方法，并运用储蓄—投资相关法、利率加权平均法、资本管制强度测度法以及抵补利率平价法这四种方法对我国 1982—2008 年的资本管制有效性进行了综合评价。结论显示，尽管我国资本管制对资本流动具有明显抑制作用，但长期来看，有效性随着经济开放的加深而不断下降。

人民币资本管制有效性的减弱，引起学术界对是否应加快开放资本账户的讨论，有关人民币资本账户开放的条件和进度问题受到关注。马杰（2007）对 Klein 的模型做了修正，并提出我国应加快资本账户开放的步伐，同时要不断完善金融机构质量；雷达（2007）研究了人民币资本账户开放的门槛效应，认为中国在存在区域差距明显、法制建设不完善的情况下，应审慎推进资本账户开放；姜波克（2004）则认为国际收支平衡的可维持性是成功实现资本账户开放的核心，中国应将资本账户开放与维持国际收支平衡相联系，以保障开放进程的平稳可持续。张志超（2003）对国际排序理论的发展总结后，对中国人民币资本账户开放次序提出了具体建议：先开放长期资本流动，再开放短期资本流动；在资本投资方式上，先开放直接投资，再开放证券投资；在证券投资项目中，先开放债券投资，后开放股票投资；在所有形式的资本流动中，先开放资本流入，再开放资本流出。这一论断也符合我国所采取的人民币资本账户开放路径。在人民币资本账户开放的各项内容中，又以有序开放资本流出为核心问题（郭强，2005）。国内学者通过对智利、泰国、日本以及欧美国家资本账户开放的经验研究，认为中国的人民币资本项目开放应采取渐进或中性路线，在提升本国金融水平的同时审慎推进资本项目开放（郭威，2007；倪权生，2009；张会清，2012）。

二、人民币资本账户开放的改革进度与顺序

中国早在 1996 年便已实现了经常账户自由化。当前人民币资本账户开放面临的排序问题集中在与利率、汇率市场化改革的顺序选择方面。这一顺序对资本账户下子项目开放次序起到决定性作用。对资本账户开放、利率市场化与汇率改革之间关系的研究一直是学术界争论的焦点。其理论基础都是基于开放宏观经济框架下的“三元悖论”和利率平价理论来展开的（张金清等，2008）。前者揭示了三大改革之间的内生影响：资本账户开放引致的国际资本

流动会冲击本国汇率和利率的稳定，而实现市场化定价的利率和汇率会放大资本套利过程中对国内经济市场的冲击。利率平价则反映了这种内生影响的作用机制：只要利率、汇率市场上存在套利机会，国际投资资本会在套利过程中实现市场出清，尽管行政管制会扭曲市场的均衡状态，但不会影响到资本流动的逐利特性。这也是我国近几年来资本管制效率逐渐降低的理论原因。在资本账户开放过程中，若同时对利率、汇率进行管制，将无法避免大规模的资本流动（成思危，2014）。

资本账户开放与利率、汇率改革之间的复杂关系，在学术界对人民币资本账户开放的顺序问题争论中形成了两派观点。谨慎的学者认为利率、汇率的市场化改革是人民币资本账户开放的必要条件，灵活的利率、汇率定价机制，结合健全的国内金融体系能够有效抵消资本账户开放带来的资本流动冲击，维护宏观经济的稳定发展，因此，人民币资本账户开放应置于改革后期（余永定和张明，2012）。持积极观点的学者则认为人民币资本账户开放的条件应是在推进改革过程中出现的，而非在出现了这些条件后再推进（易宪容，2002）。中国人民银行调查统计司课题组（2012）指出“三元悖论”和利率平价理论的假设前提对我国现实并不成立，考虑到中国庞大的经济体量和复杂的金融政策因素，所谓的适宜人民币资本账户开放的必要条件可能始终无法满足。因此，我国应抓住改革机遇，协调推进利率、汇率改革和资本账户开放，以改革促开放，以开放推改革，才是人民币资本账户开放的合理路径。周小川（2012）综合分析了人民资本账户开放与通货膨胀、汇率制度及国际货币体系等方面关系，认为我国可以在多维区间内拟定目标，有步骤地推进资本账户开放。

贸然推进资本账户开放会加剧资本流动对宏观市场的冲击破坏，而合理的改革顺序以及完善的国内金融环境有助于降低资本账户开放的改革成本。汪小亚（2001）认为在资本账户开放过程中，利用利率、汇率政策的协调配合，能够有效调节资本流动规模，降低国际资本的冲击风险。高木信二和施建淮（2005）在对人民币资本账户开放的战略研究中提出，稳健的财政、竞争性的金融市场、市场化的利率以及灵活的汇率都是降低资本账户开放风险的决定性因素。郭威（2007）总结了资本账户开放的国际实践经验，同样得出稳定的宏观市场、完善的金融体系以及市场化的利率、汇率政策是实现资本账户平稳开放的关键。姜波克和朱云高（2004）在内外均衡分析框架下探讨了资本账户开放成果的可持续性，认为国际收支结构的可维持是实现资本账户开放的核心。

三、人民币资本账户开放的风险

根据经典经济学理论，国际资本流动总是从投资回报率低的地区流向高的地区，这种逐利本质正是引致资本账户开放风险的源头。新兴市场国家往往具有高于国际水平的投资收益率，在推进资本账户开放过程中，会吸引国际资本大量进入国内金融市场及实体经济，而一旦经济发展趋势逆转，逐利资本会迅速逃离本国市场，并带走大规模的金融资源，对新兴市场发展造成毁灭性冲击（Lucas，1990）。这一过程在近几十年的资本账户开放历史中屡屡发生，正是引起各国谨慎对待资本账户开放风险的根本原因。陈雨露（1997）在《国际资本流动的经济分析》中提出，国际资本流入的目标往往是追求国内的超额资本收益，大规模资本纯流入并不会对国内宏观经济造成颠覆性冲击。但当政府采取不合适的宏观经济政策应对经济过热状况时，一旦国际资本出现大规模外逃，将会导致国内金融资本的加速衰退，最终引发金融危机。这说明资本流动的易变性正是资本账户开放引致金融风险的关键因素。若本国开放资本账户时，存在经济市场化程度不足和明显金融抑制，将增加资本收益的不确定性和风险溢价，导致资本流动对市场波动的易变性加强（李翀，2004）；同时，在市场信息传递不完善的环境下，市场噪声引起的羊群效应将显著放大资本流动的进出规模，加强易变性（Calvo & Mendoza，2000）。最终，都将导致宏观经济的迅速恶化。

对于同时进行改革和开放的发展中国家而言，最关键的长期战略问题是能否在金融开放进程中实现无危机的稳定增长（陈雨露和马勇，2009）。中国人民币资本账户开放存在的风险，既与其他国家的开放经历有所相似，又表现出显著的中国特色。李剑锋（2007）对亚洲金融危机时期的各国面板数据进行实证，认为人民币资本账户开放应在实现内外均衡和深化金融改革的前提下逐步推进。李巍（2008）研究证实资本账户无论是完全开放，还是部分开放，都会带来国内经济增长的不稳定。马勇（2010）基于55个国家（或地区）的面板数据实证结果反映出在资本账户开放和系统性金融危机IDE联系机制方面，重要的是开放方式的选择而不是开放程度的高低。杨权（2011）研究了外汇储备在防范资本账户开放的金融风险中的作用，通过在传统面板数据回归模型中引入金融危机发生概率这一变量增强了现有外汇储备测算模型的解释力。邱兆祥（2013）则对中国人民币资本账户开放的渐进路线中可能存在的顺周期性问题展开研究，提出人民币资本账户开放还未出现明显的顺周期效应，通过维持国际收支平衡能够有助于人民币资本账户开放的稳定推进。李成和白璐（2013）预测了人民币资本项目开放的危机临界点，认为冲击中国金融稳定的资本开放度临界值为48.64%，资本流动总量临界值为35500亿美元，基于估计结果，中国目前的改革改革仍在安全区域内。资本账户开放会扩大国内金融市场价格的波幅和频率，剧烈的价值波动会对宏观经济发挥放大效应，即所谓的顺周期效应。韩剑（2012）认为国际资本流动具有显著的顺周期性，不但在短期内会冲击利率、汇率等宏观经济要素，在长期中也会阻碍一国在经济周期中顺利平滑收入和消费，导致社会福利损失。邱兆祥（2013）则指出，随着资本账户的逐步开放，国内金融变量承受的冲击更强，波动更剧烈，从而有可能强化宏观经济的顺周期效应，这一过程既可能导致风险也可能创造机遇。总之，资本账户开放风险的顺周期性，可以看作是资本流动易变性在金融市场价格层面的延伸，是加强宏观经济不稳定的主要因素。

资本账户开放的改革成本在于开放引致的资本流动对国内宏观经济的冲击，这正是判断资本账户开放顺序是否合理的核心标准。资本账户开放将造成国际资本流入或者国内资本流出两种局面，在套利机会消失前，频繁进出的资本流动一方面会从外汇占款渠道影响国内货币供应，引起物价波动；另一方面会冲击一国（或地区）的国际收支结构，拖累国内经济增长（余永定，2014）。姜波克（2002）提出了资本高度流动情况下的投机冲击具有放大效应，经过货币汇率和国内资本存量的放大，投机性资本流动会对宏观经济变量造成更剧烈的影响。这也意味着控制开放风险，应针对国际资本流动进行管理。毕海霞（2013）总结了资本账户开放中的五类需要警惕的风险，包括：国际短期资本抽逃冲击国内金融市场；国际收支恶化；通胀压力增加；短期外债规模增大，引发潜在偿债风险；货币替代风险，导致货币危机。针对资本账户开放风险的管理，胡俊伟（2013）利用AHP法构建了我国资本账户跨境资本金流动的检测指标体系，分为直接投资、外债和证券投资三类共17个指标，能对资本账户承担的资本流动规模进行实时监测。关益众等（2013）针对国际资本流动的“突然中断”情况建立了包含23个经济变量的预警指标体系，采用Probit和KLR信号法实现了对特定风险的预警。

第十节 总结与评述

本章通过对国内外经济理论以及研究文献的梳理，对资本账户开放相关研究的现状与背景有了清晰的认识。尽管国内外学者对资本账户开放问题进行了长时间的大量的研究，但从目前取得的成果来看，仍未形成关于资本账户开放理论分析的一致框架，在开放时机、顺序以及经济意义等方面都存在诸多争议，而这与资本账户开放这一过程的复杂性和特殊性是分不开的。资本账户开放的本质是解除资本流动限制，联通国内与国外的金融市场，使资本遵循市场规律自由流动。这意味着资本账户开放的过程将影响宏观经济和金融市场的方方面面，对利率、汇率、通胀率等货币价值反映造成冲击。因此，对资本账户开放问题的研究绝不仅仅限于宏观经济理论，更需要融合货币金融学、制度经济学、发展经济学以及数量经济工具进行研究完善。通过对文献的梳理与总结，笔者认为国外学者的研究多基于已开放国家的现实状况，从实际数据和过程出发，对资本账户开放的作用、意义和影响因素及方式展开研究，结论务实但往往缺乏理论提炼，造成了研究的样本国家不同则结论大相径庭的状况。而国内学者多基于理论联系对人民币资本账户开放的各方面问题展开研究，在思路和实证方法上向国外学者多有借鉴，但因为专注中国样本，保证了研究结果对我国现实具有一定指导意义。

综合国内外学者的研究结论和实证经验，在对人民币资本账户开放问题的研究上，学术界形成了一些共识。包括在开放项目期限上，先长期、后短期；在资本投资目标选择上，先开放股票市场、后开放债券市场，在资本投资内容上，先开放直接投资、后开放间接投资；在资本流动方向上，先开放资本流入、后开放资本流出。这些论断与我国采取的人民币资本账户开放路径相符，在我国过去的开放历程中起到了显著的指导作用。本课题的研究应在前人成果上有所突破，更关注整体模式下，开放政策与金融改革之间的统筹安排方式；更深入研究改革路径的设计基础与评价标准；更重视对资本账户开放风险的传导机制与监管方式的分析，保证课题的学术价值和现实意义。

对于我国跨境资本流动的研究来说，“推—拉”模型仍然是重要工具（Koepke，2015），同时资本账户开放进程对于资本流动的影响也不可忽视。

但从以往文献来看，很少学者同时考虑了二者，并构建微观基础；而且鲜有文献将 2015 年“8·11”汇改前后的样本数据囊括在内，因此也就缺乏对近期我国资本大幅流出现象的探究。

关于资本账户开放对金融市场的影响方面，国内外学者们进行了很多有益的研究，但同时仍有不少缺憾。第一，以往文献多侧重于资本账户开放或者跨境资本流动对某单一金融市场的影响，如姚战琪等（2016）、黄均华（2017）、方意等（2017）。但事实上，基于投资组合理论可知，跨国投资者会根据多类资产收益率变化动态配置资金，孤立地分析资本账户开放对金融市场的影响可能不够全面。第二，不少文献，如胡逸闻等（2015），仅通过实证研究的方法来分析问题，缺乏微观基础可能会导致模型结论说服力不足。第三，更重要的是，随着国际国内经济金融局势的发展，资本账户开放对金融市场的影响可能发生非线性逆转，甚至时变关系，而姚战琪等（2016）采用的 SVAR 模型显然无法揭示这一点。

而在系统性金融风险的测度和资本账户开放的影响机制方面，纵观以往文献，也存在以下不足：（1）采用主成分分析或 CRITIC 方法构建系统性风险指数时，需要判断金融指标对系统性风险的影响方向，并对指标正向化处理，此时主观操作可能造成一定的偏误。如许涤龙和陈双莲（2015）认为不良贷款率越高，金融压力越小；同时汇率波动、股票指数和房价等金融指标对系统性金融风险的影响不是单向的：在经济基本面支持的情况下，汇率、股指和房价向好似乎是顺理成章；而在实体经济下行时，金融市场过热往往预示着风险的累积。（2）由于我国尚未发生真正意义上的金融危机，研究资本账户开放与中国系统性金融风险的文章相对较少，同时学者们主要关注资本账户开放对单一市场（银行危机或者货币危机）的影响，缺乏对系统性风险的综合考察。（3）学者们更多采用线性思维考察资本账户开放与金融风险的关系，即笼而统之地探讨资本账户开放缓释或是加剧了金融风险，而忽视了资本账户开放存在的“门槛效应”，以及由此引致的非线性、时变性互动关系。

第二章　资本账户开放的发展历程与国际经验

世界经济发展进入20世纪八九十年代后，多数发展中国家开始加入金融自由化改革的队伍中来，各国采取不同的政策安排推进本国的资本账户开放，取得了或好或坏的结果。好的方面，资本账户开放帮助本国吸引国际资本进入，改善市场融资环境，提升资本配置和投资效率，表现出较显著的经济促进作用；坏的方面，由于部分国家的资本账户开放过程未能较好实现改革政策配合或是改革风险控制，导致本国金融市场在面对国际资本大规模流动时受到严重冲击，破坏了原本的市场秩序和货币价值水平，引起货币危机并最终导致恶性的金融危机。因此，梳理各国资本账户开放的现实经历，有助于我们厘清资本账户开放过程中的影响因素和互动机制，对后文研究人民币资本账户开放进程的政策安排提供可靠的国际实践经验。

第一节　国际资本账户开放的历史发展

资本账户开放的发展是世界经济一体化与金融自由化改革进程中的核心内容。若以国际资本流动水平作为世界各国的资本管制强度的反映，从历史演进的视角来看，世界资本账户开放的发展经历了“开放—管制—再开放”的过程。最初，英国在1816年推行金本位制，随后成为世界各国共同采取的货币制度。金本位制具有的自由铸造、自由流通和自由输入输出的特性，决定了一国的货币可以无限制的转换为另一国的货币，货币汇兑遵循铸币平价的要求。直至1914年英国关闭黄金交易市场、禁止黄金流出之前，金本位制度下的国际资本流动未受到任何管制约束。第一次世界大战结束后，尽管部分国家希望重新设立金本位制度，并提出了金块本位和金汇兑本位制度，但这些制度都不再允许黄金的自由流动，以限制黄金使用和纸币兑换黄金为代表的管制政策开始成为世界主流，国际资本不再能够无约束地自由流动。

在1929年开始的世界经济大萧条期间，以国家发行的信用货币为代表的纸币本位制彻底取代了金块本位和金汇兑本位制度。国家之间因经济因素、制度因素产生的信用差异，表现在国与国之间货币汇兑的比例变化上，各国货币不再具备统一的等价物。在此情况下，资本管制政策因为能够有效帮助一国实现国际收支平衡、恢复外汇储备、稳定货币价值，而被各国广泛采用。第二次世界大战时期各国采取的战时资本管制政策，以及战后恢复时期建立的布雷顿森林体系，世界各国都坚持了强有力的资本管制政策，限制资本流动，并采取了固定汇率制度。在这一阶段，对资本账户进行管制是各国根据世界经济环境做出的合理选择。

进入20世纪70年代，随着世界经济普遍陷入滞涨，凯恩斯学派的政府主动干预经济的理论无法指引宏观经济复苏，而以金融自由化为代表的自由主义经济思想开始影响政府决策。1973年，布雷顿森林体系崩溃，浮动汇率制在世界范围内被推广，国际资本市场的流动性得到显著增强。与此同时，以美国为代表的发达国家正经历着经济结构变化，跨国公司的快速兴起对双边国家的资本账户开放都提出了更高要求，越来越多的国家开始放松对资本流动的主动限制，推动资本账户开放，顺应当时的金融自由化浪潮。

在资本账户开放的全球化背景下，一些发展中国家也开始尝试推进金融自由化改革，放松对资本账户的管制。这一趋势在拉美地区和亚洲部分地区得到快速发展，发展中国家较低的劳动力成本以及较高的资本收益率，吸引了大量国际资本进入，显著推动了各国经济的发展。但在1982年墨西哥金融危机爆发，并演化为拉美主权债务危机后，先前开放了资本账户的拉美国家受到了不同程度的国际支付危机，为防止国内资本大量外逃，各国被迫重新采取资本管制政策。资本账户开放在当时对金融危机的扩散起到了显著的推动作用，使得各国在下一阶段重新选择资本账户开放政策时，更加谨慎地对待国际资本流入。1989年，针对陷入债务危机的拉美国家推出的华盛顿共识，对这些国家在财政政策、国际贸易、资本管制等领域提出了更高的自由化改革要求，以此换取西方发达国家的援助。在此共识的影响下，在20世纪90年代，资本账户开放成为发展中国家改革的必然选择。

随着越来越多国家积极主动的推进资本账户开放，国际资本流动的规模和效率都得到了极大的提升，资本流动的波动性也显著增强，为开放国家带来了难以预测的经济风险。1994 年 12 月，墨西哥比索突发贬值 15%，导致该国资本迅速外逃，短短几日国内外汇市场和股票市场便濒临崩溃；1997 年 7 月，泰国宣布放弃固定汇率制，转为浮动汇率制，当天泰铢即贬值 17%，最终引爆了一场横扫亚洲的金融危机，打破了亚洲经济快速发展的趋势；2001 年，长期坚持新自由主义经济政策的阿根廷爆发了历史上最大一次债务危机，毫无阻碍的资本外逃放大了危机对实体经济的负面冲击。而 2008 年美国金融危机，更是将全球经济拉入衰退泥沼，至今仍影响着各国经济复苏。资本账户开放的本质是联通国内国外两个市场，在提升市场效率的同时也增强了市场的联动性，这意味着各国经济的顺周期发展联系更为紧密，区域的经济动荡更容易演变成波及全球的危机，维护世界经济稳定已经成为各国共同的目标。

后危机时期的资本账户开放不再一味地追求资本完全自由流动，出于防范金融风险和维护国内经济稳定的目的，各国开始采取有限度的管制来维护资本账户开放的可持续，在追求开放带来的资本投资效率的同时，控制投机性资本流动带来的经济波动。根据国际货币基金组织最新公布的《汇兑安排与汇兑限制》中数据显示，截至 2013 年 12 月，在 188 个成员国家和 3 个地区中有 45 个国家或区域存在资本管制，其中有 31 个国家或地区已达到第八条款要求，实现了经常账户开放，但对资本账户仍存在一定程度的限制，大多集中于以跨国投资为代表的无形交易。

纵观世界资本账户开放的发展历史，全球经济的不断融合是推动各国资本账户开放的主要外部动力，而资本账户开放同样促进着经济一体化程度的不断加深。随着各国经济规模不断增长，国内资本日益旺盛的投资需求同样需要资本账户开放来满足，因此资本账户开放成为各国经济发展阶段中必须会经历的过程，尽管由于开放风险的存在，各国的改革政策和目标会不断调整，但开放的趋势不可回避。由此之故，如何确立适应本国经济条件和市场特质的资本账户开放路径，成为各国推进金融自由化改革的需要解决的重点问题。

第二节 不同开放模式的实践经验

一、智利：渐进模式

由于受到20世纪30年代大萧条时期的影响，拉丁美洲国家面临着较低的出口商品价格和紧缺的外国资本投资的情况，这迫使当地国家实行外汇管制政策。在20世纪70年代之前，智利一直处于严格的资本管制和深度的金融压抑之中，市场开放水平和资本投资效率极低。1971—1973年，智利领导人阿连德实行全面国有化，政府垄断了国内利率水平和资本分配，导致了严重的私人资本外逃。直至1973年军政府上台推行市场化改革，智利封闭低效的市场环境才得到改变。

在1974—1976年，智利开始尝试进行资本账户开放改革。1974年，智利修改外汇管理法第14条规定，要求外资进入国内市场必须在中央银行登记并委托管理，其投资收益也由央行汇回，国内银行不得成为外资流动中介。同年，智利政府还颁布"600法案"，规定外商通过与政府签订协议，允许其在投资资金到位后，从官方外汇市场购买外汇，并将利润汇回国内。这些改革政策使本国的资本账户对个人和企业基本实现开放，但对金融机构仍保持较强管制，导致这一时期的资本账户开放政策对外资流入影响有限，智利外资流入的规模并未明显变化。

1977—1981年，随着国内宏观经济的不断好转，持续的国际收支盈余和较低的通货膨胀水平，促使智利加快了资本项目开放改革。1977年7月，智利成为国际货币基金组织（IMF）第八条款国，实现经常账户的完全开放；1979年，经过多次调整的智利比索，确定采取钉住美元的固定汇率制度。在此期间，资本账户开放实现了两大突破。其一，政府开放本国银行市场，允许外资银行进入国内设立分行机构，外资行的贷款份额迅速扩大；其二，1977年再度修改的第14条款，允许银行机构引入外资，但对银行外资头寸实行规模限制，并对引入外资实行非补偿存款准备金政策。非补偿存款准备金本质上是针对资本流入的隐形税收，旨在调节资本流入的期限结构。政策要求国内居民把直接借入的外币负债的一部分存入中央银行，满足一定期限后才能使用，且储蓄期内央行不支付利息。这一政策有效增加了短期资本流入的进入成本，符合市场规律，因此取得了较好的效果。

随着智利在 1980 年取消了对银行引进外资的外汇头寸管制之后，外资流入规模急剧上升。智利国内尚不完善的金融市场体系，以及孱弱的产业结构开始承受外资大规模进入的影响。比索汇率快速升值恶化了智利的出口贸易条件，经常账户逆差迅速增加，并冲击国内宏观经济；为维持固定汇率制度，政府不得不对流入国内套利套汇的外资进行冲销，导致外汇储备损失严重。1982 年，智利 GDP 下降了 14.5%，失业率高达 25%，外汇储备损失超过 14 亿美元。同年，拉美债务危机爆发，智利国内实体经济和金融市场受到剧烈冲击，急剧恶化的宏观经济迫使智利重新采取爬行钉住汇率制度，并加强对资本账户的管制，关闭外汇出售窗口，以此来恢复国际市场对比索的信心。至此，智利第一阶段的资本账户开放改革戛然而止，开始进入一段调整期。

到了 1985 年，智利开始从债务危机影响中恢复过来，国家经济状况逐渐好转。在 1985—1997 年间，智利进行了第二轮资本账户开放改革。这一时期的改革吸取了第一阶段失败的经验教训，采取谨慎推进、由内而外的方式，成功实现了资本账户开放。

智利首先积极推进本国银行业重建，完善本国金融体系。1985—1989 年期间，智利先后修改了《综合银行法》与《银行与金融机构监管组织法》，允许银行创新金融服务来降低业务风险，扩大银行业务范围。1987 年，完成银行私有化改革；1989 年，授予中央银行法律自主权，在金融监管方面迈出至关重要的一步。为配合银行市场的改革，智利进一步完善了本国货币市场。在 1987 年，央行开始采用 90 天期限的指数化本票利率替代原有 30 天期限的银行存款指导利率。1992—1993 年，智利央行逐渐扩充货币市场规模，并放开保险公司参与央行本票和短期国库券的拍卖，以此来形成合理的市场利率。1995 年，央行宣布指导利率转为钉住商业银行隔夜操作利率，基本实现利率市场化。

自 1985 年起，智利逐步解除了贸易保护主义政策，加速推进汇率市场化改革。1985 年 6 月，央行已两次宣布比索对美元贬值，总幅度达到 16%。同年 8 月份，宣布对比索汇率实行每日调整，并将汇率每日上下浮动区间有 0.5% 大幅提升至 2%。这一变化导致比索汇率在 1986 年实际贬值达到 10.5%。

1988年，央行进一步扩大汇率浮动区间至3%，一年后，再次扩大到5%。至此，智利比索的汇率灵活性大大增强，基本能够反映市场需求的变化。1992年，智利宣布改革汇率制度，由钉住美元的爬行区间汇率制度转为钉住固定货币篮子的有管理的浮动汇率制，并将汇率浮动区间由5%上升至10%。1996年，调整了货币篮子的构成权重，将美元权重提升至80%，德国马克降低至15%，日元降低至5%；再次将汇率浮动区间扩大至12.5%。

在国内金融体系和利率、汇率自由化改革的同时，智利的资本账户开放改革也在谨慎推进。强化的银行监管，灵活的利率及汇率定价机制，有效降低了在资本账户开放过程中的资本流动冲击。因此，在1993—1996年期间，智利开始更积极地推进资本项目开放，采取不对称的改革思路，一边放宽本国对外投资，一边强化了对资本流入的某些限制。1993年，智利解除了投资利润汇回的时间限制，并降低了投资本金在国内停留的时间限制。在1994年，开始提高保险养老基金、银行及互助基金等金融资本通过官方外汇市场投资海外的额度，并允许国内银行投资国外金融机构，放开私人对外投资的管制。在放开资本流入管制方面，智利通过灵活运用非补偿存款准备金政策，来管理流入资本的期限结构。1994年，规定只对美元外汇借款实行准备金制度，1995年，又降低了美元抵押的比索贷款限额，以防止国外借款规避准备金管理，并进一步扩大了准备金的征收范围。

总之，智利第二轮资本账户开放改革具有更明确的思路和更稳妥的推进方式。通过将资本账户开放与宏观经济政策调整、国内金融体系完善以及利率、汇率市场化改革相结合，保障了智利在资本账户开放过程中，国际收支状况逐渐改善，国内经济结构不断优化，最终取得了好的效果。智利始终坚持采取非补偿存款准备金制度来管理资本流入，本质上是利用市场手段增加短期资本流入的成本，以此实现规模控制。这一政策不仅维护了智利资本账户开放改革的顺利进行，更帮助智利平安度过了1994年爆发的墨西哥金融危机。

二、泰国：激进模式

泰国是采取激进开放改革模式而失败的典型案例。在国内经济结构与金融体系尚不完善的情况下，不加区分地放开资本流入限制，最终导致了整个金融市场的崩溃，引发了严重的金融危机。1977 年前后，泰国一直承受着巨额贸易逆差和经常账户赤字。为改善这一状况，在 1984 年，泰国开始实行以贸易出口导向为主的产业发展策略，并一次性将泰铢贬值 14.8%；同时，采取钉住一篮子货币的汇率制度。但由于货币篮子中美元权重达到 90%，且汇率浮动区间仅 0.2%，实质上，仍是实行的钉住美元的准固定汇率制度。

在 1985—1997 年这段时间的初期阶段，泰国通过税收优惠和制度改革来改善贸易条件、鼓励资本流入。1990 年，泰国成为国际货币基金组织的第八条款国，实现了经常账户的完全开放。同年，泰国开始加快资本账户开放速度，宣布取消对购买或携带出入境的外汇数量限制，放宽了非居民使用泰铢账户和居民使用外币账户的限制。在 1991—1993 年这三年中，泰国集中在三个方面采取了多项金融自由化措施，分别是放松对资本流入的管制、减少对金融机构经营业务范围的限制以及放宽外国金融机构进入国内金融市场的要求。1993 年，泰国成立曼谷国际银行，对国外融资大开方便之门，并扩大了短期资本的流入规模；1995 年进一步成立地方国际银行设施，国内的金融市场与国际市场完全紧密联系起来。至此，泰国的资本账户已基本实现开放，大量国际资本开始流入国内市场。

1995 年，美元开始大幅升值，由于泰铢汇率实质上钉住美元，导致泰国出口贸易进一步受挫，经常账户逆差扩大。截至 1996 年年底，泰国经常项目赤字已达 126 亿元，占到 GDP 的 8%。为解决经常项目逆差、调节国际收支失衡问题，泰国又选择了错误的政策导向：维持钉住美元的汇率制度，进一步吸引资本流入，以资本项目盈余来弥补经常账户逆差。这一选择的结果就是，在固定汇率、高利差以及资本账户自由化政策的吸引下，国外短期资本大规模涌入泰国，引起国内宏观经济动荡的同时，导致泰国外债迅速扩大。

1997 年 2 月，泰国央行不得不以 20 亿美元的外汇储备缓解泰铢贬值压力，但市场已开始出现恐慌性抛售。同年 5 月，不断减少的外汇储备已无力维持泰铢的固定汇率，1997 年 7 月，泰国政府宣布放弃钉住汇率制度，转为实行有管理的浮动汇率制，泰铢开始进入贬值通道。截至 1998 年 7 月，泰铢对美元汇率贬值了 60%。此时，即使泰国重新采取资本管制手段控制国内资本外逃，也已于事无补，泰国的货币危机迅速波及整个东南亚，演变成严重的金融危机。

三、日本：整体模式

日本资本账户开放采取的是一种整体模式，即将资本账户开放视作国家整体经济金融市场化改革的核心环节，与其他改革领域相互作用，不存在明显的先后关系，整个过程都统一于宏观经济平稳发展这一基本要求之下。日本的整体模式强调资本账户开放应与经济的整体改革共同推进，统一规划。从日本长达近40年的改革历程来看，资本账户开放、利率与汇率市场化以及金融体系改革，三者之间并不存在明显的分割而是有所重叠，政府通过灵活有效的资本管制政策来保障国内改革的平稳推进，再利用改革红利推动资本流动规模的持续扩张。总体而言，日本的资本账户开放模式取得了良好的效果。

从改革政策的发布时间和效果来看，日本的资本账户开放经过了近40年时间（1960—2000年）。整个改革过程可以分为四个阶段，每一阶段都有清晰的改革思路与目标。第一阶段（1960—1969年），旨在推进贸易自由化，有限放宽对引进FDI的约束；第二阶段（1970—1979年），实现浮动汇率制，基本放开短期资本流动限制，部分开放国内金融市场；第三阶段（1980—1989年），全面放开资本账户管制，完全开放国内金融市场，推进利率市场化改革；第四阶段（1990—2000年），实现利率市场化和国内金融机构混业经营，完成整个金融自由化改革。

在20世纪60年代，日本经济处于战后恢复的快速发展期，但国内金融体系薄弱，整个市场受到国内政策的保护。在这一阶段，日本实行固定汇率制，利率水平也由政府制定，开放的主要目标是推动经常账户自由化，并积极引进FDI支持国内发展。1960年，日本政府开始授权外国银行开设日元账户，接受日元存贷款。1964年，日本放弃经常项目下的汇率管制，允许本国居民持有外汇，但仍然限制非居民参与投资本国证券。1967年6月，日本开始第一轮外资自由化政策，主要包括部分解除FDI的流入限制、取消FDI投资行业的比例限制、放宽海外资本投资国内证券市场的规模限制等。在自由化政策的刺激下，日本短期内资本流入快速增加，尤其是在1968年实现短期资本投资证券自由化以后，大规模的国际热钱进入日本证券市场，对实体经济造成影响，最终迫使日本重新限制短期资本流入。

1970年，日本已实现经常项目自由化，国内工业化阶段目标也已完成，政府开始重启第二、三轮外国资本自由化政策，以放开上一阶段对短期资本流动所设的全部限制。彼时国际环境持续动荡，美国经济受越南战争影响，从 1971 年开始出现明显的资本外流，同年，德国宣布采取浮动汇率制，马克汇率短期贬值压力显著。这些变化导致大量国际资本进入日本，对日元的固定汇率制度形成较强冲击。1971 年 8 月，日本宣布采取有管理的浮动汇率制；次年，宣布废除外汇集中管理体制，允许居民自由持有外汇资产；最终，在 1973 年 2 月，再次进行汇率制度改革，实现日元的浮动汇率。受国际环境影响，日本的汇率市场化改革速度较快，与此同时，资本项目开放也取得了较大进展。1972—1974 年，日本进一步放松了资本流入管制，允许外资设立信托和证券公司，并向外资完全开放本国股票交易市场；同时，解除居民对外证券投资的限制，允许投资国外股票市场。1975 年，政府完全放开了对 FDI 的行业限制和规模限制，通过扩大国债发行规模，形成了国内长期信用市场。1975—1977 年之间，日本允许外资参与本国债券市场交易，并同意居民投资国外债券市场。这一系列的开放政策，直接导致了大规模的资本流入，尽管日本积极鼓励国内资本投资国外市场，但资本净流入仍对国内宏观经济稳定造成了明显压力，1978 年，日本再次利用储备金政策控制国外资本的超额流入。次年 2 月，又降低了自由日元账户的储备金要求。可以看出，经过第二阶段自由化政策的推动以及汇率制度改革的作用，日本已基本实现了资本项目开放，但由于国内利率仍未市场化定价，导致国内市场面临资本流入冲击时采取的宏观稳定政策效果有限，这也是政府反复采取准备金政策控制资本流入规模的原因所在。在 1979 年，日本开始引入 CDs（大额可转让存单），并积极推进利率市场化改革。

日本资本项目开放的第三阶段，主要集中于建立健全维护资本开放的法律法规，形成市场化的管控机制；加速推进利率市场化，以实现利率市场、外汇市场和债券市场对外资的全面开放；积极促成日元国际化。1980 年 12 月，日本颁布新的外汇法，标志着资本账户自由化基本完成。新法进一步简化了资本投资的渠道，允许居民直接投资国外股市而不再通过银行中介，非居民也可以直接买卖本国股票而不通过政府审查。1983—1984 年，日本允许邮政储金投资外国股票，但设定不超过总资产 10% 的限制。1984 年，日本还取消了外汇交易需求原则，解除了日元兑换限制，放松日元远期外汇交易市场的管制。1985 年 2 月，日元和美元实现自由兑换，迈出日元国际化的重要一步。

同年，日本为鼓励国内资本投资国外市场，出台一系列政策旨在放松对非银行机构投资者投资海外证券市场的门槛要求。日本在1985年对外资银行开放本国银行业市场，允许其建立信托银行分支机构，并于1987—1989年间，允许这些分支机构参与日本证券市场和国债交易。至此，日本的整个金融体系已实现对外资开放。在利率自由化方面，1985年，日本推出新型存款MMs（货币市场存单），稳步推进大额存单利率市场化。1987年，日本建立商业票据市场与非抵押活期贷款市场，进一步完善货币市场的定价机制，并于1988年12月，宣布MMs的利率可以作为整个市场利率，同时发行小额MMs完善市场构成。最终，在1993年，实现定期存款利率的市场化定价；1994年，实现活期存款利率市场化定价。

20世纪90年代，日本正陷入严重的经济困境，由于国内股市泡沫和房地产泡沫的崩溃，对国内经济发展与金融体系效率造成严重的负面冲击。为恢复经济市场环境，日本政府陆续出台了一系列政策法令，对金融体制进行改革，主要内容就是金融体系的自由化与国际化。1989年5月，发布“一个新金融体系”的报告，提出推进金融机构混业经营，提高国际竞争力。1992年，制定并颁布金融改革法案，允许金融分支机构开展混业经营。1997年，日本又公布了《金融体制改革计划》，加快推进金融自由化过程，允许银行从事信托和证券业务，证券机构也可以开展账户结算业务。1999年，政府允许银行机构通过发行债券获取长期融资，至此，银行与其他金融机构的混业经营限制已完全放开。在1998年，日本出台了修正的外汇法案，解除了剩下的资本项目限制，日本完成了资本项目开放改革。

第三节 人民币资本账户开放的实践历程

一、人民币资本账户的改革历程回顾

1978年中国采取改革开放政策，对国内经济社会的各个层面进行了大刀阔斧地改革，人民币资本账户开放也伴随经济制度的变化开始逐步推进。如果将1978年视为资本账户开放的源头，那么截至目前，人民币资本账户开放

的改革之路可以分为四个阶段。

（一）经济转型初期：1978-1993 年

在改革开放以前，中国实行外汇统收统支的管理制度，国内企业与其他机构都不能留存外汇，而是交由中央银行统一管理。自 1979 年以来，政府顺应改革开放的政策要求，提出实行外汇留成制度，允许多种经营机构参与经营外汇业务，并据此建立了人民币的外汇调剂市场。随着国内经济的逐渐开放，政府又进一步放宽了对境内居民的外汇管理，放松了对外汇兑换券发行的管理。到了 20 世纪 80 年代中后期，国内积极引进外商直接投资参与经济发展，人民币资本账户已实现一种阶段性的、有选择的开放，表现为对资本流入的宽容，以及对资本流出和货币兑换等其他资本项目的严格管理。

经济转型阶段的资本账户改革，一方面是与人民币外汇管理改革做出的相应配合，另一方面是为了满足国内经济发展的资本需求，其改革目标和思路并不明确。直到 1993 年，在 11 月 14 日召开的十四届三中全会上通过了《中共中央关于建立社会主义市场经济体制若干问题的决定》，指出“改革外汇管理体制，建立以市场供求为基础的、有管理的浮动汇率制度和统一规范的外汇市场，逐步使人民币成为可兑换货币”。这一决定正式提出了将人民币可兑换作为中国外汇管理改革的目标，成为推动人民币资本账户开放的重要政策基础。

随后 1993 年 12 月，国务院又颁布了《关于进一步实施外汇管理体制的通知》，其中要求从 1994 年 1 月 1 日开始，实施人民币汇率形成机制改革，消除人民币汇率“双轨制”，实现人民币官方汇率与调剂价格并轨；取消外汇留成制度，采取结售汇制度；在此基础上，逐步建立基于市场供求的、单一的、有管理的浮动汇率制度，并形成全国统一的外汇交易市场等等。至此，人民币外汇管理体制改革有了清晰的改革目标，随着人民币汇率定价机制的完善与外汇市场的建立，资本账户开放也随之逐步推进。

（二）经常账户开放阶段：1994—2001 年

1994 年中国按照改革要求逐步推进人民币外汇制度的完善与发展，同年 4 月，中国外汇交易中心在上海成立，全国统一的外汇交易市场初具规模，人民币汇率定价的有管理浮动机制的改革也由此稳步推进。在逐步实现上一阶段的改革目标后，经常账户与资本账户的开放作为深化改革开放的重要内容开始被提上日程。

中国在 1980 年恢复加入国际货币基金组织（IMF）时，是以第十四条款国的身份加入的，即中国在经常账户开放方面未达到 IMF 要求的第八条款标准，第十四条款提供了全成开放的过渡办法，并将受到 IMF 的监督执行。在 1994 年中国基本完成第一阶段的外汇管理改革目标后，经常账户已实现有条件的开放，但由于改革过程主要针对国内企业与居民，未包括“三资”企业，因此仍未达到 IMF 的开放标准。直到 1996 年出台了《中华人民共和国外汇管理条例》，明确取消了经常项目下尚存的其他汇兑限制；将外商投资企业外汇买卖纳入银行结售汇体系；提高居民用汇标准，扩大供汇范围；取消了尚存的对经常性国际支付和转移的限制。在完成上述改革内容后，中国与 1996 年 12 月宣布成为 IMF 第八条款国，实现经常账户的完全开放。

中国在资本账户开放改革顺序的选择上，先实现了经常账户开放，这是由中国当时以劳动密集型生产方式为相对优势的经济贸易条件所决定的。在推进经常账户开放的同时，政府也在大力引进外部直接投资进入国内市场，人民币资本账户下的资本流入快速增加，开放程度有所提高。但在 1997 年爆发的亚洲金融危机，使中国原本顺理成章推动人民币资本账户开放的进程被迫中断，在危机影响不断蔓延的情况下，中国选择加强资本账户的管制，维护人民币币值稳定。

受亚洲金融危机余波的影响，中国直到 2001 年加入 WTO 之后，才重新将人民币资本账户开放纳入议题。在经历过金融危机的冲击过后，资本账户管制被普遍认为是一种有效的风险防范手段，在危机时期能够有效避免国际资本冲击或国内资本外逃的状况，政府在选择开放改革方式时更为谨慎，在渐进思路下逐步推动资本账户的开放。

（三）汇率改革阶段：2001—2007 年

2001 年中国加入 WTO 以后，国内经济开始逐渐摆脱亚洲金融危机带来的通缩影响，尤其在国际收支领域保持“双顺差”的快速发展状态。这一阶段，人民币受国际社会压力开始缓慢升值，政府对资本账户的管制政策也开始松动。2003 年，在党的十六届三中全会上通过的《中共中央关于完善社会主义市场经济体制若干问题的决定》，明确提出“在有效防范风险的前提下，有选择、分步骤的放宽对跨境资本交易活动的限制，逐步实现资本项目可兑换”。这一改革目标的提出，确定了人民币资本账户开放的渐进思路，随后在2005年通过的“十一五”规划中，人民币资本账户开放首次被纳入国民经济和社会发展五年规划。

在这一阶段中，随着中国经济的快速发展，在人民币资本账户开放与汇率制度改革方面都取得了突破性进展。2002年11月，证监会与央行联合出台《合格境外机构投资者境内证券投资管理暂行办法》，正式开启了QFII试点，国内资本市场进入对外开放的过渡阶段。2005年7月21日，中国宣布执行新的参考一篮子货币进行调节的有管理的浮动汇率制，人民币对美元开始进入升值通道；允许外汇指定银行自行调整对客户的挂牌汇价，波幅上下不超过中间价的0.3%。2006年1月4日，央行宣布在银行间外汇市场引入做市商制度，采取询价交易形式，显著增强了人民币汇率中间价的市场定价特性。2007年5月18日，央行宣布将银行间即期外汇市场人民币兑美元交易价的浮动幅度由0.3%扩大至0.5%。这一系列的改革措施，对国际资本流动产生了显著的引导作用，加速了资本账户开放的进程。

在人民币汇率制度改革的顺利开展的同时，政府在资本账户开放做了大量配套性改革。大幅减少了对资本账户管理的行政性审批，拓宽资本流动渠道；完善经常账户的外汇管理，促进贸易投资便利化；扩大远期结售汇业务的银行范围；批准中国外汇交易中心开办外币对外币的买卖等等。在“十一五”规划目标的指导下，人民币资本账户的开放程度与速度都远远超过以往。

（四）人民币国际化阶段：2008至今

2008年爆发的国际金融危机，再次阻碍了人民币资本账户的开放进程，为稳定国内经济市场以及防范经济危机日益恶化，中国事实上将人民币兑美元汇率稳定在1∶6.83的水平上，同时加强了资本账户管制以应对热钱冲击与资本外逃。这一场金融危机极大冲击了美元在国际货币体系中的霸主地位，为未来多层次的国际货币体系的建立打开了道路，也正是在这一时期，人民币国际化成为新的改革目标，以资本账户开放、利率市场化、浮动汇率制等为代表的改革开始迈上新台阶。

在资本账户开放方面，人民币贸易结算、境内资本对外投资以及证券市场开放都取得了显著突破。至2008年年底开始，中国抓住机遇大力推进人民币贸易结算试点，并在2011年实现了全国范围的人民币结算试点。在此基础上，以香港为中心的人民币离岸市场得到蓬勃发展，境外人民币的交易规模与市场需求都得到显著提升。据环球银行金融电信协会（SWIFT）在2013年10月发布的报告显示，人民币已成为世界第八大最活跃交易货币，占市场份额的1.49%。随着跨境人民币贷款业务、境内人民币海外投资以及沪港通等改革政策的落实生效，人民币资本账户下的资本流动限制已基本开放，资本流动的规模与效率都有了明显提升。2014年4月，中国证监会批准了沪港股市开展交易互联互通机制的试点，随后在2014年11月17日，沪港通正式启动，我国资本账户改革在证券市场开放方面取得历史性突破。在汇率制度改革方面，人民币兑美元汇率交易价的浮动幅度逐步扩大至2%，人民币汇率的市场性显著增强；截至2014年年底，人民币已实现对美元、澳元、新西兰元、日元、英镑、欧元和韩元的直接交易，针对一篮子货币的有管理的浮动汇率制度越发完善。在利率市场化方面，央行在上海银行间市场拆借利率（Shibor）的基础上，推动人民币利率互换交易业务的发展；2013年7月，央行宣布全面放开金融机构贷款利率管制，利率市场化只剩解除对存款利率的限制；2014年12月11日，国务院公布的《存款保险调理（征求意见稿）》标志着酝酿20多年的存款保险制度即将建立，人民币利率市场化进入加速通道。

这一阶段的改革，中国面对人民币国际化的机遇与挑战，在金融改革的各个领域都有所突破。在2014年10月9日，英国财政部宣布任命3家银行发行人民币国债，此举意味着英国将成为首个发行人民币国债的外国政府，人民币将首次纳入英国外汇储备中。这标志着人民币国际化已取得了突破性进展，这也对国内尚未完成的资本账户开放、汇率市场化和利率市场等改革提出了更紧迫的要求，人民币资本账户的平稳快速开放将成为下一阶段改革的重点内容。

纵观人民币资本账户开放的改革历史，以1993年首次提出资本账户可兑换目标为起点，至今已有21年，资本账户开放进程充分体现了渐进推动和综合改革的思路。尽管亚洲金融危机与美国次贷危机在不同程度上阻碍了人民币资本账户开放的进程，但同时为中国的开放政策选择提供了宝贵经验。在经历过两次金融危机之后，政府对人民币资本账户开放的内涵与进度有了更深刻的认识，开放绝不意味着放弃监管，改革速度也并非越快越好。从后危机时期我国采取的改革政策安排来看，资本账户开放被作为金融改革的重要内容与利率、汇率的市场化改革一起统筹考虑，改革中存在的宏观经济风险成为最重要的限制。随着人民币在国际市场中的地位不断提升，人民币国际化作为中国改革开放的远期目标，为当前金融改革的整体思路提供了经济全球化背景，人民币资本账户开放是深化改革的必然要求，也将成为统筹各领域金融改革的关键主线。

二、人民币资本账户的开放模式选择

在前文对资本账户开放国际案例的经验分析中，比较了渐进开放模式、激进开放模式以及整体开放模式之间的差异，认为三种开放模式的关键差异并非实现资本账户开放时间的长短，而是在于统筹资本账户开放改革与其他金融改革的关系协调以及选择开放顺序的不同思路上。渐进开放模式对开放时机的判断基于国内经济金融条件是否满足进一步开放的要求，因此，资本账户开放被置于金融整体改革的最后阶段；激进开放模式相信资本账户开放能够引入外部动力倒逼国内的金融改革迅速实现，因此，选择优先开放资本账户；整体开放模式则认为资本账户开放是一国（或地区）金融整体改革的核心组成部分，与整体改革中的其他内容紧密交织在一起，难以清晰地判断具体的改革先后次序，但只要与宏观经济政策保持一致，统筹各项金融改革协调共同推进，能够在节省改革时间的同时尽量降低资本账户开放带来的不稳定影响。

从上一章对人民币资本账户开放历程的分析可以看出，在 2008 年金融危机爆发之前，人民币资本账户开放遵循的是渐进开放模式，表现为低频率的推出改革举措，以及汇率改革优先、资本账户开放后置的谨慎推进思路。2008 年国际金融危机爆发后，国际货币体系的重构成为人民币国际化的机遇，在以实现人民币国际化作为远期金融改革目标的情况下，人民币资本账户开放开始作为一项至关重要的改革内容与利率、汇率市场化紧密配合，协调推进，致力于提升人民币在国际市场上的认可程度。在此基础上，人民币资本账户的开放模式实现由渐进谨慎开放向整体协调推进的转变。

资本项目开放一方面能够提升资本配置效率、加强国内金融深化，但同时也会增加国内市场的金融脆弱性，容易受到国际因素的冲击。尤其对于中国并不完善的金融体系，人民币利率和汇率尚未实现市场化定价，贸然放开资本账户管制可能放大国际套利资本的冲击影响，不利于宏观经济发展。根据“三元悖论”，在资本账户开放后，汇率稳定政策和独立货币政策将难以同时实现。这意味着，如何统筹资本账户开放改革与利率市场化及汇率机制改革的关系，确定合理的改革顺序，将成为决定资本账户开放成败的关键。

第四节 总结与评述

本章运用历史分析法和案例分析法，纵向梳理了国际资本账户开放历史的发展过程，认为资本账户开放作为世界经济一体化对一国（或地区）发展提出的具体要求，已成为当今世界各国金融改革的重要组成部分，是市场经济在国际层面获得发展的必由之路。通过横向比较不同开放模式的发展经历，认为资本账户开放的顺利实现依赖于开放国家的经济条件以及政府选择的政策安排。经过对国际资本账户开放经验的分析与总结，本书形成了以下几点基本认识：

首先，资本账户开放应作为一国（或地区）金融改革的重要组成内容而进行全盘考虑，对开放时机的判断不应完全依赖于开放条件是否被满足。以稳定的宏观经济、充足的外汇储备、完善的金融市场体系和谨慎的财政货币政策为代表的资本账户开放条件，是资本账户开放顺利实现的可靠保障，但并非决定是否开放的关键要素。从各国经验来看，大部分国家在推进资本账户开放时并不完全具备上述条件，而是在开放过程中不断完善相互促进，最终平稳实现开放目标。资本账户开放改革作为一系列政策措施的集合，本身也需要时间来根据经济市场的反馈予以调整，因此，在完整的经济改革框架下来看，资本账户开放与国内市场化改革、宏观经济调整、国际收支平衡等内容是相辅相成的关系，并不存在泾渭分明的条件限制。

其次，资本账户开放政策的统筹安排在保障开放顺利推进的过程中具有更显著的作用，合理的开放路径能够有效降低过程中的风险。资本账户开放通过资本流动渠道与其他金融改革内容紧密联系，其开放政策的统筹安排，正是基于这种相互促进又相互约束的关系，来设计资本账户开放与利率市场化、汇率市场化、金融市场开放等改革内容的组合路线，协调推进整个金融市场化改革的顺利进行。从前文案例分析可以看出，不同开放模式的差异正是反映在资本账户开放在金融改革政策组合中顺序安排上，尤其是与国内金融体系改革、汇率制度改革以及经常账户开放改革的排序问题，决定了开放模式是渐进的还是激进的，也决定了开放过程的收益与风险。从资本账户开放的具体内容来考虑，其开放项目涉及国内金融市场的各个领域，如果在短期内全部开放资本账户，则意味着资本流动将对金融市场产生全面冲击，这不利于平稳开放的可持续。因此，合理的资本账户开放路径应根据资本账户下的项目特点，将其分散于整个金融自由化改革的进程之中，与其他市场化改革政策相配合，这有助于降低资本账户开放过程中的风险水平，维护开放进程的顺利进行。

再次，货币危机是资本账户开放过程中的潜在风险，与资本流动方向与规模的变化紧密相关，是资本账户开放改革中面对的最主要的风险。从国际经验来看，孤立的推动资本账户开放，在固定汇率制度下爆发货币危机的风险更高，快速增长的外债规模以及国内不断上升的财政赤字同样会增加货币危机爆发的可能性，而最终引致危机爆发的都是短期资本流动的快速变化。资本账户开放并不意味着放弃对资本流动的监管，而是在监管政策和方式上进行市场化调整，尽量减少行政性限制对资本流动的扭曲。在 2008 年美国金融危机之后，资本管制政策对稳定经济、减缓风险传递方面发挥了重要作用，部分已经实现资本账户开放的国家又开始重新采取资本管制来维护经济稳定。在资本账户开放存在明显的危机风险的情况下，采取市场化的资本流动监控手段，有助于政府掌握国内市场和离岸市场的资本规模和流动方向，提早防御可能出现的投机冲击，这一过程并不违背开放初衷，而是维护改革开放顺利进行的必要措施。

最后，通过梳理人民币资本账户开放的实践过程，从其阶段性特征来看，中国政府在开放模式的选择上经历了“渐进——整体”的转变，当前的开放思路是以实现人民币国际化为目标，与相关金融改革统筹安排，协调推进。纵观开放改革的历程，外部条件是影响人民币资本账户开放进度的关键因素，但随着国内经济实力和全球化程度的不断提升，产生了深化开放的内生动力。表现为在两次金融危机爆发后，1997 年的亚洲金融危机使国内资本账户开放进程停滞了近五年，而到了 2008 年金融危机爆发时，中国在 2010 年就恢复推动资本账户开放、汇率市场化和利率市场化等一系列金融改革。这反映出中国已基本具备承受改革风险的经济实力和政策储备，为加快推进人民币资本账户开放奠定了基础。

第三章　人民币资本账户开放的综合评价

本章将对当前人民币资本账户的开放现状进行综合分析，以判断当前是否应当加快推进资本账户开放改革，并对开放路径的选择研究方面提供现实参考。对开放现状的研究，本章从测度人民币资本账户的实际开放度和评价当前资本管制政策有效性两个方面予以展开，综合分析了人民币资本账户开放改革过程中存在的具体问题，并得出结论认为目前加快推进资本账户开放具备现实基础，应当采取合理路径实现人民币资本账户的开放。

第一节　人民币资本账户开放水平的测度

一、资本账户开放水平的测度方法简评

对一国（或地区）资本账户开放的测度，是通过选择合适的反映指标来构建一套有效的指标体系用以反映本国一定时期内的资本账户开放状况及变化过程。这一指标体系囊括了资本账户下各子项目的管制政策变化以及宏观市场中相关的经济变量，可以看作是对国内开放水平的综合估计，也是本国资本管制政策强度的反向反映。

国际上对资本账户开放水平的测度大多基于两个思路展开。其一，是以管制政策法规为基础，通过对管制强度主观赋值，来建立描述管制政策强度的评价指标体系，称为约束式测度法。其二，则是根据实际经济运行情况，从储蓄投资相关性、国内国外利差变化以及国际资本流动规模等方面进行量化分析，从侧面评价一国（或地区）资本管制开放的实际水平与变化情况，称为开放式测度方法。两种思路在测度资本账户开放水平方面各有成效，学术界也据此发展出了多种有效的指标体系，下文将对相关代表性方法做简单评述。

（一）约束式测度方法

约束式测度法的指标基础来源于国际货币基金组织发表的年度报告——《汇兑安排与汇兑限制》年报——提供的关于各国经常账户与资本账户是否存在管制的统计信息，有管制记作"Off"，无管制则记作"On"。Cottarelli & Giannini（1997）首先量化了 IMF 的指标体系，通过引入 0–1 二元哑变量来反映一国（或地区）资本账户的开放状态，有管制则赋值 0，无管制则赋值 1。这一方法成为约束式测度法的基本思路，但由于二元测度在反映国家资本管制强度差异方面的不足，后续经济学家从不同角度对此方法做出了改进。

1.Quinn 指标体系

Quinn（1997）根据 IMF 年报中对不同国家资本管制描述的差异，提炼出各国资本管制强度的不同，并据此建立了多层次描述资本管制的 Quinn 指标。在上述二元哑变量测度方法的基础上，Quinn 从资本账户流入和流出两个角度设置了反映资本账户开放水平的两个指标，每个指标赋值区间为 [0, 2]，以 0.5 为间隔，反映资本管制的不同程度，指标赋值越大则表明开放程度越高。Quinn 指标本质上仍是基于对开放程度的主观赋值评价，适用于市场经济制度完善并且采取间接税收政策控制资本流动的国家。但对于采取直接行政管制的人民币资本账户的开放难以实现有效测度。

2.K–O 指标体系

Klein & Olivei（1999）根据 OECD 组织发布的《资本流动自由化准则》，针对 OECD 国家的资本账户开放水平构建了测度指标体系。通过设置 11 个类别综合评定成员国的资本账户开放项目，并根据观测期计算平均值，以此作为成员国的资本账户开放水平。构建的指标模型形式如下：

$$\text{资本账户开放度} = \frac{1}{n\sum j/11}$$

其中，开放度取值区间在 [0, 1]，j 为 11 类中无管制的项目数，n 为观测期数。在针对 21 个 OECD 成员国 1986—1995 年间的资本账户开放水平的测度结果来看，基本反映了各国的经济现实。但在无管制项目的评断上，仍然缺乏对管制程度的反映，影响了指标的合理性。

3.M–R 指标体系

Montiel & Reinhart（1999）从衡量跨境交易管制强度的角度，建立了政策管制维度的反映资本账户开放水平的测度指标体系。其指标值区间在 [0,2]，数值越高表明管制政策强度越高。具体而言，当指标值为 0 时，意味着该国对资本流动没有限制或征税；指标值为 1 时，则代表政府采取了过于严格的审慎监管措施来限制资本账户下的跨境资本流动；指标值为 2，说明该国存在明显的、强制性的禁止条款，来约束资本账户交易或资本流动。该指标值的确定来自国家中央银行年报中的相关监管信息的内容，具有较强的政策联系。

（二）开放式测度方法

开放式测度法对一国（或地区）资本账户开放水平的评价不再拘泥于资本账户的管制政策变化，而是从整个宏观经济的角度，通过选择合适的相关经济变量来确定一国资本账户开放的实际水平，其结果往往具有更好的现实说服力。

1. 基于储蓄率与投资率相关性的测度方法

在传统封闭宏观经济模型中，经济增长所需的投资全部来自国内储蓄，但在开放经济条件下，投资与国内储蓄的紧密联系会受到外部资本的影响而削弱。基于此，Feldstein & Horioka（1980）提出了通过考查一国储蓄—投资的相关性来反映该国对资本流动的管制强度。如果一国资本账户开放程度较低，存在明显的资本管制措施，那么国内投资率与储蓄率应具有紧密的相关性，反之，两者之间则不存在明显的相互联系。这一方法提出了测度一国（或地区）资本账户开放水平的新思路，但在具体实践中并未取得良好的效果。在对 OECD 成员国的实证分析中，多数国家的储蓄率与投资率相关性趋近于 1，但同时又存在大规模的资本流入，这显然不符合测度方法的结论。

2. 基于国内外利率差的测度方法

根据利率平价理论，在一国（或地区）资本账户完全开放的情况下，自由流动的套利资本会消除国内外市场间存在的任何套利机会，促使两个市场上同质金融资产的投资收益率相等。若存在资本管制，各国不同的市场条件将引致市场分割，将使国内外金融资产的投资收益率出现差异，表现为内外市场的利差。Edwards & Khan（1985）首先提出了定量测度国内外利率变化联系的实证模型，随后，Helmut & Helene（1993）对模型做了关键性发展，新模型能够反映处于半开放状态的国家，国内利率受到国内外资本需求状况影响的变动情况：

$$i=\lambda i^{*}+(1-\lambda)i' \quad (0\le\lambda\le1)$$

模型表示，国内名义市场利率（i）是汇率调整后的国际利率（i^*）和资本账户完全管制时国内市场名义利率（i'）的加权平均值。其中，权重参数λ即是资本账户开放水平的反映。λ值越大，意味着资本账户越开放；当$\lambda=0$时，资本账户处于封闭状态，外部因素不能影响国内利率水平的决定。

3. 基于实际资本流动规模的测度方法

一国宏观市场承受的国际资本流动规模是该国资本账户开放水平的直接反映，通过分析国内实际资本流动的总量和构成，计算实际资本流入和流出占 GDP 的比重，能够有效评价资本账户开放的实际情况。Kraay（1998）提出运用跨国资本流入流出之和占经济总量 GDP 的比重来衡量资本账户开放度。随后，Lane & Milesi-Feretti（2002）在此基础上，进一步分析了资本流动构成，扩展建立了由四项比率指标构成的测度资本账户开放水平的指标体系，分别是跨国各类投资余额 /GDP、跨国各类投资流量 /GDP、资金流入余额 /GDP、当期资金流入量 /GDP。

比较资本账户开放测度的约束法和开放法，两种方法的关键差异在于分析的立足点不同。约束法以管制政策为基础，通过对管制强度主观赋值来描述观测期内资本管制强度的变化，以此来反映资本账户开放程度；开放法则立足于经济现实，通过量化分析与资本账户紧密相关的经济变量之间的变化联系，来测度资本账户开放的实际情况。与约束法相比，开放法的客观性更强，在运用上也更加灵活。针对人民币资本账户开放水平的测度，由于中国尚不健全的经济金融体制以及以直接行政管制为主的资本管制措施，导致单纯依赖约束法或开放法都不能完全反映资本账户的真实开放水平。在此，本书将结合 K-O 指标体系的构建思路与实际资本规模测度方法，来实现对人民币资本账户开放水平的综合测度。

二、人民币资本账户开放水平的测度

根据前文分析，中国对资本账户的管制政策以直接的行政审批式干预为主，管制目标是为保障国内宏观经济调整政策的顺利实施。因此，人民币资本账户开放的实际水平会随宏观经济条件的变化而波动。鉴于中国资本管制政策的复杂性和灵活性，单独使用 Klein & Olivei（1999）建立的 K—O 指标测度并不准确，K—O 指标的基本思路是根据观测期内 11 类资本交易中不受限制的资本交易类型所占比例的平均值来反映 OECD 国家的资本账户开放水平。其缺陷是基于 0—1 二元哑变量来描述资本项目是否存在管制，因此，缺乏对管制强度变化的反映，这显然不符合中国的经济现实。

雷达和赵勇（2008）在 K—O 指标的基础上，改进了测度开放水平的计算公式为：

$$open = \sum_{t=1}^{N} P(i) / N$$

其中 *open* 为资本账户开放度，取值在 [0,1] 之间，值越大则开放程度越高。*N* 代表选择的资本账户中交易项目的总数，*P*（*i*）则反映资本交易项目的开放水平。雷达和赵勇（2008）在文中仍通过四档赋值方法对交易项目的开放水平予以评价，未能有效解决约束测度法的主观性问题。在此，本书结合实际资本流动规模方法，通过考查交易项目下的实际资本流动规模占 GDP 比重，作为该项目开放水平的衡量标准，有助于消除测度过程中的主观因素，提高对实际开放水平测度的准确性。

根据外汇管理局公布的《国家外汇管理局年报》中提供的中国国际收支平衡表，本书在人民币资本账户开放涉及的资本交易项目中选择了 17 个项目指标，包括：资本项目；我国在外直接投资；外国在华直接投资；证券投资资产项和负债项下的股本证券、（中）长期债券、货币市场工具；其他投资资产项和负债项下的贸易信贷、贷款、货币和存款、其他资产以及其他负债。上述 17 个指标囊括了人民币资本和金融账户内的全部交易项目，指标贷方记录资本流入，借方记录资本流出，两个方向的资本流动共同构成资本账户发生的实际资本流动规模。通过分别计算项目中资本流出和资本流入规模占 GDP 的比重，再进行加总便能够基本反映该项目的开放程度。

考虑到资本账户开放作为一种状态反映，实际资本流动规模对开放程度的描述应存在一定限度（如外国对内直接投资，我国已基本实现该项目的开放，较高的资本流动规模占比不能代表开放状态的强化，而应视作市场行为的反映），因此，再借鉴王晓春（2001）、金荦（2004）、雷达和赵勇（2008）的赋值方法，本书依据各项目的实际资本流动规模设定权重赋值区间：当指标值大于 2% 时，赋权重 1，表示项目已基本无管制；在 [1%,2%）之间，赋值 0.75，表示资本管制较弱；在 [0.5%,1%）之间，赋值 0.5，表示存在中型的资本管制措施；在 [0.1%，0.5%）之间，赋值 0.25，表示资本管制较强，该项目开放程度较低；小于 0.1% 则赋值 0，表示完全管制。根据五档赋值法得到 17 个项目指标的权重值，再利用上述计算公式即可得到年度人民币资本账户开放水平的测度值。具体结果见本书附录 3（ABCD）。

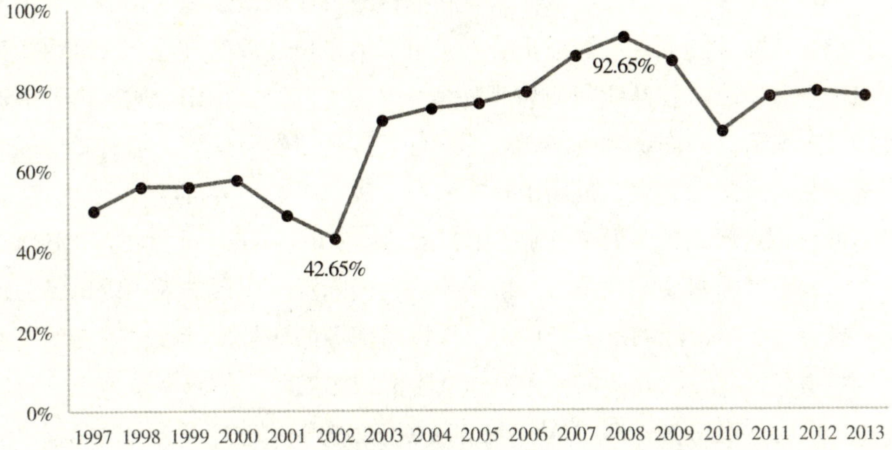

图 3-1　人民币资本账户开放年度平均水平（1997—2013 年）

数据来源：外汇管理局公布的中国国际收支平衡表（1997—2013 年）。

三、人民币资本账户开放的程度变化分析

从图 3-1 可以看出，人民币资本账户的实际开放水平较高，在 2013 年已达到 77.94%，表明我国对资本账户的管制强度减弱，资本流动的规模和灵活性都显著增强。纵观人民币资本账户开放水平在 1997—2013 年的变化过程，可以发现开放程度起伏上升的发展趋势以及明显的阶段性特征。截至 2013 年底，资本账户的开放水平相比于 1997 年提升了近 30%，在长达 16 年的观测期内，最低开放水平（2002 年，42.65%）与最高开放水平（2008 年，92.65%）之间差距达到 50%。如图中显示，人民币资本账户开放过程与前文介绍的发展历程基本吻合，两次金融危机将开放过程划分为三个阶段。

1997—2002 年的谨慎管制阶段。由于亚洲金融危机的影响，中国在这一时期加强了对国际资本流动的监管，同时，采取宽松货币政策，降低利率来刺激国内投资，但实际存在的通缩压力仍影响了国内的宏观经济持续增长。

在此情况下，一方面中国国内利率与国际投资收益率差距收窄，国际游资的套利动机减弱，外部资本进入的规模降低；另一方面，国内严格的资本流动管制也限制了国内资本外逃的规模，内外因素共同导致了此时期人民币资本账户开放水平降低的现象。

2003—2008 年的加快开放阶段。在国内经济逐渐摆脱通缩影响，经济发展趋势好转的条件下，中国加快了人民币资本账户开放的进程。在国内政策方面，政府采取大幅减少行政管理项目，开放 QFII 与 QDII 联通国内外证券市场投资渠道，允许金融机构在香港发行人民币债券等措施，显著降低了对资本交易的限制性约束，提高了资本账户开放水平。在外部条件方面，随着 2005 年中国进行人民币汇率机制改革，推动汇率市场化定价机制的不断完善，再次引起了国际市场对人民币升值的关注，国际资本积极进入国内市场寻求投资机会，证券市场的部分开放以及人民币债券的海外发行提供了新的资本流入渠道。因此，在此阶段，人民币资本账户的实际开放水平快速上升，在金融危机前夕达到 92.65% 的最高值。这也是国内深化改革开放与国际资本流动的共同作用导致的。

2009—2013 年的调整恢复阶段。2008 年爆发的国际金融危机，中国迅速采取稳定汇率和限制资本流动的措施来控制风险，在此阶段初期人民币资本账户开放有所收敛。但由于中国庞大的经济规模和重要的国际贸易地位，在经济增长企稳后，便开始积极调整开放政策，抓住机会推动人民币国际化进程。这一时期，政府采取主动开放的积极思路，在跨境贸易人民币结算、人民币离岸市场建设、金融机构海外发行人民币债券、国内企业海外上市等领域都取得了突破性进展，国内资本流动规模稳定上升，资本账户开放水平开始恢复至合理水平。

综上所述，人民币资本账户已具备较高实际开放水平，账户内各项资本交易面临的管制强度有所减弱。从 2013 年的各项指标反映的结果来看，在资本转入、货币市场工具投资项目下的资本流动还存在较强管制；在贸易信贷下的资本流入以及投资海外股票债券等方面的资本流出存在较强管制。显示出国内货币市场和资本市场的进一步开发将是提升人民币资本账户开放水平的关键改革内容。实际较高的开放水平也意味着国内配套的管制政策有所欠缺，毕竟，金融危机的经验告诉我们，资本账户开放并不意味着放弃对资本流动的监管，还是应以市场机制为导向，以稳定宏观经济为目标，在提升开放程度的同时控制开放风险。这正是实现人民币资本市场开放需要解决的关键。

第二节　管制背景下对短期资本流动规模的估计

对人民币资本账户开放水平的测度结论，反映出中国当前较高的资本账户开放现实，这与存在的资本管制政策的预期目标有所背离。这可能意味着针对资本账户内资本交易的管制有效性有所减弱，造成了政策效果与现实情况的差距。本节将进一步讨论管制政策的有效性，以判断人民币资本账户开放改革的紧迫性。

一、资本账户管制政策有效性的评价标准

截至 2014 年年底，我国尚存的资本管制相关政策，大部分都集中于国际收支过程中的外汇汇兑环节和资本交易环节。在外汇汇兑环节，通过限制外汇流通，引导持汇主体结汇来控制资本流动规模；在资本交易环节，尽管我国采用 QDII，QFII 等方式的部分开放证券市场，允许国内外资本互投对方的证券市场，但在资格准入和投资额度方面仍设置了较高的门槛限制与数量管制，再加上国内尚不健全的资本市场体系，这一方面的开放未能发挥引导国际资本完善国内资本市场的作用。在我国实现经常账户完全开放后，受套利动机催动的国际游资往往利用贸易渠道来规避国内的资本流动管制，影响我国国际收支的实际状况，也对评价国内资本账户管制政策的有效性形成了阻碍。

资本管制政策可以看作是一系列相关法律法规的集合体，其核心作用在于通过管制政策调控国内外资本在国内经济市场中的流动方向与规模，以实现维护宏观经济市场稳定的目标。管制政策的复杂性与灵活性造成对其效果评价难以形成规范的标准和界定。学界对其有效性的评价大都是基于管制政策的实际效果与政策目标两方面来展开的，前者是考查管制政策是否能够调控资本流动的实际规模，后者是分析管制政策能否实现了稳定国内宏观经济市场的目标。

基于资本管制政策实际效果的评价，是通过测算国内实际发生的资本流动规模来实现的。资本管制政策并不是限制所有的资本流动，而是针对那些

灵活性强、以套利为目的的短期资本。短期资本流动往往不具备实际贸易背景，不投向实体经济主体，而是追求存在超额收益的金融产品，其流动规模大、交易频率快，容易冲击宏观经济稳定。作为资本管制政策的主要限制主体，如果国内存在较大规模的短期资本频繁流动，则表明管制政策基本无效，也无法实现维护宏观稳定的政策目标。因此，通过测算国内实际发生的短期国际资本流动规模，可以基本反映管制政策的有效性。

资本管制政策作为一国宏观经济政策的重要组成部分，其政策服务目标也同样是为了平抑经济波动、维持经济可持续增长。宏观经济的政策调整目标可以作为衡量资本管制政策有效性的核心标准。资本管制政策通过维护货币政策独立性来稳定国内物价水平与经济增长趋势，对资本流动规模的限制能够有效降低央行货币供给中外汇占款的波动，防止其对货币政策调整的抵消作用。资本管制政策能够稳定真实汇率，降低外汇市场和利率市场承受的资本冲击，进而保持国际收支平衡。资本管制政策还具有维持国内外同种金融工具价格差异的能力，防止国际套利资本大规模流动引起国内金融市场的剧烈波动和价格扭曲。

综上所述，可知资本管制政策有效性评价的两个思路具有紧密的联系。管制政策能否合理的控制实际资本流动的规模和方向，直接决定了政策的宏观经济目标能否顺利实现。而判断资本流动是否合理、是否需要进行管制，其依据正是流动过程中对宏观经济产生的影响效果。由此之故，本节讨论当前人民币资本管制政策的有效性将综合实际资本流动情况和政策的宏观目标评价两个思路来展开，以实现对当前管制效果的准确判断。

二、短期资本流动规模的广义估计

短期国际资本流动作为资本管制政策的主要限制对象，其特点在于投机性强、流动方向容易逆转以及规模变化较大，形成了资本流动显著的波动特征，容易引起宏观经济和金融市场的不稳定。根据资本的流动方向和波动频率，短期国际资本流动又可以分为投机性和投资性资本流动，前者以追逐套利机会实现超额收益为投资目标，通常被称为热钱，也是多数学者用以评价资本管制有效性的主要研究对象。结合第一章的文献综述，本书认为资本管制政策针对的并不是某一特定类型的资本流动，而是对具有较强波动性和宏观冲击效应的短期资本流动都纳入管制。因此，以热钱规模变化作为衡量资本管制政策有效性的方法，可以视作狭义估计法。本书将基于中国国际收支平衡表反映的短期资本流动整体水平，提出评价人民币资本账户管制有效性的广义估计方法。

本书界定的广义估计，是对实际发生的国际资本流动总量进行分析，从中分离出不具备长期稳定发展趋势，以短期波动作为变化特征的资本流动，作为短期国际资本流动的主体。这部分资本流动对资本管制政策的变化更加敏感，如果观测期内，短期国际资本流动规模变化剧烈，意味着该时期内资本管制有效性减弱，反之，则表明管制政策有效。这一方法囊括了所有具备波动性强、流动方向易变的资本流动数量，因此，可认为是对短期资本流动规模的广义估计。

我国对经常账户开放和资本账户开放的改革过程为资本流动提供了渠道便利。我国资本管制政策主要针对短期资本流动，为回避资本管制，国际游资的流入和国内资本外逃频繁利用国际收支账户的“掩护”进行资本转移，这种短期流动引起的统计数据波动将加剧我国国际收支失衡，削弱资本管制的有效性。当前，利用国际收支账户进行的地下资本流动有以下几种途径：在经常账户下，通过预收货款或延期付款、出口高报或进口低报、开立虚假单据骗汇等方式实现资本流入，反向操作则会引致资本外逃；在资本金融账户下，通过境外投资的撤资或利润收回、返程投资、零利率外债、QFII 的非证券投资安排等方式引进资本，通过外商投资收益名义将国内资本汇出、以境外投资名义低估国有资产价值、虚假外商投资等方式实现资本外逃。以上方式造成的资本流动都会形成收支账户下的短期数据波动，本书利用广义估计方法将其中的波动性资本流动分离出来，作为短期资本流动的反映指标，能够切实反映观测期人民币资本管制政策有效性的变化。

（一）变量选择与方法介绍

国际收支平衡表记录了一定时期内，一国与其他国家全部经济行为的流量数据，能够充分反映开放经济环境下，国际收支水平的时变状况与结构特征。从账户间的数据关系可以看出，子账户货物、服务、收益、经常转移以及资本、直接投资、证券投资、其他投资的数据是上级账户的基础，意味着国际收支受到的短期冲击影响最初反映在子账户数据中，再传导至经常账户和资本金融账户内。因此，本书选择各子项目序列进行趋势分解以分离不可观察的波动项因素，最适合反映短期资本冲击对国际收支平衡的影响。由于储备资产净变动、经常账户、资本金融账户以及净误差与遗漏账户之间存在简单加总的线性关系，因此选择其中三个序列已能够充分反映我国收支账户的变动情况。

本节的广义估计基在变量选取与数据获得方面都来自国际收支平衡表内的各账户交易内容。如前所述，收支账户之间存在明显的线性加总关系，因此资本流动带来的波动影响最先反映在各级子账户数据内。因此，本书选择子账户的时间序列进行分解，其结果最接近现实情况。

在经常账户方面，选择货物（HW），服务（FW），收益（SY），经常转移（ZY）四个序列；在资本金融账户方面，选择资本（ZB），直接投资（ZJ），证券投资（ZQ），其他投资（QT）四个序列。另考虑到净误差与遗漏账户（WCYL）是对整个收支表统计误差的汇总，因此，加入该账户序列完善实证内容。

序列数据时间段为 1998—2014 年的季度值，单位是亿元人民币，数据来源 WIND 中国宏观数据库与外汇管理局。由于季度数据本身存在季节因素影响，在实证前对序列进行了季节性调整，调整后序列记作 SA_*。实证过程利用 EVIEWS 7.2 完成。

时间序列的趋势分解旨在从序列中分离出长期趋势项和周期波动项。前者反映了该序列随时间的变动趋势，具备显著的非平稳特征；后者则包括序列波动中不可观测的周期成份以及短期随机冲击因素的影响。从国际收支平衡角度来看，我国经济保持快速平稳增长，形成收支账户序列内显著的长期增长趋势。而对于采用上述违规渠道发生的短期投机性资本流动，则构成了收支账户数据中的不可观察成份，即波动项。因此，对国际收支平衡表账户序列趋势分解出的短期波动项，能够部分反映脱离监管的短期资本流动的变动情况。

HP 滤波是在状态空间中分解时间序列的方法，其思路是通过对趋势项加以约束，使式（1）达到最小值，实现完整分离出时间序列的长期趋势项，并将剩余部分整体作为周期波动项。

$$\min_T\left\{\sum_{t=1}^{T}(y_t-Ty_t)^2+\lambda\sum_{t=2}^{T}[(Ty_{t+1}-Ty_t)-(Ty_t-Ty_{t-1})]\right\}^2 \quad (3\text{-}1)$$

式（3–1）式中 TY_t 为时间序列 y_t 的趋势项，λ 是调节参数，是趋势中各种变化程度产生的权重。经式（3–1）求得时间序列的趋势项后，利用计算式

（3–2）即得到序列波动项 TY_t。

$$Cy_t = y_t - Ty_t \tag{3-2}$$

由式（3–2）可知，经过 HP 滤波分解的时间序列，其波动项包含了除长期趋势以外的全部变动因素，能够有效反映短期波动对原序列的冲击作用。

（二）HP 滤波结果分析

应用 EVIEWS 软件自带的 HP 滤波程序对调整后的时间序列进行了趋势分解。由于季度数据的特性，选择滤波的调节参数 λ，得到的组合图反映了收支平衡表内子账户序列的趋势项和波动项的时变特征。

首先，分析经常账户下的四个子账户序列的分解结果。从图 3–2 可以看出，四个子账户的波动项在 2005 年中期开始出现波幅扩大与波动集聚的现象。这是由于我国 2005 年 7 月进行了汇率制度改革，实行盯住一篮子货币的有限浮动汇率制度，随后人民币兑美元汇率进入单边升值通道。国际游资出于套利和避险目的开始利用经常账户提供的贸易渠道进出我国国内市场，导致了子账户序列波动项的变化。比较四个子账户序列可以发现，记录无形贸易的服务账户波动最平缓，数据变化反映出较强的长期趋势；货物账户与经常转移账户的波动都表现出较强的汇率敏感性，其在 2005 年和 2009 年期间出现的剧烈波动正是人民币汇率升值预期强烈的时期，外部经济环境变化以及短期资本的套汇流动造成了子账户波动的大幅变化。收益账户数据由国际投资收益以及本国海外企业收益构成，由于我国对资本流出的限制，国内资本大都投资于中短期低风险资产，导致收益账户的统计数据基本来自波动项序列，即意味着收益账户内存在显著的短期资本流动影响。

图 3–2 反映的资本金融账户下子账户序列的波动情况明显强于经常账户的结果。资本和金融账户是资本管制的核心内容，同样也是国际资本进出的主要渠道。四个子账户序列的波动变化都是在 2005 年汇率改革后出现大幅波动，在 2008—2009 年间受金融危机影响出现反转。资本账户和直接投资账户的波动加剧，一方面在于长期趋势的快速上升，带来总规模的扩大，增长了波动基数；另一方面则是国际资本利用投资通道和资本转移渠道在账户内流动所造成的。证券账户和其他投资账户波动项与原始序列高度重合，表明两个账户内长期趋势较弱，短期因素的影响更为突出，从波动项的变动特征来看，证券账户波动项在 2008 年金融危机后出现了显著的波动聚集效应，其他投资

账户则在金融危机后出现了波幅扩大。这都反映出在国际资本流动性显著的情况下，我国的资本管制对短期资本流动的冲击影响控制逐渐弱化，管制有效性被削弱。

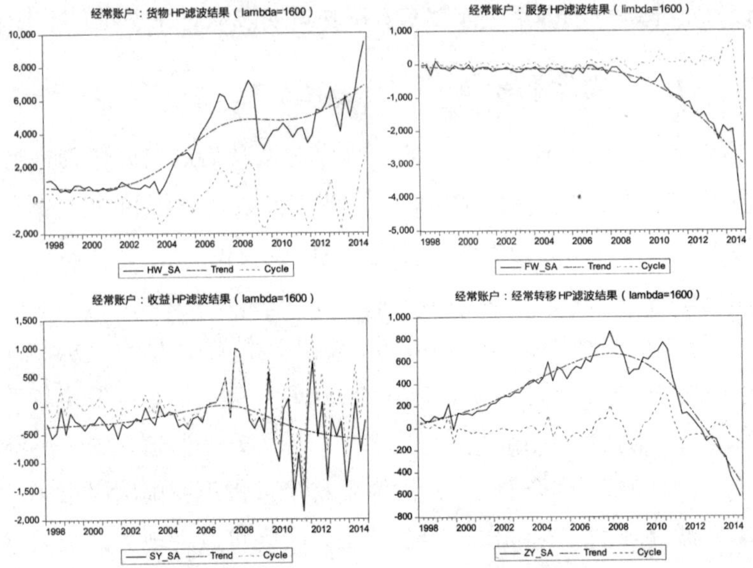

图 3-2　经常账户下子账户序列的 HP 滤波结果（单位：亿美元）

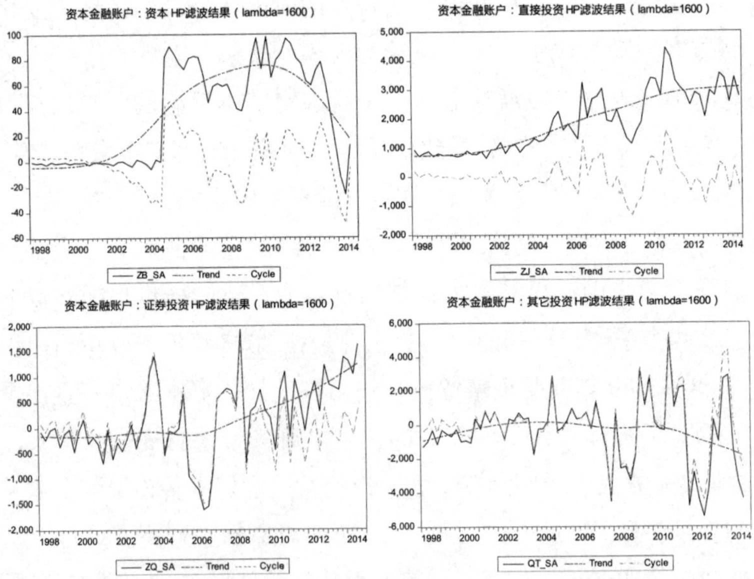

图 3-3　资本金融账户下子项目序列的 HP 滤波结果（单位：亿美元）

最后，考虑净误差与遗漏账户的分解情况。净误差与遗漏账户是人为设置的平衡项目，其数据反映了整个收支平衡表的统计误差。但账户序列波动不仅源于真实的统计失误，更大部分是受到短期因素冲击的影响。从图 3-3 的结果可以看出，账户的波动项与原序列高度重合，说明短期因素的影响构成了数据波动的主要成分。对于短期因素的讨论，学界认为其中包含大规模的资本外逃或地下资本流入。观察账户序列的波动特征，发现同样是 2005 年之后，序列波动项出现显著的波幅扩大和波动聚集现象，长期趋势项也出现反转变化。这说明汇率改革引致的人民币升值预期吸引国际资本流入，资本流动的频繁冲击导致了误差遗漏账户的波动加剧，资本管制有效性被削弱。

净误差与遗漏账户的波动还受到经常账户与资本金融账户波动的传导影响。本书对净误差与遗漏账户的波动项进行方差分解，进一步研究上述 8 个子账户波动项对其方差变动的解释权重。从表 3-1 的结果显示，资本与金融账户对误差遗漏波动项的方差变化的总贡献达到 24.47%，经常账户的总贡献达到 55.43%，反映净误差与遗漏账户波动项的方差变化有 79.9% 来自上述子账户波动项，其中受服务、经常转移、直接投资以及收益等帐户的短期冲击影响较显著。这也证实经常账户和资本金融账户承受的短期冲击影响，最终会反映在净误差遗漏账户中。

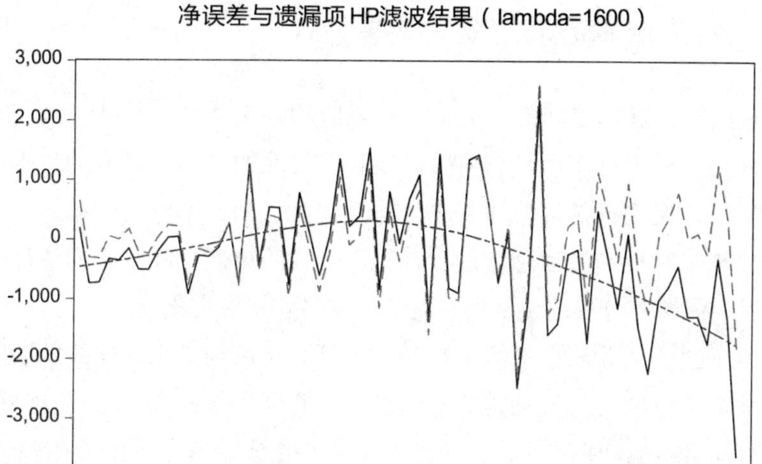

图 3-4 净误差与遗漏账户序列的 HP 滤波结果（单位：亿美元）

表 3-1 C_WCYL 方差分解结果图（单位：%）

期数	C_WCYL	C_HW	C_FW	C_SY	C_ZY	C_ZB	C_ZJ	C_ZQ	C_QT
1	100.00	0.00	0.00	0.00	0.00	0.00	0.00	0.00	0.00
2	81.01	0.43	4.85	3.59	4.42	1.33	3.87	0.24	0.27
3	56.57	0.87	25.87	6.42	4.08	1.18	2.97	1.39	0.63
4	47.56	3.45	23.10	7.01	4.39	1.23	7.79	2.23	3.23
5	32.11	2.32	22.68	6.10	6.42	2.76	16.18	6.96	4.48
6	25.44	1.99	24.15	5.09	13.82	2.18	16.46	7.29	3.58
7	21.68	5.21	26.75	7.48	13.26	3.02	13.54	5.96	3.10
8	20.10	4.86	27.44	10.42	12.71	3.39	12.57	5.57	2.94

经过上述趋势分解分析，可以看出收支平衡表内各账户的波动项在人民币汇率改革后，都出现了明显的波幅扩大情况，部分资本流动频繁的账户出现了波动聚集现象。这说明在人民币升值预期以及国际投资环境不断变化的情况下，我国成为国际游资逐利和避险的主要市场。这对我国资本管制政策产生冲击，从资本管制实际情况来看，我国资本管制有效性在不断减弱。

三、短期资本流动规模的狭义估计

与短期国际资本流动的广义估计相对应的狭义估计，是从一国实际发生的资本交易过程中分离出具有高投机性和波动性的部分短期流动资本。与前文的广义估计相比，狭义估计方法依据真实发生的资本流动过程，利用交易账户的性质来对资本流动总量进行过滤，得到的短期国际资本的估计结果更具针对性，能够充分反映短期资本流量的方向和规模变化。

随着一国经济开放水平的不断提升，要想从市场中实际发生的国际资本交易中分离出短期资本流动是非常困难的。原因一方面在于名目众多的交易项目为短期资本流动提供了广泛选择的渠道，能够轻易避开资本管制；另一方面，处于半开放状态下市场中存在的套利机会又为国际资本的投机性流动提供动力，即使是作为长期投资进入国内市场的外部资本，也可能转变为追求短期利益的套利资本。前文对短期资本的广义估计，是对独立的国际收支子账户中的资本流量的波动变化进行分析，而狭义估计则是旨在掌握国内市场承受的短期资本流动的实际规模与方向。

（一）短期国际资本流动的直接和间接估计

对我国发生的短期资本流动的估计，学术界做了大量的研究，积累了丰富的估计方法，根据不同方法的估计思路，可以大致分为直接法和间接法，各类方法针对不同特性的资本流动会选择不同的统计指标，因此又可以分为大、中、小三种估计口径。其中，直接法是指对国际收支平衡表中的相关项目进行加总，来得到短期国际资本流动的估计水平。Cuddington（1986）首次提出了直接法的计算公式：短期国际资本流动 = 误差与遗漏项 + 私人非银行部门短期资本流动，后续学者在此公式基础上做了大量扩展，补充了证券投资资本流动等项目，并从中滤除了长期性资本流动项目。而间接法则可看作是直接法的反向操作，是从外汇储备增量中逐项减去国际收支平衡表的相关项目，以此得到短期国际资本流动的估计规模。World Bank 在 1985 年首次建立了间接法计算公式：短期国际资本流入 = 外汇储备增量 – 经常项目顺差 –FDI 净流入 – 外债增量。间接法后续的改进，一方面是在公式右侧加入相应的短期资本交易项目作为补充，另一方面则是加入海外资产再投资收益等同样具备短期资本性质的其他投资资本项目。从两种方法的一般估计结果来看，运用间接法估计的短期国际资本流动在规模和波动性方面都显著高于直接法的估计结果。因此，多数文献都以直接法结果作为一国短期国际资本流动规模的下限，而将间接法结果作为资本规模的上限，以此反映国内市场实际面对的短期资本流动情况。

在表 3–2 所示的基本估计公式基础上，我国学者结合中国特殊的经济状况与发展阶段，针对不同特性的短期资本流动拓展出各具特点的估计式。结合前文对短期资本流动的广义估计，在此本书选择中小口径的估计方法来对我国短期国际资本流动变化进行狭义估计。结合我国国际收支平衡表的具体项目，选择直接法估计计算式：短期国际资本流动规模 = 误差与遗漏项 + 货币市场工具余额 + 短期贸易信贷余额 + 短期贷款余额 + 货币与存款余额 + 其他短期资产余额；选择间接法估计计算式：短期国际资本流动规模 = 外汇占款增量 – 货物与服务贸易顺差 – 职工报酬 – 政府部门经常转移 –FDI 净流入 – 外国股权与长期债券投资 – 外国其他长期投资 + 对外直接投资 + 对外证券投资

+ 对外其他投资。估计结果如图 3–5 所示。

表 3–2 直接法与间接法的基本计算公式对比

	直接法	间接法
小口径	短期国际资本流动 I= 误差与遗漏项 + 其他部门其他短期资本项目中的其他资本流动	短期国际资本流动 I= 外汇储备增量 – 经常项目差额 –FDI 净流动 – 外债增量
中口径	短期国际资本流动 II= 误差与遗漏项 + 其他部门其他短期资本项目中的资本流动	短期国际资本流动 II= 短期国际资本流动 I+ 商业银行海外净资产增量
大口径	短期国际资本流动 III= 短期国际资本流动 II+ 债券资本流动 + 股权资本流动	短期国际资本流动 III= 短期国际资本流动 II+ 停留在国外的海外资产再投资收益 + 其他投资收益 + 旅游收入

注：表中公式整理来自 Kant C. Foreign Direct Investment and Capital Fight [J]. Princeton Studies in International Financial, 1996,（80）. Morgan Guaranty Trust Company, LDC Capital Flight [J]. World Financial Markets, 1986.

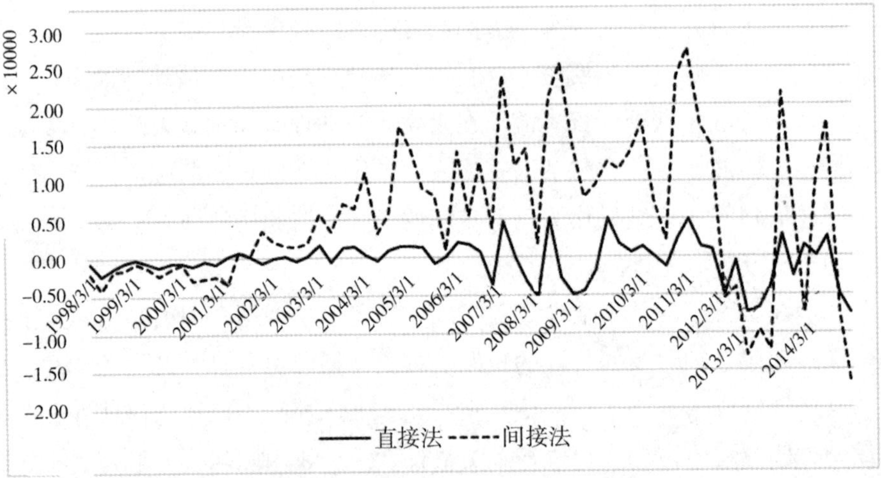

图 3–5 中国短期国际资本流动估计规模（单位：亿元）

数据来源：中国国家外汇管理局和 Wind 中国宏观经济数据库。

对比我国短期国际资本流动的直接估计和间接估计结果，间接法测算的资本流动规模表现出更剧烈的波动性。从我国短期国际资本流动规模和方向的变化情况来看，狭义估计结果与广义估计得到的结论是相一致的。从 2005 年三季度开始，汇率改革带来的资本流动显著放大了国内短期资本流动的波动，直接和间接估计的资本流动都表现出波幅扩大的情况。短期资本流动的狭义估计结果，同样验证了我国资本管制政策在限制资本流动方面的效果随着货币汇率灵活性的增强以及市场开放的加深，正在逐渐失去作用。

（二）短期国际资本流动的月度估计

短期国际资本是指投资期限低于 1 年的国际资本流动，因此，上述季度的估计结果能够基本反映一国短期国际资本流动的变化情况。但在现实经济中，以高投机性为特征的短期资本的波动往往具有更短的时间间隔，结合资本流动与利率、汇率以及其他经济环境的互动影响，对短期资本流动的研究应该在更高频的层次上展开。本书参考诸多研究者的经验，运用计算公式：短期国际资本流动 = 外汇占款增量 – 贸易差额 –FDI 净值，来测算我国短期国际资本流动的月度水平。结果如图 3–6 所示。

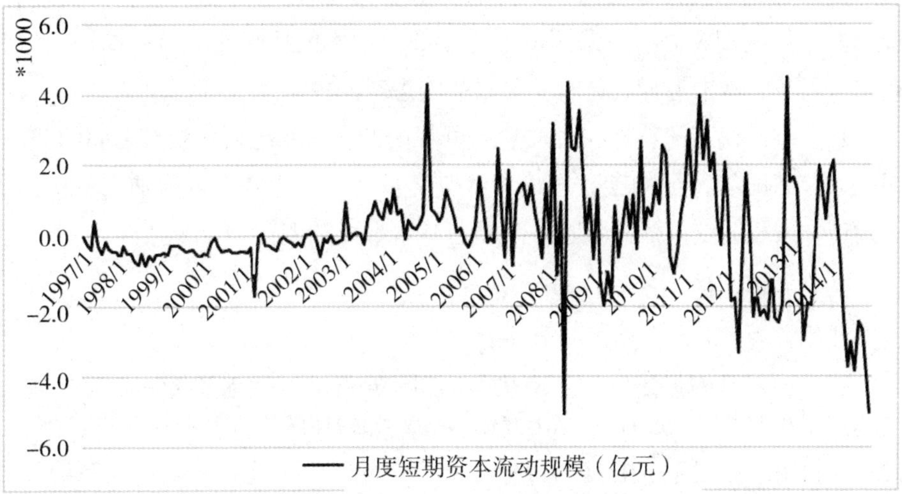

图 3–6　中国短期国际资本流动月度估计结果

由于我国未公布 GDP 的月度规模，因此在计算短期资本流动规模比重时，本书选择央行货币供应量 M2 作为代替，得到短期资本比重的月度变化情况。从图 3–6 可以看出，短期国际资本流动的月度估计结果，在 2004 年之前与季度直接法估计结果相近，而 2004 年之后则表现出如季度间接法估计的情况。

受美国金融危机和欧洲债务危机影响（2008 年至今），我国面对的短期国际资本的流入流出的规模更大、频率更快，显示在当时复杂的内外部经济环境下，资本管制政策难以有效约束短期国际资本的流动过程。

第三节　资本管制政策宏观稳定功能的有效性评价

上述对国际收支表内项目的趋势分解研究结果，基本认定我国资本管制的有效性正在逐渐减弱。但仅从资本流动实际情况的角度评价资本管制有效性并不全面。在此，本节将基于资本管制政策的宏观稳定目标的思路，构建时变参数模型，进一步全面评价我国资本管制有效性的实际情况。

一、研究方法与变量选择

在本书的研究样本期内，我国的经济结构随着改革开放的发展不断进行着调整。传统相关分析所采用的固定参数模型不能反映此类经济结构的时变效应，因此，本书选择具备时变参数的状态空间模型来进行估计。

状态空间模型的特性在于建立了可观测变量与系统内部状态之间的关系，因此，具备时变特征的参数转化为状态变量，并利用状态方程纳入系统内统一估计。采用时变参数的状态空间模型基本形式如下：

信号方程：$y_t = Z_t \times a_t + b_t + u_t$

状态方程：$a_t = T_t \times a_{t-1} + c_t + \varepsilon_t$

其中，Z_t 是测量矩阵，a_t 是状态向量，b_t 和 c_t 是常数向量，u_t 和 ε_t 都是连续的不相关扰动项，且 $u_t \sim N(0, H_t)$，$\varepsilon_t \sim N(0, Q_t)$。在状态方程中，$a_t$ 服从 AR（1）过程，也可以拓展至 AR（P）过程。

本书重点研究短期资本流动与宏观稳定指标之间的时变关系，其中以宏观稳定指标作为被解释变量，短期资本流动指标作为解释变量。利用估计式：短期资本流动规模 = 外汇占款增量—贸易差额—外商直接投资增量，可以求得短期资本流动的月度发生额，再除以央行货币供应量 M2 的月度水平，即得到反映资本流动规模的比率指标，记作 SCF。在对短期资本流动指标的数据处理过程中发现，数据序列服从 ARMA（2,0）过程。宏观稳定指标本书选择消费者物价指数（CPI）的月度环比值，反映国内市场的经济稳定情况。指标数据都来自 CEIC 中国数据库，选择样本期 1997 年 1 月—2014 年 12 月的月度数据。

建立状态空间模型如下：

信号方程：

$$CPI = SV1 \times SCF + C(1) + C(2)^2$$

状态方程：

$$SV1 = C(3) \times SV1(-1) + C(4) \times SV2(-1) + C(5)$$
$$SV2 = SV1(-1)$$

其中，SV1 是反映短期资本流动对宏观经济稳定影响程度的状态向量，SV2 是 SV1 的滞后一期向量，反映了短期资本流动指标 SCF 的二阶自回归过程。

二、实证结果分析

为避免出现伪回归，在进行估计前，对模型内的序列进行单位根检验。结果显示（表 3–3）变量序列都是平稳的，符合状态空间模型的估计要求。

表 3–3 变量序列 ADF 单位根检验结果

序列	检验条件	t 统计值	1% 临界值	P 值
CPI	（0,0,c）	–9.816983*	–3.468295	0.0000
SCF	（0,0,c）	–5.060504*	–3.468521	0.0000

注：阶数判断基于 SIC 信息准则。检验条件（n,t,c），其中 n=0，即无差分；t=0，即无趋势项；c 表示有截距项。

运用最大似然估计法对状态空间模型的估计，得到时变参数的估计结果如表 3–4 所示。系数变量 SV1，SV2 都在 1% 的置信区间下显著，对数似然值的绝对值足够大，表明模型拟合程度良好。进一步对模型的量测方程残差进行单位根检验，结果显示在 1% 显著水平上平稳，表明模型估计结果是稳健的。

表 3-4 状态空间模型时变参数估计结果

	Final State	Root MSE	z-Statistic	Prob.
SV1	45.52039	13.9856	3.254804	0.0011
SV2	45.52134	13.98045	3.256071	0.0011
Log likelihood	-246.653	Akaike info criterion		2.330124
Parameters	5	Schwarz criterion		2.408256
Diffuse priors	0	Hannan-Quinn criter.		2.36169

注：运行软件为 Eviews7.2

利用卡尔曼滤波的迭代估计，生成模型时变参数的变化图 3-7，以分析各变量对外汇占款增量影响的时变特征。

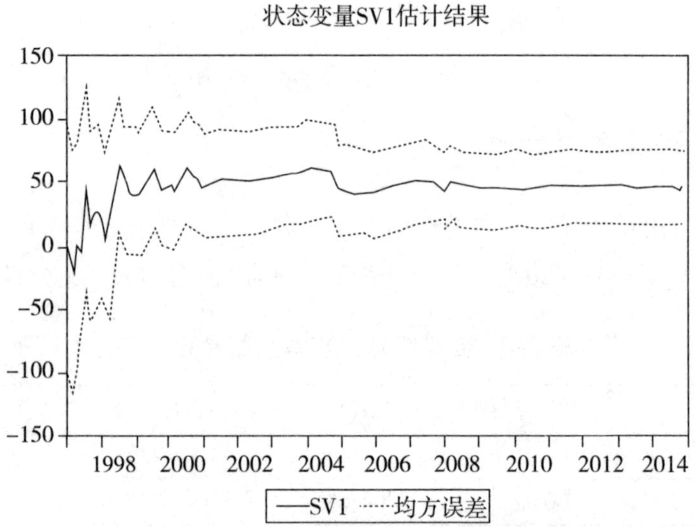

图 3-7 短期资本流动规模对 CPI 的动态影响图

由图 3-7 可以发现，人民币资本账户管制有效性的动态变化过程具有下述时变特征。

第一，在 1997 年初至 2004 年年底，短期资本流动对 CPI 的促进作用在快速加强有所回落然后平稳上升，代表资本管制政策的有效性逐渐减弱；在 2004 年初至 2005 年年底，随着短期资本流动的作用减弱，资本管制政策有效性有所增强；在 2006 年年初至 2008 年年初，资本管制的有效性开始平稳下降；

从2008年中期开始，政策有效性基本保持稳定。

第二，从有效性的波动情况来看，表现为前期波动较大、中期放缓、后期平稳的过程。从短期资本流动的冲击强度变化来看，在1997—2001年，冲击强度的振幅达到近80点，在短暂回落后又逐渐增强至70点附近，在2004年底又一次快速下降，直落至50点以下。在2006年后短期资本流动的正向影响始终在[40,50]区间内变化，并逐渐平稳。这一过程也反映随着我国经济条件的不断变化，政府采取的资本管制政策也在不断进行着调整，以适应经济发展的需要。

结合样前文的趋势分解结果，本书在对政策有效性的时变特征进行经济学分析后，可以得到以下几点结论。

第一，关于人民币资本账户的改革开放是削弱资本管制政策有效性的关键因素。1997年爆发的亚洲金融危机在短期内显著冲击了国内进行的金融改革，迫使政府采取强有力的资本管制措施来限制资本外逃，管制有效性波动剧烈；在2000—2003年，中国刚刚摆脱亚洲金融危机的负面影响，在加入WTO后开始再次推动人民币资本账户开放，对资本管制政策有所放松，政策有效性在这一时期逐渐下降。在经过2003—2005年的调整后，政府在坚持深化开放的思路下安排资本管制政策，有效性在短期增强后又逐渐回落至平稳水平。后续的改革措施仍然会引起政策有效性的波动，但随着政府重视资本管制的宏观稳定作用，资本管制的有效性开始趋于平稳。

第二，人民币汇率的波动预期对资本管制有效性具有重要影响。2001年我国加入WTO后人民币面临较强升值压力，以及2005年人民币汇率形成机制改革后，人民币兑美元汇率进入单边升值通道，在这些时期，资本管制政策在限制资本流动和实现宏观稳定两方面的有效性都有所下降。随着我国经济全球化水平不断加深，汇率波动带来的市场投机需求，会吸引短期投机性资本频繁利用国际收支的合法渠道进行违法转移来回避资本管制，这一过程不仅加剧了国际收支失衡，更冲击了资本管制的宏观稳定目标，造成资本管制有效性下降。

其三，对比管制政策在限制资本流动和维护宏观稳定两方面的有效性变化，发现两者的差异在2008年金融危机爆发后迅速扩大。从趋势分解结果来看，我国资本管制有效性在限制资本实际流动方面有效性逐渐减弱，但状态空间模型的实证结果现实，资本管制对维持宏观经济稳定仍具有一定效果。

这反映出我国在金融危机后，对资本管制的政策目标有所改变，更重视资本管制作为宏观调节政策的稳定作用，在推进资本账户开放的同时，转为采用更市场化的调节手段引导资本流动变化，有助于改革的平稳实施。

本章小结

本书通过测度资本账户的实际开放水平，以及评价资本管制政策的有效性，对人民币资本账户开放的现实状况进行了综合分析。结合两方面研究的结论，形成了对人民币资本账户开放现状的几点认识。

第一，当前人民币资本账户的实际开放水平较高，与现行资本管制政策不匹配。我国对资本转入、货币市场工具投资项目下的资本流动还存在较强管制；在贸易信贷下的资本流入以及投资海外股票债券等方面的资本流出存在较强管制。这显示出国内货币市场和资本市场的进一步开发将是提升人民币资本账户开放水平的关键改革内容。实际开放水平与管制政策的差距，意味着在实际发生的资本流动规模中存在部分是逃避管制的，这将对未来的人民币资本账户开放造成潜在的风险。金融危机的经验告诉我们，资本账户开放并不意味着放弃对资本流动的监管，而是应以市场机制为导向，以稳定宏观经济为目标，在提升开放程度的同时控制开放风险。这正是实现人民币资本市场开放需要解决的关键。

第二，基于国际收支平衡表内资本交易的实际规模所测度的资本管制政策有效性显示，当前资本管制对国际短期资本流动的约束效果有所下降，国内市场面临的资本冲击愈发显著，这不利于国内改革开放的平稳推进。从账户内实际资本流动规模来看，金融改革会加剧资本流动的波动性，尤其在证券和其他投资账户都存在显著的短期影响，经常账户中的短期资本波动也反映出地下资本借助贸易渠道流动的情况。资本管制在约束资本流动方面的逐渐失效，成为加快推进资本账户开放的原因之一，通过合理开放能够将脱离监管的隐蔽资本流动重新纳入监管体系内，有助于政府充分掌握资本流动产生的风险，避免开放改革引起的宏观不稳定。

第三，我国资本管制政策在稳定宏观经济方面仍具有较显著的作用，这是由于我国在设立管制政策目标时，更重视对宏观经济的影响。人民币资本账户的实际开放水平与管制政策的有效性在2008年金融危机之后出现明显的背离，即在国内面临的短期资本流动规模有所放大的同时，资本账户的实际开放水平却有所下降。这反映出我国采取的资本管制政策开始更重视宏观稳定目标，转向采取更市场化的手段调节资本流动，避免对宏观经济的冲击。这一调整正是实现人民币资本账户平稳开放的必然要求。

综上所述，人民币资本账户开放的现实状况显示当前的开放进程不能完全适应实际开放水平的发展，随着我国经济开放的不断深入，资本管制政策理应发生根本性的转变，但其存在意义毋庸置疑。本章认为资本管制政策应当随着资本账户开放水平进行动态调整，避免大规模的脱管资本在市场内流动，引致宏观经济风险。我国资本管制的下一步发展应尽快由行政审批式的限制转向市场主导式的管理，逐渐放弃总量管理思路，采取更灵活有效的市场化举措来调节资本流动规模与方向。

在表3–2所示的基本估计公式基础上，我国学者结合中国特殊的经济状况与发展阶段，针对不同特性的短期资本流动拓展出各具特点的估计式。结合前文对短期资本流动的广义估计，在此本书选择中小口径的估计方法来对我国短期国际资本流动变化进行狭义估计。结合我国国际收支平衡表的具体项目，选择直接法估计计算式：短期国际资本流动规模 = 误差与遗漏项 + 货币市场工具余额 + 短期贸易信贷余额 + 短期贷款余额 + 货币与存款余额 + 其他短期资产余额；选择间接法估计计算式：短期国际资本流动规模 = 外汇占款增量 – 货物与服务贸易顺差 – 职工报酬 – 政府部门经常转移 –FDI 净流入 – 外国股权与长期债券投资 – 外国其他长期投资 + 对外直接投资 + 对外证券投资 + 对外其他投资。估计结果如图3–5所示。

第四章　资本账户开放、短期资本流动与系统性金融风险关系的逻辑梳理

资本账户开放，本质上是与资本管制相对的概念，即不断放松资本账户管制、实现跨境资本自由流动的过程。资本账户的对外开放改革最先引起跨境资本流动的变化，在我国又以短期资本流动的波动最为明显。因此，本章首先研究了资本账户开放背景下的中国短期资本流动各驱动因素的动态影响特征。其次，跨境资本流动会立刻反映在外汇储备的规模变动上，进而影响国内的货币供应、汇率波动，最终冲击资本市场、宏观经济，引发系统性金融风险。因此，本章紧接着研究了资本账户开放对国内三类金融市场（外汇市场、债券市场和股票市场）的动态时变冲击。通过实证研究发现，资本账户开放对国内金融市场影响日趋增强，而且对于外汇市场冲击最为剧烈。由此进一步地，结合最新的网络分析方法，解析了全球50只主要货币的风险吸收、外溢效应，并结合混合效应面板回归方法深入探究资本账户开放、汇率制度改革对外汇风险传染的影响机制。作为研究总结和落脚点，本章构建了中国的系统性金融风险指数，并进一步分析了资本账户开放对系统性金融风险的时变影响特征。涉及的具体变量和逻辑梳理具体如下。

第一节　资本账户开放与跨境资本流动

一、资本账户开放的概念界定、中国现状

资本账户开放一直是开放宏观经济学的重要问题之一。在经济金融的复苏和危机转换之间，资本账户是开放还是管制这一问题总会反复被提及。资本账户开放包含两层含义，其一是实现资本的跨境自由流动，其二则是取消

金融交易相关的汇兑限制。按照国际货币基金组织《国际收支手册》的规定，资本账户主要涉及国际收支平衡表上的资本与金融账户，IMF 对资本交易分类框架中的资本账户交易管制状况进行了比较细致的探讨，并将资本账户细分为 7 大类 40 个小项，如表 4-1 所示。

表 4-1 资本账户一览表

类别	大类	小项
资本和货币市场工具	股票或有参股性质的其他证券	非居民在境内买卖、非居民在境内发行、居民在境外买卖、居民在境外发行
	债券和其他债务性证券	非居民在境内买卖、非居民在境内发行、居民在境外买卖、居民在境外发行
	货币市场工具	非居民在境内买卖、非居民在境内发行、居民在境外买卖、居民在境外发行
	集体投资类证券	非居民在境内买卖、非居民在境内发行、居民在境外买卖、居民在境外发行
衍生工具和其他工具	衍生工具和其他工具	非居民在境内买卖、非居民在境内发行、居民在境外买卖、居民在境外发行
信贷业务	商业信贷	居民向非居民提供、非居民向居民提供
	金融信贷	居民向非居民提供、非居民向居民提供
	担保、保险和备用信用支持	居民向非居民提供、非居民向居民提供
直接投资	直接投资	对外直接投资、对内直接投资
直接投资清盘	直接投资清盘	直接投资清盘
不动产交易	不动产交易	居民在境外购买、非居民在境内购买、非居民在境内出售
个人资本交易	个人贷款	居民向非居民提供、非居民向居民提供
	个人礼品、捐赠、遗赠和遗产	居民向非居民提供、非居民向居民提供
	外国移民在境外的债务结算	外国移民境外债务的结算
	个人资产的转移	移民向国外的转移、移民向国内的转移
	博彩和中奖收入的转移	博彩和中奖收入的转移

资料来源：IMF《汇兑安排与汇兑限制》（AREAER）年报。

截止到2016年，人民币资本项目中可兑换的有4个，主要集中在居民境外发行股票与货币市场工具、直接投资清盘和非居民在境内出售不动产等领域；基本可兑换的有14个，主要集中在信贷业务和直接投资等领域；部分可兑换的有18个，主要集中在集体投资类证券的买卖与发行、衍生品的双向买卖、非居民境内购买不动产和个人资本交易等领域；不可兑换的有4个，主要集中在非居民境内发行股票、货币市场工具和衍生品双向发行等领域。根据Klein & Olivei（2008）的计算方法，2016年人民币资本项目的可兑换程度为

$$\left(4\times1+14\times\frac{2}{3}+18\times\frac{1}{3}+4\times0\right)/40=0.45$$

由此可以看出，我国资本项目的可兑换程度处于中等水平。

Quinn（1997）、Chinn & Ito（2006，2008）、Schindler（2009）、Chen & Qian（2015）等法定指数均基于国际货币基金组织的《汇兑安排与汇兑限制》年报文件，但由于我国的金融市场不够发达，IMF对于资本项目的分类并不能客观地反映我国的实际情况。同时，我国对于资本流动并未完全禁止也未完全放开，大多需要外汇管理局的审批，外汇管理局政策法规的变动决定着资本账户实际的开放程度。另外，由于AREAER更新存在滞后，因此上述法定指数的相关数据如今只能更新至2015年，无法对近期的相关情况进行及时跟踪。

鉴于以上分析，本书参考金荦（2004）、苟琴等（2012）的方法，从外汇管理局官方网站中筛选出与资本项目外汇管理相关的139条重要法规，对1994年至今我国的资本账户管制程度进行测算，如图4–1所示。该方法的基本思路是：根据外汇管理局对于资本项目的分类（直接投资、证券投资和其他投资），以1994年（汇率并轨、经常项目实现可兑换）为基年，基年的直接投资计1分，证券投资和其他投资计2分；1994年以后，遇重大政策调整计1分（放松资本项目管制‘–’，强化资本管制‘+’），一般政策调整计0.5分（重大政策调整的定义为：受影响群体发生明显扩大或缩小；一般政策调整的定义为：涉及额度调整、年限变化、暂行或试点办法等法规的执行或废止）。同时，根据法规出台时间，每月15日（含）之前的认为是当月执行，15日（不含）之后的认为是下月执行。

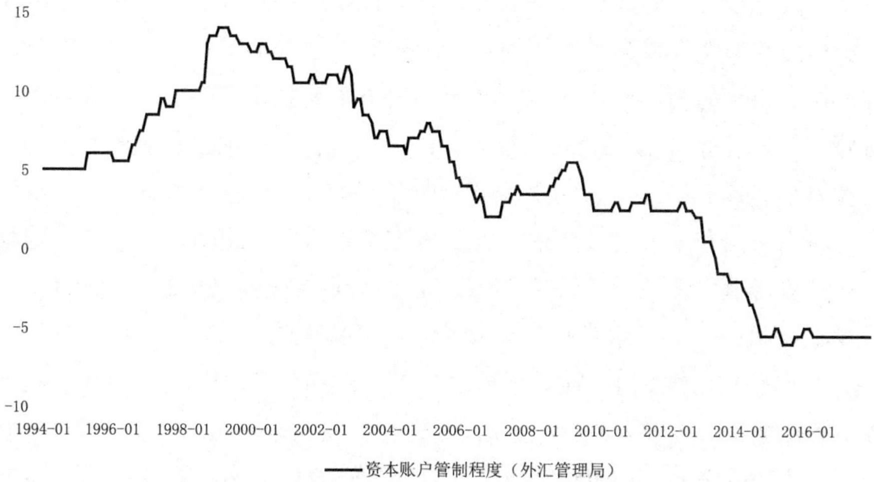

图 4–1 资本账户管制程度（外汇管理局）

资料来源：参考金荦（2004）、苟琴等（2012），并根据外汇管理局相关法律法规整理、计算所得。

从图中可以看出：

（1）从 1994 年开始，我国的资本账户经历了收紧（1994–1999 年）、放开（1999–2006 年）、再收紧（2006–2009 年）、再放开（2009–2015 年）的过程。与早年相比，我国的资本账户开放已经有了很大程度的提升。

（2）一方面，1998 年东南亚金融危机和 2008 年国际金融危机，我国政府都适时收紧了资本账户，有效降低了危机对中国经济的伤害。例如，1997 年 10 月进一步规范了外债监测统计实施细则和境内机构借用国际商业贷款管理办法；2008 年 7 月外汇管理局对企业货物贸易项下外债实行网上登记管理制度；2009 年 1 月又进一步提高了企业出口货款预收汇比例。从近期来看，2014 年 6 月之后美联储逐步退出量化宽松、进入加息周期，2015 年 8 月 11 日中国人民银行启动了中间价形成机制改革，自此人民币进入贬值周期，自我实现、不断强化的贬值预期加速了资本外流。在资本外流严重威胁外汇储备之时，货币当局随即实行了较为严格的资本账户管制措施，如明确规范 QFII 需及时、准确报送，打击虚假贸易、地下钱庄，狙击香港保险，把关 OFDI，要求境内机构资本项目外汇收入的使用应在经营范围内遵循真实、自用原则等，资本账户开放趋势有所放缓。

（3）另一方面，2005 年人民币汇率改革前后和 2012 年后，货币当局对于资本账户开放的态度较为激进。例如，2005 年 9 月外汇管理局进一步简化了对外汇指定银行为境内机构在境外注册的全资附属企业和参股企业提供融资性对外担保的管理手续。2006 年 5 月中国人民银行、中国银行业监督管理委员会和外汇管理局制定了《商业银行开办代客境外理财业务管理暂行办法》，以满足境内机构和个人对外金融投资和资产管理需求。2006 年 9 月《合格境外机构投资者境内证券投资管理办法》通过并开始实施。2012 年 6 月外汇管理局发布通知，要求简化境外直接投资资金汇回管理、简化境外放款外汇管理、适当放宽个人对外担保管理。2012 年 12 月外汇管理局通知取消了直接投资项下外汇账户开立及入账核准、取消外国投资者境内合法所得再投资核准、简化外商投资性公司境内再投资外汇管理等。在合格境外机构投资者（QFII）境内证券投资外汇管理方面，2012 年 12 月的相关规定较 2009 年版本也有适度放松，其中主权基金、货币当局等机构投资额度上限可超过等值 10 亿美元。债券投资方面，2013 年 3 月外汇管理局适度调增年度境内机构的短期外债余额指标以支持中小企业的发展，并于 5 月简化了外债登记的行政审批程序。从 2014 年 11 月 17 日开始，沪港通、深港通和债券通相继开通，两岸投资者投资 A 股和港股更加便利。

（4）本书的测算结果在时变趋势上与 Chen & Qian（2015）一致，二者相关系数达到 0.87。但由于本章采用的是外汇管理局的相关数据，而 Chen & Qian（2015）则主要依据国际货币基金组织的相关数据，本书测算的中国资本管制程度在动态变化上略领先于 Chen & Qian（2015）。

二、资本账户开放影响跨境资本流动

跨境资本流动是指资本从一个国家（或地区）转移到另一个国家（或地区），主要反映在国际收支平衡表的资本与金融账户中，具体可分为中长期资本流动和短期资本流动。如图 2 所示，在我国的资本账户交易中，中长期资本流动如直接投资相对稳定，而短期资本流动的波动性相对较强。短期资本流动投机性强、规模变化大、流动方向容易逆转，对一国（或地区）实体经济和金融市场可能造成明显的负面冲击，因此本书主要关注对我国短期资本流动的分析。

基于间接法，本书采用公式“短期资本流动＝央行外汇占款增量－货物贸易顺差－实际利用 FDI+ 进出口伪报额－外债净增量”来计算中国的短期资本流动规模。外汇占款数据来源于中国人民银行，货物贸易顺差和实际利用 FDI 数据来源于商务部，外债数据来源于 CEIC。对于进出口伪报额的测算，主要借鉴李庆云和田晓霞（2000）、曹媚（2009）、张明（2011）的方法（注：上述学者主要采用年度或季度数据）进行测算[①②]，数据主要来源于国际货币基金组织的 DOTS 数据库、台湾统计局和香港特别行政区统计处。这里既剔除了外汇储备的估值效应和投资损益、经常项和 FDI 中的虚假额度，同时也对货币当局净外债规模变动予以考虑，测算结果如图 4–2 所示。从图中可以看出，我国的短期资本流动大致经历了四个阶段：第一个阶段，21 世纪初随着经济全球化的加深和各国资本账户开放的逐步推进，我国由于经济增长强势，吸引了大量的资本流入，且规模不断放大；第二个阶段，随着 2008 年美国次贷危机的蔓延，各国投资者情绪低落，同时中国资本账户管制有所加强，此时短期资本流动规模极度萎缩，且不乏持续流出的迹象；第三个阶段，金融危机过后，投资者情绪逐渐恢复，美欧日等国的量化宽松政策使得我国的跨境资本流入大幅增加，而且随着资本账户开放步伐的逐步加快，资本流动呈双向波动态势；第四个阶段，随着美国退出量化宽松、进入加息周期，2015 年 8 月 11 日我国货币当局宣布调整人民币对美元汇率中间价报价机制，自此人民币进入贬值周期，加上自我实现、不断强化的贬值预期，加速了资本外流。从 2014 年 6 月开始，我国一直深陷资本外流泥淖，其中 2016 年 1 月资本外流一度突破 1500 亿美元。

---

① 在本书中，贸易伙伴国家选取美国、日本、韩国、德国、荷兰、英国、新加坡、法国、意大利、澳大利亚、加拿大、印度尼西亚、俄罗斯、马来西亚、西班牙、比利时、泰国、巴拿马、印度、菲律宾、越南、巴西、中国香港、中国台湾这 24 个国家和地区。一直以来，对这 24 个国家或地区的出口额均超过中国总出口的 75%，从这 24 个国家或地区的进口额则都超过中国总进口额的 70%，已具有足够的代表性。

② 详细过程参见戴淑庚和余博（2018）。

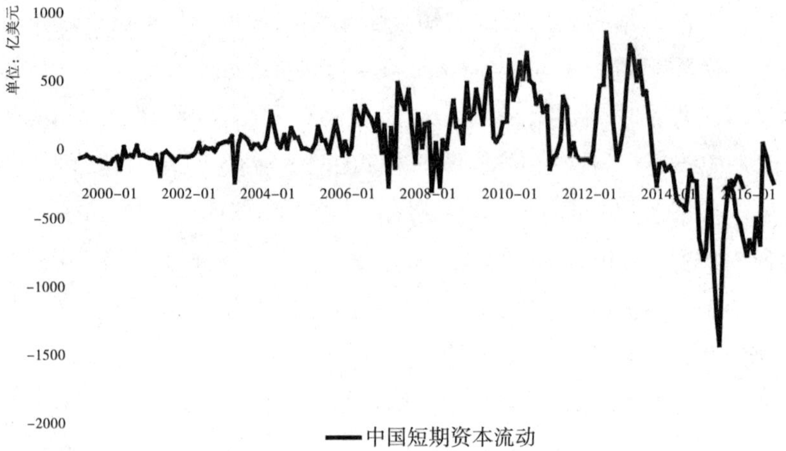

图 4-2 中国的短期资本流动规模

根据非抛补的利率理论，在能够自由流动的情况下，跨境资本会从利率较低的国家（或地区）流向利率较高的国家（或地区）。范立夫（2011）将传统的利率平价模型扩展为资产加权收益率平价模型，即国际投资者根据自己对未来汇率变动的预期和国内外资产加权收益率，在承担一定汇率风险的情况下进行跨境投资投机活动。随着研究的深入，Reinhart & Montiel（2001）、Forbes & Warnock（2011）将影响因素划分为拉力（Pull）和推力（Push）因素，其中拉力因素是东道国内部因素，包括高利率、高经济增长、高资产收益率和低通胀，推力因素主要指国际因素，包括美元流动性、国际低利率和全球高风险偏好等。具体来说，国内的拉力构成要素主要包括：（1）国内利率。国内利率越高，一定程度上说明该国投资回报率越高，资本通常是从低利率的国家（或地区）流向高利率的国家（或地区），从而实现套利。（2）国内的汇率预期。当一国汇率存在升值预期时，短期资本流入便可获得升值产生的套汇收益；当预期汇率贬值时，短期资本便会流出，以规避汇率风险。（3）资产收益率。由于资本的趋利性，资本总是流向资产收益率高的国家（或地区），资产收益率直接引导着短期资本的流向，资产收益率越高，资本越容易实现增值。（4）国内汇率波动。国内汇率波动越小，说明短期资本流动的汇率风险越小，一定程度上为资本的套汇创造了便利条件，这也是短期资本流动的避险动机所在；同时汇率的波动幅度象征了套汇的空间，汇率无波动意味着无套汇可能。国外的推力构成要素包括：（1）国外利率。（2）发达国家（或地区）

的货币政策。美元、欧元、日元等货币作为全球的主要储备货币，发达国家（或地区）的货币政策必然会对新兴市场国家（或地区）的跨境资本流动产生重要影响。在发达国家（或地区）实行宽松货币政策（QE）的时期，全球流动性增加，受套利机制的驱使，大量的国际资本特别是流动性较强的短期资本流向利率或资产收益率相对较高的新兴市场国家（或地区），同时由于美元供给增加，美国的低利率也加速了新兴市场国家（或地区）的资本流入；而在发达国家（或地区）收紧流动性（如加息、收紧银根）时，国际资本又会迅速地从新兴市场国家（或地区）重新回流发达国家（或地区）。（3）国际金融局势波动。这种因素主要影响的是国际投资者的风险情绪，当国际金融市场波动程度增大时，流动性紧缺，国际投资者趋于谨慎，为降低投资风险带来的损失，将减少对发展中国家（或地区）的投资或资本从发展中国家（或地区）撤回发达国家（或地区）；而当全球不确定性降低、世界经济发展处于繁荣阶段时，国际资本尤其是发达国家（或地区）资本充裕，国际投资者会将目光全部投向具有较高经济增长率和投资回报率的发展中国家或新兴市场，将资本大规模投入以寻求更多超额利润。

然而，上述套利活动需建立在跨境资本自由流动的基础上。在货币当局对资本账户实行严格管制时，资本只能在国内市场进行流动、资产配置，即使此时的国内外资产收益率存在高低差异，国际资本也无法实现跨境流动。从现实来看，我国早年国内外利差、人民币升值预期等因素已然存在，但由于存在着较为严重的资本账户管制，致使套利、套汇活动受到抑制，因此当时的资本流动规模很小。随着资本账户开放的逐步推进，国内与国外金融市场紧密融合，利差、人民币升值预期等因素开始发挥作用，跨境资本套利、套汇活动日渐频繁，资本流动规模也成倍放大，如图 4-3 所示。因此通常情况下，资本账户的开放程度越高，跨境资本流动规模就越大。Bartolini& Drazen（1997）、Kim & Singal（2000）、Bekaert et al.（2002）、Forbes et al.（2015）在对发达国家（或地区）和发展中国家（或地区）的实证分析也都发现，资本账户开放是推动跨境对外直接投资和证券投资流动的重要因素。同时，对于不同资本子账户管理策略的不同，也会对跨境资本的流动结构产生重要影响。从国际收支平衡表数据来看，我国近十年的跨境资本流动结构一直呈现其他投资占比最高，直接投资次之，证券投资占比最少的态势，如图 4-3 所示。这主要因为长久以来我国仍然面临着金融发展水平不高、金融市场深度不够的问题，为了避免国际资本的剧烈冲击，货币当局对证券投资、金融衍生工具等子项目仍然维持相对严格的管制。但随着资本账户开放进程的推进、以及国内金融市场的发展，货币当局会逐步加大对资本与金融账户项下敏感项目的开放程度，跨境资本流动的结构也会相应地发生变化。

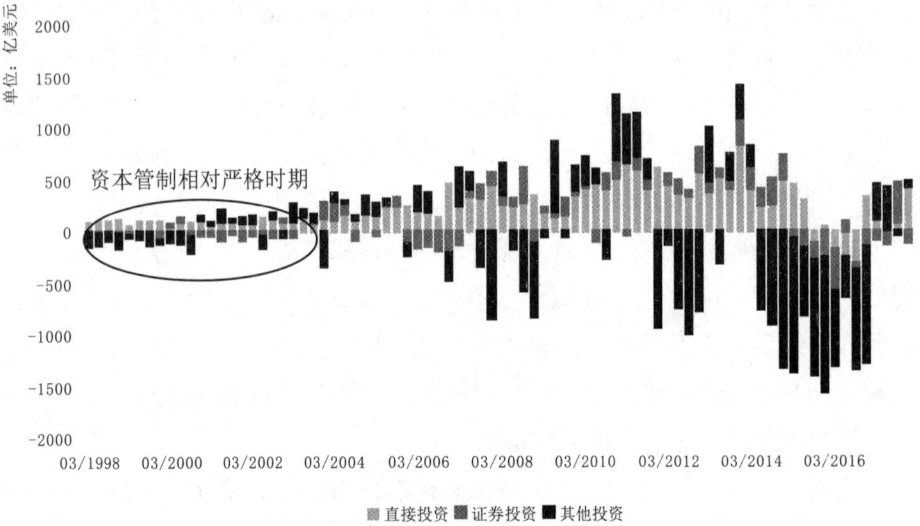

图 4-3 中国金融账户分解

资料来源：CEIC 数据库

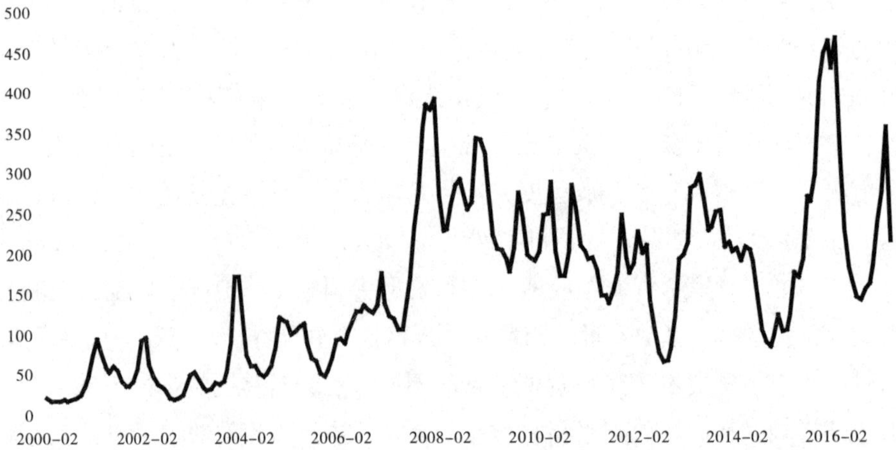

图 4-4 中国跨境资本流动的随机波动率

需要重点指出的是，资本账户开放会导致跨境资本流动的顺周期性明显增强：经济繁荣时，逐利资金大量流入，资产价格攀升；而一旦经济放缓，资本流入的情况可能发生中断甚至反转，导致资产价格快速下降。随着资本账户开放进程的推进，跨境资本流动的不确定性也会随之增强，并进一步影响国内金融市场和宏观经济的稳定。因此从 4–4 可以看出，随机波动率（SV）模型拟合的中国跨境资本流动的波动率与资本账户开放进展趋势基本一致：2000–2007 年，中国跨境资本流动的波动性较低；从 2007 年 6 月份开始，波动性大幅提高，2008 年国际金融危机期间达到高点，随后缓慢下降；在 2015 年、2016 年前后，由于人民币贬值和外汇储备流失的影响，资本流动的波动性再度创下历史新高。

第二节　资本账户开放、跨境资本流动与系统性金融风险

系统性金融风险，是指某一事件对多个金融机构或者多类金融市场产生冲击，进而威胁整个金融体系以及宏观经济稳定，其核心在于金融机构、金融市场间的风险传染。系统性金融风险的覆盖范围，主要包括金融机构、资本市场（包含房地产市场）、外汇市场和政府部门四个层面。首先，商业银行等金融机构作为资金融通中介的失效，将显著增加资金成本，削弱资金效率。毫无疑问，商业银行等金融机构是系统性金融风险重点考察对象。其次，随着金融脱媒、金融创新以及资产证券化等金融系统结构的发展，公司不仅可以通过商业银行获取借贷资金，还可以在资本市场实现直接融资。因此，资本市场也逐渐成为反映系统性金融状况的重要组成部分。再次，根据”不可能三角”理论，在开放经济条件下，一国（或地区）无法同时实现国内货币政策自主性、固定汇率制度、跨境资本的自由流动这三项目标。因此，随着经济金融一体化的演进，跨境资本趋于自由流动，此时货币当局为了维持国内货币政策的有效性，必然会不断增强人民币汇率波动弹性。当今，外汇市场波动日趋频繁已逐渐成为国际金融市场的重要特征。最后，当前我国政府部门的财政风险也不容忽视，地方政府显性和隐性债务的风险传导成为隐忧，由此极有可能波及金融系统。下面主要从理论基础和分部门影响机制两个方面就资本账户开放、跨境资本流动与系统性金融风险的影响机理进行阐释。

一、理论基础

（一）金融脆弱性理论

20世纪60—70年代，经济自由主义思潮盛行，随着经济全球化、金融一体化的推动，各国资本账户开放提速，跨境资本趋于自由流动，实现全球性的资产配置逐渐成为常态。根据比较优势理论，资本相对充裕的国家，投资的边际收益较低；而资本相对稀缺的国家，投资的边际收益较高。因此，在管制逐渐放开、趋于自由流动时，资本将由发达国家（资本相对充裕）流向欠发达国家（资本相对缺乏），从而使得两类国家的产出同时增加，进而实现全球福利的提升。然而，大部分新兴市场国家（或地区）在20世纪80年代纷纷放开资本项目以后，却不同程度地遭受了资本大规模流出入的冲击，如拉美、东欧国家的债务危机，东南亚金融危机等。面对危机的惨重代价，学术界和监管层开始重新审视跨境资本流动不确定性带来的金融风险。

对此，金融脆弱性理论认为在宏观经济稳定、金融机构稳健、外汇储备充足、金融监管完善等基本前提条件不满足的情况下，一国（或地区）过早、过快地实施资本账户开放会加剧本国金融体系的脆弱性，引起宏观经济的不稳定，从而增加发生金融危机的可能性。

一方面，金融发展伴随着金融创新，衍生品、表外业务、层级嵌套等金融新业态和新模式崭露头角，金融资产迅速膨胀。借着资本项目自由化的“东风”，大量国际资金在境外流通，国际资本日益显示出游资的特征，并对国际金融市场产生巨大的影响。另一方面随着现代信息技术的飞速发展，投机资金可以迅速捕捉套利空间，频繁买卖行为必然造成金融市场的巨大波动。值得一提的是，随着金融衍生品的大规模运用，投机者能够以少量的保证金买卖几十倍甚至上百倍的金融产品、实现套利活动，很容易在短时间内吹起金融泡沫，引发市场的大幅波动，如2008年美国次贷危机引发的全球性的金融危机。因此，国际游资在跨境投资投机过程中具有大规模、快速度的冲击性特征，其无限制的套利行为将引发汇率大幅波动、造成经济金融不稳定，同时还会对一国（或地区）货币政策的实施、决策造成重要影响，增加宏观调控的难度。

（二）“三元悖论”或“二元悖论”

“三元悖论”，也称“不可能三角”理论，由 Mundell、Fleming 于 20 世纪 60 年代相继提出，是开放条件下内外部政策选择的重要分析框架。其主要含义是：在开放经济条件下，一国（或地区）无法同时实现国内货币政策自主性、固定汇率制度、跨境资本的自由流动这三项目标，最多只能同时满足其中两项，因此货币当局必须放弃另外一项来实现调控的目的。在此基础上，易纲和汤弦（2001）提出扩展的“三元悖论”，认为货币当局可以在三项目标之间做出一定比例的选择。无论是传统意义上的“三元悖论”还是扩展的“三元悖论”，都建立三者同等重要的基础上。也就是说，从模型结构来看，三项政策目标符合等边三角形的几何结构。然而，2008 年国际金融危机爆发以后，发达国家（或地区）和新兴市场国家（或地区）普遍采用了量化宽松（QE）的货币政策来应对危机，其中相当一部分过剩资本并没有流入实体部门，而是借着资本项目自由化的“东风”在全球金融市场间进行套利活动，跨境资本流动规模已今非昔比，同时由于短期套利资本的流动性高，资本流向经常出现急剧变化。此时，“三元悖论”中的跨境资本自由流动“选项”的重要性大幅提升，这意味着“等边三角形”已经逐渐向“不等边三角形”转化。换言之，在当前国际资本流动规模日益增大的背景下，货币当局实行浮动汇率制度并不足以限制跨境市场上的热钱投机，因此也更不足以保证国内货币政策执行的有效性。极端情形下，固定汇率制度甚至从三角形中消失，“不可能三角”理论抑或是“三元悖论”退化为“二元悖论”。在这样的背景下，孙国峰（2010，2012）、Rey（2013）相继提出“二元悖论”，即一国（或地区）的货币当局只能在跨境资本自由流动和货币政策自主性两项目标中选择其一。也就是说要想维持国内货币政策的有效性，货币当局必须采取资本账户管制措施。

无论是“三元悖论”还是“二元悖论”都揭示：随着资本项目自由化的推动，全球跨境资本流动规模日益增大、波动性大幅提升，无论是固定汇率制度还是国内货币政策的自主性都受到明显冲击，宏观经济政策独立性受到约束。换言之，汇率波动弹性增强，国内货币供应也会受制于发达国家尤其是美国货币政策的影响。由于我国还未能实现完全的浮动汇率制度，伴随着资本项目的逐渐开放，当我国资产收益率高于国外时，国际资本便会大幅流入国内，货币当局被动购入外汇、投放基础货币，导致通货膨胀压力加大；而当国内资产收益率低于国外时，国际资本又会大幅流出，此时货币当局的外汇储备/外汇占款会出现明显流失，进而导致国内流动性吃紧、通缩抬头。为了应对出现的通胀/通缩压力，货币当局可以采取其他货币政策手段进行对冲，然而调节效果并不尽如人意。尤其是在热钱涌入的时候，政策的高成本导致通货膨胀减压效果有限，国内投资者在通胀预期下做出换汇等恐慌行为加剧了人民币贬值，如此人民币汇率变动加剧，引发金融风险。

（三）恐慌情绪或“羊群效应”

行为金融学探讨的“羊群效应”，通常指个体因不愿错过资产收益机会或惧怕决策错误而出现的跟风从众的心理和行为。即在资本市场上，个人投资者会根据其他同类投资者的行动，采取相同或相似的投资决策。除了投资者的主观心理外，导致“羊群效应”出现的还有其他一些客观原因。首先，资本市场上的投资者是异质性的，即存在普通投资者和具有信息优势投资者的区分，因此一部分普通投资者会跟随信息优势投资者的投资决策；其次，当资产价格大幅下降时，场内市场盯市的交易机制要求投资者及时补足最低保证金或者清仓交割，在资产价格下跌和还款压力加剧的叠加循环下，投资者倾向于采取统一卖出行为。

具体到跨境资本流动层面，国际大型机构投资者赁借其专家理财、组合投资、规模及信息优势而大受欢迎，成为国际投资中的主体。他们能够通过先进的信息技术手段和复杂的投资组合利用短期市场波动实现获利，短期内频繁进出一国（或地区）金融市场，进一步加剧了市场的不稳定性。相比而言，国内中小投资者普遍缺乏投资经验和能力，极易受到非理性因素的影响，追涨杀跌、羊群效应等心理偏差促使其跟风国际大型机构投资者的投机交易行为。在国际投机资金和国内中小投资者非理性跟风的双重压力下，股票市场极易呈现上涨期的虚假繁荣和急转直下的泡沫破裂，导致金融系统不稳定。

（四）货币供应理论

由于我国目前仍然采用结售汇制度，跨境资本无论以何种方式进入国内市场，第一步仍需兑换为人民币，才能进入实体经济或者金融市场。因此，以外汇占款形式投放的人民币一直是我国实际货币供应的重要组成部分。在现代信用货币制度下，货币供给主要包括两个基本环节：货币当局投放基础货币、商业银行创造存款货币。若用数学公式来表达的话，实际货币供应 $M=k\times B$，其中 k 为货币乘数，B 为基础货币。在开放经济条件下，基础货币 B 又可以进一步分解为 $B=R+D$，其中 R 为本外币汇兑时产生的外汇占款，D 为其他渠道的货币投放。随着资本账户开放水平的不断提高，跨境资本流动规模日益扩大，因此外汇占款长久以来都是我国货币当局投放基础货币的重要渠道。进一步地，$M=R_{-1}+\Delta R+D$，其中 R_{-1} 为前一期外汇占款量，ΔR 为当期的外汇占款增量。根据国际收支的相关理论，外汇占款变动 $\Delta R=CA+KA$，其中 CA 为经常账户产生的交易金额，KA 为资本和金融账户产生的交易金额，即跨境资本流动规模。由此，经济运行中实际货币供应变动额 $\Delta M=k\times\Delta R+k\times\Delta D$，即由国内信贷、国外信贷和货币乘数确定。总而言之，跨境资本流动会通过外汇占款渠道影响国内货币供应，进而对国内经济金融稳定性产生重要影响。具体来说，当经济处于上行周期时，跨境资本大幅涌入，引致货币当局“被动”的货币投放增加。尽管货币当局可以通过公开市场操作等方式进行冲销，但由于现实原因，冲销操作不仅成本较高而且效果也不充分。基础货币投放的增加会通过乘数效应引起实际货币供给量的变化并放大市场流动性，导致经济发展过热、资产泡沫趋于严重。而一旦国内宏观政策、经济增长或者金融市场形势逆转，跨境资本流动方向便会迅速逆转，导致外汇储备流失、国内流动性不足、金融市场暴跌、信用违约风险爆发，甚至引发金融危机。

二、资本账户开放的分部门影响机制

（一）金融机构（银行部门）

1. 脱脂效应

金融机构的“脱脂效应”是指在当更具竞争优势的跨国银行进入国内以后，东道国银行的优质客户可能会大量流向外资银行，使得本土银行的客户层次降低，风险提升。不可否认的是，外资银行在服务质量、营销手段等方面的竞争实力仍明显强于国内本土银行，更容易吸引国内优质客户资源。随着资本账户开放水平的提高，金融机构的“脱脂效应”会明显增强。首先，资本项目开放实行了相应的准入机制，外资银行的增多导致本土银行流失大量优质客户。国内银行为保持信贷业务规模，往往会采取下调对信贷客户风险和信用等级要求等方式，商业银行的整体信贷质量降低，形成大量潜在不良资产，影响金融机构系统性安全。其次，资本项目开放驱动高信用等级的国内公司通过发行股票或债券等方式对外直接融资，减少了国内金融市场中流通的高质量金融产品的规模，进一步扩大了脱脂效应。出现脱脂效应的根源在于国内金融机构的服务水平有待提升，面对完全开放的金融市场尚不能形成独特的竞争优势，实现自身硬实力其路漫漫。

2. 资产负债表渠道

具体来说，资本账户开放从资产端和负债端两个方面影响金融机构的系统性风险。在银行资产层面，资本账户开放引起的汇率高波动会通过国内的货币错配催生风险。随着银行业经营活动的日趋国际化，货币错配现象也变得普遍，一旦本币发生大幅贬值，银行以外币计价的国外债务价值将迅速增加，而以本币计价的资产价值急剧减少，一定程度上侵蚀着银行净资产。同时，银行资产与资产价格密切关联，这也意味着资本市场风险会迅速传导至银行体系。在资本账户开放条件下，国际游资通过证券投资反复进出我国股票市场，导致国内股市不稳定性明显增强，提高上市企业融资成本并危及企业资产。商业银行在资产端持有上市公司信贷和部分股权，均会受资本市场的波动影响进而降低商业银行的净资产价值。在银行负债方面，资本账户开放以后，居民的海外投资渠道增加，国内资本可能会减少在本土银行的“被动储蓄”，银行融资压力上升、且负债结构趋于不稳定。同时，随着我国利率市场化改革的逐步推进，在资本账户开放所导致银行业融资竞争而推升利率上涨，从而进一步加剧银行负债风险。

在资本账户开放的背景下，金融机构借贷行为的顺周期性显著放大：在经济上行周期，跨境资本大规模流入，股票、房地产等资产价格不断上升，在利益机制的驱使下，上升行业的银行信贷业务会明显增加。随着杠杆水平的逐步提升，资金风险累积，银行系统的不稳定性不断增加。当国内外经济形势转向下行区间，去杠杆效应叠加，促使短期跨境资本迅速撤出，国内市场流动性大幅下降。当银行开始缩表，信贷业务也随之收紧，此时信用等级低的高风险企业将面临融资困难、现金流断裂的风险，反过来导致商业银行不良贷款不断累积，金融系统风险增加。另外，在资本外逃的影响下，原本繁荣的股市和房地产行业面临断崖式下跌，抵押品价值蒸发，其贷款违约概率显著提升，同时银行净资产价值大幅减少，引发银行危机甚至整个金融系统的连锁崩溃。

3. 过度借贷和道德风险

如上所述，资本项目自由化推动的跨境资本的大规模流动会对国内货币供应产生重要影响，进而冲击银行稳定性。其详细的传导路径是：随着资本账户开放水平的提高，跨境资本流动规模增加，外汇占款/外汇储备相应地发生变动，继而引起市场流动性的变化。银行信贷作为货币政策传递的重要渠道，资本账户开放引起货币供应的变化必然会对银行流动性和稳定性产生重要影响。具体而言，在跨境资本大幅流入的时期，银行流动性相对充裕，它们会不断降低信贷条件和标准，甚至将贷款发放给经营效益差、信用等级低的高风险企业，信贷规模迅速扩张而质量不断下降，导致信贷风险不断累积。与此同时，由于新兴市场国家（或地区）普遍存在对金融机构的隐性担保机制，这也很大程度上强化了银行的道德风险和逆向选择行为。在市场流动性充足的情况下，它们会倾向于投资高风险、高收益的行业或项目，引起银行不良贷款率上升、资产负债表出现恶化。一旦经济步入下行周期、跨境资本流动发生逆转，国际游资的撤离致使市场流动性迅速下降，商业银行也将收紧信贷规模、回收企业贷款，此时经济效益差的公司可能会面临大规模破产清算，信用违约风险暴露，引发金融震荡。

（二）资本市场（货币市场、债券市场和股票市场）

1. 流动性和利率影响机制

资本项目自由化推动的跨境资本的大规模流动会对国内货币供应产生重要影响，进而冲击国内资本市场。具体来说，当国内宏观经济基本面良好，国内利率、资产收益率高于国外的时候，国际资本大量流入，国内货币供应迅速增加、利率承受下行压力。一方面，国际游资会直接增加对高收益率资产的购买，导致资本流入国的股票和房地产价格不段攀升。另一方面，根据凯恩斯的利率传导机制和托宾Q理论，利率的下降使得投资者持有现金的成本相应提高，进而争相购入非货币资产；利率下降也使得经济主体负债压力减少，通过财富效应提高投资需求，最终推升资产价格，而金融创新的发展无疑将资产泡沫推向更宽更广的局面。然而，一旦流动性消耗殆尽、金融局势逆转，资本市场中的套利资金也会大幅撤出；同时市场中融资成本骤然上升，企业经营生产步入困境，进一步恶化资本市场表现。

2. 外部金融市场的风险传染

随着资本账户开放水平的提高，人们对于国内和国外的投资、融资都变得愈加便利，实现全球范围内多样化的资本配置逐渐成为常态。20 世纪 90 年代以后，经济一体化和金融一体化的推动使得国内外金融市场逐渐形成统一的整体，而资本账户管制的放松为跨区域间的金融风险传染创造了良好的外部条件。具体来说，第一，由于资本账户管制的放开，跨境投资变得愈加便利。一旦某一金融市场发生波动，国际资本能够实现快速买入或者撤出，引起多市场的联动效应。第二，随着资本账户开放的快速推进，衍生品、层级嵌套等创新型金融工具的普及使得跨国的套利活动更为便利。同时，创新性型融工具的传播和发展，使得金融产品与其实物标的变得日益疏远，资本账户开放进一步推进了国际金融市场间的紧密联系。第三，受经济自由化思潮的影响，全球主要国家都加入了资本项目自由化的浪潮，国际市场上累积了巨量的国际游资。套利机制驱使着国际游资到处寻觅套利机会，如果一国（或地区）的市场体制不够成熟、金融监管不够完善，跨境资本便会大量涌入催生资产泡沫，待套利实现国际资本又会大幅撤出，导致资产价格快速下降。

（三）房地产市场

房地产业，与金融业、建筑行业、钢铁产业等上下游行业紧密关联，是我国的支柱性产业。一直以来，房地产在我国经济增长占有重要比重，同时提供着大量的就业机会。而对于普通民众而言，房地产又兼具居住和投资双重属性，因此房地产市场的发展状况必然会对我国经济金融发展和社会稳定产生重要影响。一方面，从 1992 年开始，随着我国城镇住房制度改革、住房公积金制度的施行，推动房地产市场快速发展，地产开发投资规模连创新高。另一方面，从 1997 年开始，我国资本项目自由化迅速推进，国际资本可以通过多种渠道进入国内，跨国投资者对于我国房地产市场的投资也变得愈加便利。作为支柱性产业，房地产市场因为投资回报高，吸引了大量国际国内资本，导致房地产泡沫不断累积、系统性风险增加。资本账户开放，或者说跨境资本流动对房地产市场的影响，具体可以从直接和间接两种影响机制进行论述。

1. 直接影响机制

资本账户开放对房地产市场的直接影响机制与资本市场基本类似。在我国经济快速发展的趋势下，房地产市场投资回报稳定、效益高，短期国际资本大量涌入地产行业，导致房价急速攀升、房地产市场高度繁荣。房价的持续上涨强化了投资投机者对房价“只涨不跌”的心理预期，同时受到“羊群效应”的驱使，国际国内资本不断朝房地产行业积聚，房价进一步被推升，市场趋于泡沫化、稳定性也急剧下降，政策调控难度大幅增加。一旦进入去杠杆（无论主动还是被动），或者资本套利目标实现，国际游资便会迅速套现离场，此时，“羊群效应”反过来也会引发房地产泡沫快速破裂，进而冲击整个经济金融体系。

2. 间接影响机制

除了直接冲击以外，资本账户开放还会通过货币供应、银行信贷、市场利率等市场要素对房地产市场产生间接影响。具体来说，当国内宏观经济基本面良好，国内利率、资产收益率高于国外的时候，国际资本大规模流入，造成市场流动性泛滥、利率承受下行压力。一方面，在投机性资本和“羊群效应”的共同作用下，房地产市场因为收益率高积累了巨量的国际国内资本；另一方面，不断下行的利率也强化了居民加杠杆买房的动力，引起房价不断上涨，造成市场的虚假繁荣。此时，越来越多普通民众的住房刚需得不到满足，望“房”生畏，社会不稳定性因素增加。更重要的是，一旦国内宏观政策、经济增长或者金融市场形势发生变化，资本流向便会迅速逆转，套利资本迅速撤离房地产市场，使得房价不断下跌、房地产泡沫濒临崩溃。

（四）外汇市场

无论是“三元悖论”还是“二元悖论”都揭示：随着资本账户开放的推进，跨境资本趋于自由流动，此时货币当局为了维持国内货币政策的有效性，必然会不断增强人民币汇率波动弹性，导致汇率波动日益频繁、波幅日渐放大。具体来说，当经济处于上行周期时，跨境资本流入，外汇市场上本币需求增加，催生本币的升值压力；而在经济处于下行周期时，国际资本会大幅撤出，对于外币的兑换需求增加，本币则趋于贬值。同时，汇率波动反过来也是决定跨境资本流动的重要因素，当国际投资者预期本币远期升水时，国际资本便会流入国内进行套利活动。国际资本的大幅流入使得外汇市场上的本币需求快速增长，导致本币汇率升值预期更加强烈，同时套汇活动频繁增加也会导致汇率波动加剧。本币的快速升值和汇率波动加剧都会削弱国内商品的出口竞争力，影响宏观经济增长，而当升值预期实现时，流入本国的国际资本获利后便会大幅流出，引起资产价格暴跌、通货紧缩和经济衰退。

具体在不同的汇率体制下，资本账户开放对外汇市场影响作用机制有所不同。

1. 固定汇率制度

在固定汇率制度的框架下，当跨境资本大幅流入时，为了维持货币的固定比价，货币当局不得不在外汇市场上被动购入外汇、卖出本币，因此基础货币投放会不断增加，并进一步通过乘数效应引起市场流动性迅速扩张，推动国内物价水平上涨、通胀抬头。根据购买力平价理论，此时该国货币的实际汇率趋于不断贬值，实际汇率和名义汇率的不一致极易招致国际游资的狙击行为，套利资本出现大幅流出，外汇储备不断缩减，直至货币当局不得不放弃维护固定汇率制度，以上也是1997年东南亚金融危机爆发的关键逻辑。尽管在现实中，为了避免国内货币供给量、实际汇率发生变化，货币当局可以通过公开市场操作等方式进行冲销，但由于现实原因，冲销操作不仅成本较高而且效果也不充分，国际资本的投机攻击仍会发生，最终导致固定汇率制度崩溃。

2. 浮动汇率制度

如果一国（或地区）实行浮动汇率制度，货币当局不再需要维系固定汇率制度而被动的增减货币供应量。然而，伴随资本账户开放所推动的大规模跨境资本流动，必然会引起外汇市场剧烈的供求变化，导致汇率上下波动，外汇市场的不稳定继而会传导至国内资本市场，引起系统金融不稳定。同时，根据多恩布什的粘性价格货币分析理论：资本市场和商品市场的调整速度不同，资本市场价格反应灵敏，而商品市场的调整是渐进的、其价格水平具有粘性。因此，短期内对于大规模跨境资本流动的冲击，外汇市场上的汇率波动幅度要明显高于国内价格水平，引起汇率超调。在浮动汇率制度下，国际资本流入引起的汇率升值可能会超出人们预期，致使出口受阻、进口增加，引起经常账户迅速恶化，名义汇率贬值预期迅速增强，导致短期国际资本流动出现逆转、大幅流出，汇率急剧贬值，继而引起货币危机的爆发。

（五）政府部门

关于资本账户开放对政府部门的影响主要包括三种观点："效率假说""补

偿假说”和“纪律性假说”。其中，“效率假说”认为经济一体化和金融开放使得世界成为一个紧密关联的整体，发达国家先进发展经验的引入有助于强化国内市场体制的改革。在此过程中，政府的干预行为可能会扭曲市场机制、降低资源配置效率，降低该国在全球市场的竞争力。因此，政府应该减少对经济的管制和干预，比如限制关税收入；同时，随着一体化进程的推动，资本、劳动力等生产要素在国际间的流动变得愈加便利，这也一定程度上抑制了政府规模的扩张。而“补偿假说”则从需求角度提出了相反的主张，认为越开放的国家会拥有更大规模的政府。如前所述，资本账户开放的推动，增强了国内经济的波动性，对金融机构、资本市场、房地产市场和外汇市场都造成了明显的冲击。因此，为了稳定经济发展和社会稳定，政府需要更多的财政支出来弥补市场波动引起的消费、投资、就业损失，如提供失业保险。“纪律性假说”则认为资本账户开放强化了开放经济体政府之间的税收竞争行为，即为了吸引跨境资本流入，政府需要降低税率；同时国家资本的跨境自由流动，也使得政府的规模增长不得不受到约束。具体而言：一方面，资本账户管制的放松所强化的金融联系，使得国内经济发展遭受的不确定明显增加，政府需要扩大支出以稳定国内经济稳定、抑制金融风险；同时，还需要抑制通胀抬头来减少国际资本的投资冲击，这一定程度上也减少了政府收入的扩张。另一方面，资本账户开放给予一国政府更为便利的融资渠道，使其能以较低的成本获得融资，进而政府的收入水平提升、支出扩张。政府负债和通货膨胀是资本账户开放影响政府部门的两个主要渠道（梅东洲等，2018），以下就这两方面进行具体分析。

1. 资本账户开放与政府负债

在政府负债方面，资本账户开放的影响主要包括融资成本和融资需求两个方面。从融资成本层面来说，资本账户开放以后，东道国获得了更为便利的融资空间，政府可以面向国外投资者发行债券，以较低的利率获得债务融资。再从融资需求来看，一方面资本项目自由化的推动使得跨境资本趋于自由流动，国内的融资需求能够更容易地从外部得到满足，国际资本一定程度上能够有效替代国内政府投资，因此政府对内发债的需求下降；另一方面，一定程度上一国政府持有的外债越多，汇率风险就越高，同时资本账户开放在满足资本要素需求的同时也将带来了更多的金融风险，外汇市场的不稳定性增加，因此货币当局需要配置更充足的外汇储备。因此，为了抵御金融风险，政府也会主动减少对外发债。

2. 资本账户开放与通货膨胀

根据李嘉图等价定理可以知道，弥补财政赤字的方法之一是发行货币，获取通货膨胀税收入。货币供应的不断增加会致使通胀高企，本币的购买力快速下降，随着居民对本币稳定性信心丧失信心，可能就会出现货币替代现象。在资本账户严格管制的情况下，货币替代程度有限。但是，随着资本账户开放水平的不断提高，本币外币的汇兑愈加便利，货币替代容易实现，这直接提高了对宽松货币政策的惩罚力度，一定程度上限制了经济当局的财政扩张行为。同时，在本外币汇兑日趋便利的情况下，一旦本币购买力、汇率稳定性下降，短期跨境套利资本加速流出，货币当局外汇储备快速衰减，严重时会引发货币危机。基于金融稳定和社会福利的考量，货币当局通过推升通货膨胀获取收入的政策倾向受到明显约束。同时，由于上述资本账户开放“约束机制”的存在，社会民众相信（预期）政府不会肆意制造通货膨胀，这反过来也降低了现实的通货膨胀水平。受到上述两类机制的作用，政府收入减少、规模下降。

第五章　资本账户开放背景下中国短期资本流动的驱动因素研究

引　言

继 1996 年我国经常账户实现自由兑换以后，资本账户可兑换开始被提上日程。资本项目可兑换的最终目的是资本账户开放，即逐步消除对跨境资本流动的限制和金融交易的汇兑限制。从各国经验来看，在经常账户开放之后的 7 年左右，资本账户就应该实现完全开放。然而 1997 年东南亚金融危机和 2007 年美国次贷危机的爆发迫使我国的资本账户开放进程不得不有所搁置。到了 2012 年，中国人民银行认为我国加快资本账户开放的条件基本成熟，并宣布将在 2015 年实现资本账户的基本开放，2020 年实现资本账户的全面开放。根据国际货币基金组织《汇兑安排与汇兑限制》年报数据显示，截至 2016 年我国 40 项资本项目交易中不可兑换项目仅剩 4 项，跨境投资资金可以通过多种渠道进出我国，当前资本项目可兑换程度总体已达到较高水平。

随着资本账户开放的快速推进，资本账户逐渐取代经常账户成为左右我国外汇储备的关键因素。受 2008 年国际金融危机之后欧美外需疲弱和人民币快速升值的影响，我国经常账户逐渐萎缩至 2014 年才逐渐企稳，而资本账户规模在欧美日等国量化宽松货币政策和资本项目自由化的推动下得以大幅提升。同时，随着资本账户开放的快速推进，跨境资本流动不仅规模增长迅速，波动性也显著增强。而在我国的资本账户交易中，中长期资本如直接投资相对稳定，而短期资本流动的波动性相对较强。短期资本流动投机性强、规模变化大、流动方向容易逆转，对实体经济与金融市场可能造成明显的负面冲击，我们应该对跨境资本流动尤其是短期资本流动的管理予以高度重视。

本书在考虑资本账户管制的基础上，构建存在异质性风险偏好投资者的跨境投资模型，探究了资本账户管制、套利、套汇等因素对短期资本流动的影响机制。在实证部分，以资本账户管制为状态变量，以国内外利差、人民币贬值预期、资产收益率、人民币汇率波动、美联储货币政策和国际金融风险等因素为解释变量，构建了中国短期资本流动的半参数平滑系数模型，借此分析资本账户开放推进过程中相关因素的时变影响特征。

第一节　短期资本流动的驱动因素探析

一、理论基础

（一）基本假设

第一，存在资本账户管制。假设政府对跨境资本流动采取数量型管制，临界值为 $\overline{CF}$。即当投资者跨境投资规模 $CF>\overline{CF}$ 时，最终只能实现 $\overline{CF}$ 的境外投资规模，$\overline{CF}$ 越小，表明资本账户管制程度越高，跨境投资规模受限制的概率越高。

第二，投资者可用资金规模相同，但风险偏好存在差异。假设投资者 i 的效用函数形式为 $U_i(R_{CF})=\mu_{R_{CF}}-\frac{1}{2A_i}\sigma^2_{R_{CF}}$。其中，$_{CF}$ 为跨境投资产生的收益增加额，U_i（R_{CF}）表示 R_{CF} 产生的效用，$\mu_{R_{CF}}$ 表示 R_{CF} 的均值（期望值），$\sigma^2_{R_{CF}}$ 表示 R_{CF} 的方差，A_i 为投资者的风险偏好，风险偏好越高，其最优跨境投资金额越大[①]。当存在资本账户管制时，风险偏好较高的一部分投资者的跨境投资需求可能会受到抑制，资本账户管制程度越高，受影响的投资者越多，总的跨境资本流动规模越小。从现实来看，早期我国由于资本项目完全不可兑换，即 $\overline{CF=0}$，所有投资者都受到管制，此时跨境资本流动规模几乎为 0。随着资本账户开放的逐步推进，当 $\overline{CF}$ 大于最低风险偏好投资者的最优跨境投资规模时，这部分投资者不再受资本管制的影响得以实现最优配置。当资本

① 后面将做进一步论证。

账户实现完全开放时，市场上所有投资者均能实现最优跨境投资规模，此时总的跨境资本流动规模达到最大值。此外，假设风险偏好 A_i 的投资者人数为 $f(A_i)$，$f(A_i)$ 的累计分布函数为 $F(A_i)$，$A_i \in [A_0, A_H]$。

第三，资产加权收益率平价模型。借鉴范立夫（2011）的思想，假设本国利率为 r_d，国际利率为 r_f，本国股票市场收益率为 rs_d，国际股票市场收益率为 rs_f，本国房地产市场收益率为 rh_d，国际房地产市场收益率为 rh_f。投资者在综合考虑各资产投资收益率和风险后，按照一定比例分别投资于不同资产，此时国内、国际的加权收益率分别为：

$$R_d = ar_d + brs_d + crh_d$$

$$R_f = a^* r_f + b^* rs_f + c^* rh_f$$

其中 a, b, c, a^*, b^*, c^* 分别为各资产配置比例。那么，R_d，R_f 分别为国内、国际资产加权收益率，将其作为利率的替代指标，可以将传统的利率平价模型扩展为资产加权收益率平价模型：

$$D = R_d - R_f + (Ee_1 - e_0)/e_0$$

其中 D 表示风险溢价，常以汇率波动率表征，$(Ee_1 - e_0)/e_0$ 为本国的汇率预期升水率。由此可知，跨境投资者根据自己对未来汇率变动的预期和国内外资产加权收益率，在承担一定汇率风险的情况下进行投资投机活动。

第四，由于研究对象为短期资本流动，因此决策只涉及当期和未来 1 期。

（二）投资者决策模型

当跨境投资者观察到国外资产收益率高于国内或者预计本币远期升水[①]时，套利机会出现，于是本国投资者将持有资金兑换为外币进行跨境投资以实现投资收益最大化。此时，境外投资的本金收益之和为 $CF_i(1+R_f)e_1/e_0$，其中 CF_i 为跨境投资规模，e_0 为当期的汇率，e_1 为未来 1 期的汇率，R_f 为国外资产加权收益率。

如果不进行跨境投资，其本金收益之和为 $CF_i(1+R_d)$，R_d 为国内资产加权收益率。那么，跨境投资产生的收益增加额

① 文中汇率均采用直接标价法。

$$R_{CF}=CF_i e_1(1+R_f)/e_0-CF_i(1+R_d)=CF_i\left(\frac{e_1-e_0}{e_0}(1+R_f)+(R_f-R_d)\right) \quad (5\text{–}1)$$

其中$(e_1-e_0)/e_0$为本国汇率的远期升水率。可以看出，跨境资本流动的驱动因素不仅包括国内外资产收益率，还包括本国汇率的远期升水。

R_{CF}的期望值$\mu_{R_{CF}}$和方差$\sigma^2_{R_{CF}}$分别为：

$$\mu_{R_{CF}}=CF_i\left(\frac{Ee_1-e_0}{e_0}(1+R_f)+(R_f-R_d)\right) \quad (5\text{–}2)$$

$$\sigma^2_{R_{CF}}=E\left[R_{CF}-E(R_{CF})\right]^2=E\left(CF_i\frac{e_1-Ee_1}{e_0}(1+R_f)\right)^2=\frac{CF_i^2(1+R_f)^2}{e_0^2}E(e_1-Ee_1)^2=\frac{CF_i^2(1+R_f)^2}{e_0^2}\sigma_e^2 \quad (5\text{–}3)$$

由（5–3）可得，$CF_i=\pm\frac{\sigma_{R_{CF}}e_0}{\sigma_e(1+R_f)}$，正号表示资本流出，负号表示资本流入。方便起见，这里只考虑资本流出的情况。将其代入（5–2）式，得$\mu_{R_{CF}}=\frac{\sigma_{R_{CF}}}{\sigma_e}\left(Ee_1-e_0\frac{1+R_d}{1+R_f}\right)=\rho\sigma_{R_{CF}}$。其中，$\rho=\left(Ee_1-e_0\frac{1+R_d}{1+R_f}\right)/\sigma_e$表示风险溢价。

接着，将$\mu_{R_{CF}}$和$\sigma^2_{R_{CF}}$代入投资者i的效用函数，得到其投资规划

$$\max \quad U_i(R_{CF})=CF_i\left(\frac{Ee_1-e_0}{e_0}(1+R_f)+(R_f-R_d)\right)-\frac{1}{2A_i}\frac{CF_i^2\bullet(1+R_f)^2}{e_0^2}\sigma_e^2 \quad (5\text{–}4)$$

$$s.t. \quad \mu_{R_{CF}}=\frac{\sigma_{R_{CF}}}{\sigma_e}\left(Ee_1-e_0\frac{1+R_d}{1+R_f}\right)=\rho\sigma_{R_{CF}} \quad (5\text{–}5)$$

在效用最大化原则下，投资者i的最优投资规模$CF_i{*}=\frac{A_i\rho e_0}{\sigma_e(1+R_f)}$，风险偏好　越大，其最优跨境投资规模越大。因此，在资本账户完全开放的情况下，跨境资本流动总规模

$$CF{*}=\int_{A_0}^{A_H}f(A_i)\frac{A_i\rho e_0}{\sigma_e(1+R_f)}dA_i$$

然而，在存在资本账户管制时，并非每个投资者的最优跨境资产配置都能实现。当$\frac{A_i\rho e_0}{\sigma_e(1+R_f)}>\overline{CF}$时，即$A_i>\frac{\overline{CF}\sigma_e(1+R_f)}{\rho e_0}\equiv\overline{A}$的这部分风险偏好较

高的投资者最终只能实现$\overline{CF}$的跨境投资规模。因此，在资本账户尚未完全开放的情况下，总的跨境资本流动规模为：

$$CF=\int_{A_0}^{\overline{A}}f(A_i)\frac{A_i\rho e_0}{\sigma_e(1+R_f)}dA_i+\int_{\overline{A}}^{A_H}f(A_i)\overline{CF}dA_i$$

此时，$\frac{\partial CF}{\partial Ee_1}=\frac{e_0}{\sigma_e^2(1+R_f)}\int_{A_0}^{\overline{A}}A_if(A_i)dA_i>0$，说明汇率的远期升水会引起跨境资本流出。同时$\partial\frac{\partial CF}{\partial Ee_1}/\partial\overline{CF}=\frac{1}{\rho\sigma_e}\overline{A}f(\overline{A})>0$，表明随着$\overline{CF}$的增大，即随着资本账户管制的逐步放开，汇率预期对跨境资本流动的影响会不断增强。

同理，$\frac{\partial CF}{\partial R_d}=-\frac{e_0^2}{\sigma_e^2(1+R_f)^2}\int_{A_0}^{\overline{A}}A_if(A_i)dA_i<0$，说明随着国内资产加权收益率的提高，跨境资本外流会逐渐减少；$\frac{\partial CF}{\partial\sigma_e}=-\frac{2\rho e_0}{\sigma_e^2(1+R_f)}\int_{A_0}^{\overline{A}}A_if(A_i)dA_i<0$，说明随着汇率波动率的提高，跨境资本的套利活动会明显减少。与汇率预期相同，随着资本账户管制的逐步放开，国内外利差、汇率波动对跨境资本流动的影响[①]均会放大（“阀门效应”）。

在考虑资本流出的情况时，$\frac{\partial CF}{\partial\overline{CF}}=F(A_H)-F(\overline{A})>0$；在考虑资本流入的情况时[②]，$\frac{\partial CF}{\partial\overline{CF}}=F(A_0)-F(\overline{A})<0$。也就是说，资本账户开放对跨境资本流动呈现顺周期性影响特征，资本账户管制的逐步放开会增大跨境资本流出/入的规模，但没有明确的导向作用。

---

① 无论是正向影响，还是负向影响。

② 在考虑资本流入的情况时，即$\rho<0$，此时$CF=\int_{A_0}^{\overline{A}}f(A_i)\left(-\overline{CF}\right)dA_i+\int_{\overline{A}}^{A_H}f(A_i)\frac{A_i\rho e_0}{\sigma_e(1+R_f)}dA_i$。

二、实证方法

通过上述分析可以得出，资本账户管制对跨境资本流动没有明确的导向作用，但会通过改变各驱动因素的影响程度进而对其规模产生影响，因此可以构建半参数平滑系数模型对中国短期资本流动展开研究。如图 5-1 所示，若将短期资本流动视作国内外两处的“水流”，资本流动方向由国内外两处的“势能”，即国内“拉力”和国际“推力”因素决定。国内“拉力”因素主要包括国内利率、人民币汇率预期和汇率波动率、资产收益率；而国外“推力”因素主要包括国外利率、美联储货币政策和国际金融风险。

资本账户管制是指对资本跨国交易进行限制或采取可能会影响其交易成本的相关措施，可视为短期资本流动的“阀门”。从现实来看，我国早年国内外利差、人民币升值预期等因素已然存在，但由于存在着较为严重的资本账户管制，致使套利、套汇活动受到抑制，因此当时的资本流动规模很小。随着资本账户开放的逐步推进，利差、人民币升值预期等因素开始发挥作用，跨境资本套利、套汇活动日渐频繁，资本流动规模也成倍放大。因此，在资本账户开放的推进过程中，国内“拉力”和国际“推力”因素对跨境资本流动的影响是动态变化的，不是一成不变的。

基于此，本书构建中国短期资本流动的半参数平滑系数模型：

$$\begin{aligned}SCF &= \beta_0(CA)+\beta_1(CA)\cdot RD\_RF+\beta_2(CA)\cdot DE\_NDF+\beta_3(CA)\cdot DSR \\ &+\beta_4(CA)\cdot DHR+\beta_5(CA)\cdot NE\_V+\beta_6(CA)\cdot DUSA\_M2+\beta_7(CA)\cdot VIX+U\end{aligned} \tag{5-6}$$

其中，*SCF* 为短期资本流动；*CA* 为资本账户管制；β（*CA*）表示资本账户管制对各驱动因素影响程度的“阀门效应”；中国短期资本流动的影响因素包括国内外利差 *RD_RF*，人民币汇率预期 *DE_NDF*，资本市场收益率 *DSR*，房地产收益率 *DHR*，人民币汇率波动 *NE_V*，美联储货币政策 *DUSA_M2* 和国际金融风险 *VLX*。

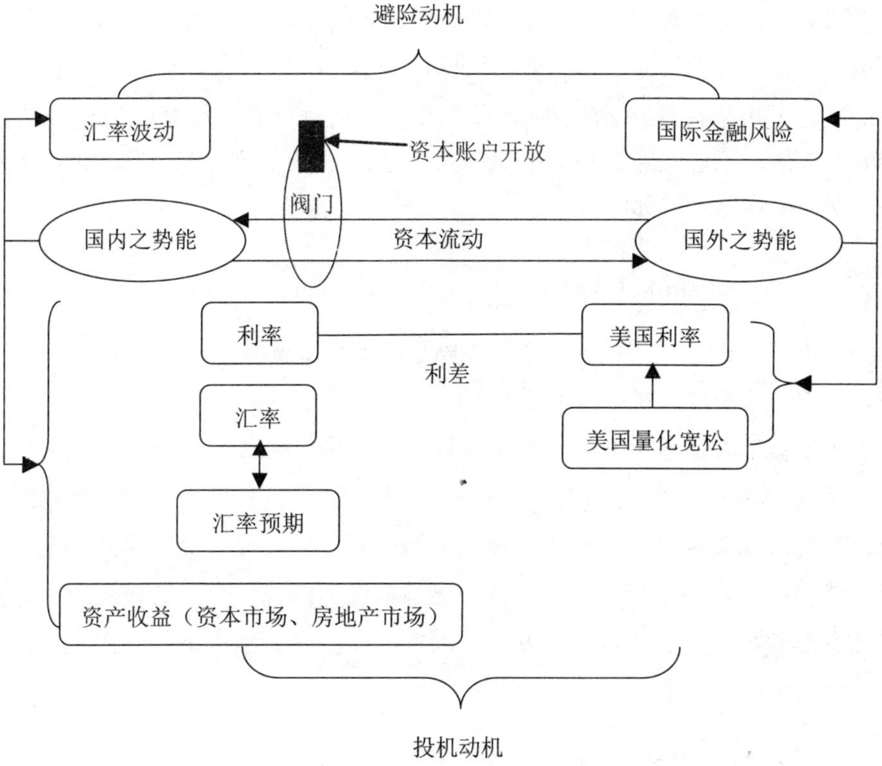

图 5–1 中国短期资本流动的影响因素模型

三、模型估计

为了表述方便，将半参数平滑系数模型（5–6）简写为：

$$y=\beta_0(z)+x'\beta(z)+\varepsilon=X'\delta(z)+\varepsilon \tag{5-7}$$

其中，$y=SCF$，$z=CA$,$X=(1,x)=(1,RD\_RF,DE\_NDF,DSR,DHR,DUSA\_M2,VIX$,$\delta(z)=(\beta_0(z),\beta(z))$。$\beta_0(z)$、$\beta(z)$，分别表示没有特定函数形式的截距函数和斜率函数向量，一般可选择非参数的高斯核函数。

对于模型（5–7），采用 Li & Racine（2010）的局部不变核方法（Local Constant Kernel Method）进行估计，其估计量可表示为

$$\delta(z)=\left[n^{-1}\sum_{t=1}^{n}X_tX_t'K(\frac{z_t-z}{h})\right]^{-1}\left[n^{-1}\sum_{t=1}^{n}X_ty_tK(\frac{z_t-z}{h})\right]$$

其中，n 为样本容量，t 表示观察期，$K(\cdot)$ 表示选定的高斯核函数，h 表示选定核函数的窗宽。对于 h 的选取，采用最小二乘交叉验证（LSCV）的方法。其思想是在估计 $\delta(z)$ 时，不使用 y_t 的信息，看其余观测值预测 y_t 的能力有多强；而这个能力又取决于窗宽 h。故选择窗宽 h，使得其预测能力最强，即最小化以下目标函数：

$$\min_{h} \ CV(h)=\sum_{t=1}^{n}\left[y_t-X_t^{'}\delta_{-t}(z_t)\right]^2 M(z_t)$$

其中，$M(z_t)$ 是一个权重函数，主要是为了给边界附近的端点更小的权重，以避免端点可能带来对估计量较大的扭曲。

半参数平滑系数模型的一个重要特征是在简单的 OLS 估计量基础上增加了核函数。在模型中，假设回归系数与资本账户管制程度有关，即资本账户管制制约着相关因素对短期资本流动的影响程度。与加入交互项的线性回归模型或门槛回归模型相比，半参数平滑系数模型的优势在于通过函数化系数形式和非参数估计方法可以推断出不同资本账户开放水平下相关因素对短期资本流动的影响程度。

第二节 实证过程及结果分析

一、数据选取

相关变量频率均为月度，时间跨度为 2003 年 1 月至 2017 年 11 月。

中国短期资本流动（SCF）。基于间接法，本书采用公式“短期资本流动 = 央行外汇占款增量 – 货物贸易顺差 – 实际利用 FDI+ 进出口伪报额 – 外债净增量”来计算中国的短期资本流动规模。外汇占款数据来源于中国人民银行，货物贸易顺差和实际利用 FDI 数据来源于商务部，外债数据来源于 CEIC。对于进出口伪报额的测算，主要借鉴李庆云和田晓霞（2000）、曹媚（2009）、张明（2011）的方法（注：上述学者主要采用年度或季度数据）进行测算[①②]，数据主要来源于国际货币基金组织的DOTS数据库、台湾统计局和香港特别行政区统计处。这里既剔除了外汇储备的估值效应和投资损益、经常项和FDI中的虚假额度，同时也对货币当局净外债规模变动予以考虑，测算结果如图5-2所示。

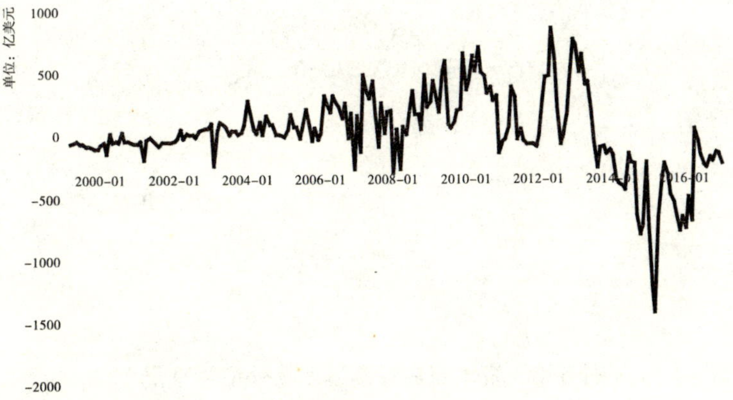

图5-2　中国的短期资本流动规模

资本账户开放程度（*CA*）。资本账户管制或开放程度的测算方法主要包括两大类：一类被称为法定测度（De jure），常用于实证研究的包括Quinn（1997）、Chinn & Ito（2008）的金融开放指数，以及Chen & Qian（2015）的资本管制程度指数（中国）等；另一类被称为事实测度（De factor），后续研究主要基于Feldstein & Horioka（1980）的储蓄率— 投资率法，Edwards & Khan（1985）的利差法，Kraay（1998）、Lane & Milesi-Ferretti（2006）的实际国际资本流动量法。在研究跨境资本流动时，为了避免较强的内生性，应选用法定测度。Chen & Qian（2015）的资本管制指数为高频的月度数据，本可作为研究指标，但其只更新至2014年，无法对近期情况进行及时跟踪。因此，我

---

① 在本书中，贸易伙伴选取美国、中国香港、日本、韩国、德国、荷兰、英国、新加坡、中国台湾、法国、意大利、澳大利亚、加拿大、印度尼西亚、俄罗斯、马来西亚、西班牙、比利时、泰国、巴拿马、印度、菲律宾、越南、巴西24个国家或地区。一直以来，对这24个国家或地区的出口额均超过中国总出口的75%，从这24个国家或地区的进口额则都超过中国总进口额的70%，已具有足够的代表性。

② 详细过程参见戴淑庚和余博（2018）。

们参考金荦（2004）、苟琴等（2012）的研究，从外汇管理局官方网站中筛选出与资本项目外汇管理相关的 139 条重要法规，对资本账户管制程度（*CA*）进行测算①②，如图 5–3 所示。

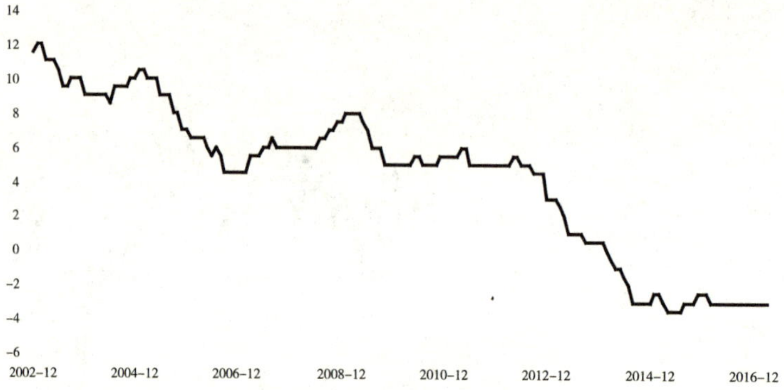

图 5–3 资本账户管制程度（外汇管理局）

资料来源：参考金荦（2004）和苟琴等（2012），并根据外汇管理局相关法律法规整理、计算所得。

国内外利差（*RD_RF*）。其中，国内利率 *RD* 选取 7 天银行间同业拆借利率，国外利率 *RF* 以 7 天美元伦敦同业拆借利率表征，数据来源于 CEIC。

人民币预期贬值率（*DE_NDF*），由公式“*DE_NDF*=(*NDF*/*E*−1)100”计算得出。其中 *NDF* 选取 1 年期人民币兑美元 NDF，数据来源于彭博数据库（Bloomberg），*E* 选取人民币兑美元即期汇率，数据来源于中国人民银行。人民币汇率波动率 *NE_V*，由随机波动率（SV）模型估计得出。

资产收益率以资本市场收益率 *DSR*、房地产收益率 *DHR* 表征。其中，资本市场收益率 *DSR*，以上证综合指数表征，数据来源于 Wind 资讯。房地产收益率 *DHR*，由全国商品房平均销售价格指数表征，数据来源于国家统计局。

美联储货币政策 DUSA_M2 以美联储总资产环比增速表征，数据来源于美联储（FRS）。国际金融风险 *VIX* 由美国标普 500 波动率指数取月平均计算得出，数据来源于美联储（FRS）。

① 具体测算过程和方法可参考金荦（2004）、苟琴等（2012）或者本书第三章第一节的相关内容。

② 我们的测算结果与 Chen & Qian（2015）相关系数达到 0.87。

二、数据预检验

（一）变量平稳性检验

采用ADF方法对相关变量的平稳性进行检验。从表5-1看出，在5%的显著性水平上，除RD_RF和NE_V为一阶单整序列外，其余各变量均为平稳序列。

表5-1 ADF单位根检验

变量	模型形式（C,T,L）	P-Value	变量	模型形式（C,T,L）	P-Value
SCF	（C,0,0）	0.000	CA	（0,0,1）	0.009
RD_RF	（0,0,3）	0.308	DE_NDF	（C,T,2）	0.012
DSR	（C,0,0）	0.000	DHR	（C,0,11）	0.000
NE_V	（C,0,2）	0.077	DUSA_M2	（C,0,0）	0.000
VIX	（C,0,2）	0.033			

（二）多重共线性检验

针对自变量间可能存在的多重共线性，结合相关系数矩阵、条件数Kappa值和线性回归的方差膨胀因子（VIF）等方法进行检验。

表5-2 变量间相关系数

	RD_RF	DE_NDF	DSR	DHR	NE_V	DUSA_M2	VIX
RD_RF	1						
DE_NDF	0.640	1					
DSR	–0.156	–0.014	1				
DHR	–0.064	–0.019	0.086	1			
NE_V	0.069	0.245	–0.152	–0.045	1		
DUSA_M2	–0.010	0.071	–0.229	–0.024	–0.078	1	
VIX	0.040	0.053	–0.143	0.006	–0.132	0.373	1

如表5-2所示，相关系数矩阵显示解释变量之间没有强相关性。同时，解释变量矩阵为满秩矩阵，其条件数Kappa值为2.47，远小于100；而且线性回

归模型中各解释变量的VIF值均小于10。因此，解释变量间不存在多重共线性。

三、基准回归

由于存在一阶单位根过程，因此线性假定，必须采用协整方法来讨论变量间的长期关系，估计结果反映解释变量在整个区间内对被解释变量的平均影响。表5-3为加入不同解释变量时的线性回归结果①，同时Johnson检验结果显示，四种设定下变量间都存在协整关系。从估计结果来看：第一，加入美联储货币政策和国际金融风险以后，模型的解释力有明显提升。第二，国内外利差、人民币汇率贬值预期和波动率、房地产市场套价和美联储货币政策对中国短期资本流动影响显著。第三，当国内外利差和房地产收益率增加1个单位时，短期资本流入分别增加约0.490和0.089个单位；当人民币汇率预期贬值率和波动率增加1个单位时，短期资本流出分别增加约0.755和0.340个单位；当美联储总资产增长率增加1个单位时，短期资本流入将增加约0.210个单位。

表5-3 线性回归结果

	模型1	模型2	模型3	模型4
RD_RF	0.490***(0.000)	0.450***(0.000)		0.490***(0.000)
DE_NDF	−0.830***(0.000)	−0.713***(0.000)		−0.755***(0.000)
DSR		0.064(0.214)		0.068(0.173)
DHR		0.040(0.463)		0.089*(0.097)
NE_V		−0.370***(0.000)		−0.340***(0.000)
DUSA_M2			0.141*(0.0822)	0.209***(0.000)
VIX			−0.007(0.9318)	−0.045(0.402)
R2	0.409	0.426	0.020	0.584

注：( )内为P值，*、**、***分别表示在10%、5%、1%的水平下显著。

四、半参数平滑系数模型

根据Hsiao et al.（2007）的方法，对线性模型进行一致性设定检验（Consistent Specification Test），得到P值小于0.01，意味着采用半参数平滑系数模型更为合理。本书采用Li & Racine（2010）的局部不变核方法（Local

① 相关数据已采用Z-score方法进行标准化。

Constant Kernel Method）对式（5-6）进行估计，选择最优窗宽 $h=0.40$，此时拟合优度 R-squared 达到 0.764，较线性回归模型有进一步提升。另外，残差序列是平稳的，即各变量存在协整关系。图 5-4 描述了随着资本账户开放的推进，各驱动因素对中国短期资本流动的时变影响特征，图中虚线是每一点估计值上下 95% 分位数的可信区间，由 Bootstrap 方法反复抽样 10000 次得到。从 2012 年 2 月中国人民银行发布研究报告《我国加快资本账户开放的条件基本成熟》以后，我国资本账户开放明显加快[①]。因此从图 5-4 可以发现，无论是国内“拉力”因素，抑或是国外“推力”因素，其影响程度在 2012 年资本账户快速开放期间均有明显改变。

---

① 例如，2012 年 6 月外汇管理局发布通知，要求简化境外直接投资资金汇回管理、简化境外放款外汇管理、适当放宽个人对外担保管理。2012 年 12 月外汇管理局通知取消了直接投资项下外汇账户开立及入账核准、取消外国投资者境内合法所得再投资核准、简化外商投资性公司境内再投资外汇管理等。在合格境外机构投资者境内证券投资外汇管理方面，2012 年 12 月的相关规定较 2009 年版本也有适度放松，其中主权基金、货币当局等机构投资额度上限可超过等值 10 亿美元。债券投资方面，2013 年 3 月外汇管理局适度调增年度境内机构的短期外债余额指标以支持中小企业的发展，并于 5 月简化了外债登记的行政审批程序。从 2014 年 11 月 17 日开始，沪港通、深港通和债券通相继开通，两岸投资者投资 A 股和港股更加便利。

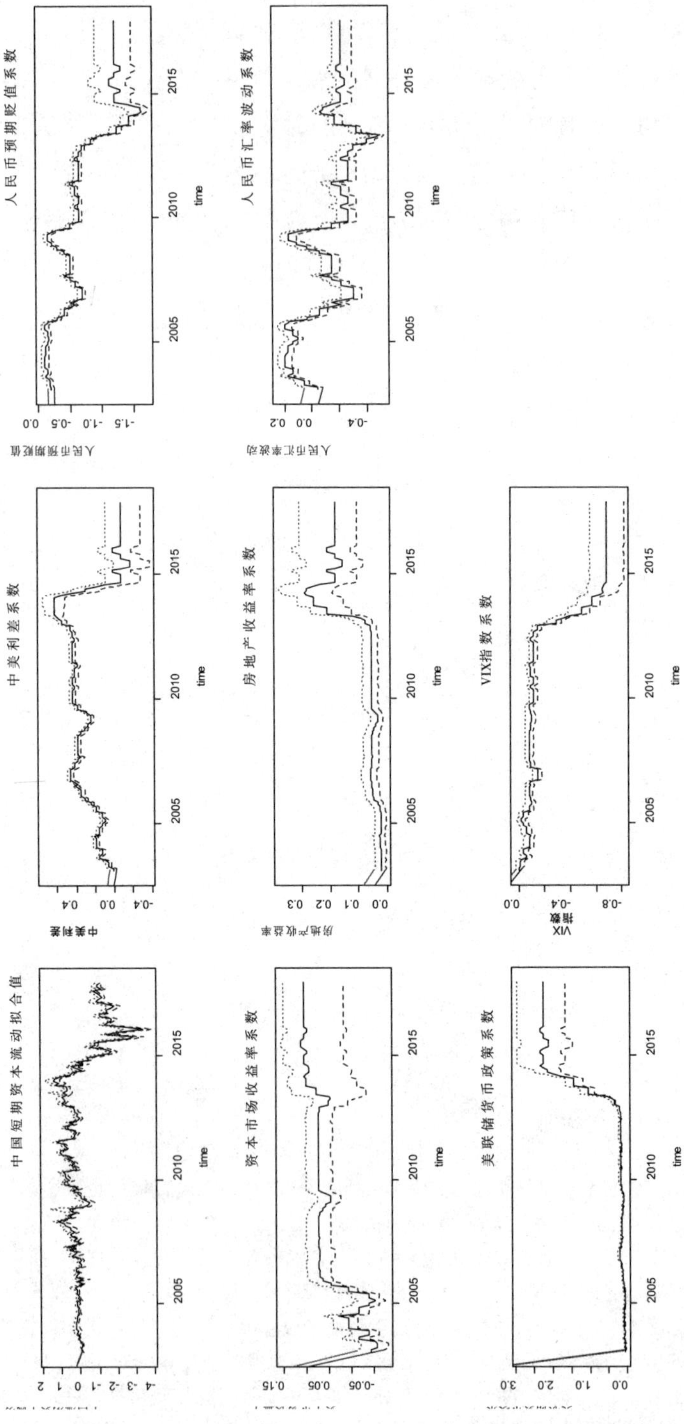

图 5-4　中国短期资本流动拟合值和各因子的时变影响

（一）套汇动机、套利动机和套价动机

人民币汇率变动和国内外利差一直是研究短期资本流动的重要考量因素。如图 5-4 所示，人民币预期贬值对短期资本流动一直呈现负向影响，而国内外利差长期呈现正向影响。从 2003 年开始，随着资本项目自由化的启动，人民币预期贬值和国内外利差影响程度逐渐增大，尤其是 2005 年“7·21”汇改以后，人民币单边升值预期强烈，吸引了大量的跨境资本流入。到了 2008 年国际金融危机期间，国际金融局势动荡不安，为了防止金融风险过度蔓延，我国适时加强了资本账户管制，人民币预期贬值和国内外利差的影响力均有所降低。从 2012 年开始，我国资本账户开放明显加快，人民币预期贬值的影响得以大幅提升，达到 1.5 左右；然而，国内外利差的影响却呈现快速萎缩之势。

关于套价因素，随着资本账户开放的逐步推进，资本市场、房地产市场收益率对短期资本流动的正向影响日益明显，但与套利、套汇动机相比，影响程度相对较小。这主要是因为我国房地产市场和 A 股市场流动性较差、波动性高，因此一些国外投资者将 A 股股票作为非流动性资产或 PE 资产进行投资。目前来看，大部分 QFII 进入我国市场的主要方式是购买指数基金，甚至一些机构的 QFII 额度获批后却长时间未进行投资。

（二）人民币汇率波动

在汇率制度改革以前，人民币汇率波动微乎其微，随着 2005 年“7·21”汇改、2010 年汇改重启和 2015 年“8·11”汇改的推动，人民币汇率波动日渐频繁、幅度越来越大。关于人民币汇率波动对短期资本流动的影响，本书认为存在两种效应：一是汇率波动给予投资、投机的套汇空间，即一国的汇率波幅越大，意味着套汇空间越大；二是汇率波动带来的套汇风险，即汇率波动越剧烈，意味着套汇风险也越大。人民币汇率波动对中国短期资本流动的影响视二者的综合效应而定，当套汇空间作用强于套汇风险时，汇率波动对短期资本流动呈现正向影响；当套汇风险作用占优时，汇率波动呈现负向影响。

在 2005 年“7·21”汇改之前和 2008 年国际金融危机期间，人民币汇率波动幅度很小，同时汇率单边升值预期强烈，套汇空间大于套汇风险，汇率波动对资本流动呈现正向影响。随着汇制改革的逐步推进，人民币汇率波幅

日益扩大，双向波动日趋明显，套汇风险逐渐显现，人民币汇率波动呈现负向影响，而且随着资本账户开放的推进，其影响力逐渐增强。

（三）美联储货币政策

在以往研究中国短期资本流动驱动因素的相关文献中，美联储货币政策一直被忽视。美元作为世界货币，美联储货币政策必将对各国跨境资本流动产生影响。如图 5-4 所示，美联储总资产增速对中国短期资本流动一直呈现正向影响；随着资本项目自由化的启动，影响程度逐渐增大，并于 2007 年 2 月达到阶段性高点；到了 2008 年国际金融危机期间，由于我国适时加强了资本账户管制，美联储货币政策的作用有所减小。

从 2008 年底开始，美联储通过三轮量化宽松，总资产从 2008 年 8 月份的 1 万亿美元暴增到 2014 年年底的 4.4 万亿美元，增长了近 3.5 倍。量化宽松的实施，使得世界范围内美元流动性增加，资本大幅流向我国进行套利活动。同时，随着 2012 年我国资本账户开放步入加速期，美联储货币政策对中国短期资本流动的影响越来越重要，逐渐成为金融危机以后我国资本账户变动的关键因素。2014 年年底美联储正式退出量化宽松政策、进入加息周期，随即我国出现了长时间的外汇储备流失和人民币汇率贬值。

（四）国际金融风险

作为影响中国短期资本流动的重要因素，标普 500 波动率（VIX）指数经历了两段剧烈波动和两段相对平缓的时期，2008 年次贷危机期间恐慌情绪最为剧烈，投资者情绪跌落谷底。关于 VIX 指数对中国短期资本流动的影响，本书认为存在两种效应：一是反映投资者对“全球”资本市场风险的规避态度，我们称之为“全局效应”，即当 VIX 指数上升，投资者认为“全球”资本市场波动加剧，避险情绪上升，包括新兴市场国家和发达国家在内的全球投资投机活动萎缩；二是反映投资投机活动在“国家间”的“替代效应”，即当 VIX 指数上升，投资者认为美国等发达国家风险加剧，资本转而流向（或者由于资本账户管制的原因，难以流出）经济增长相对平稳、风险相对隔绝的国家[①]。国际

① 如我国，存在资本账户管制，资本“易入难出”，可以规避资本外逃引发的短期资产价格暴跌的风险。

金融风险对短期资本流动的影响视二者的综合效应而定，当“全局效应”占优时，国际金融风险对短期资本流动呈现负向影响；当“替代效应”占优时，国际金融风险呈现正向影响。

从图 5-4 来看，2008 年国际金融危机期间，恐慌情绪并未对中国短期资本流动产生明显的负向影响，这主要是因为当时我国经济增长优势明显强于其他国家，人民币仍处于升值周期；同时由于资本账户管制的原因，资本“易入难出”，因此得以平稳度过危机。从 2012 年开始，我国人口红利开始消退，经济增速显著下行，因此随着资本账户开放的逐步推进，VIX 指数对短期资本流动呈现负向影响，而且影响程度逐渐增大。

（五）相关因子影响的趋势性分析

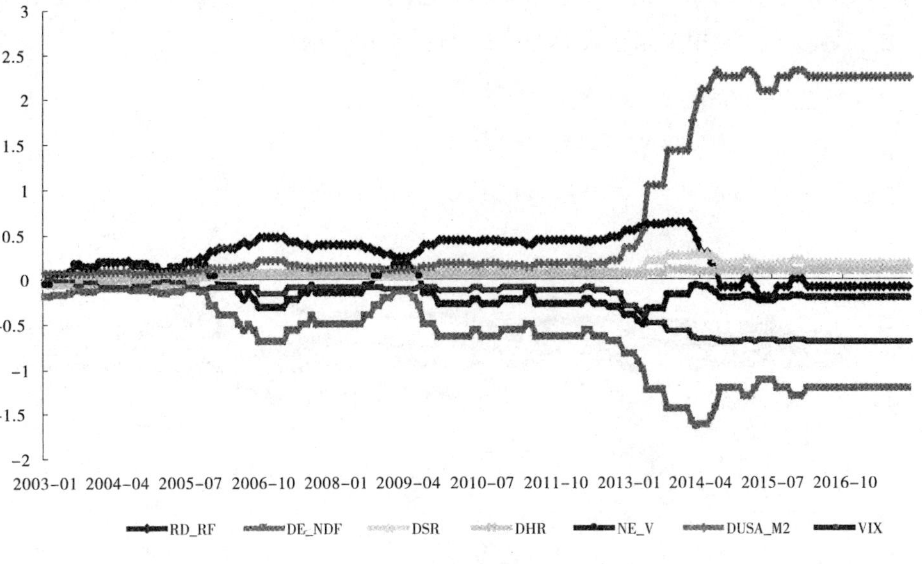

图 5-5 相关因子影响的趋势性分析

从上述分析可以看出，相关因素对短期资本流动的影响随着我国资本账户开放水平的变化而变化，尤其是在 2008 年国际金融危机和 2012 年前后，各驱动因素的影响轨迹均发生了明显改变：金融危机期间随着资本账户管制的收紧，各驱动因素的影响均有所收敛；而随着 2012 年我国资本账户开放进程的快速推进，美联储货币政策、人民币汇率预期和 VIX 指数的影响程度大幅攀升。同时在对中国短期资本流动的影响过程中，2012 年之前套利和套汇动机起主要作用①，而在2012年资本账户快速开放以后，美联储货币政策逐渐成为主导因素②，而套利动机则日趋式微。

五、稳健性检验

（一）内生性检验

针对模型可能存在的内生性问题，有必要进行稳健性检验。内生性主要是由遗漏变量、解释变量和被解释变量的双向因果关系引起的。

第一，遗漏变量。对此，本书增加控制变量：全球大宗商品价格指数（作为全球经济景气的代理变量，与模型中解释变量相关性不强）、中国工业增加值同比增速（作为中国国内生产总值增速的代理变量，与模型中解释变量相关性不强），发现相关结论没有改变，如图5-6所示。

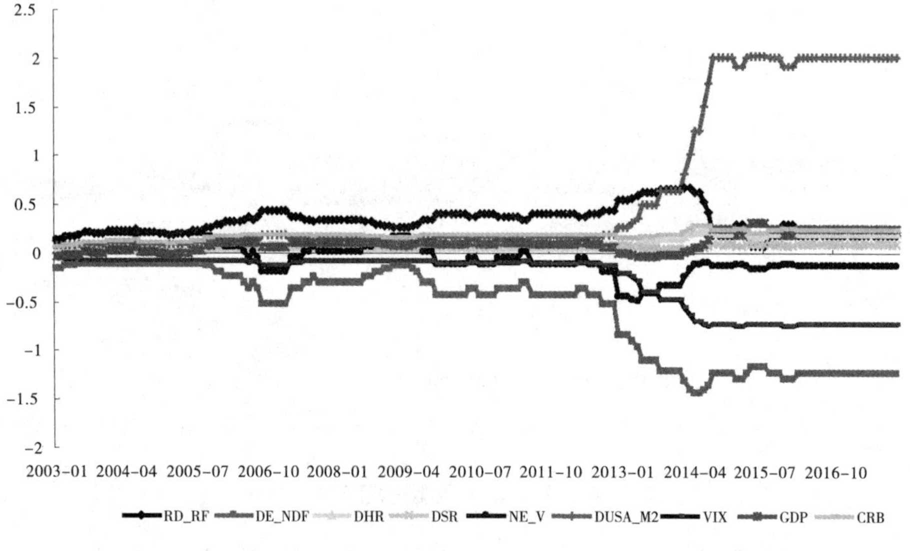

图5-6 加入控制变量

① 已通过t检验。

② 已通过t检验。

第二，双向因果[①]。引入中国广义货币 M2、美元指数作为人民币贬值预期的工具变量，二者与人民币贬值预期相关性较强（分别为 0.79 和 0.43），但与残差项不存在强相关性。

首先，以内生变量—人民币贬值预期作为因变量，以模型中其他外生变量、工具变量—中国广义货币 M2 增量和美元指数环比增速作为自变量进行回归，得 F 统计量为 44.98，此时可以认为工具变量与内生变量相关。同时，由于工具变量的个数比内生变量多，需采用过度识别来检验工具变量的有效性。按照相关方法[②]，得到拟合优度 R^2=0.0024，那么 nR^2=0.4543。在 5% 的显著性水平上，不能拒绝所有工具变量与残差不相关的原假设，说明工具变量都是有效的。

其次，内生性检验。按照相关方法[③]，得到残差的 t 统计量均小于 1，该工具变量在 5% 的水平上影响程度不显著，从而无法证实人民币贬值预期的内生性，因此原回归仍然有效。即便显著，二阶段回归结果显示除人民币汇率外，其余各变量影响趋势均没有明显变化，而汇率贬值预期影响很小，且长期出现违背经济学原理的正值，如图 5-7 所示。

综上所述，原回归较二阶段回归更为有效。

---

① 参考方法：伍德里奇著，《计量经济学导论：现代观点》中译本，中国人民大学出版社，2003 年版第 483-484 页。

② 首先我们用 2SLS 估计模型，并提取其残差；然后，用残差对模型中所有外生变量回归，得拟合优度 R^2。在所有工具变量与残差不相关的原假设下，$nR^2 \sim X^2(q)$，其中 n 是辅助回归中的样本容量，q 是工具变量与内生变量个数之差。如果 nR^2 超过了在某一显著性水平下（通常是 5%）X^2 分布的临界值，则拒绝原假设，这时其中至少有一个工具变量与残差是相关的，从而工具变量是无效的。

③ 首先，将内生变量人民币贬值预期对模型中所有其他的解释变量和工具变量——中国广义货币 M2 和美元指数进行回归，并提取其残差。然后，把该残差加入到模型作为一个新解释变量继续回归，如果其系数显著，则说明人民币贬值预期确实是一个内生变量。

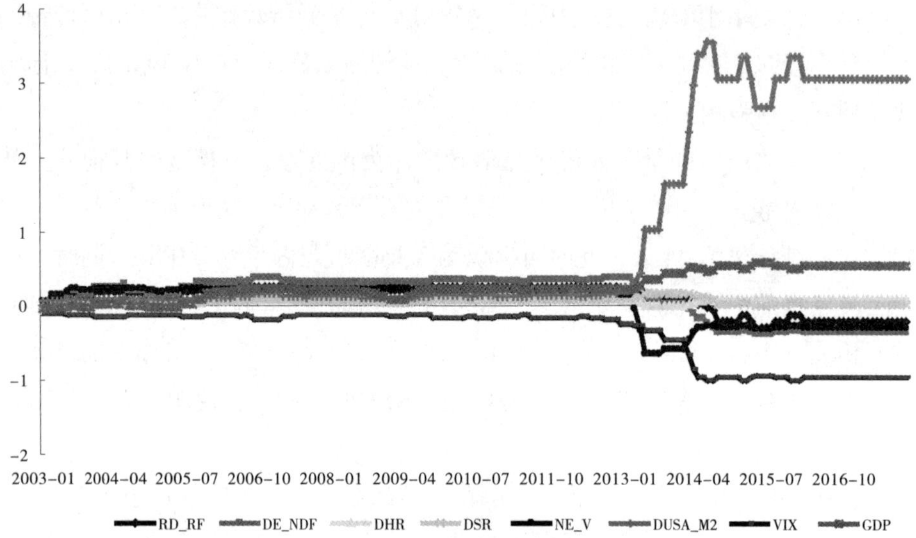

图 5-7 内生性检验

（二）指标替换

对于国内外利率，采用 1 年期中国国债到期收益率和美国国债到期收益率作为代理变量，发现前后结果并无明显差异。

（三）SV-TVP-VAR 模型

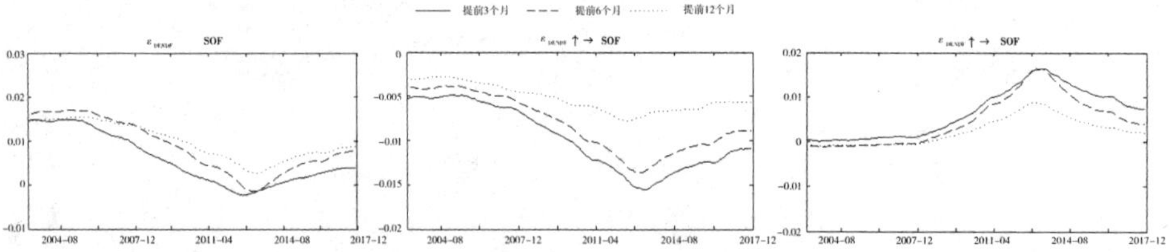

图 5-8 SV-TVP-VAR 模型脉冲响应

为了增强结论的可信性，进一步构建国内外利差 *RD_RF*、人民币汇率预期贬值率 *DE_NDF*、美联储总资产增速 *DUSA_M*2 和中国短期资本流动 *SCF* 的 SV-TVP-VAR 模型加以验证。图 5-8 反映的是 *SCF* 对 *RD_RF*、*DE_NDF*、*DUSA_M*2 不同提前期的 1 个单位标准正向冲击的脉冲响应，我们设置提前期分别为 3 个月、6 个月和 12 个月。从图中可以看出，在我国资本账户快速开放以前，国内外利差和人民币汇率预期对短期资本流动起主要作用，美联储货币政策影响较弱；之后，美联储货币政策影响程度大幅攀升而国内外利差影响逐渐减弱，相关结论没有明显改变。

结论与政策建议

一、结论

本书在考虑资本账户管制的基础上，构建存在异质性风险偏好投资者的跨境投资模型，探究了资本账户管制、套利、套汇等因素对资本流动的影响机制。在实证部分，以资本账户开放为状态变量，以国内外利差、人民币汇率贬值预期、资产收益率、人民币汇率波动、美联储货币政策和国际金融风险等因素为解释变量，建立了中国短期资本流动驱动因素的半参数平滑系数模型，借此分析资本账户开放推进过程中相关因素对资本流动的时变影响特征。研究发现：

第一，资本账户开放虽然是跨境资本流动规模日渐放大的最大诱因，但对资本流动并没有明确的导向作用；资本账户开放通过改变相关因素的影响程度，进而对跨境资本流动规模产生影响。

第二，2012年资本账户迅速放开以前，套汇和套利动机对中国短期资本流动起主要作用，其他因素影响相对较小。随着资本账户开放的逐步推进，各驱动因素对短期资本流动的影响程度不断增大。其中，美联储货币政策的影响力大幅攀升并成为主导因素，国际金融风险的影响力也有明显提升，而套利动机则日趋式微。

第三，人民币汇率波动存在套汇空间和套汇风险效应，汇率波动对短期资本流动的影响视二者的综合效应而定。当套汇空间作用强于套汇风险时，汇率波动对短期资本流动呈现正向影响；当套汇风险作用占优时，汇率波动呈现负向影响。国际金融风险存在“全局效应”和“替代效应”，国际金融风险对短期资本流动的影响视二者的综合效应而定。当“全局效应”占优时，国际金融风险对短期资本流动呈现负向影响；当“替代效应”占优时，国际金融风险呈现正向影响。

二、政策建议

长期以来，跨境资本流动管理一直是社会各界关注的核心议题，其中短期国际资本流动格外引人关注。短期国际资本流动普遍被认为波动性较强、流动方向容易逆转，对一国实体经济与金融市场可能造成显著的负面冲击。基于本章第二节的相关分析，本书对于跨境资本流动管理的政策建议如下。

一是适时适度地资本账户管制和渐进推动资本账户开放仍然是最近一段时期的良策。资本账户开放显著制约着各驱动因素的影响程度，是我国短期资本流动规模变动的根本原因。2015 年汇改后的一段时间内，人民币汇率贬值和跨境资本外流相互强化，致使外汇储备大量流失。随着货币当局实行了较为严格的资本账户管制措施[①]，资本外流趋势已有所放缓。因此，对于我国资本账户开放的后期政策实践，建议通过实时监测的跨境资本流动情况因时、因势采取行动，做出后续的系统安排。对于跨境资本流动的目的性做出具体划分：对于直接投资、贸易融资等中长期的跨境资本流动，只要经过真实性审核，便可采取一以贯之的开放措施；而对于短期投机性质的资本流动，应根据具体情况决定是否暂时采取管制措施。同时，资本账户要遵循逐步开放的原则，根据具体情况做出开放承诺，需要认清的是资本账户完全开放的条件永远不会充分具备，即使具备了也会失去。我们应该做到开放与管制相结合，利弊权衡、收支平衡、相机收放，如若遇到经济金融危机、国际收支显著失衡等特殊经济形势，为保障国内经济金融的稳定可持续，应临时采取资本管制措施。

二是注意防范国际货币政策转向引发的金融风险。正如本章第二节的分析，随着中国资本账户开放的快速推进，美联储货币政策和国际金融风险等“推力”因素对中国短期资本流动的影响日益加深，其中美联储货币政策逐步成为主导因素。因此，今后对跨境资本流动管理中的思路应重点“放眼海外”。前期，美国在经过三轮量化宽松货币政策之后，其经济实现稳步复苏，随后

① 如明确规范 QFII 需及时、准确报送，打击虚假贸易、地下钱庄，狙击香港保险，把关 OFDI，要求境内机构资本项目外汇收入的使用应在经营范围内遵循真实、自用原则等。

逐渐步入加息周期，近期也明确有缩表动向，此举必然引致新兴国家资本回流美国。展望 2019 年，国际金融局势仍然波云诡谲，例如全球经济依然低迷、重要经济体的货币政策出现分化、人民币面临长期贬值压力以及英国脱欧和美国特朗普执政的后续效应仍在发酵，中国资本流出压力依然很大。国际局势动荡不安，我国作为发展中国家，金融监管和抗风险能力仍有待加强，对金融风险的防范尤为必要。

三是建立人民币汇率锚，做好市场预期管理。正如本章第二节的分析，人民币汇率预期一直是影响我国跨境资本流动的关键因素。因此，为了避免货币当局在汇率操作和跨境资本流动管理上的被动以及执行过程中的高成本，货币当局需要建立公开透明的市场规则，做好市场沟通和预期引导。在未来汇改进程中，预期管理应成为中间价指导方式受限后货币当局外汇干预措施的重要形式，其中建立人民币汇率锚是关键。汇率锚的本质是央行向市场公开确立一个目标，这是市场对人民币汇率信心的根源，也是央行进行预期管理的重要手段，如果央行能让市场强化对人民币汇率锚的信心，那么市场预期就会被锚定，不会出现大幅度的混乱。

第六章　资本账户开放对国内金融市场的时变影响

引　言

“开放是改革之母”，在金融业改革开放紧迫的形势下，资本项目自由化有利于推动经济金融进一步改革开放。因此，中国人民银行于 2012 年 2 月发布研究报告《我国加快资本账户开放的条件基本成熟》，并宣布将在 2015 年实现资本账户的基本开放，2020 年实现资本账户的全面开放。截至 2016 年，国际货币基金组织《汇兑安排与汇兑限制》年报显示，我国 40 项资本项目交易中不可兑换项目仅剩 4 项，跨境投资资金可以通过多种渠道进出我国，当前资本项目可兑换程度总体已达到较高水平。随着资本账户开放的快速推进，我国跨境资本流动日渐频繁、规模也成倍放大，资本账户已逐渐取代经常账户成为左右我国外汇储备的关键因素。

同时在资本市场上，随着近几年“深港通”“沪港通”“债券通”的相继开启，国内投资者跨境购买股票和债券、国际资本进入我国进行证券投资已经变得愈加便利，跨境资本流动对我国金融市场的影响日益加深。进行跨境的股票和债券投资时，一般需要通过美元进行最终结算，因此人民币汇率波动是影响国际投资的一个重要因素。反过来，跨境资本流动必然也会通过贸易渠道和金融渠道对人民币汇率产生显著影响。

在人民币国际化的背景下，资本账户开放作为未来对外改革的重要方向，在经济发展和金融市场稳定运行中的重要地位不言而喻，深入理解和探究资本账户开放对金融市场的影响机制，不仅对于调整资本账户开放步伐极为重要，也可对国内的金融市场改革、汇率制度改革提供有益的经验证据。理论意义方面，将资本账户开放因素纳入传统的跨境投资组合模型，构建囊括资本账户开放、外汇市场、债券市场和股票市场的一般均衡理论模型，能够比较全面地探究资本账户开放对外汇市场等多类金融市场的影响机制，丰富了“不可能三角”和国际资本流动相关理论；同时，引入资本账户开放，有效地拓展了传统的跨境投资组合模型。

本书的主要贡献是：首先，将资本账户开放因素纳入传统的跨境投资组合模型，构建囊括资本账户开放、外汇市场、债券市场和股票市场的一般均衡理论模型，考虑了资本账户开放对多类金融市场的影响，同时能够有效消除内生性对模型参数估计的影响；其次，利用SV-TVP-VAR模型实证研究了资本账户开放对三类金融市场的动态时变影响，并综合考虑了资本账户总体开放和短期资本账户开放不同的影响特征。

第一节　资本账户开放对金融市场的影响机制分析

一、基本假设

第一，投资组合模型。假设投资者将资金分别投资于国内和国外，主要涉及债券和股票两类资产。其中，国内债券、股票市场的收益率分别为r_t^d，rs_t^d，投资者投资于国内债券、股票市场的资金比重分别为α_t^d，β_t^d；类似地，国外债券、股票市场的收益率分别为r_t^f，rs_t^f，投资者投资于国外债券、股票市场的资金比重分别为α_t^f，β_t^f。由于投资者会根据国内外资产价格变动不断调整其资产配置，因此设定α_t^d，β_t^d，α_t^f，β_t^f均为动态权重，且$\alpha_t^d+\beta_t^d+\alpha_t^f+\beta_t^f=1$。当国内投资者观察到国外资产收益率增加或预期本国货币升值[①]时，套利机会出现，于是投资者将持有资金兑换为外币进行跨境投资以实现投资收益最大化。此时，投资者的期望收益为

$$R_t^d=\left(\alpha_t^d r_t^d+\beta_t^d rs_t^d\right)+\left(\alpha_t^f r_t^f+\beta_t^f rs_t^f\right)e_t/e_{t-1}$$

① 本文人民币汇率均采用直接标价法，汇率提高即为实际意义上的贬值。

e_t 为 t 期的本国汇率，e_t / e_{t-1} 可近似等于 $1+re_t$，re_t 为汇率的远期升水率。

第二，存在资本账户管制。由于我国资本账户尚未实现完全开放，投资者在跨境投资时难免会受到资本账户管制的影响。同时，根据谭小芬和高志鹏（2017）的研究，资本账户管制和风险因素均会对利率平价偏离产生影响，而且资本账户管制是最主要的影响因素。因此在存在资本账户管制的条件下，本书假定修正的非抛补利率平价为

$$R_t^d - R_t^f = \Delta e_t / e_t + \tau_t(1-CA_t)+\Delta\rho_t$$

其中，$\tau_t(1-CA_t)+\Delta\rho_t$ 表示传统非抛补利率平价的偏离。$\Delta\rho_t$ 为风险溢价，常以本国汇率波动率表征。$\tau_t(1-CA_t)$ 表示资本账户管制造成的利率平价偏离，τ_t 为资本账户管制的偏离系数，CA_t 为资本账户开放程度，当 $CA=1$ 时，即资本账户完全开放，传统的利率平价成立。R_t^d 为国内期望资产收益率，$R_t^d = \left(\alpha_t^d r_t^d + \beta_t^d rs_t^d\right)+\left(\alpha_t^f r_t^f + \beta_t^f rs_t^f\right)e_t / e_{t-1}$；$R_t^f$ 为国外期望资产收益率。$\Delta e_t / e_t$ 为本国汇率的预期升水率，即 $\Delta e_t / e_t = re_t$。

第三，自回归过程假设。由现代金融经济学可知，债券市场收益率、股票市场收益率和外汇市场收益率均遵循自回归过程。方便起见，假设三者均服从一阶自回归过程，即 $y_t = \phi_t y_{t-1} + \varepsilon_t$，（$y_t = r_t, rs_t, re_t$、$\phi_t = \phi_{rt}, \phi_{st}, \phi_{et}$、$\varepsilon_t = \varepsilon_{rt}, \varepsilon_{st}, \varepsilon_{et}$）。

第四，政策平滑。货币当局资本账户管制的目的在于调控跨境资本流动对国内金融市场的冲击，同时出于政策平滑化的考虑，假设货币当局会根据上一期资本账户管制程度进行调整（李晓峰和陈雨蒙，2018）。即 $CA_t = \phi_{CAt} CA_{t-1} + \varepsilon_{CAt}$。

二、模型推导和实证方法

结合修正的非抛补利率平价，国内的债券市场收益率 r_t^d、股票市场收益率 rs_t^d、汇率收益率 re_t 和资本账户开放程度 CA_t 可分别表述为以下函数关系

$$r_t^d = -\frac{\beta_t^d \phi_{st}^d}{\alpha_t^d} rs_{t-1}^d + \frac{1-\left(\alpha_t^f r_t^f + \beta_t^f rs_t^f\right)}{\alpha_t^d}\phi_{et} re_{t-1} - \frac{\tau_t \phi_{CAt}}{\alpha_t^d} CA_{t-1} + \phi_{rt}^d r_{t-1}^d + \Phi_1(\alpha_t^d) \tag{6-1}$$

$$rs_t^d = -\frac{\alpha_t^d \phi_{rt}^d}{\beta_t^d} r_{t-1}^d + \frac{1-\left(\alpha_t^f r_t^f + \beta_t^f rs_t^f\right)}{\beta_t^d} \phi_{et} re_{t-1} - \frac{\tau_t \phi_{CAt}}{\beta_t^d} CA_{t-1} + \phi_{st}^d rs_{t-1}^d + \Phi_2(\beta_t^d) \tag{6-2}$$

$$re_t = \frac{\alpha_t^d \phi_{rt}^d}{1-\left(\alpha_t^f r_t^f + \beta_t^f rs_t^f\right)} r_{t-1}^d + \frac{\beta_t^d \phi_{st}^d}{1-\left(\alpha_t^f r_t^f + \beta_t^f rs_t^f\right)} rs_{t-1}^d + \frac{\tau_t \phi_{CAt}}{1-\left(\alpha_t^f r_t^f + \beta_t^f rs_t^f\right)} CA_{t-1} + \phi_{et} re_{t-1} + \Phi_3\left(\alpha_t^f r_t^f + \beta_t^f rs_t^f\right) \tag{6-3}$$

$$CA_t = -\frac{\alpha_t^d}{\tau_t} \phi_{rt}^d r_{t-1}^d - \frac{\beta_t^d}{\tau_t} \phi_{st}^d rs_{t-1}^d + \frac{1-\left(\alpha_t^f r_t^f + \beta_t^f rs_t^f\right)}{\tau_t} \phi_{et} re_{t-1} + \phi_{CAt} CA_{t-1} + \Phi_4(\tau_t) \tag{6-4}$$

其中，

$$\Phi_1(\alpha_t^d) = \frac{R_t^f - \left(\alpha_t^f r_t^f + \beta_t^f rs_t^f\right) + \tau_t + \Delta\rho_t}{\alpha_t^d} + \varepsilon_{rt}^d + \frac{-\beta_t^d \varepsilon_{st}^d + \left[1-\left(\alpha_t^f r_t^f + \beta_t^f rs_t^f\right)\right]\varepsilon_{et} - \tau_t \varepsilon_{CAt}}{\alpha_t^d}$$

$$\Phi_2(\beta_t^d) = \frac{R_t^f - \left(\alpha_t^f r_t^f + \beta_t^f rs_t^f\right) + \tau_t + \Delta\rho_t}{\beta_t^d} + \varepsilon_{st}^d + \frac{-\alpha_t^d \varepsilon_{rt}^d + \left[1-\left(\alpha_t^f r_t^f + \beta_t^f rs_t^f\right)\right]\varepsilon_{et} - \tau_t \varepsilon_{CAt}}{\beta_t^d}$$

$$\Phi_3\left(\alpha_t^f r_t^f + \beta_t^f rs_t^f\right) = \frac{R_t^f - \left(\alpha_t^f r_t^f + \beta_t^f rs_t^f\right) + \tau_t + \Delta\rho_t}{1-\left(\alpha_t^f r_t^f + \beta_t^f rs_t^f\right)} + \varepsilon_{et} + \frac{\alpha_t^d \varepsilon_{rt}^d + \beta_t^d \varepsilon_{st}^d + \tau_t \varepsilon_{CAt}}{1-\left(\alpha_t^f r_t^f + \beta_t^f rs_t^f\right)}$$

$$\Phi_4(\tau_t) = \frac{R_t^f - \left(\alpha_t^f r_t^f + \beta_t^f rs_t^f\right) + \tau_t + \Delta\rho_t}{\tau_t} + \varepsilon_{CAt} + \frac{-\alpha_t^d \varepsilon_{rt}^d - \beta_t^d \varepsilon_{st}^d + \left[1-\left(\alpha_t^f r_t^f + \beta_t^f rs_t^f\right)\right.}{\tau_t}$$

从上述函数关系可知，国内的债券市场收益率、股票市场收益率、外汇市场收益率和资本账户开放之间是相互影响的，且关系存在动态时变性。理论上来说，国内的债券市场和股票市场存在此消彼长的关系：当债券市场收益率上升时，资金从股票市场流出进入债券市场，从而导致债市上涨、股市下跌；反之，当股票市场收益率上升时，资金从债券市场流出进入股票市场，从而导致股市上涨、债市下跌。而外汇市场收益率和资本账户开放对国内金融市场均具有正向效应，当本国货币升值或资本账户开放水平提高时，跨境资本大幅流入，推动股市、债市繁荣。反过来说，当国内股市、债市上涨时，跨境资本也会大幅流入进行套利活动，推动本国货币升值、实际资本账户开放水平提高。但值得注意的是，随着资本账户开放进程的推进，我国的跨境资本流动逐渐呈现双向波动态势，资本是净流入还是流出存在不确定性，对于债券市场、股票市场和外汇市场的影响更是未知之数，因此需要进行实证检验。

式（5–1），（5–2），（5–3），（5–4）可视为一个 VAR（1）系统

$$R_t = Z_{0t} + Z_{1t} R_{t-1} + \zeta_t$$

其中，$R_t = \begin{bmatrix} r_t^d & rs_t^d & re_t & CA_t \end{bmatrix}^T$

$$Z_{0t} = \begin{bmatrix} \dfrac{\Psi_t}{\alpha_t^d} & \dfrac{\Psi_t}{\beta_t^d} & \dfrac{\Psi_t}{1-\left(\alpha_t^f r_t^f + \beta_t^f rs_t^f\right)} & \dfrac{\Psi_t}{\tau_t} \end{bmatrix}^T \qquad \Psi_t = R_t^f - \left(\alpha_t^f r_t^f + \beta_t^f rs_t^f\right) + \tau_t + \Delta\rho_t$$

$$Z_{1t} = \begin{bmatrix} \phi_{rt}^d & -\dfrac{\beta_t^d}{\alpha_t^d}\phi_{st}^d & \dfrac{1-\left(\alpha_t^f r_t^f + \beta_t^f rs_t^f\right)}{\alpha_t^d}\phi_{et} & -\dfrac{\tau_t}{\alpha_t^d}\phi_{CAt} \\ -\dfrac{\alpha_t^d}{\beta_t^d}\phi_{rt}^d & \phi_{st}^d & \dfrac{1-\left(\alpha_t^f r_t^f + \beta_t^f rs_t^f\right)}{\beta_t^d}\phi_{et} & -\dfrac{\tau_t}{\beta_t^d}\phi_{CAt} \\ \dfrac{\alpha_t^d \phi_{rt}^d}{1-\left(\alpha_t^f r_t^f + \beta_t^f rs_t^f\right)} & \dfrac{\beta_t^d \phi_{st}^d}{1-\left(\alpha_t^f r_t^f + \beta_t^f rs_t^f\right)} & \phi_{et} & \dfrac{\tau_t \phi_{CAt}}{1-\left(\alpha_t^f r_t^f + \beta_t^f rs_t^f\right)} \\ -\dfrac{\alpha_t^d}{\tau_t}\phi_{rt}^d & -\dfrac{\beta_t^d}{\tau_t}\phi_{st}^d & \dfrac{1-\left(\alpha_t^f r_t^f + \beta_t^f rs_t^f\right)}{\tau_t}\phi_{et} & \phi_{CAt} \end{bmatrix}$$

基于此，本书将结合最新的 SV-TVP-VAR 模型[①] 对资本账户开放、债券市场收益率、股票市场收益率和外汇市场收益率的动态关系进行深入研究，SV-TVP-VAR 模型允许截距、参数系数和扰动性方差具有时变特征，更符合动态变化并交叉影响的市场结构特征，在研究实际问题时更具有说服力。

第二节　实证过程及结果分析

一、数据选取

资本账户开放程度。对资本账户开放的测算方法主要包括两类：一类被称为法定测度（De jure），常用于实证研究的包括：Quinn（1997）、Chinn & Ito（2002，2006，2008）的金融开放指数，以及 Chen & Qian（2015）的资本管制程度指数（中国）等；另一类被称为事实测度（De factor），后续研究主要基于 Feldstein & Horioka（1980）的储蓄率—投资率法，Edwards & Khan（1985）的利差法，Kraay（1998）、Lane & Milesi-Ferretti（2006）的实际国际资本流

① SV-TVP-VAR 模型具体技术过程可参考 Nakajima（2011）、Primiceri（2005）等。

动量法。其中法定指标虽然应用比较广泛，但跨境投资者能够通过各种渠道逃避资本账户管制，该指标无法反映出真实的资本账户开放程度；而储蓄率—投资率法、利差法等事实测度受其他外界因素的影响较多，因此本书将采用实际国际资本流动量法衡量资本账户开放程度。采用“|货币当局外汇占款变动量 – 经常账户差额|/GDP”来衡量资本账户总体的开放程度[①]，由于GDP缺乏月度数据，我们通过三次样条插值法对季度GDP进行处理以获取月度数据[②]。同时在我国的资本账户交易中，中长期资本流动如直接投资相对稳定，而短期资本流动的波动性较强，因此对短期资本账户进行分析显得尤为重要。本书以“|短期资本流动/FDI|”衡量短期资本账户的开放程度[③]，其中短期资本流动以公式“短期资本流动 = 央行外汇占款增量 – 货物贸易顺差 – 实际利用FDI+进出口伪报额 – 外债净增量”进行测算[④]。资本账户总体的开放程度以CA表示，短期资本账户的开放程度以SCF表示，相关数据来源于Wind资讯和CEIC数据库。

金融市场对数收益率。中债全价指数被认为是可以全面反映债券市场的一项指标（郭文伟，2018；赵锡军和赵玥悦，2018），因此本书选取中债全价指数作为债券市场价格的表征变量，用CB表示；上证综合指数能够全面反映股票市场的景气程度（史永东等，2013），因此选取上证综合指数作为股票市场价格的表征变量，用SHS表示。外汇市场方面，外汇交易中心的数据显示人民币与美元的汇兑比例仍然远远高于其他币种，同时国际投资者主要是通过判断名义汇率的走势进行跨境投资，因此选取人民币兑美元名义汇率作为外汇市场价格的表征变量，以EXR表示。

在2005年7月21日汇制改革以前，人民币实际盯住美元，汇率波动微

---

① 参考杨荣海和李亚波（2017）。

② 对于月度GDP的获取，常见的方法包括插值法、以工业增加值替代、或者以全社会用电量比值计算。插值法主要包括了三次样条插值、二次函数插值、平均插值法（许涤龙和陈双莲，2015；张泽，2015；陶玲和朱迎，2016），其中以三次样条插值法最优；采用工业增加值替代法的学者主要有朱孟楠等（2017）、陈创练等（2017）。在实证阶段，我们采用三次样条插值和工业增加值比值法进行检验，发现两类方法计算所得的月度GDP并未产生较大偏离。

③ 参考朱孟楠等（2017）。

④ 短期资本流动的测算方法主要有直接法、间接法和混合法。其中间接法因相对准确且能够获取高频的月度数据，因此应用广泛，主要文献包括刘莉亚（2008）、张明（2011）、苟琴等（2012）。具体测算过程可参见第三章或第四章。

乎其微。因此，为了保证研究的可靠性，我们选择 2005 年 7 月至 2017 年 12 月的相关数据。此外，Meese & Rogoff（1983）认为季节调整会降低数据的信息含量，因此本书不再对数据进行季节调整。

二、数据平稳性检验

为避免伪回归，首先对相关变量进行平稳性检验，如表 6-1 所示。通过 ADF 单位根检验，发现在 5% 的显著性水平上，五组数据均为平稳序列，因此可以构建 SV-TVP-VAR 模型对变量间的动态联动关系展开研究。

表 6-1　ADF 平稳性检验

变量	模型形式（C,T,L）	P-Value	变量	模型形式（C,T,L）	P-Value
CA	（C,0,0）	0.000	CB	（C,0,0）	0.000
SCF	（C,0,1）	0.0053	SHS	（C,0,0）	0.000
			EXR	（C,0,0）	0.000

三、资本账户总体开放与金融市场

首先对资本账户总体的开放程度 CA、债券市场对数收益率 CB、股票市场对数收益率 SHS 和人民币兑美元汇率对数收益率 EXR 四组变量构建 SV-TVP-VAR 模型，以考察资本账户总体开放程度对三类金融市场的动态时变影响。

（一）参数估计结果分析

表 6-2　参数估计结果

参数	均值	标准差	95% 置信区间	Geweke 值	无效因子
sb1	0.0045	0.0014	[0.0026,0.0082]	0.152	51.49
sb2	0.0048	0.0018	[0.0026,0.0094]	0.950	67.54
sa1	0.0055	0.0015	[0.0034,0.0094]	0.200	43.03
sa2	0.0056	0.0016	[0.0033,0.0094]	0.185	41.96
sh1	0.2190	0.0990	[0.0534,0.4396]	0.937	72.96
sh2	0.0056	0.0018	[0.0033,0.0100]	0.055	51.64

遵循 Nakajima（2011）的模型设定，利用马尔可夫链蒙特卡罗（MCMC）的方法，进行 10000 次抽样，并预烧初始 1000 次的结果，得到模型的参数估计结果。如表 6–2 所示，Geweke 值在 5% 的显著性水平上不能拒绝趋于后验分布的假设，表明预烧期已经足够使 MC 趋于集中；同时无效因子均低于 73，表明结果有效。

（二）时变的随机波动率

图 6–1 为资本账户总体的开放程度 CA、债券市场对数收益率 CB、股票市场对数收益率 SHS 和人民币兑美元汇率对数收益率 EXR 四组数据及其随机波动率。从图中可以看出，从 2005 年 7 月开始，我国资本账户的实际开放水平逐渐提高，在 2008 年 1 月达到阶段性高点；之后由于国际金融危机的爆发，我国适时加强了资本账户管制，跨境资本流动规模大幅下降，资本账户开放进程经历了较长时间的停滞。但从 2012 年 2 月中国人民银行发布研究报告《我国加快资本账户开放的条件基本成熟》以后，我国资本账户开放明显加快[①]。资本账户开放的快速推进使得跨境资本流动规模日益增大，其中 2016 年 1 月一度突破 10000 亿元大关，我国资本账户开放水平达到历史高点。同时，受到美国退出量化宽松和“8 · 11”汇改的后续影响，我国的外汇储备流失比较严重，货币当局随即实行了较为严格的资本流出审查，之后资本外流趋势得以遏制，资本账户开放程度大幅减小，随机波动率也随之降低。总体来看，在 2008 年国际金融危机和 2015 年“8 · 11”汇改期间，资本账户总体开放的随机波动率较高。

国内金融市场方面，上证综合指数（SHS）随机波动率的走势与资本账户总体开放（CA）类似。2005 年 7 月我国启动股权分置改革以后，上证综合指数一路上升，其波动率随之也大幅度提高，在 2008 年达到最大值。从 2007

① 例如，2012 年 6 月外汇管理局发布通知，要求简化境外直接投资资金汇回管理、简化境外放款外汇管理、适当放宽个人对外担保管理。2012 年 12 月外汇管理局通知取消了直接投资项下外汇账户开立及入账核准、取消外国投资者境内合法所得再投资核准、简化外商投资性公司境内再投资外汇管理等。在合格境外机构投资者境内证券投资外汇管理方面，2012 年 12 月的相关规定较 2009 年版本也有适度放松，其中主权基金、货币当局等机构投资额度上限可超过等值 10 亿美元。债券投资方面，2013 年 3 月外汇管理局适度调增年度境内机构的短期外债余额指标以支持中小企业的发展，并于 5 月简化了外债登记的行政审批程序。从 2014 年 11 月 17 日开始，沪港通、深港通和债券通相继开通，两岸投资者投资 A 股和港股更加便利。

年11月开始，上证综合指数从6124点一路下跌至2008年11月的1665点，我国A股进入熊市，此时上证综合指数的随机波动率也相对较低。到了2015年上半年，监管部门放宽了对上市公司的再融资审批，加上市场流动性充裕、投资者加杠杆也变得相对容易，上证综合指数强势上行，场外配资异常狂热，股指快速上升至5000点左右；之后经济发展形势发生转向，杠杆资金获利出逃，6月中旬股指快速下跌。此间，上证综合指数的随机波动率经历了明显的快速上升和下跌走势。随着监管层采取暂停IPO、证金公司入场护盘、中金所连续提高保证金额度等系列措施，市场逐渐趋于稳定。债券市场方面，从2005年短期融资融券实行注册制改革开始，货币当局采取了一系列措施完善和发展债券市场，如2008年第一支公司债注册发行、1.55万亿特别国债获批，2008年央行重启中期票据发行，2009年地方公债开始发行，2015年地方债务置换有序推动等。因此，即使经历了2013年钱荒和2016年去杠杆化此类流动性危机时刻，但我国债券市场仍然维持了长时间的平稳发展。

人民币汇率方面，2005年7月21日我国央行宣布正式放弃固定汇率制度，开始实行以市场供求为基础、参考一篮子货币的有管理的浮动汇率制度，人民币汇率波动幅度逐渐增大；随着2008年国际金融危机的爆发，人民币选择临时盯住美元，汇率波动大幅收缩；之后，香港离岸人民币（CNH）市场成立、2010年“汇改”重启，人民币汇率弹性进一步增加，双向波动日趋明显；到了2015年，美国逐步退出量化宽松、进入加息周期，我国也在8月11日启动了中间价形成机制改革，人民币逐渐改变以往的连续单边升值趋势，经历了较长时间的贬值周期，从2015年下半年到2017年12月人民币汇率波动率一直居高不下。

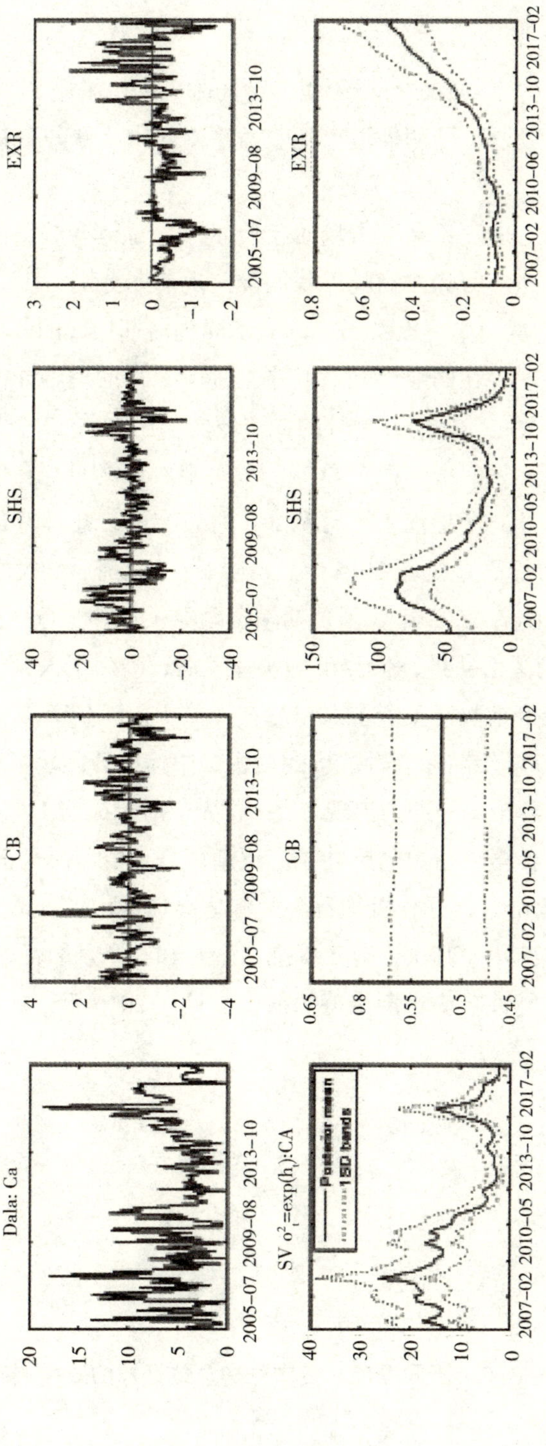

图 6-1　CA、CB、SHS 和 EXR 的随机波动率

（三）时变脉冲响应分析

在模型参数估计和金融市场历程分析的基础上，采用 SV-TVP-VAR 模型估计债券市场、股票市场和外汇市场收益率对于资本账户总体开放的时变脉冲响应函数。

图 6-2 反映的是三类金融市场对于资本账户总体开放不同提前期的 1 个单位的标准正向冲击的脉冲响应，我们设定提前期分别为 1 个月、3 个月、6 个月和 12 个月。从图中可以看出，四个不同提前期形成的脉冲响应趋势基本一致，但冲击程度存在明显不同。其中提前 1 个月的短期冲击最为明显，提前 3 个月的冲击次之，提前 6 个月的冲击较弱，而提前 12 个月的长期冲击几乎没有产生影响，表明资本账户总体开放对金融市场只存在中短期影响。同时，三类金融市场对于提前 1 个月和 3 个月资本账户总体开放形成的脉冲响应在 2008 年国际金融危机和 2015 年“8·11”汇改前后均发生了明显变化。

具体来说，随着 2005 年我国短期融资融券试水并实行注册制改革，2007 年 1.55 万亿特别国债获批，债券市场快速发展，吸引了大幅国际资本流入我国，此时中债全价指数对于资本账户总体开放（$\varepsilon_{CA}\rightarrow CB$）形成的脉冲响应基本为正。随着 2008 年国际金融危机的爆发，中债指数震荡下行，此后资本账户总体开放对债券市场的冲击出现分化：首先，对于提前 1 个月的资本账户总体开放而言，中债全价指数的脉冲响应逐渐恢复正值，而且正效应逐渐增强；2016 年去杠杆化帷幕拉开，机构资金大幅撤离债券市场，资本账户总体开放的正向效应大幅减小。其次，对于提前 3 个月和 6 个月的资本账户总体开放，中债全价指数的脉冲响应长期维持负值，而且在 2016 年去杠杆时期负效应有显著增强的趋势。

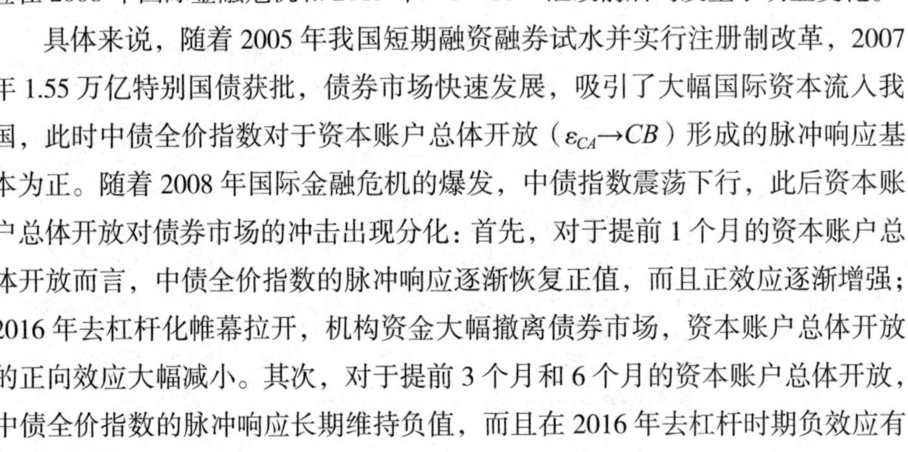

图 6-2 不同提前期资本账户总体开放的脉冲响应

股票市场方面，上证综合指数对于提前 1 个月、3 个月和 6 个月的资本账户总体开放（ε_{CA}→SHE）形成的脉冲响应趋势基本一致，且长期保持负值；在2008年国际金融危机以后，资本账户总体开放的负向冲击逐渐增强。其主要原因是，我国A股市场流动性相对较差、波动性高，对国际投资者的吸引不足，一些国外投资者将A股股票作为非流动性资产或PE资产进行投资。目前大部分QFII进入我国市场的主要方式是购买指数基金，甚至一些机构的QFII额度获批后却长时间未进行投资。因此，我国股票市场的开放并未吸引跨境资本流入，反而由于资本账户管制的逐步放开致使A股市场资金流出趋势不断增大。从数据统计来看，从2010年开始A股的资金净买入长期为负值，2015年11月单月资金净流出更一度接近7000亿元，如图6-3所示。

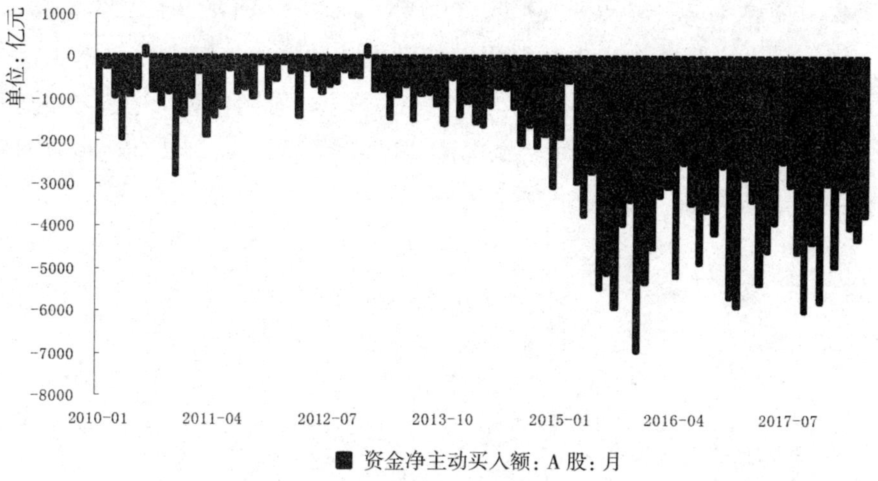

图6-3　A股资金净主动买入额

资料来源：Wind资讯

外汇市场方面，人民币汇率收益率对于提前1个月、3个月和6个月的资本账户总体开放（ε_{CA}→EXR）形成的脉冲响应趋势基本一致。2008年国际金融危机以前，脉冲响应为负值即升值效应，随后转为贬值效应且不断增强，在2015年末资本账户总体开放的负向冲击达到了最大值。其主要原因是，2005年“7·21”汇改启动以后，人民币长期处于单边的升值周期，随着资本账户开放的推进，跨境套汇活动日趋频繁，国际资本的流入进一步强化了汇率升值压力。到了2008年国际金融危机期间，金融市场波动剧烈、流动性短缺，为降低投资风险带来的损失，国际投资者逐渐减少对我国的投资，跨境资本不断流出，人民币双向波动日趋明显。从 2015 年开始，随着美国逐步退出量化宽松、进入加息周期，人民币随即进入了长时间的贬值周期，外汇储备快速衰减；同时，人民币汇率贬值与跨境资本流出形成正反馈效应，资本账户总体开放的汇率贬值效应逐渐增强。

四、短期资本账户开放与金融市场

本节对短期资本账户的开放程度 SCF、债券市场对数收益率 CB、股票市场对数收益率 SHS 和人民币兑美元汇率对数收益率 EXR 四组变量构建 SV-TVP-VAR 模型，以考察短期资本账户开放对金融市场的动态时变影响。

图 6-4 为短期资本账户开放程度的随机波动率。从图中可以看出，在 2014 年以前我国对于短期资本流动一直较为慎重、管制相对严格，之后随着资本账户开放的逐步推进，短期资本流动规模大幅增长，其波动性也有明显提升。

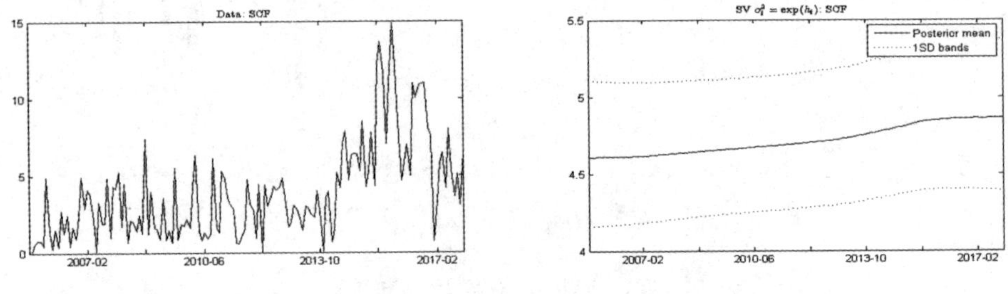

图 6-4　短期资本账户开放的随机波动率

图 6-5 反映的是三类金融市场对于短期资本账户开放不同提前期的 1 个单位的标准正向冲击的脉冲响应。从图中可以看出，提前 1 个月和 3 个月的短期冲击最为明显，提前 6 个月的冲击较弱，而提前 12 个月的长期冲击几乎没有产生影响。总体来看，与资本账户总体开放相比，短期资本账户开放对于我国金融市场的冲击性稍弱，但存在易变性。

具体来说，中债全价指数对于提前 1 个月的短期资本账户开放（$\varepsilon_{SCF} \rightarrow CB$）形成的脉冲响应大部分时间都为正，说明短期资本流动短时间内有利于我国债券市场的发展。就中长期效应而言，提前 3 个月的短期资本账户开放对债券市场的冲击与资本账户总体开放趋势基本一致，但相比而言，短期资本账户开放的正效应较弱而负效应更强；提前6个月短期资本账户开放长期呈现负向冲击，且在2016年去杠杆时期明显增强，表明从长远来看短期资本账户开放将给我国债券市场带来明显的负向冲击。股票市场方面，2014年以前我国对短期资本流动监管较为严格，此时上证综指对于提前1个月和3个月的短期资本账户开放（$\varepsilon_{SCF}\rightarrow SHS$）的脉冲响应为正，说明小幅的短期资本流动有利于我国股票市场的发展。随着短期资本账户的逐步放开，一旦形势逆转（例如2015年股灾），获利资本便会大幅流出，加剧股指下挫。如图6–5所示，2008年国际金融危机以后，上证综指对于提前6个月的短期资本账户开放的脉冲响应均为负值，且在2015年股灾期间有所增大。因此从长远来看，短期资本账户开放对A股市场亦多为负向影响。人民币汇率方面，短期资本账户开放（$\varepsilon_{SCF}\rightarrow EXR$）与资本账户总体开放（$\varepsilon_{CA}\rightarrow EXR$）形成的脉冲响应趋势基本一致。

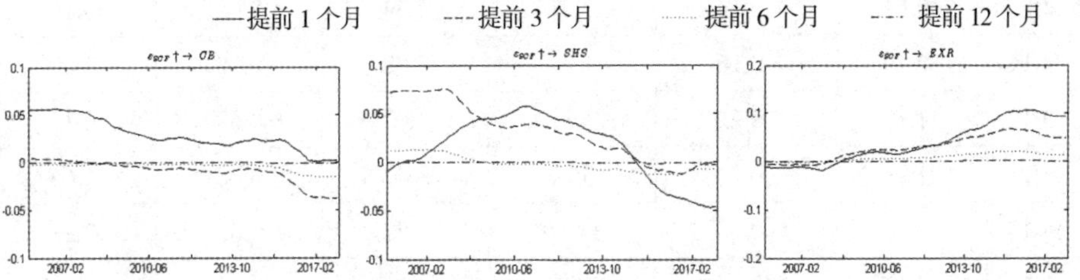

图6–5 不同提前期短期资本账户开放的脉冲响应

五、方差分解分析

在时变脉冲响应分析的基础上，以12个月为固定窗口进行滚动类推，计算出2007–2017年的平均方差分解结果，如表6–3所示。

总体来看，资本账户开放对外汇市场的冲击最大，债券市场次之，对股票市场影响较小且相对稳定。这主要是因为资本账户开放以后，首先引起跨境资本流动的变动，进而从贸易渠道和金融渠道对人民币汇率产生影响。而对于股票市场而言，由于一直以来我国对资本市场的外资投资管制较为严格，而且A股市场流动性相对较差、波动性高，因此国际资本并不热衷于投资A

股市场。但从趋势上来看，随着资本账户开放的推进，无论是中长期跨境资本流动还是短期资本流动，对我国债券市场、股票市场和外汇市场的影响均有大幅度提升，这一点在人民币汇率上体现得尤为突出。表 6–3 显示，2007 年资本账户开放对人民币汇率的贡献率分别仅为 5.36% 和 0.41%；随着 2010 年汇改重启、2015 年"8·11"中间价形成机制改革的推动，人民币汇率弹性逐步增强，资本账户开放对人民币汇率的影响大幅攀升，2017 年资本账户开放的贡献率分别达到 34.52% 和 11.22%。

表 6–3 资本账户开放冲击的时变方差分解

年度	资本账户总体开放冲击（%）			短期资本账户开放冲击（%）		
	债券市场	股票市场	外汇市场	债券市场	股票市场	外汇市场
2007	0.43	0.09	5.36	2.81	0.70	0.41
2008	0.42	0.07	9.47	2.62	0.70	1.19
2009	0.39	0.13	3.18	2.49	0.68	2.34
2010	0.51	0.14	2.01	2.54	0.68	3.16
2011	0.79	0.16	1.27	2.82	0.68	3.00
2012	1.15	0.22	1.31	3.07	0.68	3.11
2013	1.76	0.29	5.41	3.47	0.68	4.63
2014	2.46	0.39	14.55	3.82	0.68	7.21
2015	3.15	0.56	30.23	4.13	0.69	12.05
2016	3.60	0.64	35.82	4.57	0.69	13.25
2017	3.92	0.63	34.52	4.89	0.69	11.22

六、动态溢出效应

在时变方差分解的基础上，采用 Diebold & Yilmaz（2012）构建的溢出指数来衡量资本账户开放对债券市场、股票市场和外汇市场的动态溢出效应，如图 6–6 所示。其中，虚线为资本账户总体开放对三类金融市场的净动态溢出指数，实线为短期资本账户开放对三类金融市场的净动态溢出指数。

从图中可以看出，资本账户开放对债券市场存在长期的正向净溢出效应。2008 年国际金融危机以前，资本账户开放对中债指数的溢出指数比较平稳，而且此时短期资本账户开放的溢出效应（*SCF*→*CB*）远远大于资本账户总体开放（*CA*→*CB*）；金融危机以后，资本账户总体开放的溢出效应大幅增强，逐渐接近短期资本账户开放。资本账户开放对股票市场长时间里都存在着负向的净溢出效应。其中，资本账户总体开放的溢出效应（*CA*→*CHS*）一直比较稳定，而短期资本账户开放的溢出效应（*SCF*→*SHS*）变动幅度较大。2008 年国际金融危机以前，短期资本账户开放对股票市场存在着较为稳定的正向溢出效应，约为 0.15%；金融危机以后，短期资本流动的负向溢出效应逐渐显现并快速增强，在 2015 年股灾期间超越了资本账户总体开放。资本账户开放对人民币汇率存在长期的正向溢出效应，尤其是 2010 年汇改重启以后，资本账户总体开放的净溢出效应（*CA*→*EXR*）大幅增强，2015 年“8・11”汇改期间一度接近 9%。

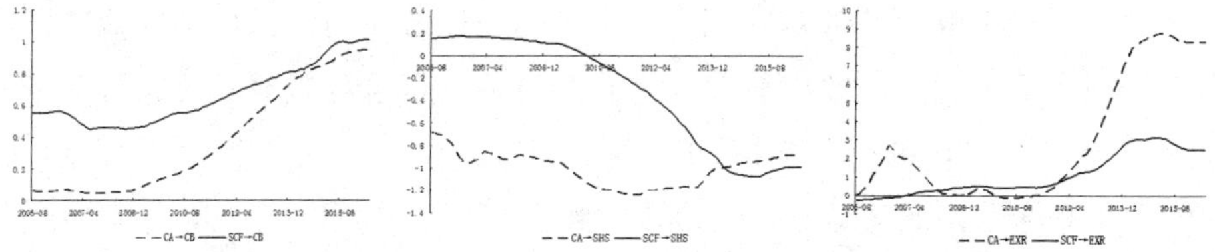

图 6-6 资本账户开放对三类金融市场的净动态溢出指数

结论与启示

本章将资本账户开放因素纳入传统的跨境投资组合模型，构建囊括资本账户开放、债券市场、股票市场和外汇市场的一般均衡理论模型。然后，利用 SV-TVP-VAR 模型实证研究了资本账户开放对我国三类金融市场的动态时变冲击，并综合考虑了资本账户总体开放和短期资本账户开放不同的影响特征。研究发现：

第一，随着国内金融市场体制改革的逐步推进，资本账户开放对我国金融市场的影响日益加深。其中资本账户开放对外汇市场的冲击最大，债券市场次之，对股票市场影响较小。因此，在资本账户开放的推进过程中，要重点关注人民币汇率的反应，保持人民币汇率稳定有助于减少跨境资本流动波动对国内宏观经济的冲击。同时在后续的汇制改革推进过程中，要遵循循序渐进的原则、合理调整改革步伐，并做好市场预期管理。2015 年“8 · 11”汇改中货币当局主动放弃了对人民币汇率中间价的干预，导致人民币汇率贬值预期不断增强、外汇储备大幅流失，给外汇市场造成了巨大压力。为了扭转这一局势，货币当局在 2015 年底加入一篮子货币、2017 年又引入“逆周期因子”，此举合理兼顾了汇率市场化改革和金融风险防范。因此，在未来汇改进程中，预期管理应成为中间价指导方式受限后央行外汇干预措施的重要形式，其中建立人民币汇率锚是关键。汇率锚的本质是央行向市场公开确立一个目标，这是市场对人民币汇率信心的根源，也是央行进行预期管理的重要手段，如果央行能让市场强化对人民币汇率锚的信心，那么市场预期就会被锚定，不会出现大幅度的混乱。

第二，资本账户开放对我国金融市场的短期效应明显，长期影响较弱。债券市场方面，就短期效应而言，除了 2008 年国际金融危机和去杠杆时期，资本账户总体开放和短期资本账户开放对债券市场均表现为正向冲击；但从中长期效应来看，尤其是 2008 年国际金融危机以后，资本账户开放的负效应逐渐显现，且在去杠杆期间有所增强。股票市场上，资本账户总体开放对 A 股市场长期呈现负效应，且在次贷危机和 2015 年股灾期间有所增强。在短期资本账户开放对股票市场的影响方面：就短期效应而言，2014 年短期资本账户快速放开以前，小幅的短期资本流动有利于我国 A 股市场的发展；但从中长期效应来看，短期资本账户开放在 2008 年国际金融危机以后逐渐转为负向冲击。人民币汇率方面，短期资本账户开放与资本账户总体开放二者形成的脉冲响应趋势基本一致。2008 年国际金融危机以前资本账户开放对人民币汇率呈现负向冲击即升值效应，随后逐渐转为贬值效应，且有不断增强的趋势。总体看来，短期内资本账户开放有利于国内金融市场的发展；但中长期效应来看，资本账户开放将对我国金融市场造成负向冲击。因此，在后续资本账户开放的过程中，要继续深化国内金融体制改革。原则上说，在资本账户实现开放之前，首先要完成对国内金融体制的全面改革，包括利率市场化、汇率市场化和国内金融市场改革。但事实上，无论是资本账户开放还是国内金融体制改革，都是一个连续性的过程，在经济发展和金融市场运行的过程中，不同发展状况对应着不同的资本账户开放水平、利率和汇率弹性机制，货币当局应该根据具体的金融经济发展局势适时地调整资本账户开放水平、利率和汇率弹性机制。从实践来看，在2015年“8·11”汇改期间，人民币汇率贬值预期强烈、短期资本快速流出，货币当局随即实行了较为严格的资本账户管制措施，如明确规范QFII需及时、准确报送，打击虚假贸易、地下钱庄，狙击香港保险，要求境内机构资本项目外汇收入的使用应在经营范围内遵循真实、自用原则等。展望2019年，欧美等主要国家（或地区）进入加息周期、我国经济下行压力依然较大，人民币贬值压力可能长期存在，因此在加强人民币汇率预期管理的同时，针对性的外汇账户管理仍然是近期良策。

第三，由于我国对短期资本流动管理一直较为慎重，因此与资本账户总体开放相比，短期资本账户的开放对国内金融市场的冲击性稍弱、但存在易变性，尤其是在金融市场大幅下跌时，短期资本流动起着推波助澜的作用。当债券市场、股票市场价格或者汇率上升时，短期资本大幅流入进行套利，造成资产泡沫或者汇率升值压力；一旦泡沫破裂，短期资本便会大幅流出，进而引发羊群效应，导致金融市场急速下挫或者汇率大幅贬值。因此，对于我国资本账户开放的后期政策实践，建议通过实时监测的跨境资本流动情况因时、因势采取行动，做出后续的系统安排。对于跨境资本流动的目的性做出具体划分：对于直接投资、贸易融资等中长期的跨境资本流动，只要经过真实性审核，便可采取一以贯之的开放措施；而对于短期投机性质的资本流动，应根据具体情况决定是否暂时采取管制措施。同时，资本账户要遵循逐步开放的原则，根据具体情况做出开放承诺，需要认清的是资本账户完全开放的条件永远不会充分具备，即使具备了也会失去。我们应该做到开放与管制相结合，利弊权衡、收支平衡、相机收放，如若遇到经济金融危机、国际收支显著失衡等特殊经济形势，为保障国内经济金融的稳定可持续，应临时采取资本管制措施。当前我国国内金融业竞争力和对外开放水平不足，如果盲目开放资本账户，可能会导致类似于东南亚金融危机的系统性金融风险。

第七章　资本账户开放、汇率制度改革与外汇风险传染

2008年国际金融危机爆发以后，系统性金融风险逐渐引起国际组织和各国监管机构的重视，其中关联性风险则是系统性金融风险的重要组成部分（Diebold & Yilmaz，2014），已被纳入重点监管对象和范围中。随着各国资本项目自由化的推动和汇率制度变革的演进，各国货币的汇率变动紧密性逐渐增强。一方面，虽然我国汇率市场化改革起步较晚，外汇市场处于相对封闭状态，但随着2005年“7·21”汇改、2015年“8·11”中间价形成机制改革的启动，人民币汇率市场化水平稳步提升。根据世界清算银行数据显示，截至2016年4月，人民币日均外汇交易金额为2020亿美元，占全球外汇交易金额的比重排名上升至全球第八位。另一方面，2008年国际金融危机以后，我国资本账户开放步伐明显加快。第一，货币当局逐步放松了人民币跨境贸易与投资结算的管理。第二，为了方便境外人民币资金回流，货币当局一方面对境外央行、境外人民币清算行等机构部分开放了国内债券市场；另一方面，货币当局推出了人民币合格境外机构投资者制度，允许境外机构投资者在许可的额度内使用人民币投资中国境内的金融市场。第三，为了促进两岸资本市场的互联互通，货币当局还依次推出了沪港通、深港通和债券通。那么，新背景下，全球主要货币的汇率联动有何新的特点？人民币汇率与全球主要货币的联动性是否有所增强？在人民币国际化和金融开放的背景下，如何最大化分享开放的利益，又能巧妙规避、化解外界的冲击风险，是中国开放式经济面临的重要议题。

本书使用网络分析法研究外汇风险传染问题，并进一步挖掘外汇风险传染的影响机制。当前，美联储进入加息通道，配合缩表将在短期进一步推高美元指数；中美贸易战导致2019年进出口形势严峻，消费和投资对经济已呈现负贡献，我国经济下行压力增大，外汇风险传染的危害性提升。本书研究

能在波谲云诡的全球经济金融形势下，得出主要国家货币汇率的系统性关联水平以及风险溢出情况，这对中国系统性风险的监测和度量、宏观审慎监管框架的构建具有着重要的现实意义。本书可能的创新之处在于：一是技术方法上，不仅使用了过去研究使用过的 Granger 因果检验、BEKK-MVGARCH 模型，还结合 Pearson 静态相关系数和动态相关系数，构建了“有向有权”的汇率收益率和波动溢出网络，并根据复杂网络分析方法全面解构了汇率收益率、波动溢出网络的总体关联性，以及各货币的风险吸收、外溢效应；二是研究内容上，本书纳入全球 50 只主要货币进行实证分析，讨论全球主要货币之间的外汇风险传染效应，进一步地深入挖掘外汇风险传染的诱因和作用机理，使用混合面板回归方法探究资本账户开放、汇率制度改革等因素对外汇风险传染的影响机制，以期为中国外汇市场风险的监测和度量、宏观审慎政策框架的构建提供有益的经验证据。

第一节　研究方法

全球资本项目自由化和汇率制度改革持续推进，资本跨境流动愈加频繁，各国货币汇率互动关系已逐步迈入复杂网络时代。为了研究不同国家货币外汇风险传染问题，精准刻画汇率网络的总体关联性，以及各货币的风险吸收效应（From Spillover）、外溢效应（To Spillover），弥补已有研究仅考虑“方向”未考虑“权重”，或仅考虑“权重”未考虑“方向”的缺憾，本书引入 Granger 因果检验、BEKK-MVGARCH 模型和复杂网络分析方法，并结合 Pearson 静态相关系数和动态相关系数构建“有向有权”的汇率联动网络，深入研究外汇风险传染问题。

一、汇率关联性网络的建立

在研究各国汇率间的风险溢出效应时，不仅要判断各国货币联系的方向性，还需测量风险关联的程度。参考 Billio et al.（2012）的研究，本书构建收益率和波动溢出两类联动网络（考虑“方向”），同时结合 Pearson 静态相关系数和动态相关系数（考虑“程度”），以此得出“有向有权”的汇率关联性网络。

（一）收益率网络——基于Granger因果检验和Pearson静态相关系数

当金融市场信息是有效的，短期资产价格波动与其他资产价格项变动无关，Granger因果检验失效。但现实中存在市场摩擦，如风险价值约束、卖空约束、借贷成本、借贷约束、收集处理信息成本等，此时时间序列之间的因果关系并不能完全套利出清，部分相关资产价格变动之间的Granger因果关系成立。因此，资产回报率之间的Granger因果关系可以作为金融机构之间风险溢出效应的替代（Battiston et al.，2009；Buraschi et al.，2010）。同时，当风险溢出效应被放大时，金融机构之间的联系将更加紧密，并使系统性风险事件严重程度增大（Castiglionesi et al.，2009；Battiston et al.，2009）。基于此，本书提出使用各国汇率收益率之间的Granger因果关系检验，以此刻画金融系统中风险溢出的滞后传播效应，并构建收益率网络。

假设有N只货币，货币i在t日的汇率为e_t^i。由于汇率数据不平稳，因此先进行对数差分处理，即汇率的对数收益率$R_t^i = \ln e_t^i - \ln e_{t-1}^i$。对于任意货币对，假设$R_t^i$和$R_t^j$分别是货币$i$和货币$j$的对数收益率，且服从下面模型所表示的线性内在关系：

$$R_{t+1}^i = a^i R_t^i + b^{ij} R_t^j + \varepsilon_{t+1}^i$$
$$R_{t+1}^j = a^j R_t^j + b^{ji} R_t^i + \varepsilon_{t+1}^j$$

其中，ε_{t+1}^i和ε_{t+1}^j是两个不相关的白噪声过程，a^i、a^j、b^{ij}、b^{ji}是模型的系数，当b^{ij}不为0时，货币j是货币i的Granger因果原因；同样地，当b^{ji}不为0时，货币i是货币j的Granger因果原因，当上述关系同时成立时，这两只货币之间将存在双向溢出关系。根据检验结果，本书以样本中所选取的各国货币作为网络中的“节点”，根据有无Granger因果关系作为网络中的“弧”，构建有向但是无权的Granger因果网络。

对于“权”，采用Pearson静态相关系数的绝对值进行衡量。即

$$c_{ij} = c_{ji} = \left| \frac{E(R^i R^j) - E(R^i)E(R^j)}{\sqrt{VAR(R^i)VAR(R^j)}} \right|$$

其中E（R^i）表示货币i在某个时间区间内的平均对数收益率，VAR（R^i）表示货币i在某个时间区间内平均对数收益率的方差，即

$$E(R^i)=\frac{1}{n}\sum_{t=1}^{n}R_t^i \qquad VAR(R^i)=\frac{1}{n-1}\sum_{t=1}^{n}\left(R_t^i-E(R_t^i)\right)^2$$

依据任意货币对的 Pearson 相关系数，可以构建 $N\times N$ 阶的相关系数矩阵 $C=(c_{ij})_{N\times N}$；同时 Granger 因果检验表征了货币对之间的收益率溢出关系，以此便形成了有向且加权的网络。

（二）波动率网络——基于 BEKK-MVGARCH 模型和动态相关系数

通过结合 Granger 因果检验方法与 Pearson 静态相关系数，构建了收益率网络，较好地反映了各国货币汇率收益率之间的静态关联关系。然而，自 1973 年布雷顿森林体系瓦解后，各国开始实行浮动汇率制度，汇率波动弹性逐渐增强，对于波动溢出关系的研究显得越来越重要；同时国际经济往来提高了外汇市场的关联程度，外汇风险和汇率联动随时间动态变化。因此，进一步构造动态复杂网络来刻画汇率波动溢出关系显得尤为必要。对于动态网络的构建，以往文献多采用滚动窗口法（胡利琴等，2018），但这一方法存在缺陷（Onnela et al.，2003）：一是窗口参数是主动设定的，这将导致输出结果不稳健；二是当数据波动性增大时，基于 Pearson 相关系数的估计是有偏的（Ronn et al.，2011；Forbes et al.，2002）。为了弥补以上缺陷，本书采用 BEKK-MVGARCH 模型，以每一种货币作为节点，每一组货币根据对应的波动溢出关系和动态相关系数进行连接，由此构建有向且有权的汇率波动溢出网络。值得一提的是，根据 Engle & Kroner（1995）提出的 BEKK-MVGARCH 模型计算的动态相关系数，不需要主动设定窗口参数，同时多元 GARCH 模型也保证了对潜在异方差数据估计的有效性。BEKK（1,1）-MVGARCH 模型如下：

$$R_t=\mu_t+\xi_t \tag{7-1}$$

$$\xi_t\mid\Omega_{t-1}\sim BN(0,H_t)$$

$$H_t=CC^T+\sum_{m=1}^{q}A_m(\xi_{t-m}\xi_{t-m}^T)A_m^T+\sum_{n=1}^{p}B_nH_{t-n}B_n^T \tag{7-2}$$

其中，（7-1）式为均值方程，R_t 是一个二元的收益率向量，误差扰动项 ξ_t 是服从独立同分布的白噪声序列，ψ_{t-1} 为过去 t-1 期信息的集合，$BN(0,H_t)$ 表示二元正态密度函数，H_t 为一时变 2×2 的正定条件方差矩阵；（7-2）式为方差方程，C、A_m 和 B_n 分别表示常数项、ARCH 项和 GARCH 项的系数矩阵。

进一步地，

$$H_t=\begin{bmatrix}h_{i,t} & h_{i,j,t}\\ h_{j,i,t} & h_{j,t}\end{bmatrix}$$

$$=\begin{bmatrix}c_i & 0\\ c_{j,i} & c_j\end{bmatrix}\begin{bmatrix}c_i & 0\\ c_{j,i} & c_j\end{bmatrix}^T+\begin{bmatrix}a_i & a_{i,j}\\ a_{j,i} & a_j\end{bmatrix}^T\begin{bmatrix}\xi_{i,t-1}^2 & \xi_{i,t-1}\xi_{j,t-1}\\ \xi_{j,t-1}\xi_{i,t-1} & \xi_{j,t-1}^2\end{bmatrix}\begin{bmatrix}a_i & a_{i,j}\\ a_{j,i} & a_j\end{bmatrix}$$

$$+\begin{bmatrix}b_i & b_{i,j}\\ b_{j,i} & b_j\end{bmatrix}^T\begin{bmatrix}h_{i,t-1} & h_{i,j,t-1}\\ h_{j,i,t-1} & h_{j,t-1}\end{bmatrix}\begin{bmatrix}b_i & b_{i,j}\\ b_{j,i} & b_j\end{bmatrix}$$

其中，$h_{i,j,t}$、$h_{j,i,t}$ 为条件协方差，$h_{i,t}$、$h_{j,t}$ 为条件方差，$a_{i,j}$、$b_{i,j}$、$a_{j,i}$、$b_{j,i}$ 分别表示一对货币收益率之间的 ARCH 型波动溢出效应和 GARCH 型波动溢出效应①。本书采用 Wald 检验以下两个假设来判断货币 i 和货币 j 之间是否有波动溢出效应。假设 1：$a_{i,j}=b_{i,j}=0$，即货币 j 对货币 i 不存在波动溢出效应；假设 2：$a_{j,i}=b_{j,i}=0$，即货币 i 对货币 j 不存在波动溢出效应。根据检验结果，本书以样本中所选取的各国货币作为网络中的“节点”，根据有无波动溢出效应作为网络中的“弧”，构建有向但是无权的波动溢出网络。

对于“权”，采用 BEKK-MVGARCH 模型的动态相关系数的绝对值进行衡量。即

$$c_{ij}=c_{ji}=\left|\frac{H_t(i,j)}{\sqrt{H_t(1,1)H_t(2,2)}}\right| \qquad (\ i,j=1,2,i\neq j\ )$$

依据任意货币对的动态相关系数，可以构建 $N\times N$ 阶的相关系数矩阵 $C=(c_{ij})_{N\times N}$；同时 BEKK-MVGARCH 模型的波动溢出检验表征了货币对之间的波动率溢出关系，最终形成有向且加权的网络。

二、汇率系统关联性测度指标的构建

为深入研究全球主要国家货币外汇风险传染效应，本书参考多种网络关联性测度方法，全面解构汇率收益率、波动溢出网络的总体关联性，以及各货币的风险吸收效应（From Spillover）、外溢效应（To Spillover）。

① 波动溢出描绘了汇率波动变化的影响，其中，ARCH 型波动溢出指的是连续型波动溢出，GARCH 型波动溢出指的是集聚型波动溢出。

（一）汇率系统关联性的测度

定义 Granger 因果关系或者 BEKK–MVGARCH 模型波动溢出关系（$i \to j$），当网络中的货币 i 是货币 j 的 Granger 原因或者货币 i 对货币 j 存在波动溢出效应时，（$i \to j$）$=c_{ij}$（c_{ij} 为 Pearson 静态相关系数或 BEKK–MVGARCH 模型的动态相关系数），否则（$i \to j$）$=0$；当 $i=j$ 时，（$i \to j$）$\equiv 0$。假设有 N 只货币，则网络总体关联度（Degree of Connectedness，DC）指标定义为

$$DC = \frac{1}{N(N-1)} \sum_{i=1}^{N} \sum_{j \neq i} (i \to j) \times c_{ij}$$

即网络中有向边数和相关系数的乘积与其最大可能值之间的比例。

（二）各只货币吸收和外溢效应的测度

为进一步探究外汇风险传染的诱因和影响机制，本书参考图论中“图的矩阵表示”相关内容，引入关联矩阵和邻接矩阵相关概念，并利用出度（溢出效应 To Spillover）和入度（吸收效应 From Spillover）衡量不同货币之间的风险溢出情况。

设 $D=(M, A)$ 是非空无环有向网络，其中 M 表示网络中各币种的集合，A 表示网络中有向弧的集合，定义

$$d_{ij} = \begin{cases} c_{ij}，若顶点 m_i 为弧 a_j 的尾 \\ -c_{ij}，若顶点 m_i 为弧 a_j 的头 \\ 0，否则 \end{cases}$$

则以 d_{ij} 为元素构成的矩阵 $DD=\{d_{ij}\}$ 称为网络 D 的关联矩阵，DD 的每一行中大于 0 的数据之和等于对应节点的出度，而小于 0 的数据之和等于对应节点的入度。对于包含 N 只货币的系统网络，节点度的最大可能值是 $N-1$，因此货币 i 的出度和入度可分别表示为

$$\#OUT: \left(i \to \sum_{i \neq j} j \right) = \frac{1}{N-1} \sum_{i \neq j} (i \to j) \times c_{ij} \quad (7\text{–}3)$$

$$\#IN: \left(\sum_{i \neq j} j \to i \right) = \frac{1}{N-1} \sum_{i \neq j} (j \to i) \times c_{ji} \quad (7\text{–}4)$$

出度 #OUT 高的货币是信息的主要发送者，其值可称为货币 i 的外溢效应；入度 #IN 高的货币是信息的主要接受者，其值可称为货币 i 的吸收效应。

第二节 外汇风险传染的实证测度

一、样本与数据

本书选取样本时，主要考虑数据完整性以及后续对外汇风险传染的诱因和影响机制分析，以全球日度汇率结算份额占比大于 0.01% 为标准，选取了全球 50 只主要货币汇率（采用对新台币直接汇率[①]）作为研究样本，包括阿尔及利亚第纳尔（DZD）、阿根廷比索（ARS）、澳元（AUD）、巴西雷亚尔（BRL）、英镑（GBP）、保加利亚列弗（BGN）、加元（CAD）、智利比索（CLP）、人民币（CNY）、哥伦比亚比索（COP）、捷克克朗（CZK）、丹麦克朗（DKK）、埃及镑（EGP）、欧元（EUR）、斐济元（FJD）、加纳塞地（GHS）、洪都拉斯伦比拉斯（HNL）、港元（HKD）、匈牙利福林（HUF）、冰岛克朗（ISK）、印度卢比（INR）、印尼盾（IDR）、以色列新谢克尔（ILS）、牙买加元（JMD）、日元（IPY）、约旦第纳尔（JOD）、科威特第纳尔（KWD）、黎巴嫩镑（LBP）、马来西亚林吉特（MYR）、墨西哥比索（MXN）、新西兰元（NZD）、挪威克朗（NOK）、巴基斯坦卢比（PKR）、秘鲁新索尔（PEN）、菲律宾比索（PHP）、波兰兹罗提（PLN）、罗马尼亚列伊（RON）、俄罗斯卢布（RUB）、沙特阿拉伯里亚尔（SAR）、新加坡元（SGD）、南非兰特（ZAR）、韩元（KRW）、斯里兰卡卢比（LKR）、瑞典克朗（SEK）、瑞士法郎（CHF）、泰铢（THB）、特立尼达和多巴哥元（TTD）、土耳其新里拉（TRY）、阿联酋迪拉姆（AED）、美元（USD）。数据来源于哥伦比亚大学网站，样本区间为 1999 年 1 月 4 日至

① 其主要原因有两点：一是中国台湾地区在 1989 年就实现了外汇市场自由化，以新台币作为衡量标准是可行的；二是在外汇风险传染形成诱因的后续研究中，需要重点考虑资本账户开放、汇率制度等因素，而中国台湾地区在各数据库中均没有相关数据。因此以新台币为衡量标准，既保证了研究样本的最大化，也保证了研究的稳健性。另外，本书亦采用各货币兑黄金的直接汇率进行实证，发现结果没有变化。

2015 年 12 月 31 日。因各国（或地区）的工作日和节假日存在差异，导致样本数据出现时间点及数量不一致的情况，根据通用的处理方法，即使用前一交易日汇率进行插值处理，共得到 4158 个有效数据。

表 7-1　全球 50 只主要货币汇率对数收益率的描述性统计

货币	均值	标准差	峰度	偏度	货币	均值	标准差	峰度	偏度
DZD	0.01	1.19	12.09	−0.05	JOD	0.00	0.45	8.96	0.05
ARS	0.06	1.17	365.76	13.50	KWD	0.00	0.57	189.21	−0.73
AUD	0.00	0.78	14.66	0.58	LBP	0.00	0.97	1363.89	−0.70
BRL	0.02	1.09	17.68	0.33	MYR	0.00	0.36	8.86	−0.13
GBP	0.00	0.59	9.92	0.48	MXN	0.02	0.66	15.82	0.72
BGN	0.00	0.66	28.44	0.35	NZD	−0.01	0.81	6.74	0.31
CAD	0.00	0.56	7.82	−0.04	NOK	0.00	0.74	5.54	0.03
CLP	0.01	0.63	6.85	0.33	PKR	0.02	0.66	1040.84	22.27
CNY	0.00	0.29	11.61	0.09	PEN	0.00	0.40	28.93	0.69
COP	0.01	0.73	9.36	0.14	PHP	0.00	0.46	133.64	−4.44
CZK	0.00	0.77	6.05	−0.07	PLN	0.00	0.86	8.51	0.15
DKK	0.00	0.62	4.70	−0.09	RON	0.03	0.83	68.67	3.60
EGP	0.04	1.01	913.12	21.65	RUB	0.02	0.99	26.91	−0.09
EUR	0.00	0.62	4.68	−0.10	SAR	0.00	0.43	7.97	0.14
FJD	0.00	0.80	156.52	5.42	SGD	0.00	0.32	7.83	−0.21
GHS	0.07	5.37	1552.31	0.03	ZAR	0.02	1.03	7.97	0.21
HNL	0.01	0.40	64.25	2.81	KRW	0.00	0.61	50.36	0.27
HKD	0.00	0.28	11.46	0.16	LKR	0.02	0.40	30.39	1.51
HUF	0.00	0.89	6.63	0.14	SEK	0.00	0.74	5.74	−0.16
ISK	0.01	0.93	66.08	−0.82	CHF	−0.01	0.71	30.27	−0.93
INR	0.01	0.43	11.75	0.17	THB	0.00	0.43	25.30	0.47
IDR	0.01	0.91	23.06	−0.13	TTD	0.00	0.43	27.80	1.12
ILS	0.00	0.51	10.13	0.17	TRY	0.05	1.05	86.17	3.77
JMD	0.03	2.35	1854.85	0.68	AED	0.00	0.43	7.90	0.14
JPY	0.00	0.69	6.60	−0.23	USD	0.00	0.29	11.20	0.13

二、汇率系统关联性的测度

根据前文介绍，首先使用 Granger 因果检验方法，对 50 只货币汇率的对数收益率两两之间的信息溢出关系进行识别，按年度建立 Pearson 相关系数网络。选取 5% 作为 Granger 因果检验的显著性水平，整理后得到汇率网络系统总体关联度 DC 如图 7-1 左半部分所示。随后使用 BEKK-MVGARCH 模型，对 50 只货币汇率两两之间的波动溢出关系进行识别，以动态相关系数的年度绝对值平均作为权重，构建有向有权的系统网络。同样选取 5% 作为波动溢出识别的显著性水平，整理后得到波动溢出网络总体关联度 DC 如图 7-1 右半部分所示。

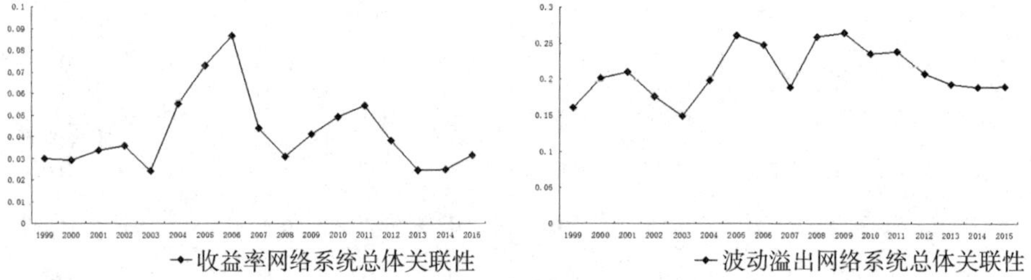

图 7-1　汇率系统网络的总体关联性

根据图 7-1 可以得出以下结论：一是各国货币的波动溢出关系比收益率溢出更紧密，从关联度 DC 绝对值上看，波动溢出约为收益率溢出的 5 倍；同时，样本货币汇率间的波动溢出关系相对更稳定，而收益率溢出关系稳定性较弱，在考察期内，收益率溢出关系变动幅度更大。二是全球主要货币总体关联性具有明显的时变特征和区制特征，且波动溢出与收益率溢出存在区制同步性。例如 1999—2003 年，各国货币的整体关联性处于较低水平，这主要归咎于 1997—1998 年东南亚危机后，传统的“跨境资本流动自由化”学说受到一定挑战，受冲击各国纷纷强化了对跨境资本的流动性管理。2003—2006 年，东南亚危机趋缓，很多国家重新推进资本项目自由化，跨境资本自由流动使各国资本项目紧密联系在一起，货币汇率波动弹性提高，波动弹性的放开也使跨境资本流动迅速在汇率联动上实现反馈，各国货币整体关联性大幅提升，并于 2006 年达到峰值。2006—2008 年，全球主要国家跨境资本流动开始萎缩，各货币网络联动性下降，并随着 2008 年国际金融危机期爆发，货币联动水平降至历史低点。2008 年以后，欧美日等主要国家（或地区）央行开始实行量化宽松政策，流动性释放和危机修复使全球跨境资本流动复苏，汇率系统联动逐渐恢复到危机前的水平。值得一提的是，在后金融危机期间，欧债危机蔓延促使全球流动性受阻，主要货币的系统联动性再次阶段性下降。

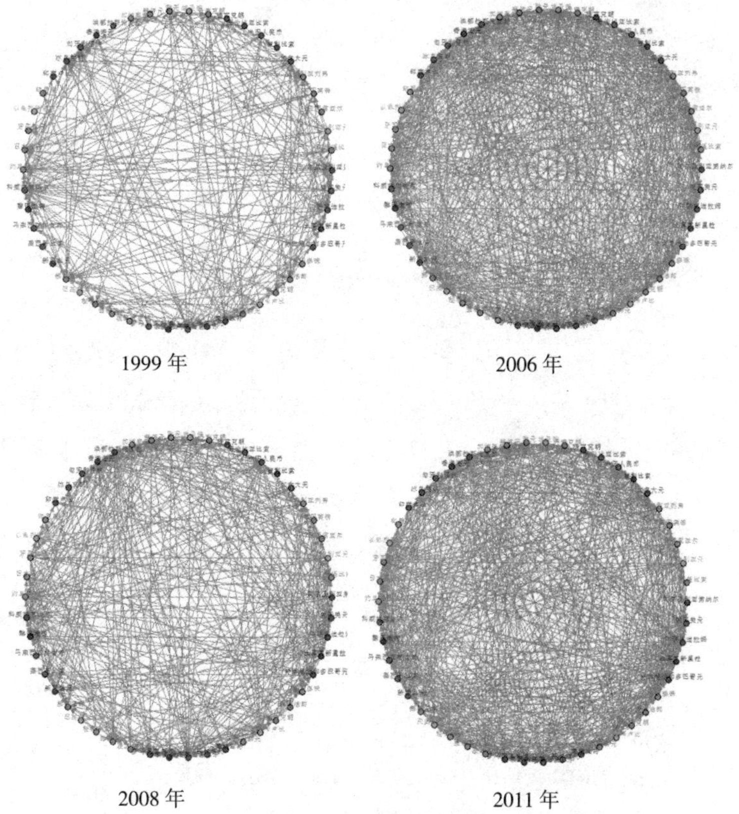

图 7-2　汇率系统网络的网络关联图

图 7-2 为四个关键时点 50 只主要货币汇率的网络关联图，展示了网络的关联密度和结构特征等信息，网络图能让我们更清楚地观察到各国货币汇率的关联情况。可以发现，四个时点的网络关联图有所差异，外汇风险传染存在时变性和区制性。具体而言，1999 年全球主要货币关联网络密度较低，并呈现“无标度特征”，即大部分节点只与极少节点关联，但这部分极少节点的覆盖范围特别广，具有系统重要性特征，这部分节点一旦受到冲击，将显著削弱外汇关联网络的稳健性。同时，另外还有很多节点的联通度较低，非

系统重要性节点引发风险传染的概率越低，潜在风险损失有限。2006年金融危机前，各国货币汇率关联度较1999年迅速提升，主要货币的相互作用关系变得更紧密，可以看到球形12点钟（欧洲）、3点钟（美元）、9点钟（日元）位置的关联密度差别不大，说明整个货币汇率收益率网络“无标度特征”正在弱化，而系统整体脆弱性上升。随着金融危机爆发，2008年主要国家货币汇率关联密度下降明显，但仍高于1999年的水平，金融危机爆发也佐证了高密度关联可能存在的潜在风险问题。2011年欧债危机时期，球形12点钟位置（欧洲）相互之间密度较高，而3点钟位置（美元）出现跨区域桥接，说明欧洲货币风险传染区域性结构特征显现，美元仍是系统性重要货币。

三、各只货币风险吸收、外溢效应的测度

根据前文的介绍，接下来分别计算各货币的风险吸收效应（From Spillover）、外溢效应（To Spillover）和总效应，通过横向和纵向比较，对全球外汇市场的关联特征进行探究。首先计算1999—2015年每只货币吸收效应、外溢效应和总效应的平均值，将平均值划分为三个区间，以实现不同币种的横向比较，表7-2、表7-3分别是收益率网络和波动溢出网络情况。

表7-2　各只货币的吸收、外溢和总效应（收益率网络：依据平均值划分）

平均 #IN	0.05~0.09	0.03~0.05	0.005~0.03
货币	BGN、SGD、USD、NOK、HKD、EUR、CAD、DKK、SEK、RUB、CNY、CHF、SAR、PLN、AUD、AED、JOD、GBP	KWD、JPY、HUF、CZK、NZD、MYR、MXN、LKR、HNL、THB、ILS、PEN、RON、ZAR、ISK、LBP、TTD	CLP、BRL、TRY、PKR、EGP、INR、ARS、JMD、KRW、GHS、PHP、COP、DZD、FJD、IDR
平均 #OUT	0.05~0.1	0.03~0.05	0.01~0.03
货币	SAR、AED、KWD、JOD、HKD、HNL、USD、LBP、MYR、CNY、ISK、BGN	DKK、PKR、TTD、EUR、RUB、FJD、TRY、CAD、SGD、KRW、THB、NOK、LKR、HUF、GHS、EGP、PEN、JMD、RON、CZK、JPY	PLN、ARS、AUD、CHF、SEK、DZD、NZD、GBP、INR、MXN、COP、PHP、CLP、ILS、BRL、IDR、ZAR

平均 #ALL	0.09~0.15	0.06~0.09	0.02~0.06
货币	SAR、AED、BGN、HKD、USD、JOD、KWD、CNY、MYR、HNL、SGD、EUR、DKK、NOK、LBP、CAD、RUB、ISK	SEK、HUF、PLN、CHF、AUD、LKR、JPY、THB、CZK、GBP、TTD、PEN、RON、NZD、PKR、TRY、MXN	EGP、ILS、KRW、JMD、ARS、ZAR、GHS、CLP、FJD、INR、BRL、DZD、COP、PHP、IDR

表 7–3　各只货币的吸收、外溢和总效应（波动率网络：依据平均值划分）

平均 #IN	0.22~0.27	0.2~0.22	0.12~0.2
货币	HKD、CNY、LKR、USD、HUF、LBP、RUB、HNL、SGD、PEN、ARS、TTD、CZK、KWD、SAR、EGP、JOD、PLN、DKK、AED、MYR、EUR	JMD、BGN、RON、NOK、INR、PKR、SEK、CAD、THB、ISK、COP、AUD、TRY、MXN	CHF、GBP、NZD、ILS、ZAR、CLP、PHP、BRL、JPY、DZD、KRW、GHS、FJD、IDR
平均 #OUT	0.22~0.31	0.2~0.22	0.1~0.2
货币	USD、HKD、CNY、DKK、EUR、SGD、HNL、HUF、BGN、CAD、AED、CHF、NOK、SAR、MYR、GBP、PLN、CZK、SEK、LKR、AUD、PEN、LBP	MXN、JOD、KWD、TTD、NZD、RUB、INR、RON	EGP、ISK、ARS、THB、JPY、ZAR、TRY、PKR、BRL、ILS、COP、CLP、PHP、JMD、KRW、DZD、IDR、GHS、FJD
平均 #ALL	0.45~0.58	0.4~0.45	0.23~0.4
货币	HKD、USD、CNY、SGD、DKK、HNL、EUR、HUF、LKR、LBP、PEN、CZK、SAR、AED、BGN、PLN、MYR、RUB	NOK、TTD、CAD、JOD、KWD、SEK、ARS、CHF、AUD、EGP、GBP、MXN、RON、INR、ISK、NZD	THB、PKR、TRY、JMD、ZAR、COP、ILS、JPY、CLP、BRL、PHP、DZD、KRW、GHS、IDR、FJD

结果显示，从收益率网络总效应来看，第一梯队货币包括美元、欧元、加元、人民币、港币、新加坡元、沙特阿拉伯里亚尔、阿联酋迪拉姆、科威

特第纳尔、俄罗斯卢布等，这些基本是全球外汇市场的主要挂牌货币和贸易使用货币，值得一提的是，主要石油输出国家货币属于第一梯队。第二梯队货币包括英镑、日元、澳元、墨西哥比索、土耳其里拉等，其中英镑虽然吸收效应很强，但外溢效应较弱。第三梯队货币包括智利比索、巴西雷亚尔、菲律宾比索、阿尔及利亚第纳尔、印尼盾等，多为发展中国家。波动溢出网络总效应来看，加元、约旦第纳尔从收益率网络的第一梯队掉入波动溢出网络的第二梯队，日元、土耳其里拉则从第二梯队下滑至第三梯队，其他基本与收益率网络划分一致。

表 7–4　几只重要货币的吸收、外溢和总效应动态变化过程

货币	收益率网络	波动溢出网络
SAR	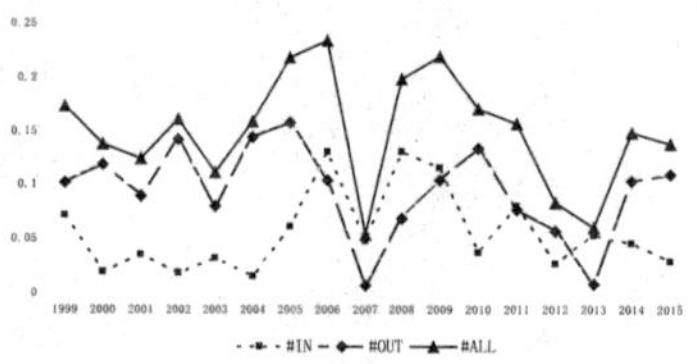	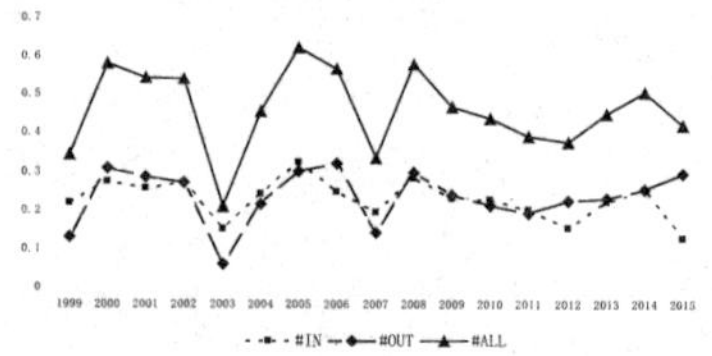
AED	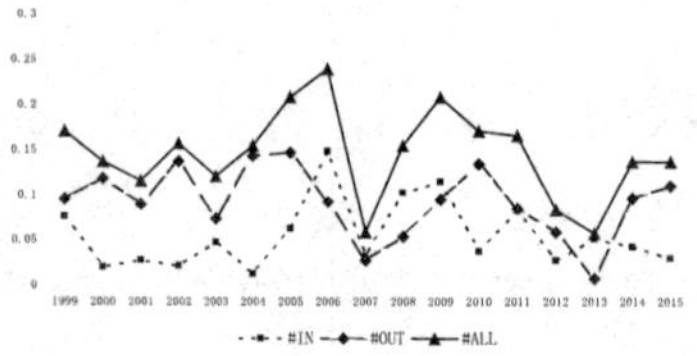	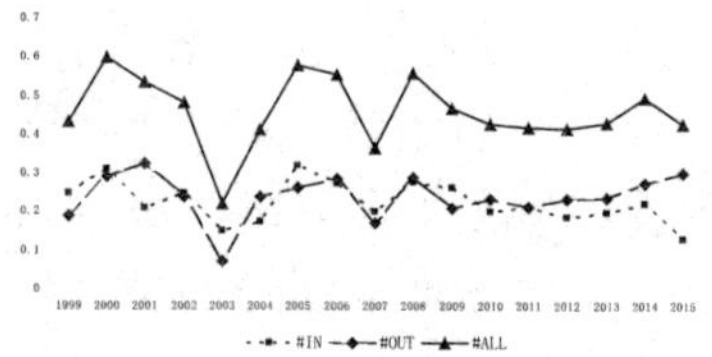
HKD	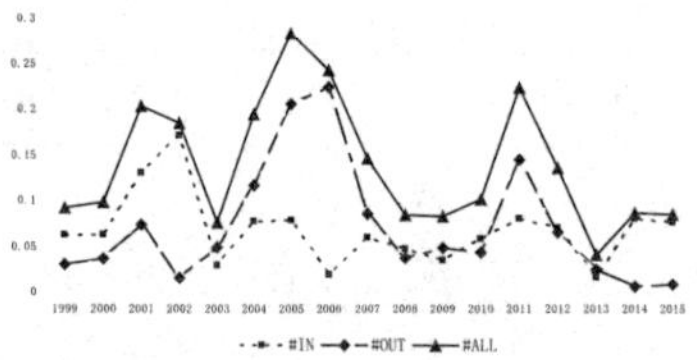	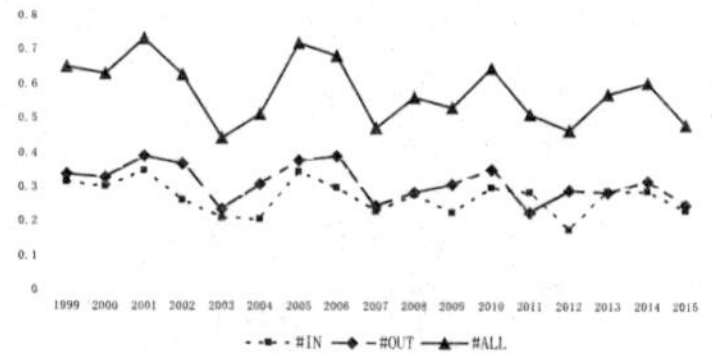
USD	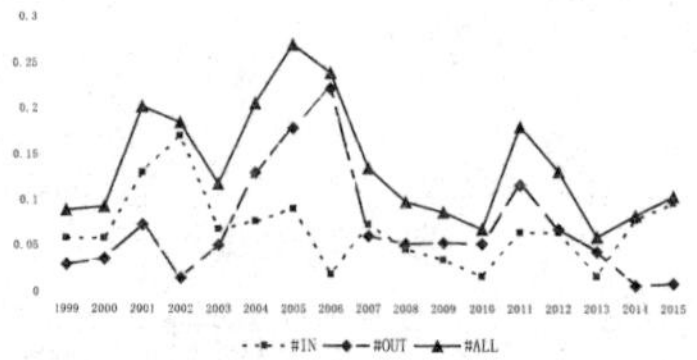	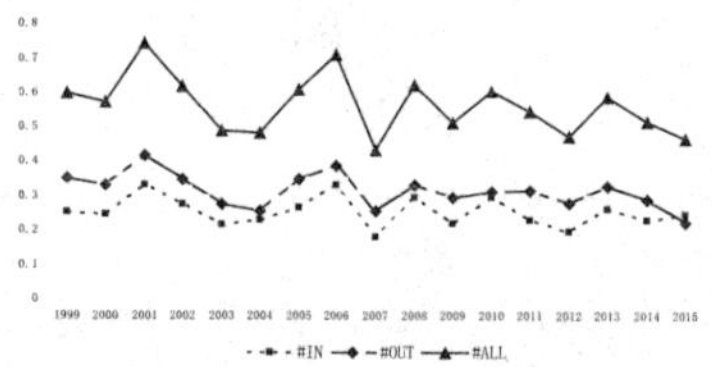

CNY

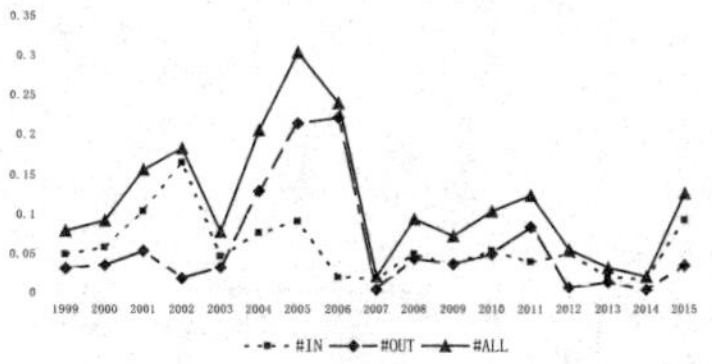

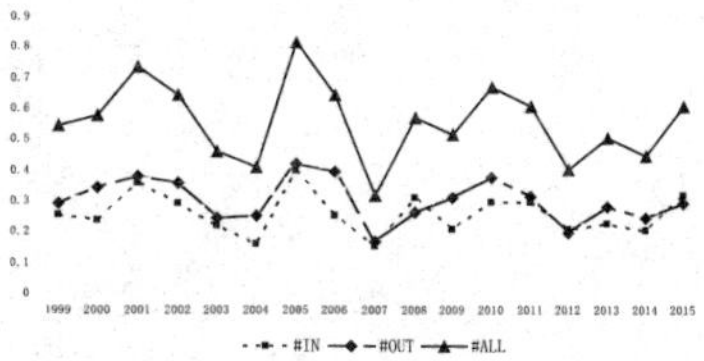

RON

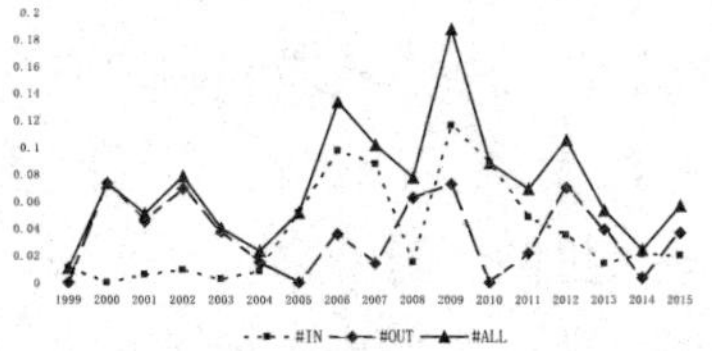

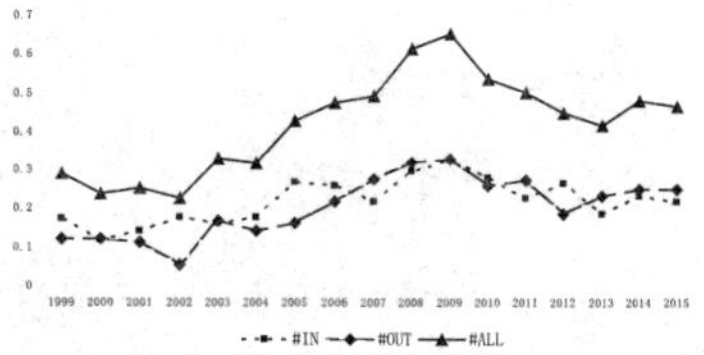

CLP

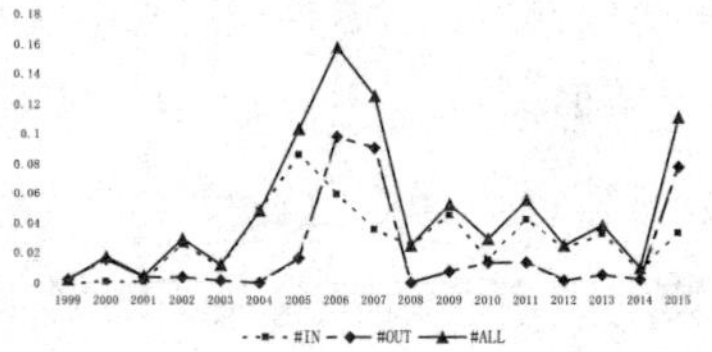

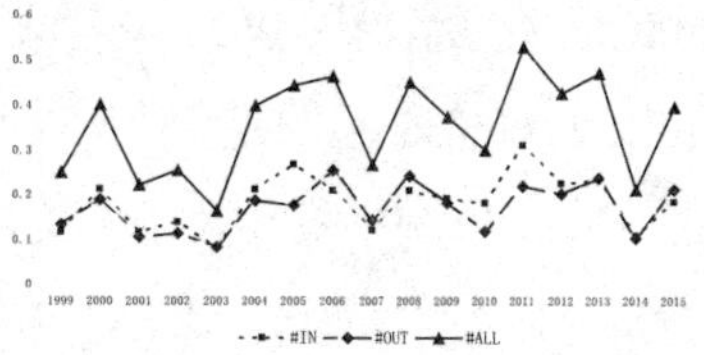

BRL

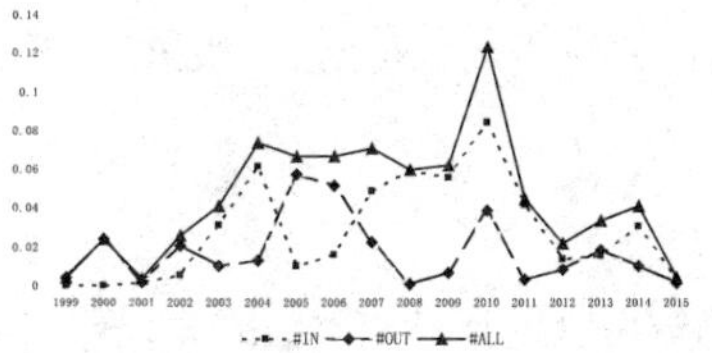

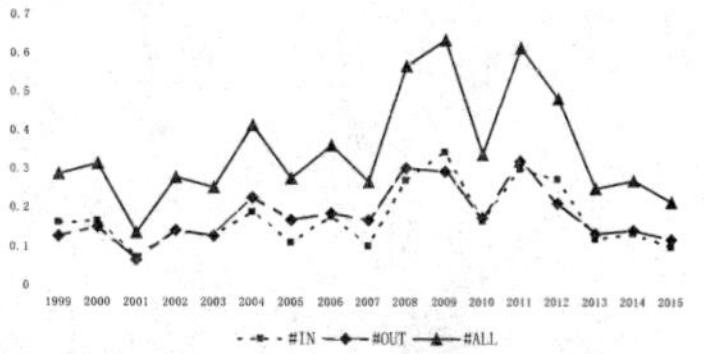

PHP

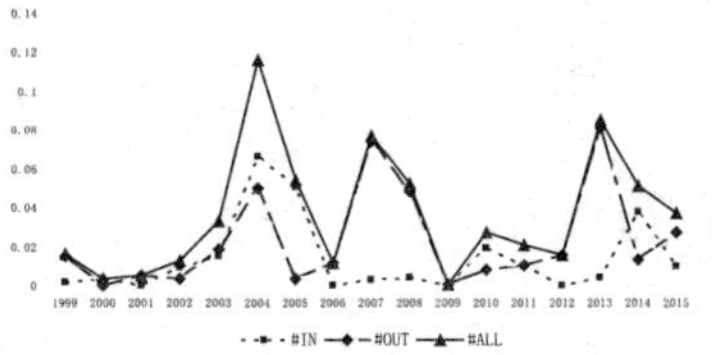

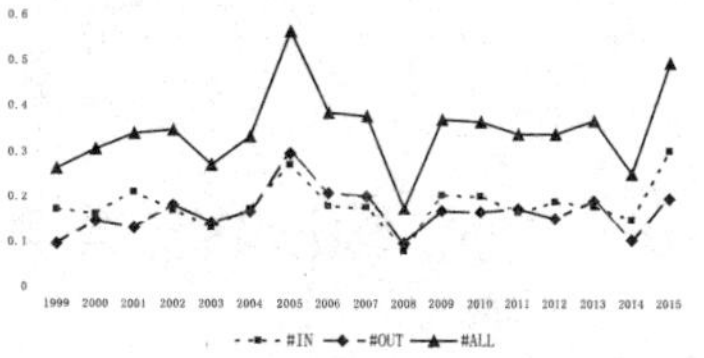

DZD

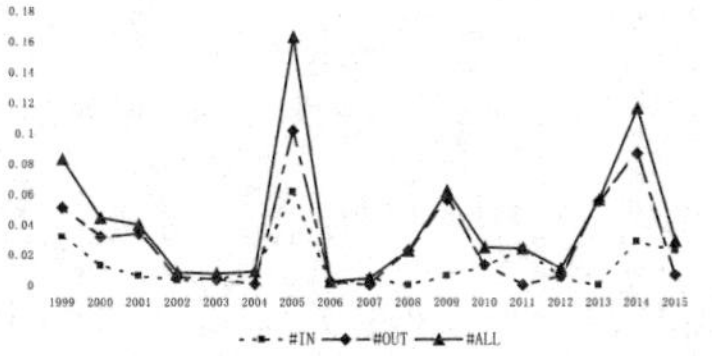

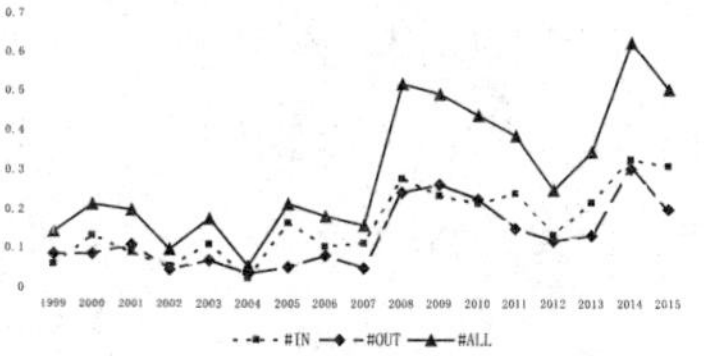

IDR	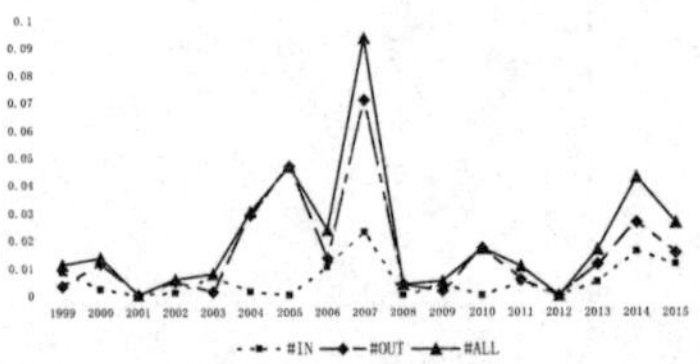	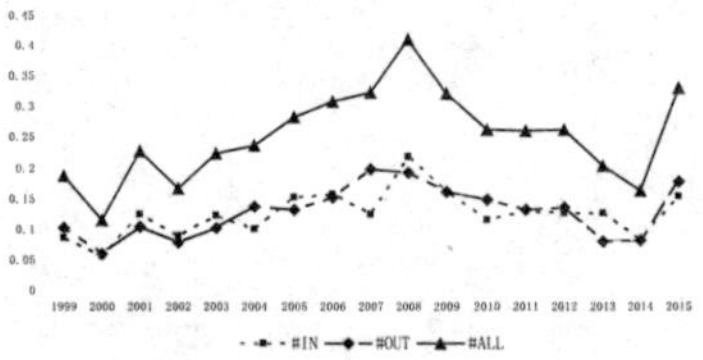

表 7-4 为几种重要货币的风险吸收效应、外溢效应和总效应动态变化过程，展现出货币几种效应的纵向变化特点。结果显示：第一，主要石油输出国家（沙特、阿联酋）货币收益率和波动溢出网络较平稳，两个网络受国际金融危机冲击仅呈现短期负面影响，随后迅速恢复至均值位置，展现了贸易和石油锚的重要作用；第二，全球主要货币（美元、人民币、港币）吸收效应、外溢效应和总效应的走势基本保持一致，但波动溢出网络稳定性强于收益率网络，收益率网络受国际金融危机冲击显著，美元恢复速度更快；第三，发展中国家（阿尔及利亚、巴西、印尼）波动溢出网络和收益率网络未呈现一致性走势，稳定性均较弱，其中巴西雷亚尔近期对全球外汇市场波动贡献较大，且存在明显低估。总的来看，当前世界货币体系仍然是以美元为主导。

第三节　外汇风险传染的影响机制研究

一、外汇风险传染影响因子的选取

核心解释变量：资本账户开放、汇率制度。

外汇市场风险传染的形成机制比较复杂，一般认为是多种因素共同作用的结果。在第一代和第二代货币危机理论的指引下，学者们普遍认为外汇风险传染与资本账户开放、汇率制度密切相关（Stiglitz，1993；Kaminsky & Reinhart，1999；Krugman，1979；Obstfeld，1996；Ghosh et al.，2015），贸然的资本项目自由化和固定汇率制度是导致货币危机爆发的关键因素。20 世纪 80 年代以后，多数新兴市场国家（或地区）逐步推动资本项目开放，跨境资本流动日趋频繁、规模成倍增加；而在固定汇率制度的协定框架下，为了维持货币的固定比价，货币当局不得不在外汇市场采取被动操作，致使国内货币政策失效、外汇储备剧烈波动。同时，由于新兴市场国家（或地区）普遍金融发展水平不高、金融市场深度不够，一旦国内外经济金融形势或者预期发生突变（尤其是实际汇率与名义固定汇率发生偏离），大规模外汇市场投机必将导致外汇储备耗尽、固定汇率制度崩溃，进而引起货币危机。另外，第二章第五节中也详实地载明了资本账户开放与汇率制度改革两个政策因素对外汇风险传染的扰动路径。鉴于此，此部分选用资本账户开放与汇率制度改革为核心解释变量。

控制变量：经济规模、经济增长、经济发展、国际储备、国际收支、外债水平、金融发展。

第一，小型开放经济体常面临输入性外汇风险问题，与之对应的是，大型经济体本身就具有能够撼动国际外汇风险水平的能力，一国（或地区）的经济增长水平越高、外汇储备越充足，能够防范外汇市场攻击的能力就越强，外汇风险传染和货币危机发生的可能性就越小。参照以往研究，引入了宏观经济因素作为控制变量，包括经济规模、经济增长、经济发展。第三，经典文献研究发现，国际收支和对外负债的恶化也是外汇风险传染和货币危机发生的导火索（Mckinnon & Pill，1998；Kaminsky，2006）。第四，国内信贷盲目扩张容易导致通货膨胀压力上升、资本价格泡沫化，引起实际汇率和名义汇率发生偏离，继而诱发国际游资攻击（Krugman，1979），引发外汇市场风险。为此，我们还引入金融发展水平（私人部门信贷/GDP）作为控制变量。基于经济逻辑链条的寻索，加之过去理论研究文献的指引，本书引入上述控制变量，构建实证模型如式（7-5）所示。

$$Spillover_{i,t}=\beta_{i,t}+\delta_1 CA_{i,t}+\delta_2 ERS_{i,t}+\delta Control_{i,t}+\gamma_{i,t} \tag{7-5}$$

其中，$Spillover_{i,t}$ 表示外汇风险传染程度。本文选取风险吸收效应（From Spillover）和外溢效应（To Spillover）作为外汇风险传染程度的代理变量，风险吸收效应和外溢效应均由本章第二节测算得出。解释变量包括：资本账户开放 $CA_{i,t}$、汇率制度 $ERS_{i,t}$。控制变量 $Control_{i,t}$ 主要包括：经济规模 $GDP_{i,t}$、经济增长 $DGP_{i,t}$、经济发展 $PGDP_{i,t}$、国际储备 $M2\_EXR_{i,t}$、国际收支 $BOP_{i,t}$、外债水平 $DEBT\_GDP_{i,t}$、金融发展 $FDI_{i,t}$。表 7-5 是各变量的具体描述。

表 7-5 变量的具体描述

	变量名称	变量代码	变量定义	数据来源
被解释变量	吸收效应 1	FROM1	收益率网络中各只货币的风险吸收效应	第二节
	外溢效应 1	TO1	收益率网络中各只货币的风险外溢效应	第二节
	吸收效应 2	FROM2	波动溢出网络中各只货币的风险吸收效应	第二节
	外溢效应 2	TO2	波动溢出网络中各只货币的风险外溢效应	第二节
解释变量	资本账户开放	CA	Chinn–Ito 指数	Chinn & Ito（2006，2008）
	汇率制度改革	ERS	事实钉住、爬行钉住、管理浮动、自由浮动、自由落体和双轨制数据缺失依次赋值：1、2、3、4、5、6	Ilzetzki et al.（2011）
控制变量	经济规模	GDP	实际 GDP 对数值	WDI 数据库
	经济增长	DGDP	实际 GDP 增长率	
	经济发展	PGDP	人均实际 GDP	
	国际储备	M2_EXR	M2/ 国际储备	
	国际收支	BOP	经常账户余额 /GDP	
	外债	DEBT_GDP	对外总负债 /GDP	
	金融发展	FDI	金融发展程度（= 私人部门信贷 /GDP）	

本章采用面板数据模型进行回归，在面板模型的效应选择方面，过去研究表明有关货币汇率面板回归更适用于混合效应，固定效应和随机效应则存在一定的问题（张璟和刘晓辉，2015）。样本数据中，资本账户开放和汇率制度等数据随时间变动仅发生微小变化。如果采用固定效应方法估计，可能会删除此类制度性变量而损失较多信息；而随机效应方法则面临耗费较大自由度的问题。相比来说，混合效应方法可以较好地规避这两类问题，因此首选混合效应方法进行模型估计。此外，还尝试了其他效应估计方法，以此对回归结果的稳健性进行确认。

二、实证分析

通过混合效应面板回归，得到外汇风险传染的影响机制，具体如表 7-6 所示。结果显示：

第一，除了针对收益率网络中的风险外溢效应 TO1 之外，代理各经济体资本账户开放的 CA 变量符号均显著为正，即资本账户开放水平的提高将导致收益率或波动溢出的风险吸收效应和外溢效应更强。也就是说，随着一国（或地区）资本账户开放水平的提高，该国货币越容易受到其他国家货币（尤其是美元等关键货币）汇率水平变动及汇率波动的影响，同时反向影响也易产生较大的外溢效应。根据经济理论可知，CA 越大表示经济体资本账户开放水平越高，资本流动和金融汇兑限制的放开使得跨境资本流动日趋频繁、规模越来越大。由于套利机制的存在，任何微小的国际国内金融局势波动都会引起国际资本流动的快速变化，继而反映在汇率水平上，影响外汇风险传染。

第二，代理各经济体货币当局的汇率制度变量 ERS 系数符号显著为负，即一国（或地区）对外宣布的汇率制度弹性越强、汇率市场化程度越高，该国货币受到其他国家货币汇率水平变动及汇率波动的影响越小，当然反向影响的外溢效应也更小。在固定汇率制度的协定框架下，为了维持货币的固定比价，货币当局不得不在外汇市场采取被动操作，致使国内货币政策失效、外汇储备剧烈波动，往往会导致市场名义汇率和实际汇率发生背离，继而引起国际游资大规模的单边投机活动，加剧了外汇风险传染；同时，固定汇率制度将使该国货币受制于其他国家货币汇率波动的绑缚，国际汇率市场风险也会迅速传染至该国金融系统中。如果一国（或地区）实行浮动汇率制度，表示该国货币的汇率制度弹性大，也意味着货币当局的态度是尽可能少干预本国汇率，汇率形成机制倾向于市场化、更加透明化，能够根据国际收支和资本流动变化实现迅速调整，有助于抑制大规模外汇投机造成的单边汇率走势，维护了汇率市场稳定。

第三，控制变量方面，收益率网络中的风险吸收效应 FROM1、风险外溢效应 TO1、波动溢出网络中的风险外溢效应 TO2 均容易受到国家宏观经济状况的影响。结果显示，国家经济实力越强、经济体量越大、金融发展水平越高，货币在国际市场上的“话语权”和“市场性”就越大，该国货币越容易对其他国家货币汇率水平变动和汇率波动产生影响。

表 7–6 混合面板回归结果

	FROM1		TO1		FROM2		TO2	
	(1)	(2)	(1)	(2)	(1)	(2)	(1)	(2)
CA	0.0083***	0.0057***	0.0017	0.0017	0.0073**	0.0065*	0.0168***	0.0112**
	(0.000)	(0.001)	(0.238)	(0.257)	(0.016)	(0.091)	(0.000)	(0.010)
ERS	−0.0025	−0.0075***	−0.0118***	−0.0149***	−0.0146***	−0.0202***	−0.0108*	−0.0284***
	(0.304)	(0.002)	(0.000)	(0.000)	(0.000)	(0.000)	(0.091)	(0.000)
GDP		0.0022*		−0.0001		0.0046		0.0117***
		(0.084)		(0.953)		(0.182)		(0.005)
DGDP		0.0011*		0.0023***		−0.0009		−0.0013
		(0.078)		(0.000)		(0.325)		(0.309)
PGDP		0.0026		0.0074**		−0.0031		−0.0028
		(0.284)		(0.013)		(0.539)		(0.619)
M2_EXR		0.0000		0.0001***		−0.0000		0.0001
		(0.189)		(0.000)		(0.715)		(0.256)
BOP		−0.0001		−0.0001		−0.0003		−0.0006
		(0.734)		(0.784)		(0.569)		(0.249)
DEBT_GDP		−0.0001*		0.0001		−0.0000		−0.0001
		(0.094)		(0.120)		(0.769)		(0.233)
FDI		0.0267*		0.0060		0.0226		0.0760**
		(0.080)		(0.716)		(0.386)		(0.035)
_Con	0.0402***	−0.0397	0.0683***	−0.0022	0.2384***	0.1554*	0.2210***	−0.0378
	(0.000)	(0.263)	(0.000)	(0.963)	(0.000)	(0.056)	(0.000)	(0.701)
F 值	19.51	13.36	10.47	10.73	20.73	6.70	14.11	14.01
R2	0.0786	0.1288	0.0675	0.1134	0.0617	0.0766	0.1056	0.2046
Prob>F	0.0000	0.0000	0.0002	0.0000	0.0000	0.0000	0.0000	0.0000

注：***、**、* 分别表示 t 值（双尾）在 1%、5%、10% 的水平上统计显著；( ) 内为 t 统计量对应的 p 值。

三、稳健性检验

（一）内生性检验

受制于同期变量间可能存在“螺旋向下”共趋的风险特征，以及风险吸收、外溢效应的反馈滞后性，上述基准模型可能会因内生性干扰而导致回归结果不稳健。鉴于此，参考 Frankel & Rose（1996）、Ghosh et al.（2015）等的处理方式，对核心解释变量、控制变量采用滞后一期数据的方法，尝试解决此类内生性问题，并依此作为重要的测试手段，确证前述结果的稳健性。对式（7–5）进行混合效应面板回归，具体结果如表 7–7 所示。

表 7–7　随机效应面板回归结果

	FROM1	TO1	FROM2	TO2
CA（–1）	0.0055*** (0.000)	0.0018 (0.261)	0.0075* (0.054)	0.0126*** (0.004)
ERS（–1）	–0.0070*** (0.007)	–0.0138*** (0.000)	–0.0200*** (0.000)	–0.0266*** (0.000)
GDP（–1）	0.0022* (0.078)	–0.0004 (0.824)	0.0045 (0.200)	0.0113*** (0.007)
DGDP（–1）	0.0014** (0.020)	0.0024*** (0.000)	–0.0001 (0.474)	–0.0006 (0.638)
PGDP（–1）	0.0034 (0.204)	0.0068** (0.021)	–0.0026 (0.613)	–0.0023 (0.686)
M2_EXR（–1）	0.0000 (0.576)	0.0001** (0.029)	–0.0000 (0.417)	0.0001 (0.332)
BOP（–1）	–0.0002 (0.428)	0.0000 (0.884)	–0.0005 (0.284)	–0.0005 (0.325)
DEBT_GDP（–1）	–0.0001 (0.119)	0.0001*** (0.005)	–0.0000 (0.848)	–0.0001 (0.305)
FDI（–1）	0.0213 (0.181)	0.0037 (0.825)	0.0174 (0.516)	0.0664* (0.061)
_Con	–0.0473 (0.183)	0.0074 (0.882)	0.1568* (0.067)	–0.0336 (0.733)
F 值	12.77	8.86	5.75	13.10
R2	0.1142	0.1033	0.0797	0.1971
Prob>F	0.0000	0.0000	0.0000	0.0000

注：( ) 内为 P 值，*、**、*** 分别表示在 10%、5%、1% 的水平下显著。

结果显示，核心变量 CA 和 ERS 的方向、显著性水平与原混合效应面板模型保持一致，考虑内生性因素问题之后，上述主要结论依然大致成立。

（二）改变估计方法

为了确保研究结论的可靠性，改变估计方法进行稳健性检验。根据Hausman 检验的结果，我们选定稳健性回归为随机效应而不是固定效应。随后对式（7–5）模型进行随机效应面板回归，结果如表 7–8 所示。

表 7–8　分随机效应面板回归结果

	FROM1	TO1	FROM2	TO2
CA	0.0065*** (0.000)	0.0016 (0.341)	0.0058* (0.051)	0.0130*** (0.000)
ERS	–0.0075*** (0.001)	–0.0134*** (0.000)	–0.0195*** (0.000)	–0.0274*** (0.000)
GDP	0.0020 (0.157)	–0.0007 (0.636)	0.0033 (0.267)	–0.0110*** (0.001)
DGDP	0.0011** (0.030)	0.0021*** (0.000)	–0.0016** (0.047)	–0.0023*** (0.008)
PGDP	0.0011 (0.680)	0.0064** (0.026)	–0.0064 (0.235)	–0.0077 (0.196)
M2_EXR	0.0000 (0.473)	0.0001** (0.015)	–0.0000 (0.612)	0.0000 (0.586)
BOP	–0.0000 (0.942)	–0.0001 (0.639)	–0.0001 (0.865)	–0.0002 (0.601)
DEBT_GDP	–0.0001** (0.033)	0.0000 (0.416)	–0.0001 (0.361)	–0.0002 (0.102)
FDI	0.0323** (0.027)	0.0137 (0.378)	0.0577** (0.047)	0.0943*** (0.003)
_Con	–0.0232 (0.548)	0.0170 (0.680)	0.2069*** (0.009)	0.0194 (0.824)
Wald 值	83.82	61.60	44.45	118.18
R2	0.1277	0.1122	0.0709	0.2017
Prob>F	0.0000	0.0000	0.0000	0.0000

注：( ) 内为 P 值，*、**、*** 分别表示在 10%、5%、1% 的水平下显著。

结果显示，核心变量 CA 和 ERS 的方向、显著性水平与混合效应面板模型保持一致，控制变量 GDP 和 FDI 的显著性水平良好。随机效应模型回归结果与混合效应模型基本保持一致。通过改变估计方法，得出主要结论具有稳健性。

（三）分时段的稳健性检验

表 7-9 分时段混合面板回归结果

	FROM1		TO1		FROM2		TO2	
	1999–2006	2008–2015	1999–2006	2008–2015	1999–2006	2008–2015	1999–2006	2008–2015
CA	0.0067** （0.015）	0.0050** （0.011）	0.0009 （0.682）	0.0017 （0.321）	0.0119** （0.036）	0.0037 （0.283）	0.0163*** （0.006）	0.0069 （0.118）
ERS	–0.0096*** （0.002）	–0.0064** （0.048）	–0.0191*** （0.000）	–0.0092*** （0.008）	–0.0251*** （0.000）	–0.0122** （0.032）	–0.0329*** （0.000）	–0.0233*** （0.001）
GDP	0.0048** （0.019）	–0.0001 （0.965）	0.0006 （0.767）	–0.0005 （0.776）	0.0073** （0.049）	0.0018 （0.657）	0.0154*** （0.001）	0.0082 （0.100）
DGDP	0.0008 （0.441）	0.0000 （0.982）	0.0040*** （0.000）	0.0004 （0.472）	0.0019 （0.261）	–0.0017 （0.221）	–0.0009 （0.637）	–0.0008 （0.568）
PGDP	0.0028 （0.425）	–0.0006 （0.819）	0.0083** （0.017）	0.0064* （0.071）	–0.0137* （0.070）	0.0100 （0.112）	–0.0207*** （0.006）	0.0192*** （0.006）
M2_EXR	0.0000 （0.157）	–0.0000 （0.792）	0.0001*** （0.002）	–0.0001 （0.383）	–0.0000 （0.548）	0.0001 （0.544）	0.0001 （0.354）	0.0005* （0.068）
BOP	–0.0002 （0.503）	0.0001 （0.554）	0.0000 （0.895）	–0.0001 （0.467）	0.0003 （0.674）	–0.0010** （0.038）	0.0003 （0.662）	–0.0015*** （0.002）
DEBT_GDP	–0.0001 （0.386）	–0.0001 （0.217）	0.0001* （0.517）	0.0001 （0.143）	–0.0001 （0.341）	–0.0001 （0.677）	–0.0003* （0.069）	–0.0001 （0.284）
FDI	0.0402* （0.077）	0.0311 （0.106）	0.0034 （0.853）	0.0034 （0.884）	0.0343 （0.316）	–0.0237 （0.502）	0.1283*** （0.002）	–0.0118 （0.787）
_Con	0.1061* （0.062）	0.0435 （0.281）	–0.0237 （0.683）	0.0095 （0.867）	0.1689* （0.057）	0.1255 （0.200）	0.0134 （0.901）	–0.1123 （0.328）
F 值	14.35	3.15	15.06	2.33	12.23	3.19	12.99	10.97
R2	0.1752	0.1178	0.1863	0.0568	0.1530	0.0679	0.2848	0.1920
Prob>F	0.0000	0.0045	0.0000	0.0282	0.0000	0.0041	0.0000	0.0000

注：***、**、* 分别表示 t 值（双尾）在 1%、5%、10% 的水平上统计显著；（ ）内为 t 统计量对应的 p 值。

第二节结果指出，主要国家货币吸收效应和外溢效应在2007年出现较明显的转折。对此，将总样本以2007年为界，划分为1999—2006年以及2008—2015年两个分时段子样本。同样采用混合效应面板回归模型，分时段对式（7-5）模型再次进行回归，结果见表7-9所示。

结果显示，无论是子样本1999—2006年间亦或是子样本2008—2015年时段，CA系数为正、ERS系数为负的特点并未发生改变，除了波动溢出网络中的风险吸收效应、外溢效应在2008—2015年时段子样本中不显著外，其余显著性水平与之前保持一致。此外，控制变量的符号和显著性水平也与之前回归基本一致。通过分时段的子样本进行回归，证明了资本账户开放提高外汇风险传染、市场化汇率制度降低外汇风险传染的结论具有稳健性。

结论与政策建议

本书在Billio et al.（2012）的研究基础上，结合Granger因果检验方法、BEKK-MVGARCH模型，并引入Pearson静态相关系数和动态相关系数，构建了全球50只主要货币“有向有权”的汇率收益率和波动溢出网络。然后，参考多种网络关联性测度方法，解构了汇率收益率、波动溢出网络的总体关联性，以及各货币的风险吸收效应、外溢效应。进一步地，在外汇风险传染诱因和影响机制的理论分析基础上，使用混合效应面板回归方法实证检验了资本账户开放、汇率制度改革等因素对外汇风险传染的影响机制，并从内生性检验、估计方法和分时段子样本三个角度进行了稳健性检验。研究发现：

第一，各样本国货币的波动溢出比收益率溢出更紧密；考察期内，汇率间的波动溢出关系较为稳定，而收益率溢出关系变动幅度大。全球主要货币总体关联性具有明显的时变特征和区制特征，且波动溢出与收益率溢出存在区制同步性。横向比较来看，全球外汇市场的主要挂牌货币和贸易使用货币是收益率网络的第一梯队货币，波动溢出网络总效应与收益率网络划分基本一致，仅加元、约旦第纳尔、土耳其里拉、日元存在差异。纵向比较来看，全球主要货币吸收效应、外溢效应和总效应的走势基本保持一致，但波动溢出网络稳定性强于收益率网络，收益率网络受国际金融危机冲击显著，美元恢复速度更快；发展中国家波动溢出网络和收益率网络未呈现一致性走势，稳定性均较弱；主要石油输出国家货币收益率和波动溢出网络较平稳，展现了贸易和石油锚的重要作用。总的来看，当前世界货币体系仍然是以美元为主导。

第二，基于混合面板回归模型发现，资本账户开放和汇率制度改革是外汇风险传染的两个主要作用机制。资本账户开放或跨境资本流动自由化程度提高将导致收益率或波动溢出网络的风险吸收效应和外溢效应更大，亦即随着一国资本账户开放程度的提高，该国货币越易受到其他国家货币（尤其是美元等关键货币）汇率水平变动及汇率波动的影响，同时反向影响也易产生较大的外溢效应。而政府对外宣布的汇率制度越有弹性，汇率形成机制越接近市场化，该国货币受到其他国家货币汇率水平变动及汇率波动的影响越小，当然反向影响的外溢效应也更小。

政策启示方面，主要有以下三点。

第一，2008 年全球金融危机爆发后，系统性金融风险逐渐引起各国监管当局的重视，关联性风险作为系统性金融风险的重要组成部分，已被纳入重点监管对象和范围中。金融危机逐渐修复，与之伴随的是各国资本项目重新自由化，以及市场化汇率制度变革再次推进，全球主要国家货币汇率变动紧密性增强。在未来中国资本账户开放改革和人民币国际化推进的过程中，需重点关注人民币汇率与国际主要货币的外汇风险传染问题，防范不利的国际金融因素借由人民币汇率波动或是短期跨境资本流动影响国内经济平稳发展和金融系统稳定。结合 2015 年“8·11”汇改的经验可知，在重要尾部风险事件期，特别是人民币汇率快速下跌和外汇储备迅速流失时，要针对性地采取临时资本项目管制措施，或对汇率制度进行“去清洁”化的短期调整，人民银行应审时度势地开展外汇市场干预，防范外汇风险传染引发的严重货币危机。

第二，本书发现资本账户开放将扩大外汇风险传染效应，鉴于此，中国资本账户开放应继续以循序渐进的方式进行，同时重点做好市场预期管理。长期来看，资本账户开放对金融改革意义重大，是中国整体金融市场化改革的目标之一。但如若资本账户开放速度过快，全球外汇风险易由资本项目渠道传染至国内，进而引发人民币汇率异常波动，造成外汇储备流失以及流动性出现问题，危及中国金融市场稳定和经济平稳发展。因此，渐进式地按照改革进程表推动资本账户开放，审时度势地进行资本项目部分管制仍是未来短期的良策。2016 年我国外汇储备流失较快，人民银行通过加强跨境资本流出审核，较大程度上控制了非理性“羊群效应”，有效缓解了人民币强烈的单边贬值预期和大幅资本外流趋势，这样的正面例子正是我国对于资本账户和外汇市场审慎调控、适时适度干预的良好范本。有助于守住不发生系统性金融风险的底线，从而保障中国经济平稳发展。

第三，长期来看，汇率市场化改革有助于缓释外汇风险传染效应。固定汇率制度将使该国货币受制于其他国家货币汇率波动的绑缚，国际汇率市场风险也能迅速传染至该国金融系统中，且货币政策也会因维持汇率稳定的目标而受制约。相比之下，市场化汇率形成机制下的浮动汇率有助于增强汇率弹性，抑制投机造成的单边汇率走势，维护了汇率市场稳定，一定程度中和了恐慌性的资本外逃和货币危机。考虑到当前中国金融体制改革仍在进行中，中美贸易摩擦以及国内金融去杠杆导致金融脆弱性上升，因此，汇率市场化改革也应以循序渐进的方式推进。从汇率改革实践来看，启动“8·11”汇改是人民币汇率制度改革的巨大进步，但由于近期人民币单边贬值预期较强，货币当局于2017年在原有的报价模型中加入了“逆周期因子”调节，并在2018年上调了远期售汇业务的外汇风险准备金率，这种临时干预性的操作有效地对冲外汇市场顺周期行为，缓解了人民币贬值压力。

第八章　资本账户开放会加剧我国的系统性金融风险吗？

20世纪六七十年代，经济自由主义思潮盛行。根据比较优势理论，资本相对充裕的国家，投资的边际收益较低；而资本相对稀缺的国家，投资的边际收益较高。因此，在管制逐渐放开、趋于自由流动时，资本将由发达国家（资本相对充裕）流向欠发达国家（资本相对缺乏），从而使得两类国家的产出同时增加，进而实现全球福利的提升。然而，在20世纪80年代新兴市场国家（或地区）纷纷放松资本账户管制以后，却不同程度地遭受了资本大规模流出入的冲击，如拉美、东欧国家的债务危机，东南亚金融危机等。根据国际货币基金组织的数据，20世纪的后30年间全球共计爆发了64次银行危机和79次货币危机。2008年国际金融危机爆发以后，资本账户开放问题再度引起重视，跨境资本流动的审慎管理逐渐成为国际共识。IMF2015年发布的《汇兑安排与汇兑限制》年报显示，2014—2015年间IMF成员国共采取了289项资本管制措施，同比增加了15%。

中国经济在改革开放进程中，对跨境资本进行流动性管制一直是主要的战略抓手之一，因此我国资本项目经历了循序渐进、漫长审慎的开放过程。一个重要的变化是，自2012年以来，资本账户开放步伐明显加快。具体来说，第一，货币当局逐步放松了人民币跨境贸易与投资结算的管理。第二，为了方便境外人民币资金回流，货币当局一方面对境外央行、境外人民币清算行等机构部分开放了国内债券市场；另一方面，货币当局推出了人民币合格境外机构投资者制度，允许境外机构投资者在许可的额度内使用人民币投资中国境内的金融市场。第三，为了促进两岸资本市场的互联互通，货币当局还依次推出了沪港通、深港通和债券通，人民币证券投资额抬升。

在不可能三角“角点解”成为我国政策当局的共识后，资本账户开放已然是迟早都要实现的政策目标，但资本账户开放速度的转变容易忽视背后的潜在风险。特别是在当前，我国仍处于经济结构调整进程中，在外部和内部因素共同作用下，宏观经济下行压力依然较大，金融风险逐渐累积并集中爆发，如前期人民币汇率持续贬值、房地产泡沫化、居民和企业杠杆率处于高位、地方政府债务风险、P2P暴雷、股权质押风险等。与此同时，国际经济金融局势波谲云诡，金融危机的深层次影响并未消除，发展中国家经济增速普遍降档，重要经济体的货币政策出现分化以及特朗普执政的后续效应仍在发酵，全球尾部风险事件不断爆发。中央在此背景下提出了“六个稳”作为应对思路，并发布多项政策支持以民营经济为主的实体经济，再次指出“一带一路”建设和人民币国际化的战略重要性，进一步强调深化改革。基于此现实情形，深入理解和探究资本账户开放对系统性金融风险的影响机制具有重要意义和价值。本书在借鉴最新发展的TVP-FAVAR模型的基础上，综合金融机构、货币市场、债券市场、股票市场、房地产市场、外汇市场和政府部门7个维度（共计96个指标），构建了我国系统性金融风险指数。进一步地，在分析资本账户开放通过汇率波动、资产价格、金融机构和政府部门等渠道进而影响系统性金融状况的逻辑基础上，同时考虑资本账户开放的非线性效应，采用SV-TVP-VAR模型来研究资本账户开放对系统性金融风险的时变动态影响。通过对以上两方面的研究，以期为我国人民币资本项目的对外开放以及系统性金融风险的审慎监管提供理论依据和实证支撑。

第一节　中国系统性金融风险指数的构建

当前，我国已经步入“新常态”，在外部和内部因素共同作用下，宏观经济下行压力依然较大，金融风险逐渐累积并集中爆发，如前期人民币汇率持续贬值、房地产泡沫化、居民和企业杠杆率处于高位、地方政府债务风险、P2P暴雷、股权质押风险等一系列问题和风险。因此，综合考虑多部门、多市场，构建多维度的我国系统性金融风险指数已迫在眉睫。

一、指数构建方法及其合理性说明

经历了改革开放近40年的发展，我国经济金融环境发生了诸多变化，如商业银行体制改革、债券市场体制改革、人民币汇率制度改革、财税改革等。

随着经济金融的发展，从多维度、动态地研究我国系统性金融风险成为现实需要。Koop & Korobilis（2014）最新发展的 TVP–FAVAR 模型综合了时变参数和 FAVAR 模型的技术优势，有助于综合多方面因素准确刻画我国系统性金融风险的实际情况。模型依据对实际经济增长和通货膨胀水平的相对影响程度对各金融指标的权重进行赋值，能够有效避免主观判断随意性造成的偏误。同时，模型允许权重系数是非线性的、时变的，可以有效抓取我国经济金融发展的动态特征。另外，由于模型采用卡尔曼滤波方法进行估计，允许数据缺失，这无疑是对我国系统性风险监测的又一福音。

假设 x_t 是构建系统性金融风险指数的 $n \times T$ 维金融变量，y_t 表示经济增长和通货膨胀水平组成的 $2 \times T$ 维变量，由此 TVP–FAVAR 模型可表示为

$$x_t = \lambda_t^y y_t + \lambda_t^f f_t + \mu_t$$

$$\begin{bmatrix} y_t \\ f_t \end{bmatrix} = c_t + B_{t-1,1} \begin{bmatrix} y_{t-1} \\ f_{t-1} \end{bmatrix} + \cdots + B_{t-p,1} \begin{bmatrix} y_{t-p} \\ f_{t-p} \end{bmatrix} + \varepsilon_t$$

$$\lambda_t^y = \lambda_{t-1}^y + \delta_t, \quad \lambda_t^f = \lambda_{t-1}^f + \upsilon_t, \quad B_t = B_{t-1} + \eta_t$$

其中，f_t 为包含多维金融变量共同信息的潜在因子，即系统性金融风险指数。λ_t^y 表示回归系数，λ_t^f 表示 f_t 对应的因子载荷系数，即为不同金融变量在系统性金融风险中的时变权重。y_t 和 f_t 服从滞后阶数为 p 阶的向量自回归过程。回归系数 λ_t^y、因子载荷系数 λ_t^f 和自回归系数 B_t 均服从随机游走过程。模型采用双重线性卡尔曼滤波方法进行估计，具体技术过程可参考 Koop & Korobilis（2014）。

二、指标选取

为了建模方便，各变量频率需保持一致，因此在构建中国系统性金融风险指数时所采用的数据均为月度数据，时间跨度为2005年1月至2017年12月。

（1）宏观经济变量。选取规模以上工业增加值同比增速和 CPI 当月同比增速进行表征。数据来源于 Wind 资讯。

（2）金融变量。借鉴国内外文献的研究成果（陶玲和朱迎，2016 等），综合考虑我国当前的经济发展情况和数据的可得性，分金融机构、货币市场、债券市场、股票市场、房地产市场、外汇市场和政府部门 7 个维度，选取以

下 96 个指标。相关数据来源于 Wind 资讯和 CEIC 数据库。

表 8–1 金融变量指标

维度	指标名称
金融机构（14 个）	存贷比、贷款同比增速、存款同比增速、短期贷款同比增速、长期贷款同比增速、短期贷款比例、长期贷款比例、M2 同比增速、M2 同比增速 /M1 同比增速、社会融资总额同比增速、活期存款利率、定期存款利率、不良贷款率、资本充足率
货币市场（19 个）	银行间同业拆借利率（1 天、7 天、1 个月、3 个月、6 个月、1 年）、银行间同业拆借期限利差（3 个月 –7 天）、国内外利差（CHIBOR7 天 –LIBOR7 天）、银行间质押式回购利率（1 天、7 天、1 个月、3 个月、6 个月、1 年）、银行间质押式回购期限利差（7 天 –1 年）、央票到期收益率（3 个月、6 个月、1 年）、货币市场波动率（对 7 天银行间同业拆借利率采用随机波动率模型测算得出）
债券市场（18 个）	中债总全价指数、中债国债指数、上证企业债指数、深证企业债指数、中债央票全价指数、中债国债到期收益率（1 年、5 年、10 年、20 年、30 年）、中债国债期限利差（10 年 –1 年）、中债企业债到期收益率（1 年、5 年、10 年、20 年、30 年）、中债企业债期限利差（10 年 –1 年）、债券市场波动率（对 10 年国债到期收益率采用随机波动率模型测算得出）
股票市场（13 个）	上交所股票总市值同比增速、深交所股票总市值同比增速、上交所成交额同比增速、沪深 300 成交金额、深交所成交额同比增速、上证综合指数、沪深 300 指数、深证成分指数、上证平均静态市盈率、深证平均静态市盈率、上证平均静态市净率、深证平均静态市净率、股票市场波动率（对沪深 300 指数对数收益率采用随机波动率模型测算得出）
房地产市场（6 个）	国房景气指数、住房销售价格同比增速、房地产开发投资额同比增速、商品房销售额同比增速、商品房销售面积 / 竣工面积、房地产市场波动率（对国房景气指数对数收益率采用随机波动率模型测算得到）
外汇市场（19 个）	外汇储备同比增速、外汇占款同比增速、FDI 同比增速、进出口总额同比增速、出口同比增速、进口同比增速、贸易差额、实际有效汇率指数、名义有效汇率指数、人民币兑美元、日元、欧元、外债同比增速、短期外债同比增速、长期外债同比增速、短期外债比例、长期外债比例、人民币汇率波动率（对名义有效汇率指数对数收益率采用随机波动率模型测算得到）、外汇储备波动率（对外汇储备对数收益率采用随机波动率模型测算得到）
政府部门（7 个）	公共财政收入同比增速、公共财政支出同比增速、公共财政赤字、固定资产投资同比增速、地方财政收入同比增速、地方财政支出同比增速、地方财政赤字

三、数据预处理

采用 ADF 和 PP 方法检验变量的平稳性①，对非平稳变量进行差分转化为平稳。之后，对平稳数据进行标准化以消除量纲的影响。

四、系统性金融风险指数的构建

利用 TVP-FAVAR 模型，依据金融机构、货币市场、债券市场、股票市场、房地产市场、外汇市场和政府部门 7 个维度中各指标对经济增长和通货膨胀水平的时变影响获取动态权重，以此构建中国的系统性金融风险指数以及各金融子市场的系统性风险指数（指数值越小，表示金融风险程度越高），如图 8-1 所示。参考对金融危机的判定标准（戴淑庚和胡逸闻，2016），本书设定系统性金融风险的临界值公式为：

阈值 = 系统性金融风险指数 +2 × STDEV（系统性金融风险指数）

系统性金融风险指数表示指数的下限值，STDEV（系统性金融风险指数）表示指数的标准差。由图 8-1 可以看出，我国的系统性金融风险、货币市场风险和债券市场风险具有相同趋势，均在 2005 年 1 月—2007 年 9 月、2008 年 11 月—2010 年 11 月、2015 年 5 月—2016 年 12 月处于中高位；金融机构风险主要集中在 2009 年 4 月—2010 年 8 月；股票市场风险主要集中在 2007 年；房地产市场风险主要集中在 2008 年 2 月—2009 年 2 月、2011 年 9 月—2015 年 5 月；外汇市场风险集中在 2008 年 11 月—2009 年 7 月、2014 年 9 月—2016 年 12 月；最后，我国的政府部门风险从 2014 年年底才逐渐显现。以下将从中国实际经济运行的实证角度对指数走势进行适当解释。

---

① 非平稳变量包括：存款同比增速、短期贷款比例、长期贷款比例、M2 同比增速、活期存款利率、定期存款利率、银行间同业拆借利率：3 个月、国内外利差、银行间质押式回购利率：3 个月、银行间质押式回购利率：1 年、中债国债指数、上证企债指数、中债企业债到期收益率（AAA）：1 年、中债企业债债期限利差（10 年 –1 年）、上证综合指数、沪深 300 指数、深证成份指数、上证所：平均市盈率、深交所：平均市盈率、深证 A 股市净率、国房景气指数、实际有效汇率指数、名义有效汇率指数、欧元兑人民币、日元兑人民币、短期债务比例、中长期债务比例、外汇储备波动率、公共财政赤字、地方财政支出同比增速。

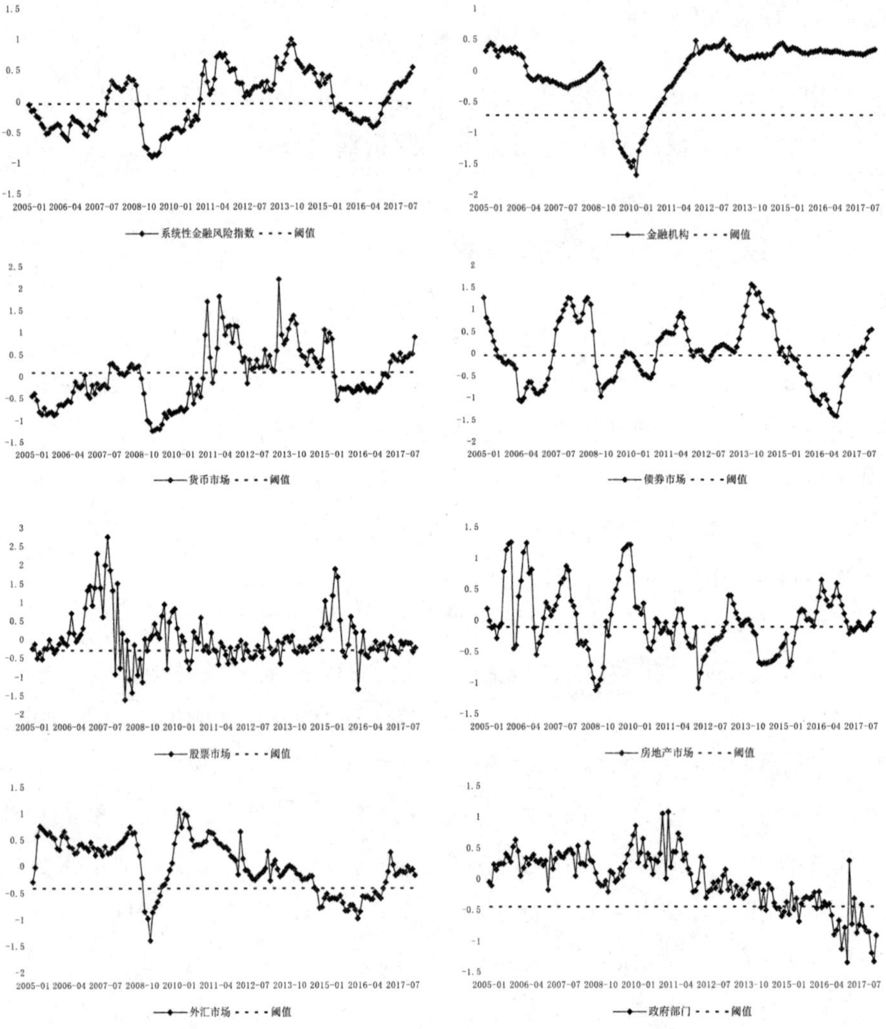

图 8-1　中国系统性金融风险指数

2005 年第一季度至 2007 年第三季度，我国经济呈现“高增长、低通胀”的特征：投资高速增长形成了巨大产能，促进了经济快速发展，2005—2007 年 GDP 同比增速分别达到 11.4%、12.7% 和 14.2%；然而，居民消费价格指数却逐渐放缓，同比增速出现大幅回落；在内需不足的情况下，过剩产能向国际市场寻求出口，于是出口高速增长。总体看来，当时中国存在“产能过剩、轻度通缩”的情况。

2007 年第三季度至 2008 年第三季度，美国次贷危机爆发，并迅速蔓延全球。我国股票市场和房地产市场首当其冲，出现了大幅下跌。但此时的金融机构、货币市场、债券市场并未出现显著下滑，进出口仍然保持增长。总体来看，我国宏观经济增长并未出现明显下滑。

2008 年第三季度至 2009 年第二季度，次贷危机进一步影响我国，金融机构、货币市场、债券市场大幅下跌。同时进出口规模也出现明显萎缩，2008 年第四季度我国进出口总额为 5942.8 亿美元，较前一季度下降 18.8%。2009 年 1 月我国工业同比增速首次出现负增长，宏观经济基本面急速恶化。而在 2008 年 10 月四万亿刺激政策出台后，股票市场和房地产市场已经出现一定程度的回暖。

2009 年第二季度至 2011 年第二季度，在四万亿计划的刺激下，金融机构、货币市场、债券市场相继出现显著回暖，外汇市场也在各国量化宽松政策的影响下回升至危机前水平。

2012 年第一季度至 2013 年第二季度，受到欧洲债务危机的影响，货币市场、债券市场和股票市场风险再度加剧。此时，政府部门风险首次出现恶化，固定资产投资不断下降，财政赤字不断扩大，系统性金融风险不断攀升。

2013 年第二季度至 2015 年第二季度，资本市场流动性充足，货币市场、债券市场、股票市场、房地产市场均出现明显上升。随着各国经济增长的复苏，我国进出口也逐渐平稳。

2015 年第二季度至 2017 年第一季度，我国去杠杆化开始实施，股票市场、货币市场、债券市场出现大幅下跌。同时，随着 2015 年美联储退出量化宽松政策、进入加息周期，我国外汇储备出现大幅流失，人民币汇率快速贬值。另外，政府债务风险进一步累积，固定资产投资增速进一步下滑，宏观经济处于持续下行压力之中。

五、时变权重分析

TVP-FAVAR 模型利用时变因子载荷系数，有效抓取了不同时点下各金融指标对系统性金融风险指数动态影响特征，如图 8-2 所示。

随着美国次贷危机的蔓延，M2 同比增速的载荷系数从 2005 年 1 月的 -0.6817 增大至 2008 年 12 月的 -0.7614；但金融危机以后，其系数值逐步减小，2016 年 7 月载荷系数约为 –0.5456，说明 M2 同比增速与系统性金融风险的相关性已有所减弱，事实上我国 M2 同比增速已由危机前后 20% 左右下降为近期的 10% 左右。

虽然近两年我国商业银行的不良贷款余额有所上升，但从长时间来看，金融机构不良贷款率已经从危机前后的 8% 左右下降至近些年的 1.5% 左右，信贷风险已经得到有效控制。对应地，不良贷款率的载荷系数已经由危机前后的 –0.46 左右减小至 2017 年 12 月的 –0.35。同时，在经历了惨痛的金融危机后，国际银行业监管机构已达成提高资本监管标准的共识，严控金融机构不良贷款率成为监管核心。因此，资本充足率对于系统性风险监测的重要性逐渐提高，其载荷系数已经从 2005 年 1 月的 0.23 大幅提高至近些年的 0.32 左右。

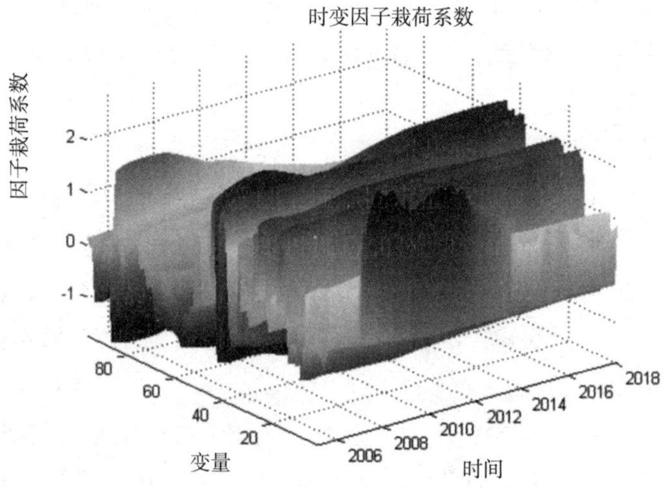

图 8–2　时变因子载荷系数

国内外利差和实际有效汇率变动是决定国际跨境资本流动的重要因素。随着近些年汇率体制改革，如 2005 年“7・21”汇改、2015 年“8・11”汇改，人民币汇率弹性逐步提升，因此在系统性金融风险的权重表现上，实际有效汇率指数的载荷系数已由 2005 年 1 月的 0.32 快速上升至 0.55 左右，而国内外利差的载荷系数则有所下降（0.33 → 0.26）。

一直以来，股票市场往往也是经济状况的晴雨表。在 2008 年国际金融危机时期，股票市场先宏观经济出现大幅下跌，之后在四万亿的刺激之下快速回暖，此时股票市场和宏观经济增长状况相关性较高。但从近些年来看，社会资本更多地从实体经济转入虚拟经济，总体经济表现为“金融过热、实体经济遇冷”因此，股票市场对宏观经济增长的贡献逐渐下降；类似地，国房景气指数的载荷系数值也由危机前后的 0.05 左右下降至 0.035。

进出口贸易一直是我国经济发展的重要支撑力量。2008 年以前，出口对宏观经济增长影响程度较高，如 2005 年 1 月出口同比增速的载荷系数为 0.55；金融危机期间，其系数值快速下降至 0.3 左右，此后虽有波动、但幅度不大，说明出口与宏观经济的相关性已有所下降。作为近期尤为引人注目的地方债务问题，2005 年 1 月地方财政赤字的载荷系数仅为 0.12，之后快速增加，近期已达到 0.21 左右。

六、稳健性检验

以下将从同类指数比较和增减指标两方面对上述构建的系统性金融指数进行稳健性检验。

（一）与同类系统性金融风险指数比较

本书综合考虑我国当前的经济发展情况和数据的可得性，分金融机构、货币市场、债券市场、股票市场、房地产市场、外汇市场和政府部门 7 个维度，构建中国系统性金融风险指数，与许涤龙和陈双莲（2015）、陶玲和朱迎（2016）在维度设计和指标选取上存在一定的相似性，因此我们复制了许涤龙和陈双莲（2015）、陶玲和朱迎（2016）的指数结果，如图 8–3 所示[①]。总体看来，三类系统性金融风险指数的时变趋势基本一致，均较为同步的识别了 2008 年国际金融危机、2013 年“钱荒”、2015–2016 年人民币快速贬值等高风险区间。同时，许涤龙和陈双莲（2015）、本书的系统性风险指数对高风险时期的监测更为持久，但许涤龙和陈双莲（2015）对 2013 年“钱荒”时期的识别不是十分明显。

① 许涤龙和陈双莲（2015）、陶玲和朱迎（2016）构建的指数特征是“值越大，金融风险越高”，而本书构建的指数特征是“值越小，金融风险越高”，因此我们将本书的系统性金融风险指数取负值，同时将三类指数进行归一化处理以方便同级比较。

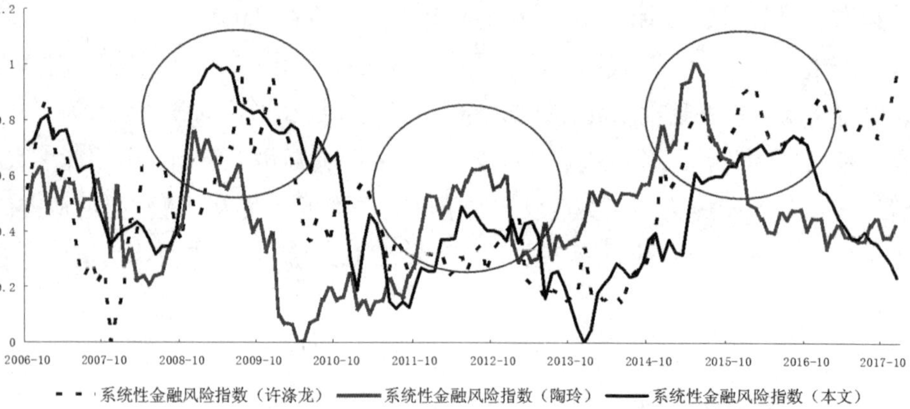

图 8-3 与同类系统性金融风险指数比较

（二）增减指标

进一步地，分两方面通过增减指标进行稳健性检验。一方面，对于宏观经济变量，采用规模以上工业增加值同比增速 +CPI 当月同比增速、规模以上工业增加值同比增速、CPI 当月同比增速三种方案。另一方面，对于金融变量，从原系统性金融指数构筑指标中删减存款同比增速（CKTBZS）、长期贷款同比增速（CQDKTBZS）、长期贷款比例（CQDKBL）、M2 同比增速（M2TBZS）、银行间同业拆借利率：7 天（TYCJ7D）、银行间同业拆借利率：3 个月（TYCJ3M）、银行间同业拆借利率：6 个月（TYCJ6M）、银行间质押式回购利率：7 天（ZYHG7D）、银行间质押式回购利率：3 个月（ZYHG3M）、银行间质押式回购利率：6 个月（ZYHG6M）、央票到期收益率：6 个月（YP6M）、深证企债指数（SZQZZS）、中债国债到期收益率：5 年（GZ5Y）、中债国债到期收益率：20 年（GZ20Y）、中债企业债到期收益率（AAA）：5 年（QYZ5Y）、中债企业债到期收益率（AAA）：20 年（QYZ20Y）、深交所：股票总市值同比增速（SZZSZTBZS）、成交金额：沪深 300 同比增速（HS300CJJETBZS）、成交金额：深证成份指数同比增速（SZCJJETBZS）、沪深 300 指数（HS300）、深交所：平均市盈率（SZSYL）、深证 A 股市净率（SZSJL）、外汇占款同比增速（WHZKTBZS）、进出口金额同比增速（IM_EXTBZS）、名义有效汇率指数（NEER）、欧元兑人民币（CNY_EUR）、日元兑人民币（CNY_JPY）、中长期债务同比增速（CQWZTBZS）、中长期债务比例（CQWZBL）共计 29 个金融指标。通过以上改造，发现最终构建的指数在时变趋势上均没有明显变化，如图 8-4 所示。

图 8-4 删减指标

第二节 资本账户开放对系统性金融风险的时变影响

在人民币国际化的背景下，资本账户开放作为未来对外改革的重要方向，在经济发展和金融市场稳定运行中的重要地位不言而喻，深入理解和探究资本账户开放对系统性金融风险的影响机制，不仅对于调整资本账户开放步伐极为重要，也可对国内的金融市场改革、汇率制度改革提供有益的经验证据。

一、资本账户开放对系统性金融风险影响的基本逻辑

随着资本账户开放的逐步推进，我国跨境资本流动规模大幅提升、波动性显著增加，其带来的宏观经济风险冲击需引起高度重视。资本账户开放最根本的意义在于解除了对跨境资本流出入的限制，允许资本自由流动，因此关于资本账户开放对系统性金融风险的影响机制分析应基于跨境资本流动进

行展开。资本项目自由化的推动使得跨境资本流动规模日益扩张，并迅速影响国内金融市场，最终传导至系统性金融风险、宏观经济，如图 8–5 所示。系统性金融风险，是指某一事件对多个金融机构或者多类金融市场产生冲击，进而威胁整个金融体系以及宏观经济稳定，其核心在于金融机构、金融市场间的风险传染。系统性金融风险的覆盖范围，主要包含金融机构、资本市场（包括房地产市场）、外汇市场和政府部门四个层面。

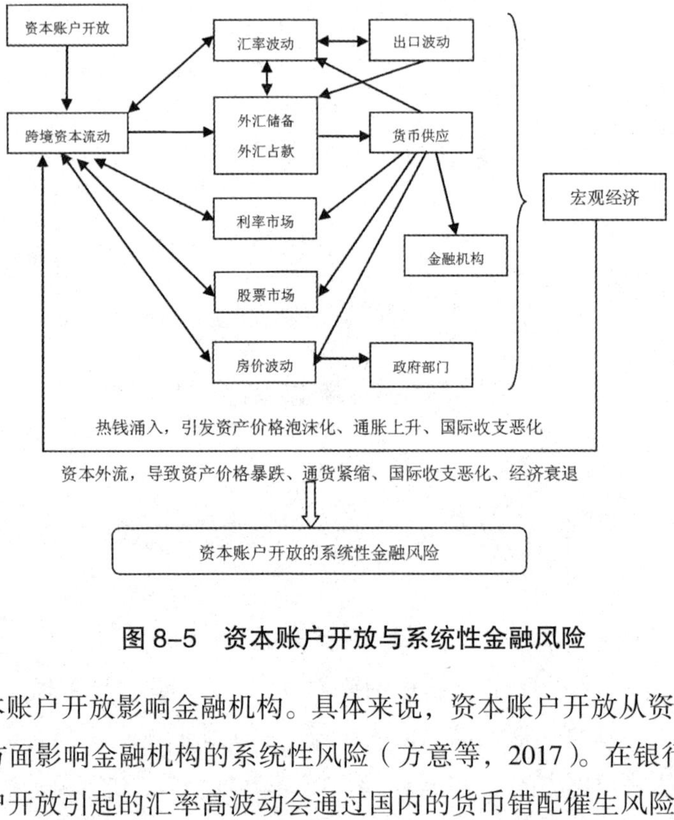

图 8–5　资本账户开放与系统性金融风险

资本账户开放影响金融机构。具体来说，资本账户开放从资产端和负债端两个方面影响金融机构的系统性风险（方意等，2017）。在银行资产层面，资本账户开放引起的汇率高波动会通过国内的货币错配催生风险。随着银行业经营活动的日趋国际化，货币错配现象也变得普遍，一旦本币发生大幅贬值，银行以外币计价的国外债务价值将迅速增加，而以本币计价的资产价值急剧减少，一定程度上侵蚀着银行净资产。同时，银行资产与资产价格密切关联，这也意味着资本市场风险会迅速传导至银行体系。在银行负债方面，资本账户开放以后，居民的海外投资渠道增加，国内资本可能会减少在本土银行的“被动储蓄”，银行融资压力上升、且负债结构趋于不稳定。同时，随着我国利率市场化改革的逐步推进，在资本账户开放所导致银行业融资竞争而推升利率上涨，从而进一步加剧银行负债风险。

资本账户开放影响资产价格。由于我国目前仍然采用结售汇制度，跨境资本无论以何种方式进入国内市场，第一步仍需兑换为人民币，才能进入实体经济或者金融市场。因此，外汇储备和外汇占款的变动是国际资本流动的最直接反映。具体来说，当国内宏观经济基本面良好，国内利率、资产收益率高于国外的时候，国际资本大量流入，导致货币当局对冲外汇增加，而外汇占款一直是我国货币投放的一个重要渠道，因此国内货币供应迅速增加、利率承受下行压力。对冲的本币进入市场，首先会加强货币流动性，使得物价水平承受通货膨胀压力；其次，利率市场、股票市场和房地产市场流动性增加，投资规模增加，导致资产价格泡沫化；再次，货币供应会影响到金融机构的信贷活动，引起宏观经济投资过热、信用风险累积。一旦国内宏观政策、经济增长或者金融市场形势逆转，跨境资本流动方向便会迅速逆转，导致外汇储备流失、国内流动性不足、金融市场暴跌、信用违约风险爆发。

资本账户开放影响汇率波动。首先，根据“不可能三角”理论，在开放经济条件下，一国（或地区）无法同时实现国内货币政策自主性、固定汇率制度、跨境资本的自由流动这三项目标。因此，随着资本项目自由化的推进，跨境资本趋于自由流动，此时货币当局为了维持国内货币政策的有效性，必然会不断增强人民币汇率波动弹性，导致汇率波动日益频繁、波幅日渐放大。其次，汇率波动反过来也是决定跨境资本流动的重要因素，当国际投资者预期本币远期升水时，国际资本便会流入国内进行套利活动。国际资本的大幅流入使得外汇市场上的本币需求快速增长，导致本币汇率升值预期更加强烈，同时套汇活动频繁增加也会导致汇率波动加剧。本币的快速升值和汇率波动加剧都会削弱国内商品的出口竞争力，影响宏观经济增长，而当升值预期实现时，流入本国的国际资本获利后便会大幅流出，引起资产价格暴跌、通货紧缩和经济衰退。

资本账户开放影响政府部门。资本账户开放对政府部门的影响体现在以下两个方面（梅东洲等，2018）：一方面，资本账户管制的放松所强化的金融联系，使得国内经济发展遭受的不确定明显增加，政府需要扩大支出以稳定国内经济稳定、抑制金融风险；同时还需要抑制通胀抬头来减少国际资本的投资冲击，这也一定程度上减少了政府收入的扩张。另一方面，资本账户开放给予一国政府更为便利的融资渠道，使其能以较低的成本获得融资，进而政府的收入水平提升、支出扩张。

综上分析，资本账户开放水平的提高强化了跨境资本流动的顺周期效应，大规模的资本流入流出必将导致国内系统性金融风险快速累积。如果一国金融市场深度或者监管水平不高，可能诱发金融危机。

二、实证分析－基于 SV-TVP-VAR 模型

考虑到资本账户开放的非线性效应（杨子晖和陈创练，2012），本书将采用SV-TVP-VAR模型[①]来研究资本账户开放对系统性金融风险的时变动态影响。

（一）数据选取

资本账户开放程度。对资本账户开放的测算方法主要包括两类：一类被称为法定测度（De jure），常用于实证研究的包括：Quinn（1997）、Chinn & Ito（2002，2006，2008）的金融开放指数，以及 Chen & Qian（2015）的资本管制程度指数（中国）等；另一类被称为事实测度（De factor），后续研究主要基于 Feldstein & Horioka（1980）的储蓄率—投资率法，Edwards & Khan（1985）的利差法，Kraay（1998）、Lane & Milesi-Ferretti（2006）的实际国际资本流动量法。其中法定指标虽然应用比较广泛，但跨境投资者能够通过各种渠道逃避资本账户管制，该指标无法反映出真实的资本账户开放程度；而储蓄率—投资率法、利差法等事实测度受其他外界因素的影响较多，因此本书将采用实际国际资本流动量法衡量资本账户开放程度。采用“|货币当局外汇占款变动量－经常账户差额|/GDP”来衡量资本账户总体的开放程度[②]，由于 GDP 缺乏月度数据，我们通过三次样条插值法对季度 GDP 进行处理以获取月度数据[③]。同时在我国的资本账户交易中，中长期资本流动如直接投资相对稳定，而短期资本流动的波动性较强，因此对短期资本账户进行分析显得尤为重要。

---

① SV-TVP-VAR 模型具体技术过程可参考 Nakajima（2011）、Primiceri（2005）等。

② 参考杨荣海和李亚波（2017）。

③ 对于月度 GDP 的获取，常见的方法包括插值法、以工业增加值替代、或者以全社会用电量比值计算。插值法主要包括了三次样条插值、二次函数插值、平均插值法（许涤龙和陈双莲（2015）；张泽（2015）；陶玲和朱迎（2016），其中以三次样条插值法最优；采用工业增加值替代法的学者主要有朱孟楠等（2017）、陈创练等（2017）。在实证阶段，我们采用三次样条插值和工业增加值比值法进行检验，发现两类方法计算所得的月度 GDP 并未产生较大偏离。

本书以"|短期资本流动 / FDI|"衡量短期资本账户的开放程度[①]，其中短期资本流动以公式"短期资本流动 = 央行外汇占款增量 - 货物贸易顺差 - 实际利用FDI+ 进出口伪报额 - 外债净增量"进行测算[②]。资本账户总体的开放程度以 CA 表示，短期资本账户的开放程度以 SCF 表示，相关数据来源于 Wind 资讯和 CEIC 数据库。

系统性金融风险。选取第一节利用 TVP-FAVAR 模型构建的中国系统金融风险指数，以 SYS 表示。

（二）数据平稳性检验

通过 ADF 单位根检验，发现在 5% 的显著性水平上，三组数据均为平稳序列。

（三）SV-TVP-VAR 模型

1. 参数估计结果分析

遵循 Nakajima（2011）的模型设定，利用马尔可夫链蒙特卡罗（MCMC）的方法，进行 10000 次抽样，并预烧初始 1000 次的结果，得到模型的参数估计结果。如表 8-2 所示，Geweke 值在 5% 的显著性水平上不能拒绝趋于后验分布的假设，表明预烧期已经足够使 MC 趋于集中；同时无效因子均低于 73，表明结果有效。

表 8-2　参数估计结果

参数	均值	标准差	95% 置信区间	Geweke 值	无效因子
sb1	0.0035	0.0014	[0.0020,0.0077]	0.517	50.62
sb2	0.0031	0.0008	[0.0020,0.0050]	0.068	42.16
sa1	0.0204	0.0069	[0.0099,0.0364]	0.633	55.68
sa2	0.0042	0.0008	[0.0029,0.0062]	0.794	21.96
sh1	0.0075	0.0052	[0.0036,0.0210]	0.297	72.82
sh2	0.0056	0.0018	[0.0034,0.0106]	0.481	54.97

① 参考朱孟楠等（2017）。

② 短期资本流动的测算方法主要有直接法、间接法和混合法。其中间接法因相对准确且能够获取高频的月度数据，因此应用广泛，主要文献包括刘莉亚（2008）、张明（2011）、苟琴等（2012）。具体测算过程可参见第三章或第四章。

2. 时变的随机波动率

图 8-6 为资本账户总体的开放程度 CA、短期资本账户的开放程度 SCF 和中国系统性金融风险指数三组数据及其随机波动率。从图中可以看出，自 2005 年 1 月开始，我国资本账户的总体开放水平逐渐提高，在 2008 年 1 月达到阶段性高点；之后由于国际金融危机的爆发，我国适时加强了资本账户管制，跨境资本流动规模大幅下降。虽然危机之后有所恢复，但其后资本账户开放进程经历了较长时间的停滞。但从 2012 年 2 月中国人民银行发布研究报告《我国加快资本账户开放的条件基本成熟》以后，我国资本账户开放明显加快。[①] 资本账户开放的快速推进使得跨境资本流动规模日益增大，其中 2016 年 1 月一度突破 10000 亿元大关，此时我国资本账户开放水平达到历史高点。同时，受到美国退出量化宽松和"8・11"汇改的后续影响，我国的外汇储备流失比较严重，货币当局随即实行了较为严格的资本流出审查，之后资本外流趋势得以遏制，资本账户开放程度大幅减小，随机波动率也随之降低。总体来看，在 2008 年国际金融危机和 2015 年"8・11"汇改期间，资本账户总体开放的随机波动率较高。

短期资本账户的开放方面，在 2014 年以前我国对于短期资本流动一直较为慎重、管制相对严格，之后随着资本账户开放的逐步推进，短期资本流动规模大幅增长，其波动性也有明显提升。

系统性金融风险指数显示，我国主要经历了 2005—2006 年的通货紧缩、2008 年国际金融危机和 2015 年外汇市场危机三次中高风险时期，近期风险已有所缓和。总的来看，其随机波动率长期比较稳定，没有发生明显的异常波动。

---

① 例如，2012 年 6 月外汇管理局发布通知，要求简化境外直接投资资金汇回管理、简化境外放款外汇管理、适当放宽个人对外担保管理。2012 年 12 月外汇管理局通知取消了直接投资项下外汇账户开立及入账核准、取消外国投资者境内合法所得再投资核准、简化外商投资性公司境内再投资外汇管理等。在合格境外机构投资者境内证券投资外汇管理方面，2012 年 12 月的相关规定较 2009 年版本也有适度放松，其中主权基金、货币当局等机构投资额度上限可超过等值 10 亿美元。债券投资方面，2013 年 3 月外汇管理局适度调增年度境内机构的短期外债余额指标以支持中小企业的发展，并于 5 月简化了外债登记的行政审批程序。从 2014 年 11 月 17 日开始，沪港通、深港通和债券通相继开通，两岸投资者投资 A 股和港股更加便利。

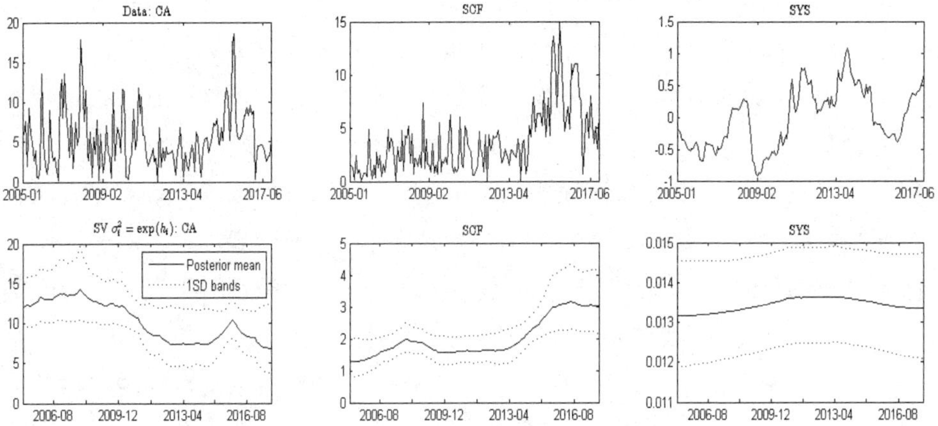

图 8-6 随机波动率

3. 时变脉冲响应分析

在模型参数估计的基础上，采用 SV-TVP-VAR 模型估计中国系统性金融风险 SYS 对于资本账户总体开放 CA 和短期资本账户开放 SCF 的时变脉冲响应函数。

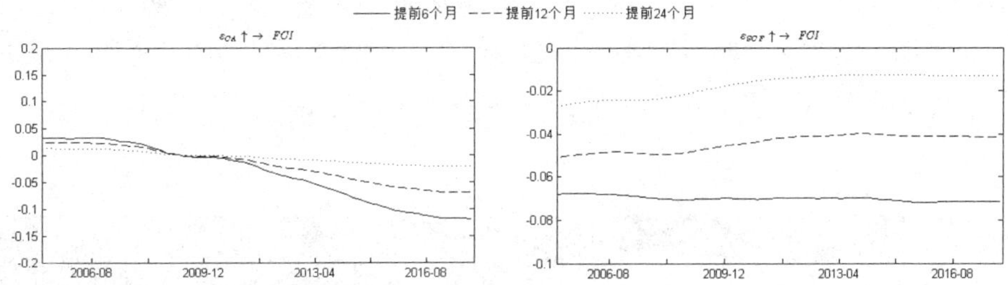

图 8-7 时变脉冲响应分析

图 8-7 反映的是中国系统性金融风险指数对于资本账户总体开放和短期资本账户开放程度不同提前期的 1 个单位标准正向冲击的脉冲响应，我们设定提前期分别为 6 个月、12 个月和 24 个月。从图中可以看出，三个不同提前期形成的脉冲响应趋势基本一致，但冲击程度存在明显不同。其中提前 6 个月的短期冲击最为明显，提前 12 个月的冲击次之，提前 24 个月的冲击较弱。

具体来说，2008 年国际金融危机以前，我国经济增长强势而内需不足，资本账户开放吸引了大幅资本流入国内，有效地缓解了当时通货紧缩的局面，同时流动性的增加推动了货币市场、债券市场、股票市场和房地产市场的快速上涨。因此从时变脉冲响应来看，2008 年以前系统性金融风险指数对于资本账户开放度的脉冲效应（$\varepsilon_{CA}\rightarrow SYS$）基本为正。危机爆发以后，金融市场和宏观经济均出现了大幅下滑，为了阻止危机深度蔓延，我国适时加强了资本账户管制，此时跨境资本流动对系统性金融风险未产生显著影响。到了 2012 年以后，我国人口红利逐渐消退、经济增速显著下行，跨境资本流出现象日趋明显，而且随着资本账户开放进程的推进，资本流出规模大幅增长，资本账户开放的风险效应逐渐增强，此时系统性金融风险指数对于资本账户开放度的脉冲效应长期维持负值，且有不断扩大的趋势。

与资本账户总体开放度相比，短期资本账户开放对系统性金融风险的冲击（$\varepsilon_{SCF}\rightarrow SYS$）比较稳定、且长期为负。也就是说，长期来看，短期资本账户的逐渐放开，加剧了国内系统性金融风险的累积。随着 2012 年我国资本账户开放进入加速期，短期资本流动规模快速增长：数据显示 2012—2017 年间我国短期资本流动总规模达到 26067 亿美元，已超越了同期的进出口贸易金额。其中，2015 年“8.11”汇改前后，短期资本外流与人民币贬值形成正反馈效应，对外汇市场造成了巨大压力：2014—2016 年间我国外汇储备缩减逾 8325 亿美元，人民币兑美元汇率贬值近 13.4%。同时，金融市场的资金也因为资本账户的快速开放出现大幅外流，如图 5-3 所示，从 2010 年开始 A 股的资金净买入长期为负值，2015 年 11 月单月资金净流出更一度接近 7000 亿元。

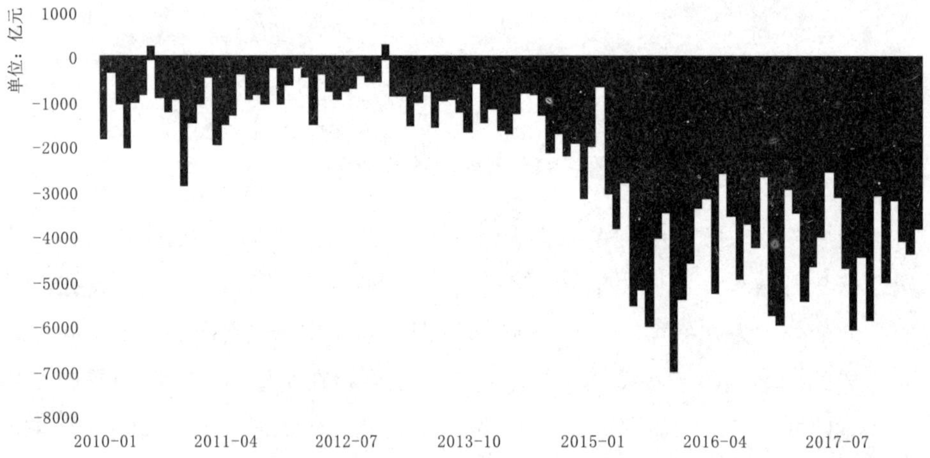

图 8-8　A 股资金净主动买入额

资料来源：Wind 资讯

4. 方差分解分析

在时变脉冲响应分析的基础上，以 12 个月为固定窗口进行滚动类推，计算出 2007—2017 年的平均方差分解结果，如表 8-3 所示。

总体来看，系统性金融风险主要源自于自身的累积，资本账户开放的冲击相比较小。从趋势性来看，短期资本账户开放冲击的方差贡献率相对比较稳定，常年维持在 11%—14% 之间；而资本账户总体开放冲击和系统性金融风险自身累积的变化都很大，随着我国对外开放的不断深入，资本账户总体开放对于系统性金融风险的方差贡献率逐步提升，而系统性金融风险自身累积因素则有所降低。2007—2017 年，资本账户总体开放的平均方差贡献率从 1.54% 上升至 28.62%，而系统性金融风险自身因素的平均解释率则从 87.18% 下降为 60.08%。

表 8-3 系统性金融风险的时变方差分解（%）

年度	资本账户总体开放冲击	短期资本账户开放冲击	系统性金融风险自身累积
2007	1.54	11.29	87.18
2008	0.41	11.82	87.76
2009	0.04	12.29	87.67
2010	0.18	13.08	86.74
2011	1.38	13.67	84.95
2012	4.54	13.77	81.69
2013	8.70	13.41	77.89
2014	15.45	12.91	71.64
2015	22.08	12.35	65.57
2016	26.34	11.68	61.98
2017	28.62	11.30	60.08

在时变方差分解的基础上，采用 Diebold & Yilmaz（2012）构建的溢出指数来衡量资本账户总体开放、短期资本账户开放对系统性金融风险的动态溢出效应，如图 8-9 所示。其中，实线为资本账户总体开放对系统性金融风险的净动态溢出指数，虚线为短期资本账户开放对系统性金融风险的净动态溢出指数。

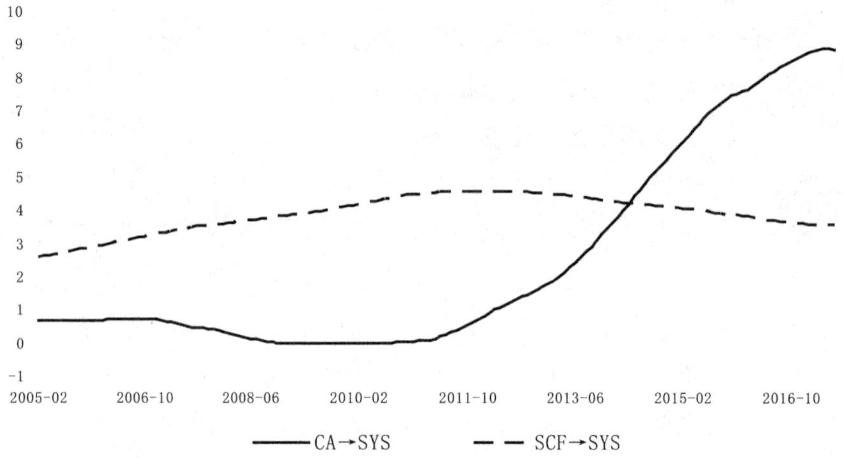

图 8-9 资本账户总体开放、短期资本账户开放对系统性金融风险的净动态溢出指数

从图中可以看出，资本账户总体开放、短期资本账户开放对系统性金融风险存在长期的正向净溢出效应。其中，2008 年国际金融危机以前，资本账户总体开放对系统性金融风险的净动态溢出维持在 0.7% 左右，随着金融危机的爆发溢出效应逐渐衰减至 0。之后，随着我国资本账户开放进入加速期，资本账户总体开放的净溢出效应大幅提升，近期达到 9% 左右。相对来说，短期资本账户开放的净动态溢出比较稳定，长期维持在 2.6% — 4.6% 之间。

结论与政策启示

一、结论

本章从金融机构、货币市场、债券市场、股票市场、房地产市场、外汇市场和政府部门 7 个维度，采用 TVP-FAVAR 模型构建了我国系统性金融风险指数。进一步地，以资本流动法衡量资本账户开放程度，并利用 SV-TVP-VAR 模型实证研究了资本账户开放对我国金融系统性风险的时变影响特征。研究发现：

第一，金融指标的风险界定应依照经济增长的不同阶段进行判断，同时金融指标对经济增长的影响具有动态时变特征，如 M2 同比增速和出口同比增速与我国整体金融状况的相关性有所下降，而地方财政赤字的影响程度逐渐上升。由此，本书利用 TVP-FAVAR 模型构建了动态权重的我国系统性金融风险指数。本书构建的风险指数显示，2008 年国际金融危机及 2015—2016 年前后我国的系统性金融风险处于中高位，近期出现缓和迹象。从各金融子市场来看，金融机构和政府部门相对稳健，其余各市场部门风险波动强烈。同时，股票市场和房地产市场对于 2008 年国际金融风险的感知领先于其他各市场。另外，政府部门近期系统性风险逐渐显现，且有逐渐扩大的趋势，需引起合理重视。

第二，从时变脉冲响应来看，资本账户总体开放对系统性金融风险的影响具有时变特征，金融危机以前资本账户的放开有利于我国金融风险缓解，随后开放的风险效应逐渐显现。而短期资本账户的开放对系统性金融风险展现出持续的危害性。从时变方差分解来看，系统性金融风险主要源自于自身的累积，资本账户开放的影响相比较小。但随着我国资本账户开放进入加速期，资本账户总体开放的风险冲击已有大幅提升。

二、政策建议

对于学术界而言，资本账户开放一直都是具有争议的论题。资本账户开放作为中国市场化改革的一部分，是一个可预期的目标。但 1997 年东南亚金融危机和 2008 年国际金融危机警钟长鸣，提示我们资本账户开放也蕴含着潜在风险。基于资本账户开放对于系统性金融风险的时变动态影响研究，本书认为，适时适度地资本账户管制和渐进推动资本账户开放仍然是最近一段时期的良策。资本账户开放水平的提高强化了跨境资本流动的顺周期效应，大规模的资本流入流出必将导致国内系统性金融风险快速累积。如果一国金融市场深度或者监管水平不高，可能诱发金融危机。因此，对于我国资本账户开放的后期政策实践，建议通过实时监测的跨境资本流动情况因时、因势采取行动，做出后续的系统安排。对于跨境资本流动的目的性做出具体划分：对于直接投资、贸易融资等中长期的跨境资本流动，只要经过真实性审核，便可采取一以贯之的开放措施；而对于短期投机性质的资本流动，应根据具体情况决定是否暂时采取管制措施。同时，资本账户要遵循逐步开放的原则，根据具体情况做出开放承诺，需要认清的是资本账户完全开放的条件永远不会充分具备，即使具备了也会失去。我们应该做到开放与管制相结合，利弊权衡、收支平衡、相机收放，如若遇到经济金融危机、国际收支显著失衡等特殊经济形势，为保障国内经济金融的稳定可持续，应临时采取资本管制措施。

从方差分解的结果可推断，系统性金融风险主要源自于自身的累积，因此有必要强化系统性金融风险的监测和预警机制，并建立全面覆盖的金融监管理念。一是要借鉴国际先进经验，尽快建立符合我国国情的系统性金融风险监测体系。二是为更好地监测系统性金融风险，还必须加快推进金融监管的信息化、数据化建设。三是建设完善的多层次资本交易市场，促进金融市场的稳定健康发展，全面协调发展包括货币市场、资本市场和外汇市场在内的各子金融市场，更好地发挥资金融通、资源配置和风险管理等重要作用，推动我国金融体系的市场化改革，提升金融效率水平，服务和促进实体经济的长效繁荣。四是加强和改进金融监管，弥补监管空白，尤其强化对于系统重要性的金融机构的建设和监控。系统重要性的金融机构对于金融系统的稳定性拥有双刃剑的特征，一方面由于其业务范围在广度和深度都有显著表现，导致其与其他金融机构的相关度提升，若出现风险点，将很容易扩散到整个金融系统，危及整体稳定性；另一方面，重要性的金融机构抗风险能力和责任也不容忽视，可通过借助其影响力来维护金融系统的稳定性。五是推动经济增长的结构化转型调整，同时深化金融改革，稳步化解社会性的高杠杆风险。加快推进利率市场化改革，完善人民币汇率市场化形成机制，推进人民币资本项目可兑换。在宏观调控上形成政策的可预期引导，从而提升金融系统运行的有效性和规律性，提高服务实体经济的能力。

第九章　人民币资本账户的开放路径研究

前文的研究结论已指出，中国目前正处在深化改革加快开放的关键时期，考虑到现实经济条件与实际开放水平，人民币资本账户的开放进程理应采取更积极的措施予以推动。在以人民币国际化作为远期目标的背景下，人民币资本账户开放模式开始转为整体模式，资本账户开放改革被作为金融自由化改革的重要组成部分与利率和汇率改革统筹考虑、协调推进。本章将在前文研究的基础上进一步深入，结合动态分析方法，实证人民币资本账户开放协调推进路径的具体形式，并依据模拟结果设计整体开放模式的路线图，对当前的改革思路提供实证支持和参考建议。

第一节　资本账户开放与金融改革

从第三章关于各国的资本账户开放经验可以看出，资本账户改革是各国金融自由化改革一系列政策目标中的重要组成部分，其开放效果将对一国经济金融市场发挥决定性的影响。因此，各国尽管选择的开放模式不同，但都将资本账户开放与其他金融改革政策相配合，试图依靠开放引入的外部动力推动国内金融改革的实现。基于这一历史现实，资本账户开放与金融改革之间的作用关系成为决定开放模式和政策选择的关键因素。

一、资本账户开放与货币定价市场化改革

国际上关于资本账户开放顺序的讨论有内外两个维度，内部开放顺序考虑的是资本账户下各个子项开放所代表的具体内容，包括银行市场、证券市

场以及货币兑换市场等领域的开放；外部开放顺序，则是从金融自由化改革的角度，考虑资本账户开放与其他金融改革措施的顺序问题，核心正是资本账户开放、利率市场化与汇率市场化定价的改革排序问题。利率和汇率，可以看作是本国货币在国内国外两个市场上的价格反映，其定价机制的市场化改革依赖于货币市场的规模与市场化程度。资本账户开放会联通国内国外两个市场，货币价值会在两个市场的作用下趋于平衡，消除市场分割产生的套戳机会。但这一过程需要资本账户的平稳有序开放，才能尽量降低国际套戳资本短期大规模流动引发的经济波动。

资本套戳流动是遵照市场规则促使均衡利率或汇率实现的主要动力，同时，也是引起货币价值波动的重要风险因素。在资本管制条件下，国内外市场会形成彼此基本独立的利率和汇率价格，两者之间即使存在套戳机会，但在管制政策的约束下，资本流动的规模和效率都有限，难以发挥市场平衡的作用，也不会引致显著的市场风险。当资本账户开放后，本国货币的利率市场和汇率市场联动性将明显增强，对市场变化的反馈传递效率显著提高，套戳资本在两个市场上的逐利性流动会消除套戳机会，实现利率和汇率的市场化定价。这一结果是资本账户开放、利率市场化和汇率市场化三大改革共同实现的理想状况，但在上述国家的实践经验中，资本账户开放引致的资本流动变化很大程度上加剧了一国利率和汇率的波动，导致了金融风险的发生。由此可见，资本账户开放与货币定价市场化改革的关系直接影响到整个金融自由化改革的成果。

资本账户开放与利率、汇率市场化改革的紧密关系，使其不宜早于两项改革之前推进，也不适合等利率、汇率完成市场化改革之后再进行。前者会将国内尚不健全的市场机制完全暴露在国际游资的冲击之下，令宏观经济承受巨大风险；而后者在缺乏内外部市场联动的情况下，利率、汇率难以真正实现市场化的定价机制，改革过程将存在明显的效率损失。根据国际货币基金组织于 2014 年公布的关于资本流动自由化管理的指导意见，“综合方法”成为推荐的改革思路。该方法建议各国应当根据自身情况，在适当的时间以适当的顺序采取资本账户开放措施，统筹与利率市场化和汇率定价机制改革之间的影响关系，分阶段灵活的实现资本账户开放。

二、资本账户开放与金融市场开放

人民币资本账户是对国际收支平衡表内资本账户和金融账户的总称，包含了证券投资、直接投资、贸易信贷等具体内容。资本账户开放意味着解除在股票投资、债券投资以及国际信贷等领域内的行政审批或数量限制，允许国际资本参与国内金融市场的投融资，这一过程同样意味着国内金融市场和金融行业的对外开放。

从国际经验来看，以银行业为主体的间接融资市场的开放时点往往早于以证券业为主体的直接融资市场。前者的市场构成多为机构参与者，抗风险能力较强，但在资本管制政策的“保护”下，其竞争实力、盈利能力和组织结构上都与国际水平有所差距。因此，各国在开放资本账户时倾向于先开放银行业，引进外部竞争，提升国内金融机构实力，同时，增加间接融资市场的市场规模和参与机构数量，有助于提高本国信贷融资效率。直接融资市场以股权交易和债券交易为主，参与者包括了各类金融机构以及个人投资者，市场化程度更高，但也造成市场的波动水平和风险程度都高于银行间市场。一国在开放资本账户下的证券投资子项目时，必须重视国内资本市场结构的完备程度，否则，国际游资的进出能够在短时间内造成资本市场价格的大幅波动，产生的风险效应将迅速传递到利率和汇率市场，最终冲击实体经济的稳定。

由此可见，资本账户开放的过程也是国内金融市场逐渐开放的过程。随着对资本账户下各个项目的资本流动管制的放松，国内的银行业和证券业、间接融资市场和直接融资市场都将受到国际金融机构和资本的影响。从上述国家的开放经验也可以看出，如果选择的开放政策明显割裂了资本账户开放与金融市场开放的整体性，那么不仅两个开放目标都无法真正实现，还会引致市场风险的累积。金融市场的开放作为资本账户下子项目开放的延伸和扩展，应当统一在资本账户开放框架下予以安排，如日本采取的整体模式，利用灵活的开放政策来完善国内金融市场的建设，提升金融机构业务水平和竞争能力，再以此推进资本账户更大的开放，有效降低了资本账户开放过程对国内经济金融市场的负面冲击。

三、人民币资本账户开放的次序选择

宏观经济改革是一系列不同层次不同维度的改革政策的集合，政策实施的顺序不同，往往会造成截然不同的改革结果。排序理论（The Sequencing Theory）正是分析在经济体制改革过程中如何选择一定次序来建立包含一系列经济改革政策的实施路径，使经济体能以最优方式实现改革目标。人民币资本账户开放的次序选择正是排序理论在改革开放领域的运用。关于资本账户开放次序的讨论，主要包含三个层面的内容：其一，是资本账户开放与其他金融开放改革政策的次序；其二，是资本账户开放与经常账户开放的次序；其三，是资本账户内部各个子账户开放的次序。而从资本流动方向来区分，资本账户开放次序可以看作开放资本流入和开放资本流出的次序；从资本流动的投资性质来区分，又可以看作是开放间接投资和开放直接投资的次序。由此可见，资本账户开放的次序选择具有非常复杂的内涵，而不同的开放模式本质上就是不同开放次序选择的表现。根据中国的改革开放成果来看，人民币经常账户的开放早于资本账户开放，这是根据当时国内的贸易收支结构以及外部国际条件做出的选择。目前，考虑到中国庞大的经济总量规模和国际贸易水平，人民币资本账户开放改革转为相对积极的整体开放模式，同样符合国内的经济条件和需求。对人民币资本账户开放次序的选择将重点讨论资本账户开放与其他金融市场化改革的排序问题，以及资本账户内部子账户的开放顺序问题。

人民币资本账户开放与其他金融市场化改革政策的排序问题是保障开放顺利实现并可持续发展的关键，同时，也决定了资本账户内各个子账户的开放顺序。由此可见，建立人民币资本账户开放的合理路径的关键在于理清资本账户开放与以利率、汇率市场化改革为代表的金融改革政策的排序问题。尽管整体开放模式提出的是统筹安排、协调推进的改革思路，但在现实实施过程中必然存在时间上的先后，而整体模式与渐进模式的关键区别正是在于，整体模式的次序选择并不依赖于改革政策之间的时间顺序，而是基于政策之间的相关关系来实现协调推进的。由此之故，通过讨论资本账户开放与金融市场化改革政策之间的相互作用关系和方式，能够为平稳实现人民币资本账户开放路径的建立提供可靠支持。

从中国对深化金融改革的规划来看，人民币资本账户开放、利率市场化和汇率定价机制改革都是最关键的中期目标，三大改革政策之间存在相互约束又相互促进的关系，构成了整体协调推进开放的主要内容。利率市场化改革包括增强银行业的竞争性、完善货币市场定价和交易机制、扩大债券市场规模，加强利率风险监管等内容；汇率定价机制改革则是完善现行的人民币有管理的浮动汇率制，加强汇率定价的市场性，改善国际收支平衡，实现汇率政策的宏观调节作用等。这些改革措施的实现有助于国内经济金融体系的完善，能够降低人民币资本账户开放所引致的资本流动冲击带来的风险。同时，人民币资本账户开放改革涉及的股权、债券及货币工具市场的开放，能够为实现上述改革内容提供外部动力，为国内金融资本配置提供更广阔的市场空间。由此之故，三项改革之间的互动关系应当作为协调推进金融改革的重点内容予以考虑，这是建立人民币资本账户开放路径的基础。

第二节 人民币资本账户开放的外部顺序

一、实证思路及方法介绍

本章对人民币资本账户开放路径的实证思路，在于对资本账户开放改革、利率市场化改革与汇率定价机制改革三者之间作用关系的讨论。如前文所述，这三大改革内容之间相互限制又相互推动的影响关系，是实现统筹安排、协调推进的整体开放模式的基础。通过分析改革措施之间的影响方式与强度，有助于建立整合三项改革的整体实现路径。同时，本章还将讨论各项改革对宏观经济稳定性的冲击效果，并以此作为评价标准，结合三者时间的关系来判断人民币资本账户开放路径的合理性和有效性。

本章的实证过程涉及改革变量当前及滞后期之间的相关关系，适用于VAR类模型，但传统VAR模型的变量系数与扰动项方差都假定保持不变，这显然与经济发展的现实状况不符。中国随着改革开放的渐次推进，经济体制、产业结构、政策影响和外部环境都在不断发生变化，模型参数也应当随之改变。因此，需要在时变框架下建立更符合现实的非线性模型来对改革发展的动态特征进行描述，TVP-VAR模型正是非线性变参数模型的代表（沈悦等，

2012)。

TVP-VAR模型可以看作是状态空间模型与结构向量自回归模型的结合创新，其特点在于模型假定系数矩阵与新息的协方差矩阵均有时变特征，因此来自冲击强度和传导途径的改变都能在脉冲图中得到响应（罗毅丹和樊琦，2010)。本书从结构VAR模型推导建立带随机波动的TVP-VAR模型。基本的SVAR模型可以写作：

$$Ay_t = F_1 y_{t-1} + \cdots + F_s y_{t-s} + u_t \quad t = s+1, \cdots, n \qquad (9\text{-}1)$$

其中，y_t 是内生变量构成的 k 维行向量，$A, F_t, \cdots, F_S$ 代表 $K \times K$ 维的系数矩阵。扰动项 u_t 反映 $K \times 1$ 维的结构冲击，假设其满足 $u_t \sim (0, \sum\sum)$，且 $\sum$ 为 $K \times K$ 维的对角矩阵。借鉴Nakajima（2011）的方法，进一步假定系数矩阵A为下三角矩阵。

$$\sum = \begin{bmatrix} \sigma_1 & \cdots & 0 \\ \vdots & \ddots & \vdots \\ 0 & \cdots & \sigma_K \end{bmatrix} \qquad A = \begin{bmatrix} 1 & 0 & \cdots & 0 \\ \alpha_{21} & 1 & \ddots & \vdots \\ \vdots & \ddots & \ddots & 0 \\ \alpha_{K1} & \cdots & \alpha_{K,K-1} & 1 \end{bmatrix}$$

指定 $B_i = A^{-1}F_i, i = 1, \cdots, s$，则模型（9-1）可以写成如下形式：

$$y_t = B_1 y_{t-1} + \cdots + B_s y_{t-s} + A^{-1}\sum \varepsilon_t, \varepsilon_t \sim N(0, I_K) \qquad (9\text{-}2)$$

将所有 B_i 的行向量进行堆叠，形成一个新的 $K^2 s \times 1$ 维矩阵 β。再次定义 $X_t = I \otimes (y'_{t-1}, \cdots, y'_{t-s})$，模型（9-2）可继续整理为：

$$y_t = X_t \beta + A^{-1} \sum \varepsilon_t \qquad (9\text{-}3)$$

可以看出（9-3）式中各参数仍是固定不变的，若解除固定参数的限制，则可将模型扩展为时变参数形式：

$$y_t = X_t \beta_t + A_t^{-1} \sum\nolimits_t \varepsilon_t \qquad (9\text{-}4)$$

模型（9-4）即为TVP-VAR模型的表达形式，其中 β_t，A_t^{-1}，$\sum_t$ 都已转化为时变参数。参考Primiceri(2005)的假设，进一步描述时变参数的变动过程。指定 $\alpha_t = (\alpha_{21}, \cdots, \alpha_{K,K-1})'$，表示下三角矩阵 A_t 的元素（非0和非1）按行堆叠向量；令 $h_t = (h_{1t}, \cdots, h_{Kt})'$，其中 $h_{jt} = \log \sigma^2_{jt}$，$j=1, \cdots, K$，$t=s+1, \cdots, n$。则假设时变参数动态变化服从一阶随机游走过程，形式如下：

$$\beta_{t+1} = \beta_t + u_{\beta t} \qquad (9\text{-}5)$$

$$\alpha_{t+1} = \alpha_t + u_{\alpha t} \quad (9\text{-}6)$$

$$h_{t+1} = h_t + u_{ht} \quad (9\text{-}7)$$

其中 $t = s+1, \cdots, n$， $\begin{pmatrix} \varepsilon_t \\ u_{\beta t} \\ u_{\alpha t} \\ u_{ht} \end{pmatrix} \sim N(0, \begin{pmatrix} I & 0 & 0 & 0 \\ 0 & \Sigma_\beta & 0 & 0 \\ 0 & 0 & \Sigma_\alpha & 0 \\ 0 & 0 & 0 & \Sigma_h \end{pmatrix})$， $\beta_{s+1} \sim N(u_{\beta 0}, \Sigma_{\beta 0})$ ， $\alpha_{s+1} \sim N(u_{\alpha 0}, \Sigma_{\alpha 0})$ ， $h_{s+1} \sim N(u_{h0}, \Sigma_{h0})$ 。上述假设表明时变参数之间的新息冲击是不相关的。至此，完成对 TVP-VAR 模型的推导。

在对经济变量时间序列的分析中，序列往往会表现出某种系数漂移或随机波动的特征，如果在建模时未有考虑，则会导致有偏估计结果。上文构建的 TVP-VAR 模型通过假定时变参数的一阶随机游走过程，而将序列随机波动纳入模型内考虑。

本书对模型参数的估计，选择 MCMC（Markov Chain Monte Carlo）方法。MCMC 算法作为贝叶斯分析的常用工具，是通过构建平稳分布为 $\pi(x)$ 的 Markov 链来推断 $\pi(x)$ 的样本，再基于这些样本进行各种参数估计。借鉴 Nakajima et al.（2011）的方法，先指定 $y = \{y_t\}_{t=1}^n$， $w = (\Sigma_\beta, \Sigma_\alpha, \Sigma_h)$，再将 w 的先验概率密度记作 $\pi(x)$。在给定 y 的观测值后，MCMC 算法的具体过程如下：

（1）对 β、α　h　w 赋初值；

（2）给定 Σ_β、α　h　y，抽样后验条件分布 $(\beta \mid \Sigma_\beta$、α　h　$y)$；

（3）给定 β，抽样 $(\Sigma_\beta \mid \beta)$；

（4）给定 β、h Σ_α　y，抽样 $(\alpha \mid \beta$、h Σ_α　$y)$；

（5）给定 α，抽样 $(\Sigma_\alpha \mid \alpha)$；

（6）给定 β、α Σ_h　y，抽样 $(h \mid \beta$、α Σ_h　$y)$；

（7）给定 h，抽样 $(\Sigma_h \mid h)$；

（8）返回（2），循环。

二、变量选择与数据处理

一国短期资本流动的变化可以反映资本账户开放的程度，本书采取短期资本流动的月度估计规模，并除以央行货币供应量 M2 以反映国内短期资本流动程度的变化，记作 S。利率指标选择中国银行间拆借利率（7 天期），记作 I；汇率指标选择人民币实际有效汇率（REER）数据，记作 E。为分析资本账户开放改革对宏观经济带来的冲击影响，本书分别选择物价指数 CPI 和宏观经济景气一致指数来反映宏观经济变化。前者是描述市场物价水平，记作 C；后者综合反映了宏观经济稳定增长的各种因素，记作 JQ。样本数据区间为 1997 年 1 月至 2014 年 12 月。

文中选择的月度指标数据全部来自 CEIC 中国数据库。为消除序列异方差以及保证序列平稳性，对除短期资本流动占比序列之外的指标序列做了对数差分处理。处理过的序列都是平稳序列（检验结果如表 9–2 所示），避免了实证结果出现伪回归的情况。

表 9–1　变量统计描述

变量	平均值	中位数	最大值	最小值	标准差
实际有效汇率 E	0.000737	0.001240	0.019190	–0.019416	0.006368
拆借利率 I	–0.001371	0.001997	0.616619	–0.352183	0.093383
短期资本流动 S	–0.000315	–0.000486	0..017344	–0.012551	0.003653
物价指数 C	–0.000008	0.000865	0.009143	–0.015179	0.003850
景气指数 JQ	0.000059	0	0.008168	–0.009446	0.002497

资料来源：CEIC 中国数据库。数据经过无量纲化处理。

表 9–2　变量 ADF 单位根检验结果

变量	检验条件	T 统计量	1% 临界值	P 值
实际有效汇率 E	（0,0,C）	–10.7642	–3.4607	0.0000
拆借利率 I		–17.0836	–3.4607	0.0000
短期资本流动 S		–4.9780	–3.4608	0.0000
物价指数 C		–16.6916	–3.4623	0.0000
景气指数 JQ		–5.1286	–3.4618	0.0000

注：阶数判断基于 SIC 信息准则。检验条件（n,t,c），其中 n=0，即无差分；t=0，即无趋势项；c 表示有截距项。

TVP–VAR 模型能够充分反映变量之间的影响关系的动态变化，本节的实证目标一方面要分析金融配套改革内容之间的相互作用效果，另一方面要论证三项金融改革对宏观经济的冲击影响，以此作为判断资本账户开放外部顺序的依据。因此，本书根据研究内容分别建立三组 TVP-VAR 模型进行实证模拟。

模型 1：$Y_t=(E,I,S)_t$ 用以分析资本账户开放与利率、汇率改革之间的影响关系。

模型 2：$Y_t=(E,I,S,C)_t$ 分析三项改革措施对宏观物价稳定造成的冲击影响和累积效应。

模型 3：$Y_t=(E,I,S,JQ)_t$ 从宏观经济发展方面研究三项改革的结构性冲击作用和累积效应。

在对 TVP-VAR 模型实证之前，还需要判断各个模型的最优滞后阶数，以保障模拟结果的可靠性。根据模型 1、2、3 的变量构成，先检验模型变量的协整关系，再据此利用信息准则确定模型最优滞后阶数。

表 9-3 模型变量的协整检验结果

	迹统计量	P 值	最大特征值	P 值
模型 1：$Y_t=(E,I,S)_t$				
0*	115.0078	0.0000	62.6012	0.0000
At most 1*	52.4067	0.0000	43.8195	0.0000
At most 2*	8.5872	0.0034	8.5872	0.0034
模型 2：$Y_t=(E,I,S,C)_t$				
0*	207.5903	0.0000	103.8827	0.0000
At most 1*	103.7076	0.0000	55.1301	0.0000
At most 2*	48.5775	0.0000	41.6867	0.0000
At most 3*	6.8908	0.0087	6.8908	0.0087
模型 3：$Y_t=(E,I,S,JQ)_t$				
0*	140.8809	0.0000	64.4800	0.0000
At most 1*	76.4009	0.0000	43.8784	0.0000
At most 2*	32.5225	0.0001	25.0745	0.0007
At most 3*	7.4480	0.0063	7.4480	0.0063

注：检验方法：Johansen Cointegration Test. 软件为 Eviews7.1。

从表 9-3 的协整检验结果可以看出，模型变量的协整关系数量与变量个数相一致，表明模型变量矩阵满秩，变量之间存在相互作用的长期均衡关系。据此结果，再利用信息准则（包括 LR、FPE、AIC、SC、HQ 五大信息准则及判断标准）来确定 TVP-VAR 模型实证的滞后阶数，详细结果如附录 9A 所示。

三、实证模拟

本书实证运用 MCMC 方法的抽样估计过程利用 Matlab 2013a 软件编程实现。模拟之前需设定参数初值，根据参数 β_t、α_t　h_t 的随机游走特征，指定 $\mu_{\beta_t}=\mu_{\alpha_t}=\mu_{h_t}=0$；$\Sigma_{\beta_0}=\Sigma_{\alpha_0}=\Sigma_{h_0}=I$。借鉴 Nakajima（2011）的方法，进一步设定参数矩阵 Σ_{β_t}、Σ_{α_t}　Σ_{h_t} 为对角矩阵，满足分布：

$$\left(\Sigma_{\beta_t}\right)^{-2} \sim Gamma(40,0.02),\ \left(\Sigma_{\alpha_t}\right)^{-2} \sim Gamma(40,0.02),$$

$$\left(\Sigma_{h_t}\right)^{-2} \sim Gamma(40,0.02)。$$

（一）三变量模型实证

根据三变量模型的滞后阶数的判断结果，LR、FPE、AIC 都显示最优阶数为 5 阶，SC 显示为 1 阶，HQ 显示为 2 阶，经过模拟测试后，认定滞后 5 阶为最优滞后阶数。对模型 1：$Y_t=(E,I,S)_t$ 利用 MCMC 方法进行 20000 次抽样，得到 TVP-VAR 模型参数的估计结果（表 9-4 和图 9-1 所示）。表 9-4 给出了各参数的 CD 收敛诊断值以及无效影响因子，前者各参数值均未超过 5% 的临界点值 1.96，表明零假设收敛于后验分布不能被拒绝，抽样样本最终可以收敛。无效因子则表示为得到不相关样本所需要抽样的次数，即因子值越小，反映抽样样本越有效。从参数估计结果来看，无效影响因子值都低于 100，在抽样 10000 次的情况下所得样本足够进行 TVP-VAR 模型的后验推断（郭永济等，2014）。图 9-1 分别描述了样本自相关系数、样本路径和后验分布的变化情况。可以看出，抽样样本的自相关系数稳定下降，样本路径显示抽样数据基本平稳，因此，可以认为通过参数假设条件的 MCMC 抽样获得了不相关的有效样本，能够支持 TVP-VAR 模型的后续推断。

表 9-4　模型 1 的参数估计结果

参数	后验均值	后验标准差	95% 置信区间下限	95% 置信区间上限	Geweke.CD 收敛诊断值	无效影响因子
$\Sigma_{\beta1}$	0.0023	0.0003	0.0018	0.0029	0.092	16.00
$\Sigma_{\beta2}$	0.0023	0.0003	0.0018	0.0029	0.651	12.36
$\Sigma_{\alpha1}$	0.0047	0.0010	0.0031	0.0070	0.695	40.35
$\Sigma_{\alpha2}$	0.0045	0.0010	0.0030	0.0069	0.587	41.48
Σ_{h1}	0.5246	0.1117	0.3311	0.7665	0.615	43.82
Σ_{h2}	0.0060	0.0020	0.0034	0.0110	0.014	88.82

注：模型 1（lag=5），循环 20000 次。

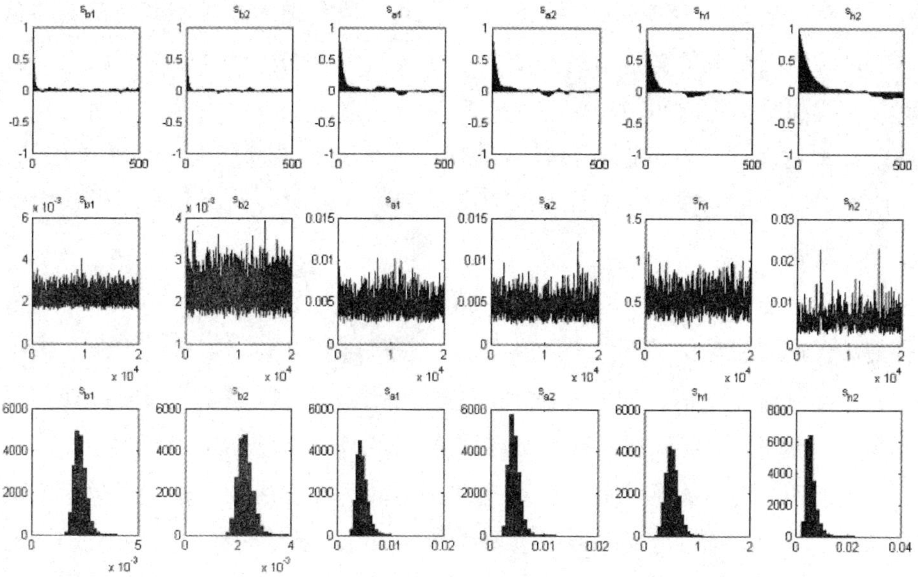

图 9-1　样本自相关系数（上）、样本路径（中）、后验分布（下）

为了分析不同时间段内金融改革对其他改革措施的冲击影响，本书利用 TVP-VAR 模型构建反映不同时点上变量冲击的脉冲响应过程，观察三项改革过程之间作用的时变特征和影响路径。图 9-2 系列反映了在选择的代表性时点下，金融改革变量之间的脉冲响应图。根据前文对我国资本账户开放改革阶段的分析，结合时点选择的经验方法，本书在样本区间 1997 年 1 月至 2014

年 12 月中，选择四个时点来观察变量间的冲击响应过程，具体选择说明如下：

时点 1 是 2001 年 12 月，反映我国经常账户开放阶段的改革变化内容。在这一时期，我国开放了经常账户和资本账户下的外商直接投资，积极引入国际投资。同时，1997 年的金融危机，以及 2001 年我国加入 WTO 都促使我国对资本账户管理做出了诸多改进与完善。

时点 2 是汇率改革阶段中的 2007 年 9 月，这一时期的重点是我国进行人民币汇率形成机制改革，由钉住汇率制度转变为有管理的浮动汇率制，人民币汇率灵活性显著增强，汇率与利率的联动效应有所凸显，随后人民币对美元进入快速升值通道，引起了短期资本流动的增加。其次，QFII 的正式推出打开了外资进入国内证券市场的渠道，资本账户开放程度加深。同时，人民币跨境使用和人民币债券的离岸发行都加快了资本账户开放的进度。上海银行间同业拆放利率（Shibor）的推出，为人民币利率市场化奠定了扎实的基础。

时点 3 是 2010 年 7 月，在人民币国际化阶段，国际金融环境受到美国金融危机和欧洲主权债务危机的影响，短期国际资本在新兴市场国家内大肆流动，对我国国内金融市场稳定造成一定冲击。在此阶段，我国一方面稳定人民币汇率波动，另一方面积极推广人民币跨境结算，发展人民币离岸市场。为应对金融危机的影响，我国央行在此阶段多次调节人民币利率，以稳定宏观经济发展。

时点 4 是 2013 年 8 月，在深化改革时期，我国在金融改革领域取得了诸多突破性进展，包括放开贷款利率管制，提高存贷款利率定价上下限，推出存款保险制度意见稿，放宽人民币汇率日波动幅度，以及沪港通等。在利率市场化，汇率浮动定价以及资本账户开放方面都取得了突出成效。

上述四个时点囊括了我国改革历程中不同阶段内在资本账户开放、汇率及利率市场化改革方面所采取的重要举措，通过对变量间脉冲响应图的分析，有助于我们发现三项改革之间的影响机制与时变特征。

图 9-2（a）反映了短期资本流动变化对人民币利率和汇率的冲击效应。从图中可以看出，人民币利率和汇率对来自不同时期的资本流动冲击的响应基本类似，存在一定的跨期重合，这意味着短期资本波动对利率和汇率的影响作用没有显著的时变性。这一特征应与我国的资本管制现状有关。其一，我国当前资本账户开放度仍旧较低，对货币自由兑换、居民对外投资以及国内金融市场开放等关键领域的管制，限制了资本流动冲击的强度。其二，是

由于人民币利率及汇率决定机制不够市场化，国内货币市场与离岸市场存在明显割裂，导致了利率和汇率对国际资本流动冲击的响应不充分，响应路径存在一定惯性。分析不同时期的冲击响应过程，认为在利率市场化改革过程中，在改革中期资本流动对利率的影响程度有所降低，但当市场化利率定价基本实现时，利率受到资本流动的冲击作用会有所回升；而汇率改革对响应路径的影响主要依赖于汇率变化的方向，在时点 2 和时点 3 人民币汇率逐步上升时，资本流动的冲击影响较大，当人民币汇率存在贬值压力时，资本流动冲击影响会减弱。比较利率和汇率对短期资本流动冲击的响应过程，可见利率的正向响应过程在短期内快速上升，但从 3 期开始逐渐回落；而汇率发生的负向响应过程，同样在第 2 期达到最值，并快速减弱。从两者的响应程度来看，利率受到资本流动冲击的作用更显著。

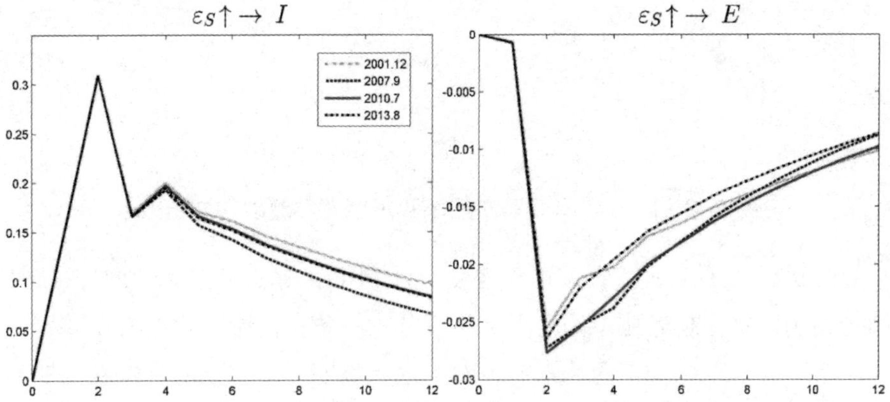

图 9–2（a） 短期资本流动对利率和汇率的冲击效应

图 9–2（b）描述了人民币利率变化对汇率和短期资本流动的冲击效应。可以看出，在不同的改革时期，汇率和短期资本流动对利率冲击的响应路径也各不相同，表现出显著的时变特征。在汇率响应方面，当利率出现一个上升波动时，汇率的面临的正向作用会迅速降低，在高流动性环境下（时点 2、3）利率上升会转变为逆向影响汇率，这一方面是由于人民币利率和汇率之间的联动机制并不完善；另一方面是在于利率上升往往意味着货币政策紧缩，经济出现过热状况，反映本币外部需求的汇率会在短期内面临不利影响。但随着我国改革的深入，利率市场化程度的提升降低了外部市场对人民币利率波动的敏感程度，利率与汇率的联动特性逐渐显现，利率对汇率的冲击基本保

持在正向区间内。短期资本流动的响应趋势变化更为剧烈，结合我国的改革进程来看，随着资本账户开放程度的提高，利率冲击的负面影响在逐渐减弱并转为正面影响，并且短期资本流动面对冲击的响应过程也更为平稳，意味着市场自身的稳定功能逐渐发挥作用。随着利率市场化的深入，套利性的短期资本流入会增加，但长期中影响会逐渐减弱。与之相比，利率对汇率的影响过程更短，汇率响应在第 5 期即趋近于 0。

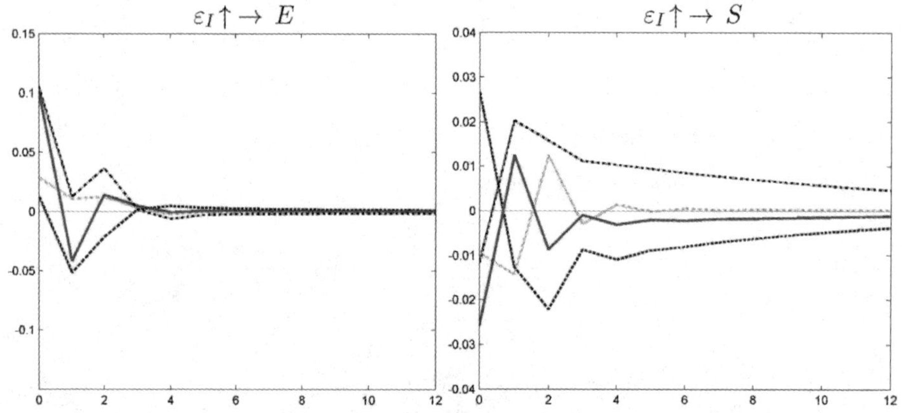

图 9-2（b） 利率变动对汇率和短期资本流动的冲击效应

图 9-2（c）反映了人民币汇率变化对利率和短期资本流动的冲击效应，两者的响应路径趋势在不同时点上表现基本一致，但影响程度有所差别。当人民币汇率出现一个正向冲击时，对利率和短期资本流动的影响在短期内都是负面的，利率的响应程度会迅速减弱，并缓慢趋近于零，资本流动的响应则在第 2 期内出现反复，再逐渐减弱收敛于零值。对比不同时点的响应过程，利率和短期资本流动受到冲击影响的强弱排序都遵循，时点 3（2010 年 7 月）强于时点 2（2007 年 9 月）强于时点 4（2013 年 5 月）强于时点 1（2001 年 12 月）。结合改革实际，认为在有管理的浮动汇率制时期，人民币汇率在升值趋势下，对利率和短期资本流动的影响较强；而在贬值压力下以及固定汇率制时期，汇率冲击的影响较小。并且，考虑资本账户开放程度的变化，可以看出随着开放的深入，汇率冲击效应逐渐减弱，这是因为资本账户开放有助于利率和汇率市场联通，在加快信息传递的同时，能够平抑由于市场分割导致预期产生的非理性波动。

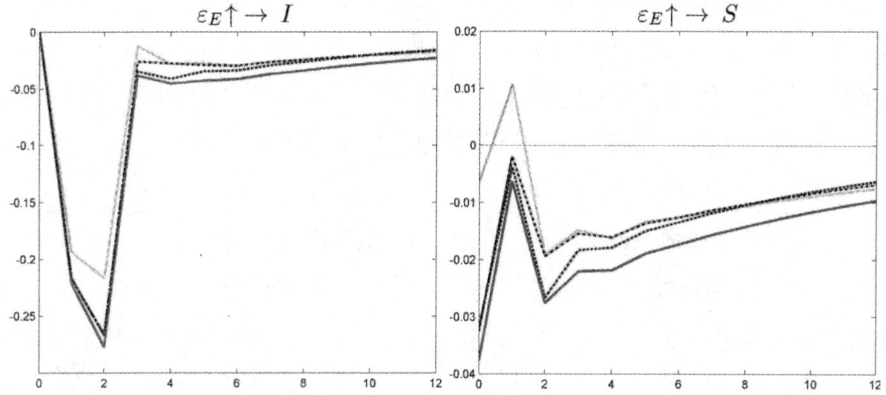

图 9-2（c） 汇率对利率和短期资本流动的冲击效应

分析上述汇率、利率和短期资本流动三个改革变量之间的脉冲响应过程，能够为现实中汇率定价改革、利率市场化以及资本账户开放的统筹安排提供支持。对比三项改革存在的相互冲击影响，资本账户开放带来的短期资本流动冲击对利率和汇率的影响，以及汇率改革引起的汇率波动同样对利率和短期资本流动的影响，都具有一定的跨期相似性。而利率改革存在的利率变化对汇率和短期资本流动的冲击作用具有显著时变特征。从各项改革引起的冲击程度来看，短期资本流动和汇率对利率的冲击程度最强，利率改革的冲击强度最弱。综合三者之间的冲击过程和响应特征，本书认为三项改革措施的合理顺序，应以利率市场化改革为先导，完善人民币货币价值的内部均衡，再推进人民币汇率定价机制改革，实现人民币内外价值均衡。对资本账户开放的改革不宜置于前述两项改革之后，而需嵌入两项改革过程之中，通过市场化手段引导国际套利资本流动，发挥其价格发现功能，帮助实现人民币利率和汇率价值的稳定。统筹三项改革措施，能有效降低改革过程中存在的相互冲击影响，避免出现改革成果的不可维持。

（二）四变量模型实证

能否维持宏观经济稳定持续发展是我国进行金融改革决策时的重要考虑因素。人民币利率和汇率的市场化改革，以及资本账户开放都会对国内宏观经济造成直接影响。因此，要确定人民币资本账户开放的外部顺序，还需要在宏观稳定的背景下进行进一步分析。本书在上述三变量模型基础上，将 CPI 指标与宏观经济景气一致指数纳入模型，构成扩展的四变量 TVP-VAR 模型，进一步研究适宜人民币资本账户开放的最优政策安排。根据附录 9A 的滞后阶数判断结果，模型 2 在 LR、FPE、AIC 准则中显示滞后 5 阶，模型 3 显示滞后 6 阶；而两个模型都在 SC 和 HQ 信息准则中显示滞后 2 阶。经过模拟测试，最终选择滞后 2 阶作为模型 2 和模型 3 的最优滞后阶数。

模型 2（ $Y_t=(E,I,S,C)_t$ ）加入 CPI 指标，反映各项改革措施可能对宏观经济稳定的冲击作用。模型 3 [$Y_t=(E, I, S, JQ)_t$] 引入宏观经济景气指数，反映宏观经济综合发展受到的影响。运用 MCMC 估计方法，循环 10000 次，得到参数估计结果如表 9-3 所示，如前文分析，从 CD 收敛诊断值和无效影响因子值可以认定模型合理，抽样样本足够支持实证研究。

表 9-5　模型 2　&　模型 3 的参数估计结果①

	参数	后验均值	后验标准差	95% 置信区间下限	95% 置信区间上限	Geweke.CD 收敛诊断值	无效影响因子
模型 2	$\Sigma_{\beta 1}$	0.0023	0.0003	0.0018	0.0028	0.627	10.49
	$\Sigma_{\beta 2}$	0.0023	0.0003	0.0019	0.0029	0.486	14.22
	$\Sigma_{\alpha 1}$	0.0045	0.0009	0.0030	0.0067	0.383	34.31
	$\Sigma_{\alpha 2}$	0.0041	0.0007	0.0029	0.0058	0.303	21.10
	Σ_{h1}	0.5993	0.1331	0.3683	0.8871	0.974	38.91
	Σ_{h2}	0.0060	0.0024	0.0036	0.0110	0.333	97.54
模型 3	$\Sigma_{\beta 1}$	0.0023	0.0003	0.0018	0.0029	0.062	10.67
	$\Sigma_{\beta 2}$	0.0023	0.0003	0.0018	0.0029	0.213	10.54
	$\Sigma_{\alpha 1}$	0.0045	0.0010	0.0031	0.0068	0.333	33.01
	$\Sigma_{\alpha 2}$	0.0040	0.0007	0.0029	0.0055	0.346	33.26
	Σ_{h1}	0.5821	0.1199	0.3762	0.8367	0.897	48.12
	Σ_{h2}	0.0065	0.0026	0.0035	0.0141	0.075	143.09

注：模型 2（lag=2），模型 3（lag=2），循环 10000 次。

① 32 阶、6 阶和 4 阶对角矩阵。因篇幅原因，表中仅列出各矩阵前 2 个对角元素的后验估计结果。其余元素的估计结果同样达到诊断要求。同样，文中未列出样本数据的后验估计图，但抽样样本的路径图及后验分布符合检验要求。

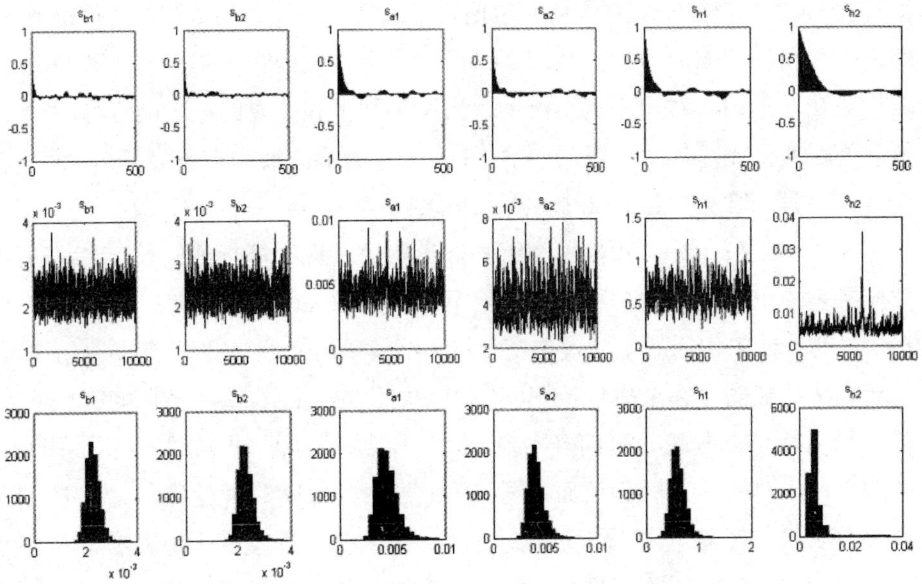

图 9-3（a） 模型 2 样本自相关系数（上）、样本路径（中）、后验分布（下）

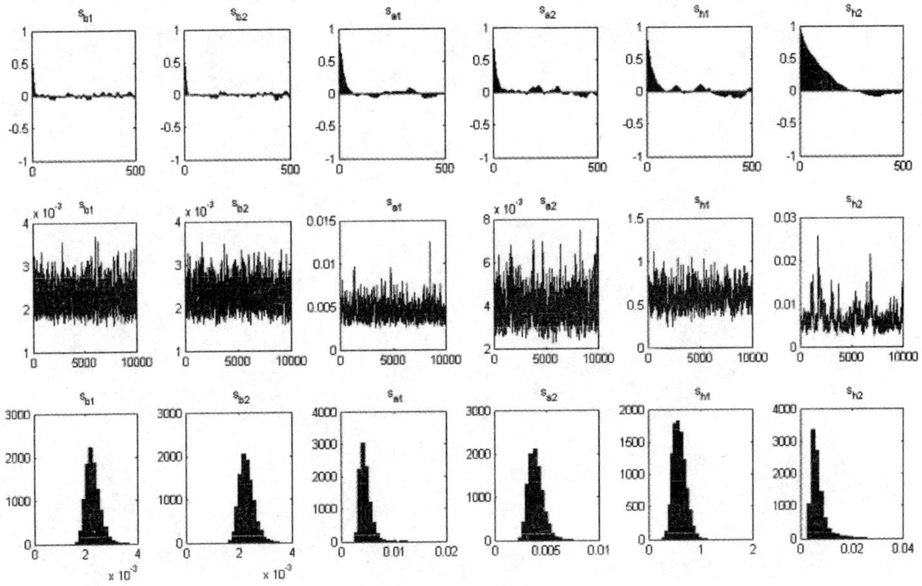

图 9-3（b） 模型 3 样本自相关系数（上）、样本路径（中）、后验分布（下）

利用 TVP-VAR 模型生成宏观经济变量在不同时间约束下的脉冲响应图。在图 9-4 系列图中对变量冲击设定了不同的时间约束，分别以持续 1 个月、3

个月和 12 个月来反映宏观经济对短期资本流动、人民币利率和汇率冲击的短期、中期和长期响应效果。从图 9-4 可以看出，我国物价指标 CPI 和经济景气指数在样本期内对短期资本流动、人民币利率和汇率的冲击响应都表现出显著的时变特征，其中对短期冲击（1 个月）的响应波动最明显，而中期（3 个月）较弱，长期冲击（12 个月）几乎无响应。

在图 9-4（a）中，短期资本流动冲击两个宏观经济指标的长、中、短期效应都表现出明显的时变特征。对比不同时间约束的冲击效果，短期资本流动对 CPI 的冲击作用的中期效果变化最大，其负向影响在 2005 年 7 月汇率改革后，持续减弱并在金融危机期间转为正向影响，而长期和短期响应在整个样本期内都是负向的。短期资本流动对经济景气的影响则始终为正面影响，并随着冲击时间约束的延长而减弱，短期冲击效果随时间变化不大，中长期效果在 2008 年金融危机爆发后快速上升，随后受中国经济下行影响而再度回落。从样本期反映的改革进程分析，随着我国金融改革的深入，短期资本流动对宏观经济的冲击作用趋于平稳，并且冲击效果受汇率改革以及国际金融环境变化的影响较大，而在利率改革关键时期，短期资本流动的宏观冲击效果未发生显著变化。比较短期资本流动对 CPI 和景气指数的冲击过程，可以发现，资本账户开放引致的资本流动冲击对宏观经济增长的影响要明显强于对经济稳定的影响。

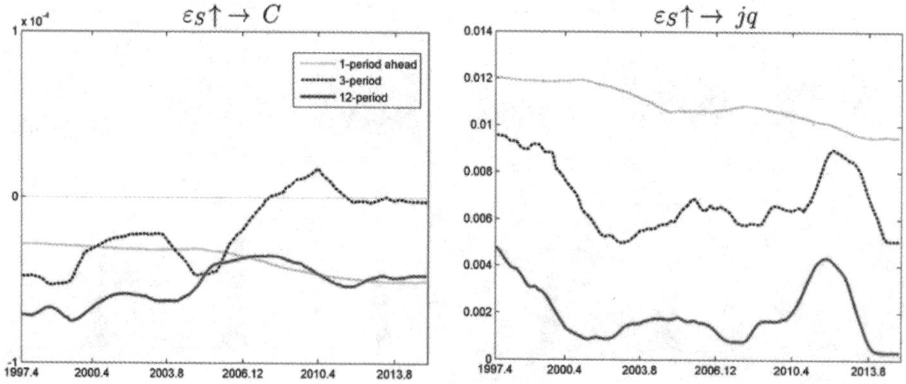

图 9-4（a） 资本账户开放对宏观经济的冲击效应

从图 9-4（b）中可以看出，利率冲击对宏观经济的长期影响趋近于无影响，而中短期冲击则表现出显著的时变特征，其中宏观变量对短期冲击的响应变化剧烈。对比宏观变量对中短期冲击的响应过程，利率冲击对 CPI 的短期影响与中期影响的变化趋势相反，意味着利率发生一个正向变动，在短期内将引起物价水平的降低，但在中期内这种逆向影响会减弱甚至转变为推动物价上升。而景气指数对利率冲击的短中期反映只存在影响程度上的减弱，中期影响显著小于短期影响，但作用方向和变化趋势是一致的。结合样本期内的改革经历分析，在国内市场出现流动性过剩情况的时间段内，中短期的利率波动对 CPI 的影响在随时间减弱。随后金融危机的资本冲击以及国内通胀压力上升，促使我国调整宏观政策思路，利率冲击对 CPI 的抑制作用开始有所增强，但随着宏观经济发展下行，中短期的利率变化都发挥了较显著的平抑物价的作用。直至 2013 年 7 月银行贷款实现市场化定价之后，利率冲击对 CPI 的影响才开始逐渐减弱。而经济景气指标对利率冲击的响应路径则与不同阶段的经济改革环境相关，在经济繁荣时期，利率冲击对经济景气的影响会迅速转变为正向促进，而在经济承压阶段，冲击作用又会迅速转为负面抑制。考虑到利率作为我国宏观政策调整的主要载体，因此利率变动往往能够左右市场对经济条件的预期判断，导致了利率冲击对宏观经济景气指数的影响变化。综合样本期的宏观变量响应路径，认为随着我国货币政策从宽松转向谨慎，以及利率市场化改革的逐渐完善和深入，利率波动对宏观经济的作用能够得到更好的反馈。

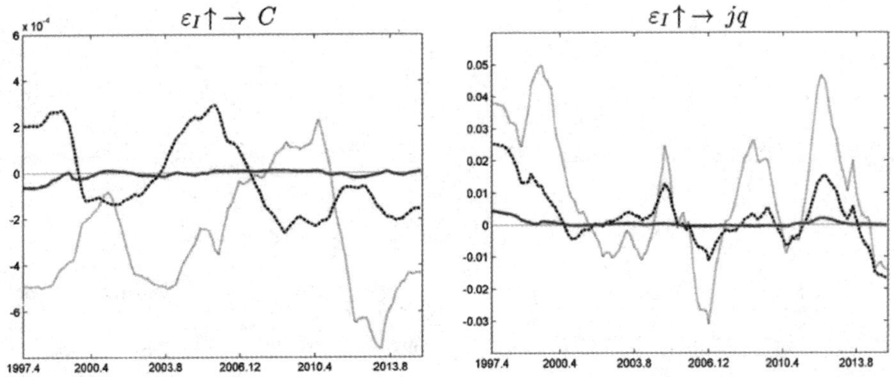

图 9-4（b）　人民币利率改革对宏观经济的冲击效应

图 9-4（c）显示的时变脉冲响应图反映了在我国汇率定价机制不完善以及资本账户管制背景下，汇率冲击对国内宏观市场的影响变化过程。对比短

期资本流动和利率冲击的影响过程，汇率冲击的宏观响应时变特征较弱，基本不存在长期作用，这应是我国尚不健全的汇率定价机制以及资本账户管制所产生的市场割裂所导致的。汇率变化的短期冲击会对CPI造成负向影响，但中期冲击的作用是正向的，这是因为短期的汇率上升，意味着本币价值增加，会引致国内利率跟随上升，从而抑制CPI的增长；但中期的汇率增长，向市场更多的是传递经济繁荣的预期，随着国际资本的进一步流入，可能导致CPI的增加。从CPI的响应路径来看，随着人民币汇率定价机制的完善，中短期冲击的影响效果也在逐渐降低。经济景气指数应对中短期汇率冲击的响应效果在整个样本期内都是显著负向的，其差异仍表现在影响程度上。这是因为人民币汇率的上升对国际贸易影响最突出，而对外贸易在我国宏观经济占据较大份额，导致了来自汇率的结构冲击对经济景气的影响总是负向的。从响应过程来看，2008年金融危机后，随着我国产业结构的不断调整以及金融改革的深化，汇率对宏观经济增长的负面作用出现明显的趋势转折企稳的变化。

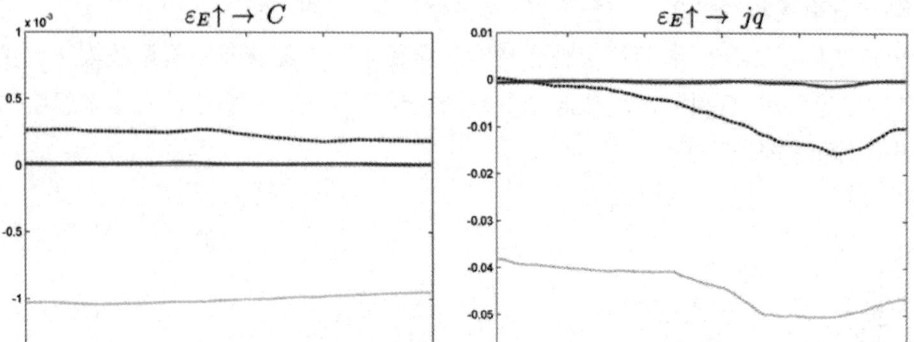

图9-4（c） 人民币汇率改革对宏观经济的冲击效应

综合上述分析，资本账户开放与利率及汇率市场化改革引致的变量冲击，对宏观经济稳定和持续发展存在显著影响。比较各变量冲击的短期效果，从宏观经济稳定角度来看，短期资本流动的冲击效果最小，汇率变动的冲击效果最强；在宏观经济增长方面，短期资本流动的冲击影响最小，而利率冲击的影响最强。结合变量冲击对宏观经济的作用方向和变化趋势，认为资本账户开放在整体金融改革中具有更灵活的顺序安排，在综合考虑三项改革之间相互作用关系的情况下，能够形成金融改革整体模式下对人民币资本账户开放外部顺序的基本判断。

四、实证结果分析

本节在时变框架下对人民币资本账户开放的外部顺序进行了实证研究，利用 TVP-VAR 模型分析了利率市场化改革、汇率制度改革和资本账户开放之间的影响关系，以及对宏观经济稳定和持续增长的作用效果。对实证结果的分析形成了以下几点结论：

首先，人民币资本账户开放应嵌入利率和汇率改革过程之中统筹进行。在对脉冲图 9-2 系列的分析中，可以看出，其一，资本流动对利率和汇率的冲击影响存在显著的跨期相似性，经济改革条件的变化对冲击过程的影响程度较小，因此，资本账户开放在改革政策安排中具有较高的灵活性。其二，汇率变动对短期资本流动的影响更直接，利率冲击的影响时间更短，造成的资本波动更轻。其三，汇率冲击对利率的影响同样受金融改革环境变化的影响较弱，但程度较深，而利率对汇率的冲击随着改革深入会逐渐降低，且影响程度较弱。由此之故，基于三者相互作用关系的判断，实现利率市场化应在汇率定价机制改革之前，这符合我国金融改革的现实，同时，如果人民币资本账户开放改革完全置于前述两项市场化改革之后，则开放引致的资本流动变化将通过人民币利率和汇率的剧烈波动冲击国内宏观经济，甚至会迫使政府重新采取管制措施来应对。这不利于我国金融自由化改革的平稳推进，人民币资本账户开放进程将可能就此中断或再度推迟。因此，在实现人民币利率市场化后，逐步开放资本账户下的资本流动，有助于发挥套利资本的价格发现功能，利用市场动力推进人民币汇率的市场化定价，并最终实行人民币在内外部市场上的价值平衡。

其次，综合三项改革之间的影响关系，在以宏观经济稳定为主要目标、经济增长为次要目标的情况下，利率市场化 - 资本账户部分开放 - 汇率市场化 - 资本账户全部开放是合宜的人民币资本账户开放路径。国内市场实现利率市场化意味着内部金融市场功能基本健全，货币价值回归内部均衡价值，能够充分发挥资本配置作用。在此基础上，适度开放资本账户下的债券市场、银行市场以及部分资本市场，有助于引入国际资本充实国内金融市场规模，逐渐提升国内金融机构的竞争实力和抗风险能力，但在此阶段由于汇率仍存在行政干预，因此不宜放开资本账户下的货币自由兑换等子项目，避免投机套汇资本的冲击。伴随国内金融市场的不断完善以及和离岸市场和逐渐统一，人民币汇率市场化定价将水到渠成，在汇率实现外部均衡之后，对人民币资本账户的剩余管制可以全部放开，实现资本账户的自由化，仅利用市场化调节手段和风险监控机制进行适度管理。这一过程是利用资本账户开放带来的市场调节动力（国际资本流动）来实现人民币价值内部均衡（利率市场化）向外部均衡（汇率市场化）的发展，在统筹三项改革措施的合理顺序的情况下，将最大程度的维护国内宏观经济的稳定和持续发展。

第三节　建立人民币资本账户开放协调推进的路线图

一、人民币资本账户开放的外部路径与内部顺序

人民币资本账户开放的外部路径是在统筹资本账户开放与其他配套金融改革的关系基础上，确立的现实政策安排顺序，主要体现的是人民币资本账户开放与配套改革之间相互推动、共同发展的整体改革思路。而资本账户开放的内部顺序，则是考虑人民币资本账户下具体的交易项目的开放先后排序，是资本账户开放的具体构成。开放内容包括前章所述的 17 项子账户，其中，每项账户又包括资本流出和资本流入两个方向的开放，根据资本流向目标的差异，子项目还可以分为流向股权或债权类主体的资产类交易项目和流向外国债权类主体的负债类交易项目。资本账户开放的内部顺序表现为开放进程的结构性特征，决定了国内金融资本的流动方向、目标以及规模。合理的内部开放顺序有助于推动国内金融改革开放的顺利实现。

不同的开放模式决定资本账户开放的内部顺序也不相同。在人民币资本账户的渐进开放阶段，对内部顺序的开放思路可以概述为：先开放资本流入项目、后开放资本流出项目；先开放直接投融资、后开放间接投融资；先开放机构投资后开放私人投资；先开放债券市场投资，后开放股权市场投资。在人民币资本账户转为整体开放模式后，对账户内各子项目的不再限定明显的先后

顺序，而是结合国内改革条件制定具体的内部开放顺序，其思路可以概述为：统筹安排资本账户开放与配套金融改革，先推行预期收益最大的改革；后推行最具风险的改革；先推进增量改革，渐进推进存量改革。

针对人民币资本账户的内部开放顺序的思路变化可以看出，子项目开放的进度应统一于资本账户开放与配套金融改革所构建的整体框架之下。影响子项目开放顺序的因素在于对不同开放时期内，项目开放存在的风险以及能带来的收益之间的权衡。同时，对资本账户子项目的改革应当具有更高的灵活性，在面对外部条件变化时，能够通过对不同项目开放程度的结构性调整，来降低开放风险，发挥稳定宏观经济的效果。在此基础上，本书认为资本账户开放的内容顺序应统一于账户开放的外部路径。上一节中本书提出的“利率市场化－资本账户部分开放－汇率市场化－资本账户完全开放”的改革路径，其中内部顺序的决定应依据子项目对利率改革和汇率改革的敏感程度与作用效果，积极顺应国内金融改革趋势，才能维护人民币资本账户开放的顺利实现。

二、协调推进人民币资本账户开放的路线图

中国目前正处在改革开放的关键时期，尤其在金融改革领域，多项市场化改革已取得显著效果。在利率市场化方面，随着 2014 年 10 月关于存款保险制度意见稿的颁布，距离利率市场化仅剩半步之遥，在放开对存款利率的上限限制后，国内利率即实现市场供需决定；在汇率定价机制改革方面，中国现行的有管理的浮动汇率制度日益完善，人民币兑美元汇率的日波幅已放宽至 2%，汇率定价的市场性明显增强，同时，人民币离岸市场的迅速发展对人民币均衡汇率的形成发挥了积极作用。在资本账户开放方面，根据上一章的研究结论，人民币资本账户的实际开放水平较高，下一阶段的开放应集中于放宽对证券市场、货币工具投融资以及货币汇兑等方面的限制。

从国家的改革进程来看，2012 年年底党的十八大将“逐步实现人民币资本账户可兑换”明确为金融改革的重要目标予以推进，但周小川（2012）提出这一目标仍应在中长期的改革框架内予以实现，盛松成（2012）则详细规划了人民币资本账户开放的十年路线图，同样认为这一改革的实现需要长时间的推进和坚持。本书基于整体开放模式建立的关于人民币资本账户开放的

改革路径，在时间维度上也显示出资本账户开放的长期性。但本书认为确定改革期限的路线图并不适合人民币资本账户开放的复杂特性，在整体开放的改革路径中，资本账户的开放进度应根据配套金融改革的发展和效果进行灵活的调整，对可能出现的内部和外部经济条件变化予以充分的考虑。因此，本书将根据上文建立的人民币资本账户开放的改革路径提出四阶段的改革路线图，不限定每一阶段的改革时限，坚持“适合一项，改革一项”的思路，阐述每一阶段路线的具体改革内容。

第一阶段：切实完成利率市场化改革，资本账户与汇率定价机制的改革作为配套措施予以支持。

利率市场化的改革内容除了要求解除对货币利率的管制政策以外，对银行业以及国内货币市场的改革同样重要。在这一阶段中，利率市场化改革作为主要目标，一方面需要政府解除利率管制、完善利率市场的交易规则，发挥市场定价作用；另一方面，要求放宽银行业的准入管制，形成银行业的竞争趋势，通过银行机构的竞争来实现国内市场利率的均衡。对人民币资本账户的改革作为支持利率市场化的配套措施，需要针对性的加强利率相关项目的开放，同时，加强对国际资本的套利流入管制，保障改革实施。开放的基本思路仍以“引进来”为主，具体而言，应根据利率市场化的改革进度，逐渐放开境外银行机构的准入限制，允许其参与银行间市场，以强化国内银行业的竞争性，逐渐放开中长期债券项目的资本交易管制，以及对贸易信贷和跨境贷款的限制。在此基础上，放宽对境外银行参与人民币货币工具进行投融资的限制，向境外银行开放全部银行业务，完善银行业竞争。与此同时，应利用资本管制政策与汇率政策相配合，采取数量控制等方式预防改革过程中国际资本的套利冲击，加强对股本证券项目、私人资本转移等内容的管制。这一阶段的汇率改革应进一步加强人民币汇率的波动幅度，推动人民币离岸市场的规模扩张，在加强汇率市场定价能力的同时有助于国内均衡利率的形成。

第二阶段：巩固利率市场化改革成果，积极开放资本账户中的相关项目，提升人民币在国际市场的使用范围。

利率市场化的实现意味着国内金融体系的基本健全，金融机构的业务能力和竞争实力都会有显著的提升。但在经济全球化趋势的作用下，人民币的内部均衡必然要向外部均衡传导，汇率制度改革需要因此加快进程。在这一阶段，资本账户开放作为衔接利率改革与汇率改革之间的关键过渡，要求在

“引进来”的基础上更积极的推动“走出去”的开放。具体而言，在开放资本流入方面，应从开放债券和货币市场转向开放股票市场，吸引国际资本参与国内证券市场的发展与完善；在资本流出方面，政府应解除对国内金融机构海外投资的审批限制，鼓励机构及私人资本进行人民币跨境流动，大力推行人民币贸易结算，扩大人民币离岸市场的流动规模。藉此将有助于人民币均衡汇率的形成，推动人民币汇率定价机制的改革。

第三阶段：积极推进汇率定价机制改革，完善人民币离岸市场与在岸市场的汇率传导，实现汇率的外部均衡。资本账户改革应配合放宽人民币跨境流动和汇兑限制，提高国际货币市场中的人民币规模。

人民币汇率定价机制改革的目标并非实现完全的浮动汇率制，而是在形成均衡汇率的基础上，建立符合市场供求的有管理的浮动汇率制度。完成汇率制度改革的关键在于离岸市场和在岸市场中人民币流动的规模与效率。因此，这一阶段资本账户开放对汇率改革的支持在于基本解除国内资本流出的限制，鼓励人民币资本参与国际市场交易，同时，建立灵活的短期资本流动监控体系，运用市场化手段预防国际套汇资本冲击国内改革进程。具体而言，资本账户改革应放开对国内资本参与海外证券市场的限制，允许金融机构和私人进行境外股权或债券投资，允许国内银行进行跨境贷款，部分解除对人民币无理由汇兑及汇出的管制。在开放资本流入项目方面，政府应建立离岸市场的人民币回流渠道，实现离岸市场与在岸市场的资本联通，有助于人民币汇率向市场均衡汇率靠拢。同时，资本账户改革需要建立起灵活的风险监管制度，防止在汇率浮动扩大后，受到国际游资的投机性冲击。

第四阶段：在人民币实现内外均衡的基础上全面推进人民币资本账户开放，转变资本管理制度，建立市场导向的灵活管理框架。

在充分实现人民币的内外均衡后，资本账户开放改革已基本实现，灵活的资本流动能够消除境内外市场存在的利差投机机会，也就降低了进一步开放可能引致的风险。在这一阶段，人民币资本账户可以实现完全开放，对资本的跨境流动与货币汇兑都不再采取强制性的行政干预措施，允许金融机构和个人遵循市场规律自由进行投融资交易，允许无现实背景的人民币汇兑和资本转移。但需要指出的是，资本账户开放并不意味着完全放弃对账户的监管，而是要求监管方式由行政主导转向市场主导。因此，在实现人民币资本账户开放的最后阶段，需要建立起灵活有效的风险管理体系，提供以价格工具为代表的市场化手段来满足政府的宏观调节需求，如此，才能维护资本账户开放状态的平稳可持续。

本章小结

本章在分析了资本账户开放与相关金融改革之间的影响关系的基础上，进一步实证了人民币资本账户开放的最优路径设计。文中使用 TVP-VAR 模型将中国改革开放以来的结构性变化纳入考虑，在论证了资本账户开放改革、利率市场化改革和汇率定价机制改革三者之间的影响作用的基础上，又实证了三项改革过程对国内宏观经济稳定以及增长潜力的冲击效果。通过对模型生成的时点脉冲响应过程和累积脉冲响应过程的结果分析，本书得到了以下结论：

第一，人民币资本账户开放与利率和汇率改革之间存在显著的相互作用，支持了整体开放模式要求统筹安排三项改革措施协调推进的思路。实证结果显示，人民币利率和汇率的市场化程度越高，在面对资本账户开放时，受到国际资本流动影响的波动就越剧烈，引起的宏观不稳定就越显著，这种情况容易导致资本账户改革出现反复或停滞。资本账户开放带来的国际资本流动具有一定的市场调节作用，在将开放过程嵌入利率和汇率改革进程之中后，国际资本的逐利性流动有助于人民币均衡利率和汇率的形成。因此，人民币资本账户开放选择整体模式，通过统筹与利率和汇率改革之间的关系，能够有效实现金融改革的整体目标，并降低改革过程中的宏观风险。

第二，本书以宏观经济稳定作为评价改革过程是否合理的首要标准，并综合考虑改革对经济增长的影响，建立了适宜人民币资本账户开放的改革路径："利率市场化－资本账户部分开放－汇率市场化－资本账户完全开放"。这一路径的改革思路是利用资本账户开放引致的外部调节动力来推动人民币价值从内部均衡向外部均衡传递。通过灵活调整资本账户下各个管制项目的开放程度，来实现利率和汇率改革的均衡目标。从实证结果来看，这一路径在统筹三项改革措施的合理顺序的情况下，将最大程度的维护国内宏观经济的稳定和持续发展。

第三，本书在建立资本账户开放的改革路径的基础上，进一步分析了资本账户开放的内部顺序问题，认为资本账户下各个子项目的开放顺序构成了资本账户开放的实际过程，在整体开放模式下，内部顺序应顺应外部路径的安排，以维护改革目标的平稳实现。由此之故，本书将改革路径划分为四个阶段的改革过程，具体描述了每一阶段的改革内容，以此确定资本账户开放合理的内部顺序。概而述之，在第一阶段利率市场化过程中，资本账户开放银行市场、允许境外银行进入、开放债券项目和货币工具项目的资本流入类交易；第二阶段，逐步开放证券市场，解除对金融机构及个人海外投资的限制，允许金融机构跨境贷款融资；第三阶段的汇率改革过程中，放宽对资本流出的各项限制，允许资本转移以及国内机构和个人投资国外证券市场等，开放离岸市场与在岸市场间的人民币回流通道，允许人民币自由汇兑及汇出；第四阶段，开放剩余的资本管制项目，允许资本跨境流动，解除货币汇兑限制，同时，建立市场导向的风险监控体系，维护改革成果的可持续性。

第十章　人民币资本账户开放的风险管理

资本账户开放过程中存在的风险因素，是政府推进开放改革最主要的顾虑。资本账户开放风险来源于联通国内外两个市场时产生的价值不匹配，脱离管制的逐利资本在进行套利过程中，会影响国内宏观经济的物价稳定、外汇储备积累以及经济增长潜力。本章尝试建立人民资本账户开放风险压力指数体系。通过发展外汇市场压力指数EMP的建立思路，对资本账户开放风险的影响因素进行全面整合；再利用多因素多原因（MIMIC）模型确定关键因素，估计出人民币资本账户开放风险压力水平，即CAP（Capital Account Pressure）指数。

第一节　资本账户开放的风险构成与传递机制

一、资本账户开放与金融危机

资本账户开放过程存在的风险冲击是阻碍改革的主要因素。从20世纪60年代的美元危机，到70年代的南美金融危机，再到1994年墨西哥金融危机、1997年东南亚金融危机。从各国经历货币危机的历史经验证明，资本账户开放所带来的国内外资本自由流动，是引致货币危机的关键要素。国际资本流动变化将显著冲击国内宏观经济的平稳发展趋势，引致国内货币利率及汇率的大幅波动，并最终导致经济危机的爆发，尤其在开放条件不满足或开放方式不合理的情况下推进改革，会大大增加货币危机爆发的可能性。

资本账户开放引致的金融危机往往表现为货币危机，是指一国经济金融市场受到国际投机资本的冲击，引起本国货币迅速贬值，政府被迫只能采取抛售外汇储备或大幅提高本国利率的方式防止出现大规模资本外逃，保卫本币。危机的结果往往是一国原先采取的固定汇率制度崩溃，货币贬值，经济陷入衰退，政府为摆脱危机影响，不得不重启资本管制政策来应对货币承受的贬值压力。对经济体而言，开放资本账户引起的最直接的变化是由于放宽对资本进出国内金融市场的诸多限制，加剧了国际资本流动在规模和方向上的变化；同时，国内经济市场与国际市场相联通，周期同步性显著增强，国际市场风险的传播更为迅速，也导致了开放国家承担的宏观调整压力更重。总体而言，开放资本账户，允许资本自由流动，这一过程在提高投资效率的同时也增加了经济不稳定的风险，尤其对市场体系并不完善的新兴经济体而言，开放会增加金融危机爆发的隐患。

如前文所述，从 20 世纪 70 年代开始，随着各个发展中国家开始投入世界资本账户开放的浪潮，货币危机在世界经济市场上爆发的频率与规模都显著提升，学术界对现实案例进行分析，总结出了不同时期各具特点的货币危机模型。以 Krugman（1979）为首的学者针对 70 年代末期墨西哥和阿根廷爆发的货币债务危机总结提出了第一代货币危机模型，重点阐明了固定汇率制在资本账户开放过程中造成的矛盾是引发货币危机的主要原因。在固定汇率制度下，国内货币需求的不断扩张会引起财政赤字的不断扩大，政府利用外汇储备弥补国内货币需求最终会导致货币贬值，外债上升，固定汇率制度难以维持，从而引发货币危机。20 世纪 80 年代以来出现的智利、阿根廷以及欧洲货币危机，让投机性预期、多重均衡和自我实现等概念被引入到货币危机模型中，成为第二代危机模型。在这一时期，对资本账户开放的认识更为谨慎，一方面市场预期会影响政府对开放政策收益和成本的判断，另一方面政府政策的选择又显著影响着市场预期，在这一动态逻辑循环中，货币危机的爆发是市场自我实现的过程，资本账户开放称为推动实现的主要动力。1997 年发生的亚洲金融危机则成为研究资本账户开放与货币危机关系的新起点，在资本流动和货币危机的关系之间加入了金融部门，微观金融主体的行为成为新货币危机模型的研究重点。通过将货币危机置于完整的宏观经济发展周期中来考虑，认为经济自由化改革、国际资本投机性冲击、宏观经济泡沫、金融机构财务脆弱性以及国家外债结构等因素都有可能成为货币危机的触发因素。

资本账户开放引发货币危机是开放过程中的潜在风险，不完备的市场条件和外部环境，或者不合理的政策安排，都将显著增加风险发生的可能性，这也正是政府谨慎对待资本账户开放的原因所在。从上述各国的经验教训可以看出，与开放条件相比，合理的开放政策安排更为重要。历史上不缺乏在不具备开放条件下顺利完成资本账户开放的例子，但不合理的开放政策安排往往都引起了剧烈的经济动荡。从货币危机与资本流动的关系可以看出，资本账户开放并不能意味着完全彻底的放弃资本管制，而应是遵循市场规律，利用市场来影响资本流动，再与各项金融自由化改革相配合，可以灵活有效地控制资本风险，降低对国内金融市场、本国外债和外汇储备以及利率、汇率市场的冲击，从而避免货币危机的爆发。

二、资本账户开放的风险构成

资本账户开放产生的风险来源于跨境资本流动的剧烈变化，尤其是短期资本流动的大规模转向或者突然停止（Sudden Stop），将会加剧国内货币价值的波动，进而影响宏观经济的平稳增长。考虑跨境资本流动带来的风险因素，可以将资本账户开放的风险构成划分为系统性风险、表外风险以及流动性风险三类。

系统性风险，是指由于国内市场基本经济变量受到跨境资本流动的影响，而引起整个经济系统扭曲失衡，直至爆发经济危机的风险。比如当跨境资本大规模流入时，在宏观层面，将会引起国内货币汇率迅速升值，造成国际收支失衡，并进一步冲击以进出口贸易为主的实体经济主体。与此同时，流入境内的外国资本对央行造成了冲销压力，一方面会影响宏观调控政策的有效性，另一方面还会引起外汇储备的损失。而在微观层面，资本流入会加重国内金融机构和企业在资产负债方面的错配，推高不良资产比重，并引起金融市场泡沫膨胀，加剧国内金融体系的脆弱性。

表外风险，是指跨境资本流动利用非常规渠道，或采取不合理的规避手段，进入一国经济市场所导致的监管风险。如前文所述，对于资本账户已经半开放的经济体，短期国际资本能够利用贸易服务渠道或资产转移渠道实现流入流出国内市场，造成国际收支统计数据的异常。相比于国际资本流入，本国资本外逃引起的表外风险更显著，危害也更严重。在经济低迷时期，脱离统计和监管的资本外逃，将加速抽离国内市场的资本存量，影响经济持续增长的基础，同时加剧市场的悲观预期和短期波动，最终，将引发系统性风险，造成金融危机的爆发。

流动性风险，主要来自投机性跨境资本的流动。如果资本流入，市场会出现显著的流动性过剩，在金融市场上引起资产价格泡沫、在实体经济中造成物价膨胀；而一旦出现市场预期的快速反转，可能引发大规模资本流动的突然转向。在高流动性的市场条件下，资本流动转向将剧烈冲击宏观经济，并引起市场预期的进一步恶化。市场主体的非理性行为将导致调整政策难以发挥作用，流动性风险迅速累积并将最终引发上述两类风险，造成宏观经济的崩溃。

系统性风险、表外风险和流动性风险囊括了资本账户开放可能造成的对国内经济造成的诸多影响。完善的风险防范制度以及健全的金融体系，尽管不完全是实现资本账户开放的必要条件，但是是管理开发风险的重要基础和手段。根据三类风险构成的资本账户开放风险，理清风险对宏观经济的传导机制，有助于实现对开放风险的有效管理。

三、资本账户开放风险的传导机制

对资本账户开放风险传导机制的分析，应基于国际资本的流动路径来展开。国际资本流动从构成上来看，以国际私人资本流动为主，从期限结构来看，以短期资本流动为主。伴随中国资本账户逐步开放，国际资本流动带来的宏观风险基本按照直接路径和间接路径传导（如图 10-1 所示）。

我国目前采取的结售汇制度，仍对外汇在国内市场的自由兑换和使用存在数量限制。这意味着，国际短期资本无论以何种形式（贸易信贷、证券投资或非法渠道）流入国内市场，第一步仍需兑换为国内货币，才能进入实体经济或金融市场（刘惠好，2005）。因此，外汇占款和外汇储备的变化是国际资本流动规模变化的直接反映。资本流动存在的风险将通过外汇占款这一直接路径影响国内宏观经济。具体而言，国际短期资本大量流入，导致央行本币对冲外汇增加，货币投放量中外汇占款比重升高。对冲的本币进入市场一方面会加强货币流动性，令物价水平承受通胀压力，部分抵消国内宏观政策效应；另一方面，商业银行放贷规模增加，出现投资过热，金融市场内的信用风险持续累积。一旦国内宏观政策失调或经济增长失速，国际资本流动方向迅速逆转，将引起国内银行流动性不足、信用违约风险爆发，最终酿成金融危机。

国际资本流动风险传导的间接路径，是通过影响本国货币的利率和汇率预期，改变国内资本配置情况，最终引起宏观经济不稳定的过程。若一国国内利率显著高于国际平均水平，那么国际资本会出于套利或避险的目的进入国内货币市场。这一过程会增加国内货币市场的资金供给，利率承受下行压力，市场内借贷成本下降，投资规模增加，最终引起经济过热，通货膨胀压力上升（方显仓，2014）。国际资本大量流入在外汇市场上，表现为对本币需求的快速增加，引起本币汇率的升值预期。这一过程将加剧本币汇率的波动性，并对进出口贸易企业造成严重影响。本币强劲的升值预期会削弱本国商品的出口竞争力，影响国内宏观经济发展，并且当本币升值预期得以实现时，流入国内的国际资本将迅速套汇撤资，资本流动的逆转将可能导致国内宏观经济的崩溃（奚君羊，2002）。

综上分析，国际资本流动风险的直接路径和间接路径构成了资本账户开放风险的传导机制。若一国经济市场化程度较低、并存在明显的金融抑制举措时，市场的不完全将加快资本账户开放风险的传导速度和影响规模。

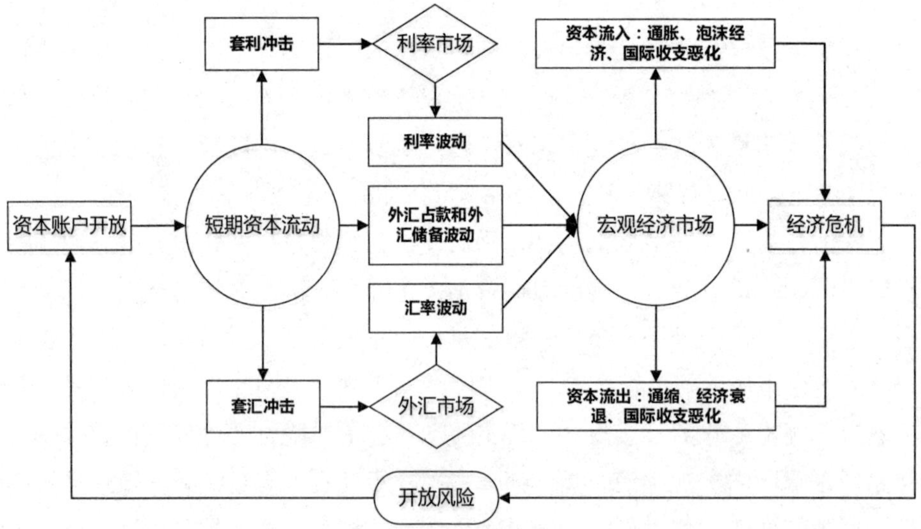

图 10–1　资本账户开放风险传导机制图

第二节　建立人民币资本账户开放风险指标——CAP 指数

一、CAP 指数的构建

外汇市场压力 EMP 指数，用以测度一国外汇市场上对本国货币的超额需求。在不同汇率政策条件下，准确的 EMP 指数有助于货币当局判断外汇市场风险，进行合适的调控操作。Weymark（1997）给出了 EMP 指数的一般定义，推导出基于货币模型的 EMP 指数表达式：

$$EMP_t = \Delta e_t + \eta \Delta r_t \tag{10-1}$$

即 EMP 指数可以表示为汇率百分比变化与外汇储备变化率的线性关系，其中η为转换系数，将外汇储备变动转化为等价的汇率变动。Eichengreen et al.（1995）则提出了以投机压力为内涵的非模型依赖 EMP 指数方程：

$$EMP_t = \Delta e_t / \sigma_e + \Delta r_t / \sigma_r + \Delta(i_t - i_t^*) / \sigma_i \tag{10-2}$$

认为汇率变动、外汇储备变动与国内外利差变动的加权线性组合更能反映 EMP 指数变化，其中权数（$1/\sigma_e, 1/\sigma_r, 1/\sigma_i$）为各变量序列的条件波动性。

从 EMP 指数的构建思路可以看出，反映外汇市场风险压力的 EMP 指数可以由风险传导市场中的变量变化情况予以描述，当本币在外汇市场面临超额需求时，本国汇率、外汇储备和内外利差的反馈变动能够综合反映出市场压力水平。本书基于 EMP 指数的构建逻辑，将其拓展到资本账户开放风险的测度领域，建立反映资本账户开放风险压力的 CAP 指数。据前文所述，资本账户开放风险传导主要依赖于外汇占款及外汇储备变化的直接渠道，以及影响利率市场和汇率市场的间接渠道。因此，综合国内外汇占款及储备变动、利率市场变动和汇率市场变动，能够对资本账户开放风险加以描述。建立下述表达式：

$$CAP = \Delta E / \sigma_e + \Delta R / \sigma_r + \Delta I / \sigma_i \tag{10-3}$$

其中 $\Delta E, \Delta R, \Delta I$ 分别表示本国外汇市场、外汇储备情况和利率市场在面对资本账户开放承受资本冲击时的变化情况，通过选择合适的描述变量来对开放风险进行测度。（$1/\sigma_e, 1/\sigma_r, 1/\sigma_i$）作为权重参数，反映了各个渠道对风险压力的敏感程度，选择合适的参数估计方法，即测度资本账户开放压力指数 CAP 的变化情况。

CAP 指数与 EMP 指数都具有不可直接观测的特征，在估计方法的选择上，Weymark（1998）提出结构化模型尽管不能准确构建风险传导模型，但并不影响构建合宜的描述指数。结构化方程常用于研究不可观测变量和可观测变量之间的关系，适宜用来估计 EMP 指数（朱杰，2003；郭立甫，2014）。本书选择结构方程中的 MIMIC 模型对我国资本账户开放压力指数 CAP 进行估计。

二、实证模型介绍

MIMIC 模型能够通过严密的结构形式清晰反映潜在变量与外生原因变量及内生结果变量之间的相关关系，并获得全部解释变量对潜在变量的影响权重。Joreskog & Goldberg（1975）首次建立了模型的基本形式，Schneider & Enste（2000）对模型建立条件做了进一步分析，认为 MIMIC 模型不依赖严格的约束条件与假设前提，与其他间接测度法相比，该模型具有更高的灵活性，适用范围更广。

MIMIC 模型通常由两部分组成，即反映潜在变量与内生结果变量之间影响关系的测度方程，以及描述外生原因变量对潜在变量影响过程的结构方程。具体表达式如下所示：

$$y_{1t}=\lambda_1\eta_t+\varepsilon_{1t},y_{2t}=\lambda_2\eta_t+\varepsilon_{2t},\cdots,y_{pt}=\lambda_p\eta_t+\varepsilon_{pt} \qquad (10\text{–}4)$$

$$\eta_t=\gamma_1\chi_{1t}+\gamma_2\chi_{2t}+\cdots+\gamma_q\chi_{qt}+\varsigma_t \qquad (10\text{–}5)$$

在测度方程（10–4）中，y_{1t} 是内生结果变量，是包含潜在变量 η_t 潜在信息的指标变量；λ_i 是待估参数，反映潜在变量对结果变量的影响程度；ε_{it} 是方程误差项。（10–5）式是结构方程，其中 χ_{it} 是外生原因变量，表示导致潜在变量 η_t 发生的原因；γ_i 是待估参数，ξ_t 是方程误差。模型中的潜在变量 η_t 在现实中不能被直接观测，往往根据研究目标，赋予不同的经济含义。本书试图构建反映资本账户开放风险的测度指数，该指数在经济环境中不被直接测度，在 MIMIC 模型中设定为潜在变量，通过选择合适的外生原因变量和内生结果变量有助于我们间接测度其水平。将（10–4）、（10–5）式转化为向量形式，令 $X_t=(\chi_{1t},\chi_{2t},\cdots,\chi_{qt})'$，$Y_t=(y_{1t},y_{2t},\cdots,y_{pt})'$，$\Gamma_t=(\gamma_{1t},\gamma_{2t},\cdots,\gamma_{qt})'$，

$\lambda=(\lambda_1,\lambda_2,\cdots,\lambda_p)'$，$\varepsilon_t=(\varepsilon_{1t},\varepsilon_{2t},\cdots,\varepsilon_{pt})'$。MIMIC 模型的矩阵形式写为：

$$Y_t=\lambda\eta_t+\varepsilon_t \qquad (10\text{–}6)$$

$$\eta_t=\Gamma_t'X_t+\varsigma_t \qquad (10\text{–}7)$$

进一步设定测量方程误差项 ε_t 的标准差为 $v_t=(v_{1t},v_{2t},\cdots,v_{pt})'$，将（10–7）式代入（10–6）中，则模型简化为：

$$Y_t=\prod_t X_t+v_t \qquad (10\text{–}8)$$

其中 $\prod_t=\lambda\Gamma_t'$，$v_t=\lambda\varsigma_t+\varepsilon_t$。假定 ε_t 和 ς_t 均服从正态分布且相互独立，$E(\varsigma_t)=E(\varepsilon_t)=0$，$E(\varsigma^2)=\sigma^2$，$E(\varepsilon_t\varepsilon_t')=\Theta^2$，其中 Θ 是关于 v_t 的对角矩阵。整理上述条件，得到包含待估参数 θ 的协方差矩阵 $\sum(\theta)$ 记作：

$$\sum(\theta)=E(v_tv_t')=E[(\lambda\varsigma_t+\varepsilon_t)(\lambda\varsigma_t+\varepsilon_t)']=\sigma^2\lambda\lambda'+\Theta^2 \qquad (10\text{–}9)$$

利用所有可观测变量的样本值便可以求解 MIMIC 模型。具体思路是，如模型估计正确，则可观测变量的总体协方差矩阵可以被样本协方差矩阵准确复制，即 $\Sigma=\sum(\theta)$；据此可以得到待估参数 θ，带回结构方程即可求解潜在变量水平。

三、指标选择与数据处理

选择合适的外生及内生可观测变量是保证 MIMIC 模型估计结果具有经济意义的唯一约束。本书扩展了外汇市场压力指数的构建思路，建立资本账户开放风险指数，意味着模型选择的外生变量应是产生开放风险的主要原因，而内生变量则能够反映开放风险发生的结果，即对宏观经济的不利影响。依据前文对资本账户开放风险的分析，对构建资本账户开放风险指数的变量选择将基于风险的传导路径与影响机制。

（一）外生原因变量的选择

据前文所述，资本账户开放的风险来自资本流动在脱离监管后的突发性变化，尤其是短期大规模资本流入或流出国内市场，将对国内宏观经济造成不利影响。资本流动引致的开放风险的传导，在直接渠道上，通过改变国内外汇占款水平，进而引起外汇储备和市场内货币量的波动，对经济增长和物价稳定形成冲击；而在间接渠道上，利率和汇率市场中的套利套汇资本会导致利率、汇率的频繁波动，最终影响宏观市场的资本配置效率，冲击经济增长趋势和问价稳定。由此之故，选择开放风险指数的外生变量将从上述渠道中提取合适的反映指标。

在直接渠道中，为反映短期资本流动变化规模和变动趋势，选择外汇占款趋势偏离度（X1）、外汇占款变动率（X2）、外汇储备变动率（X3）、（外汇占款 /M2）变动率（X4）、（外汇储备 /M2）变动率（X5）。在间接渠道中，汇率市场方面本书选择实际有效汇率变动率（X6）、实际有效汇率趋势偏离度（X7）、远期汇率变动率（X8）；利率市场方面选择银行间拆借利率变动率（X9）、银行利率趋势偏离度（X10）、中外利差（X11）。

其中，趋势偏离度指标表示序列实际值与其变动趋势的偏离水平，能够反映短期因素对序列冲击造成的高估或低估的影响，记作：$\Phi=(O_t-T_t)/T_t$。远期汇率指标选择人民币一年期 NDF 汇率的月度数据，反映国际市场对汇率的预期。各指标变动率都来自原始数据序列的对数差分，有效消除了序列的自相关影响。中外利差是中国 1 年期存款利率减去美国美联储 1 年期存款政策利率而来。考虑到模型自由度，11 个外生原因变量足以概括开放风险指数的原因因素。

（二）内生结果变量的选择

本书选择的内生结果变量应是能够充分反映资本账户开放风险结果特征的指标。从图 10–1 可以看出，资本账户开放的风险作用于国内宏观经济的各个方面，包括经济增长趋势、物价波动、内外平衡、资本配置效率等，最终可能导致货币危机的出现。而对于我国改革政策选择的权衡，宏观经济增长与稳定是政府考虑的首要因素。因此，本书选择宏观经济景气指数变动率（Y1）、物价指数变动率（Y2）以及进出口差额变动率（Y3）作为资本账户开放风险的结果变量。

（三）数据处理

本书实证样本选择的是 1999 年 1 月至 2014 年 12 月的月度数据，其中除人民币 NDF 数据来自万德数据库以外，其他数据来自 CEIC 数据库。对存在季节性因素的序列做了季节性调整，数据序列都经过无量纲化处理。MIMIC 模型估计要求变量序列平稳，如表 10–1 所示，所有变量序列通过 ADF 检验，满足平稳性要求。

表 10–1　变量序列平稳性检验结果

	X1	X2	X3	X4	X5	X6	X7
检验形式	（0,0,c）	（0,0,c）	（0,0,c）	（0,0,c）	（0,0,c）	（0,0,c）	（0,0,c）
T 统计量	–11.1928	–5.5677	–4.3473	–5.3298	–4.5483	–10.1041	–4.6280
P 值	0.00	0.0000	0.0005	0.0000	0.0002	0.0000	0.0002
	X8	X9	X10	X11	Y1	Y2	Y3
检验形式	（0,0,c）	（0,0,c）	（0,0,c）	（1,t,c）	（0,0,c）	（0,0,c）	（1,0,c）
T 统计量	–10.3600	–15.3929	–5.6206	–7.2659	–4.8559	–5.9483	–12.7866
P 值	0.0000	0.0000	0.0000	0.0000	0.0001	0.0000	0.0000

注：检验形式（0,t,c），0 表示无滞后阶数，t 表示有趋势项，c 表示有截距项。全部变量序列在 1% 的置信度下平稳。

第三节　CAP 指数的参数估计与风险测度

一、对 MIMIC 模型参数的估计与修正

本书选择了导致资本账户开放风险的 11 个代表性外生可测变量，以及反映风险效果的 3 个内生可测变量，并以资本账户开放风险指数作为唯一潜在变量，构建 MIMIC 模型。模型形式可以写作 MIMIC（11–1–3），利用 Amos21.0 软件做出模型关系图，如图 10–2 所示，其中 e_i 表示误差项。Stapleton（1978）提出，在估计 MIMIC 模型之前，需要选择一个规模变量，即固定任一内生结果变量的载荷系数，本模型中默认设定宏观景气指数波动指标 Y1 为规模变量，载荷系数固定为 1。这一假定不影响最终估计结果。

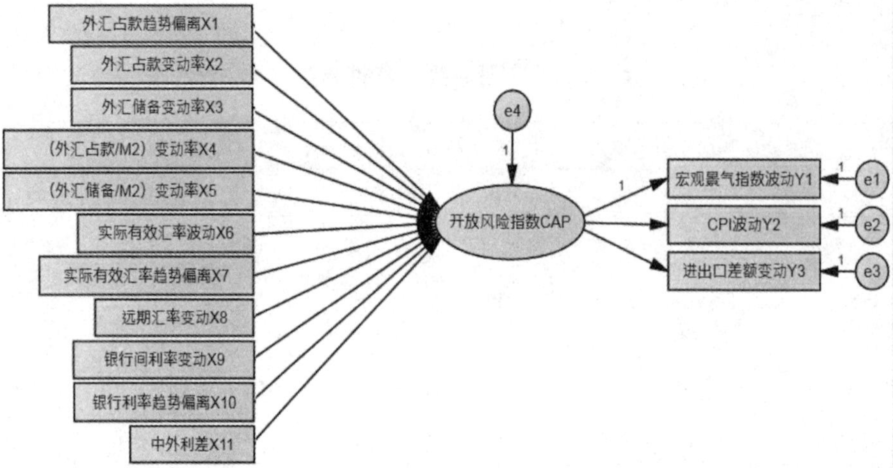

图 10–2 人民币资本账户开放风险指数的基本模型 MIMIC（11–1–3）

利用 Amos21.0 软件对 MIMIC 模型进行最大似然估计，在对基本模型 MIMIC（11–1–3）的估计过程中，需要根据估计结果对指标变量进行修正，以改善模型的拟合效果。这一过程基于三项原则：（1）对参数估计结果不显著的变量，可以删除；（2）对估计结果显著，但参数符号不符合经济理论的变量，需谨慎考虑删除；（3）综合考察变量显著性和模型拟合条件，选择最合适的变量组合。基于上述原则，本书对 MIMIC（11–1–3）模型的估计和修正过程如表 10–2 所示。

表 10–2 人民币资本账户开放风险指数的 MIMIC 模型估计结果及修正

	MIMIC（11–1–3）	MIMIC（9–1–3）	MIMIC（6–1–2）	MIMIC（4–1–2）	MIMIC（3–1–2）
外生原因变量					
X1 外汇占款趋势偏离度	0.001**（2.159）	0.001**（2.192）	0.001*（2.176）	——	——
X2 外汇占款变动率	0.044**（2.030）	0.035（1.608）	——	——	——
X3 外汇储备变动率	–0.047**（–2.069）	–0.041（–1.788）	——	——	——
X4（外汇占款 / M2）变动率	–0.045**（–2.315）	–0.036（–1.837）	——	——	——

X5（外汇储备/M2）变动率	0.096*** （4.755）	0.087*** （4.306）	0.049** （2.399）	0.052** （2.435）	0.057*** （2.665）
X6 实际有效汇率变动率	0.009 （0.344）	——	——	——	——
X7 实际有效汇率趋势偏离度	−0.061*** （−4.525）	−0.059 （−4.411）	−0.057*** （−4.226）	−0.005*** （−4.557）	−0.069*** （−4.776）
X8 远期汇率变动率	−0.120*** （−3.143）	−0.118** （−3.095）	−0.116** （−3.021）	−0.113* （−2.811）	——
X9 银行间拆借利率变动率	0.008*** （3.895）	0.008*** （3.922）	0.008* （3.908）	——	——
X10 银行利率趋势偏离度	−0.007*** （−4.524）	−0.007*** （−4.496）	−0.007*** （−4.564）	−0.005*** （−2.959）	−0.005*** （−3.037）
X11 中外利差	0.000 （0.035）	——	——	——	——
内生结果变量					
Y1 宏观经济景气指数变动率	1.000	1.000	1.000	1.000	1.000
Y2 物价稳定指数变动率	0.408*** （3.355）	0.397** （3.123）	0.380** （2.614）	0.417** （2.285）	0.473*** （2.480）
Y3 进出口差额变动率	0.940 （0.969）	0.994 （0.992）	——	——	——
模型拟合度					
卡方值	1217.630	1104.322	52.131	14.664	8.149
卡方值/自由度	15.813 （d=77）	20.450 （d=54）	2.607 （d=20）	1.629 （d=9）	1.630 （d=5）
AGFI	0.464	0.451	0.881	0.939	0.948
RMSEA	0.284	0.325	0.093	0.058	0.059
CFI	0.407	0.053	0.657	0.894	0.929

注：（1）变量估计系数值下的括号内是 Z 统计量，*、**、*** 分别表示 10%、5%。1% 的显著水平；（2）根据模型设定约束要求，Y1 宏观经济景气指数变动率系数固定为 1；（3）卡方值越小、P 值越大，则模型拟合效果越好；（4）卡方值/自由度在区间 [1,2] 时，模型严格适配；在区间 [2,3] 时，适配良好；（5）AGFI 是调整拟合优度指数，AGFI>0.9，则拟合效果良好；（6）RMSEA 是近似误差均方根，当 0.05<RMSEA<0.08 时，拟合效果较好；（7）CFI 是比较适配指标，CFI>0.9，则模型拟合较好（笪凤媛，2009）。

从表 10-2 可以看出，基本模型 MIMIC（11-1-3）的拟合效果很不理想，在删除 X6 实际有效汇率变动率和 X11 中外利差两个不显著变量后，得到 MIMIC（9-1-3）的估计结果。同样，模型拟合度较差，X2 外汇占款变动率、X3 外汇储备变动率、X4（外汇占款 /M2）变动率都表现不显著，内生变量 Y3 进出口差额变动率在调整后也仍不显著。删除上述指标后，MIMIC（6-1-2）的估计结果显示，变量估计都在 10% 置信水平上显著，但模型的五个拟合评价指标仍不达标。对模型进一步修正后，得到 MIMIC（4-1-2）和 MIMIC（3-1-2）两个适宜结果。

对比 MIMIC（4-1-2）和 MIMIC（3-1-2）两个模型的估计结果，其差别在于对变量 X8 远期汇率波动率的取舍。考虑模型样本期内的经济现实，人民币汇率定价机制仍未完善，汇率对市场预期的反映并不充分，这导致离岸市场的远期汇率对在岸即期汇率影响有限。再综合考虑模型拟合度要求，本书选择 MIMIC（3-1-2）作为最优模型构建开放风险指数。

二、基于 MIMIC 模型测度开放风险指数

MIMIC（3-1-2）模型的估计结果显示，（外汇储备 /M2）变动率（X5）、实际有效汇率趋势偏离度（X7）以及银行利率趋势偏离度（X10）是影响资本账户开放风险指数的主要因素。但据此构建资本账户开放风险指数，需要进一步分析指标变量和估计参数的经济意义。

（外汇储备 /M2）变动率反映货币总供给中外汇储备规模占比的变动速度，指标值绝对值越大，显示一国的外汇储备规模正在加速扩张（或萎缩）。这一指标描述了资本账户开放过程中短期资本流动冲击对外汇储备的影响，其风险因素在于资本流入引起的外汇储备增加（指标增长），会引起经济过热、通货膨胀等风险；反之，资本流出导致的外汇储备减少（指标降低），会引起经济低迷，通货紧缩等风险。因此，这一过程符合模型估计参数表现出的与开放风险指数的正相关特性。

趋势偏离度指标本质上是原序列的循环项与趋势项的比例，反映短期冲击造成的影响程度，指标变化具有两点特性：（1）短期冲击引起的偏离对长期趋势具有通向拉动作用；（2）短期偏离始终存在向长期趋势回归的动力。由此之故，利率和汇率的趋势偏离度指标都对开放风险指数表现出负相关的

关系。具体而言，在利率趋势偏离正向扩大的过程中，利率上升，宏观市场内投资减少、融资成本增加、经济增长放缓，衰退风险增长，反之则反是。对于汇率趋势偏离指标，在我国现行的有管理的浮动汇率制度下，汇率偏离主要影响国内的进出口贸易与资本流入流出。当汇率趋势偏离正向扩大时，对外贸易受到的负面冲击会不断增加，宏观经济增长受阻，国际投机资本在大肆进入国内金融市场后，将根据宏观情况决定撤出时机以完成套汇套利，这一过程会增加金融危机爆发的风险，引起大范围的经济衰退。

从测量方程中 CAP 与经济景气指数和物价指数的参数关系可知，CAP 的正负方向决定了景气指数与物价指数的变动方向，综合上述分析，可以得到开放风险指数 CAP 的几点经济意义：（1）当指数绝对值趋近于 0 时，代表开放风险较低，宏观经济增长平稳，物价稳定；（2）当 CAP 为正且不断增大时，景气指数和物价水平也将快速上升，引起经济过热和通货膨胀；（3）当 CAP 为负且绝对值增长时，景气指数和物价水平会加速下跌，宏观经济将陷入衰退和通缩的情况。由此之故，本书构建的资本账户开放风险指数能够反映实际开放中的风险传导过程和影响结果，能够成为度量我国资本账户开放风险的观察指标。

根据 MIMIC 模型的结构方程，我们可以计算开放风险指数 CAP 的实际水平。利用 Amos21.0 对 MIMIC（3–1–2）模型的估计参数标准化，得到计算用的权重参数如表 10–3 所示：

表 10–3 MIMIC（3–1–2）模型参数标准化结果

变量关系	估计值
（外汇储备 /M2）变动率 X5 → 开放风险指数 CAP	0.248
银行间利率趋势偏离度 X7 → 开放风险指数 CAP	–0.451
汇率趋势偏离度 X10 → 开放风险指数 CAP	–0.283
开放风险指数 CAP → 宏观经济景气指数 Y1	0.703
开放风险指数 CAP → 物价指数 Y2	0.312

注：运行软件 Amos21.0。

据此，开放压力指数 CAP 的计算式可以写作：$CAP=0.248\times X5-0.451\times X7-0.283\times X10$。代入外生变量序列数值，得到 1999 年 2 月至 2014 年 12 月的资本账户开放压力指数 CAP 的估计水平与变化过程，如图 10–3 所示：

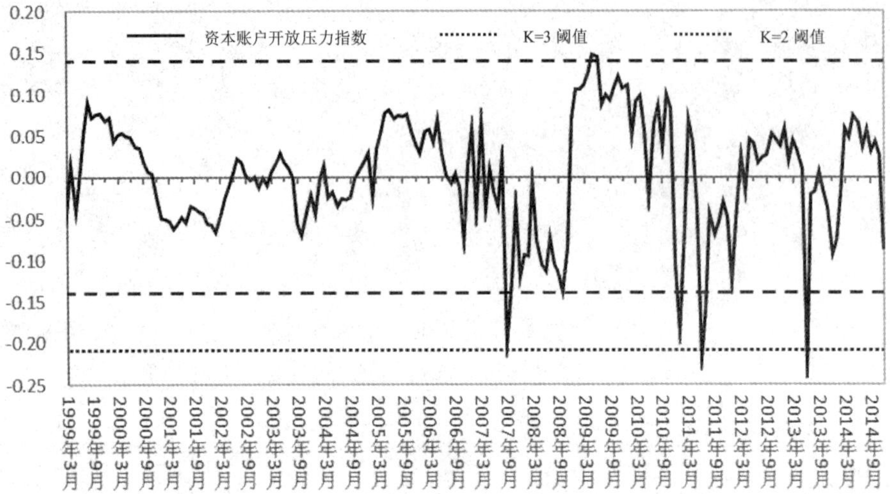

图 10–3 资本账户开放风险指数 CAP 估计图

可以看出，随着我国对人民币资本账户开放改革的深入，开放风险发生着连续变化，反映为 CAP 指数变化的波幅扩大和频率加快。参考 EMP 指数对外汇危机的判定标准，本书设定开放风险程度的临界值公式：

$$\pm LJZ(k)=|\overline{CAP}+k\times SD(CAP)|$$

考虑 CAP 指数值的正负向意义，其绝对值越大，则反映开放风险越大。当风险突破临界值水平时，意味着此时开放资本账户有较大可能导致经济危机。不同级别的临界值，为评价开放风险程度提供了参考。在图 10–3 中，长虚线表示 k=2 时的正负临界值线，突破此线意味着开放风险明显，应谨慎推进资本账户开放；而突破点虚线表示的 k=3 负临界值线，则表明开放风险严重，此时开放资本账户可能导致经济衰退，应暂缓开放并强化资本管制。如图所示，2008 年前后的金融危机时期，我国面临人民币汇率升值压力增加，外汇储备价值损失以及宽松货币政策等因素影响，导致资本账户开放的风险快速累积，经济下行压力增大，CAP 指数负向突破了 –LJZ（3）线。随着我国应对危机的政策组合生效，人民币利率上升，汇率升值的趋势也得到遏止，风险指数在 2009 年中期回升至正向 LJZ（2）水平，表明在当时扩大资本账户开放可能引起经济过热。在 2011 年至今的后金融危机时期，伴随我国改革开放和产业结构调整进入“深水区”，开放风险指数多次负向突破了 –LJZ（3）线，意味着当期贸然推动资本账户开放可能引起宏观经济的衰退，通过加强对资本流动的管理，有助于维护国内改革及调整的顺利进行。

第四节　人民币资本账户开放的风险管理

上文建立的资本账户开放风险指数CAP作为一个双向指数，指数绝对值越趋近于零，则表明经济环境越稳定，适合推动资本账户深入开放；而CAP绝对值增大，代表着资本账户开放风险逐渐累积：CAP正值越大，反映经济处于过热状态，此时资本账户开放可能引起短期资本流入，冲击利率、汇率市场，引发经济危机；CAP负值越大，则表明经济承受较强下行压力，一旦取消资本账户管制，资本外逃会加速经济衰退，最终导致货币危机的发生。通过设定波动临界值，样本期内CAP指数的变化能够反映出当期经济环境变化，分析结论与现实政策相符，这表明本书建立的资本账户开放风险指数CAP具有较好的适用性。

人民币资本账户开放的改革风险在于国际资本流动对国内宏观经济的冲击，可能造成利率和汇率市场的大幅波动，最终引发金融危机。我国在推进账户开放时，应当加强对伴生风险的管理，开放与管理在这一过程中并不矛盾。资本账户开放并不意味着放弃对资本流动的监管，而是要求政府采取市场化的调控工具来引导市场参与者的交易行为，以避免市场风险的爆发与蔓延。基于此认识，政府在推进人民币资本账户开放的过程中，应重视以下几点风险控制措施。

一、建立资本账户开放的风险监管与预警机制

（一）建立跨境资本流动监控管理体系

国际资本的跨界流动规模与方向的变化是引起资本账户开放风险的根本原因，在开放账户的过程中，建立针对跨境资本流动的监控体系有助于维护账户开放水平的可持续，这与改革目标并不矛盾。金融危机是市场风险积累到一定程度而爆发的结果，往往以相关经济变量的指标恶化作为信号，因此，

通过监控一系列经济金融指标的变化过程，能够实现对开放风险的监控与预警。监控体系的建立应涵盖两方面的指标，其一，是对国际收支平衡表中资本和金融账户下实际发生的资本交易规模进行统计，同时估算未计入表内的地下资本流动规模；其二，是根据风险传导途径，选择利率市场、汇率市场以及实体经济相关指标共同组建指标体系，从国内经济变化来反映资本流动的实际效果。监管部门还应确立明晰的风险评价标准，根据资本流动的期限结构、投资主体、规模变化以及有无现实交易背景等因素来赋予不同的风险权重，并根据不同的风险级别确定不同强度的管理工具。在此基础上，风险管理机构应根据国内经济状况动态调整市场风险的临界阈值，并保证其适用于各类风险监控预警指标体系，以及时预测风险的变化趋势，分析风险爆发的可能性。

（二）制定应对风险的应急方案

针对可能出现的风险状况制定合理的应急预案，做到有备无患同样是风险管理的重要内容。政府在进行风险监控与预警的同时，设计应对突发风险的处置方案，储备政策条件工具，有助于市场在面临风险事件时迅速恢复稳定，降低风险损失。随着我国经济改革开放的不断加深，风险管理手段也在从行政干预转向市场化调节，从数量限制转向价格管理。具体而言，在资本账户开放风险的管理方面，可以对资本流入采取期限差别托宾税、无息准备金或定向投资等方式约束流入资本的规模、期限与目标，达到调节目的。同时，当出现国际游资恶意冲击国内金融市场的情况时，央行应果断采取直接干预方式，稳定本币汇率，遏制风险扩散，以此避免宏观经济遭受更严重的损失。提前做好风险预案，并针对各类临时干预政策制定有序退出机制，能够在保障市场化改革成果的同时，降低改革引致的风险。对跨境资本流动的风险监控配合市场化的调节手段，有助于政府掌握资本账户改革的风险细节，在控制较低风险水平的情况下，稳步推进资本账户的持续开放。

二、加快建立能适应国际竞争的金融体系

（一）建立金融机构的自我约束机制

政府应当加强金融市场相关领域的立法与执行，明确法律的约束边界，

有效遏制违法或规避法律行为引起的市场波动。在法律限制清晰的基础上，完善金融机构的信息披露机制，对突发风险事件要及时报告，避免引起市场非理性恐慌。金融机构建立自我约束机制，除了明确的法律规章制度以外，还需要市场引导经济主体自觉进行良性竞争与风险管理，强化自身的资本充足率，增加资产信息透明化与规范性，提升市场竞争的真实实力。在资本账户开放的关键阶段，政府在鼓励国内资本境外投资的同时，需要规范投资主体的资格审核，尽量避免个别案例破坏整个金融市场的生态，以维护改革开放的平稳深化。

（二）强化宏观审慎性管理

我国目前仍是以银行为主导的金融市场结构，作为跨境资本流动的主要中介机构，银行处理的跨境外汇存贷款、资金汇出与汇入服务、以及借入外债等业务是产生开放风险的关键。因此，加强对银行业的审慎性监管，有助于维护行业稳定，降低国内市场的金融脆弱性。监管机构应要求银行主体注重自身债务的期限结构和质量，重视存在的货币资产错配问题，动态监测汇率变化，并密切注意国际市场的突发性事件。

（三）有序调整资本账户开放进度

资本账户开放是联通国内外金融市场的关键改革内容，是建立并完善现代金融市场体系的重要要求。资本账户开放的重要性与复杂性，导致一成不变的开放模式是难以满足改革要求的，政府应在改革过程中遵循风险管理框架，根据改革环境以及风险水平，灵活调整资本账户的开放项目和程度。要按顺序、分步骤、有选择的安排开放进度，重视资本账户下跨境资本流动的规模、结构与渠道，以此达到控制风险的目的。通过与利率和汇率改革的有机配合，动态调整人民币资本账户开放的结构，能够有效降低各项改革度宏观稳定的冲击，在维护改革成果的同时控制住改革的成本。

三、加强预期管理与国际合作

（一）明确资本账户开放过程中的资本管制目标

我国在推进资本账户改革时，应坚持一边开放一边管制的思路，始终重视开放可能引致的风险冲击。在此过程中，政府需要明确开放背景下的资本管制目标，避免出现本末倒置的改革。资本管制作为宏观经济政策的重要组成，应当始终坚持维护国内宏观经济的稳定增长。因此，当改革的外部条件恶化或是面临突发风险事件时，灵活采取管制政策来抑制风险影响，这是合理的行为，也应是改革部门做出的正确反应。脱离现实背景、一成不变的推动资本账户开放，会导致改革风险不断积累并最终爆发，对宏观经济造成难以弥补的损失。由此之故，在实现人民币资本账户开放的改革进程中，政府应明确资本管制与开放政策之间的配套关系，设置清晰的阶段性目标，始终坚持以宏观稳定作为评价风险的关键标准，灵活控制改革进度，降低风险水平。

（二）根据政策目标制定合适的预期管理措施

投资主体的市场预期会明显加剧金融风险的破坏性，而政府采取合理政策引导预期，提振市场信心，又能够帮助经济迅速从危机中得到恢复。因此，在资本账户开放的风险管理过程中，政府应更积极主动的进行政策调整和信息披露，维护市场信息的传导效率与准确性，避免因改革政策的变动引起市场的非理性波动。其次，我国应进一步完善资产类金融市场的定价机制，理顺货币资源配置扭曲，以此从根本上消除短期跨境资本的套汇套利空间，降低投机性资本带来的流动性风险。在推进改革的思路上，政府可以借鉴美联储的前瞻指引策略，制定合理的改革路线图，并积极披露改革信息与进展，藉此平抑改革可能对市场造成的冲击，降低因信息不对称引起的市场风险。

（三）加强国际合作

随着世界经济一体化的快速发展，一国的风险管理政策需要与国际市场条件相适应，与其他国家政策相协调，尤其在跨国投资、货币跨境使用以及反洗钱等领域的国际合作，能够有效避免国际金融风险的扩散，维护国际收支的平衡。政府应加强国际间金融监管的合作与交流，重点关注对证券业的联合监管。相对于银行业的巴塞尔协议，由于国际金融市场对非银行证券机构尚未出台规范性的基础协议，导致国际游资的金融交易倾向从严监管领域转向监管较松的非银行金融领域，这将增加整个金融市场的系统性风险。同时，我国应加快完善国际金融统计，加强会计、审计与信息披露的国际标准化与跨国合作，以此降低资本账户开放过程中可能出现的表外风险。

本章小结

本章对人民币资本账户开放的风险进行了测度，并据此提出了资本账户改革开放的风险管理建议。文中参考外汇市场压力指数 EMP 的构建思路，以资本账户开放风险对宏观经济的影响机制为基础，利用 MIMIC 模型整合了开放风险的影响因素，并据此建立了描述开放资本账户风险的 CAP 指数。本章研究形成了以下几点结论。

第一，CAP 指数能够反映不同市场条件下开放资本账户可能导致的宏观风险，因此能够成为决策人民币资本账户开放时机选择的参考指标。通过对 CAP 指数的变化过程进行分析，可知：（1）CAP 指数趋近于零时经济条件平稳，适合加快推进资本账户开放；而指数绝对值越大，则意味开放引致的风险越强；（2）利率和汇率对均衡水平的偏离会导致开放风险增加，因此，实现利率和汇率市场化定价有助于资本账户的平稳开放；（3）当前我国宏观经济下行压力较强，CAP 指数负值较高，意味着贸然加速资本账户开放可能加剧宏观经济衰退，并引起一定程度的通货紧缩。

第二，在测度人民币资本账户开放风险的基础上，本章对我国能够采取的风险管理措施提出了建议。考虑到资本账户开放与宏观经济稳定紧密相关，开放过程需要根据内外经济条件灵活调整，减轻对经济发展的冲击影响。首先，政府应进一步完善针对短期资本流动风险的监控和预警机制，实现对市场风险的全面把握；并对可能出现的各类风险事件制定应急预案，以防范改革引致的风险冲击。其次，加强我国现代金融体系的建设与完善，提升各类金融机构的业务竞争实力与风险管理能力，以在资本账户开放过程中应对境外金融机构的挑战，以及跨境资本的冲击。最后，资本账户开放是加快我国经济金融市场全球化的关键要求，在改革过程中，应当加强与国际风险监管机构的合作，加强与各国在国际贸易和投资领域的合作，建立有效的信息沟通和共享平台，防止国际金融风险的产生与传导。

第十一章　本书结论与研究展望

第一节　本书总结

一、研究内容和研究发现

本书系统梳理了资本账户开放的发展历程与国际经验，并分别从资本账户实际开放水平与管制政策有效性两方面分析了人民币资本账户的现实状况，进一步深入研究了资本账户开放对短期资本流动、国内金融市场、外汇风险传染、系统性金融风险的影响机制，最后人民币资本账户开放的最优路径进行深入探讨，同时构建了人民币资本账户开放风险压力指数。具体而言：

第一，本书从实际开放水平和资本管制有效性两个角度，对人民币资本账户开放的现状进行分析，认为当前加快人民币资本账户开放具有一定的现实基础。从实际开放水平来看，本书结合名义测度法与开放测度方法，通过考查资本账户下各子项目实际开放水平的平均值，测度了人民币资本账户开放的实际水平。结果显示当前人民币资本账户整体的实际开放水平较高，但在资本转移、货币市场工具投资和证券投资等领域仍面临较严格的限制。而在资本管制有效性的讨论中，实证结果显示当前的资本管制政策仍能发挥一定的宏观稳定作用，但对于投机资本隐蔽流动的管制作用逐渐减弱。基于对人民币资本账户开放现状的判断，本书认为加快推进账户开放有助于形成与实际开放水平相匹配的市场化管理体制，降低隐蔽资本流动的规模和冲击作用，避免宏观经济调控失效。

第二，在考虑资本账户管制的基础上，构建存在异质性风险偏好投资者的跨境投资模型，探究了资本账户管制、套利、套汇等因素对资本流动的影响机制。在实证部分，以资本账户开放为状态变量，以国内外利差、人民币汇率贬值预期、资产收益率、人民币汇率波动、美联储货币政策和国际金融风险等因素为解释变量，建立了中国短期资本流动驱动因素的半参数平滑系数模型，借此分析资本账户开放推进过程中相关因素对短期资本流动的时变影响特征。研究发现：首先，资本账户开放虽然是跨境资本流动规模日渐放大的最大诱因，但对资本流动并没有明确的导向作用，资本账户开放程度通过改变相关因素的影响程度，进而对跨境资本流动规模产生影响。其次，2012年资本账户迅速放开以前，套汇和套利动机对中国短期资本流动起主要作用，其他因素影响相对较小。随着资本账户开放的逐步推进，各驱动因素对短期资本流动的影响程度不断增大。其中，美联储货币政策的影响力大幅攀升并成为主导因素，国际金融风险的影响力也有明显提升，而套利动机则日趋式微。再次，人民币汇率波动存在套汇空间和套汇风险效应，汇率波动对短期资本流动的影响视二者的综合效应而定。当套汇空间作用强于套汇风险时，汇率波动对短期资本流动呈现正向影响；当套汇风险作用占优时，汇率波动呈现负向影响。国际金融风险存在“全局效应”和“替代效应”，国际金融风险对短期资本流动的影响视二者的综合效应而定。当“全局效应”占优时，国际金融风险对短期资本流动呈现负向影响；当“替代效应”占优时，国际金融风险呈现正向影响。

第三，将资本账户开放因素纳入传统的跨境投资组合模型，构建囊括资本账户开放、外汇市场、债券市场和股票市场的一般均衡理论模型，并基于2005年“7·21”汇改后数据、利用SV-TVP-VAR模型实证研究了资本账户开放对三类金融市场的时变动态影响，同时综合考虑了资本账户总体开放和短期资本账户开放不同的影响特征。研究发现：首先，随着国内金融市场体制改革的逐步推进，资本账户开放对我国金融市场的影响日益加深。其中资本账户开放对外汇市场的冲击最大，债券市场次之，对股票市场影响较小。其次，资本账户开放对我国金融市场的短期效应明显，长期影响较弱。债券市场方面，就短期效应而言，除了2008年国际金融危机和去杠杆时期，资本账户总体开放和短期资本账户开放对债券市场均表现为正向冲击；但从中长期效应来看，尤其是2008年国际金融危机以后，资本账户开放的负效应逐渐显现，且在去杠杆期间有所增强。股票市场上，资本账户总体开放对A股市场长期呈现负效应，且在次贷危机和2015股灾期间有所增强。在短期资本账户开放对股票市场的影响方面：就短期效应而言，2014年短期资本账户快速放开以前，小幅的短期资本流动有利于我国A股市场的发展；但从中长期效应来看，短期资本账户开放在2008年国际金融危机以后逐渐转为负向冲击。人民币汇率方面，短期资本账户开放与资本账户总体开放二者形成的脉冲响应趋势基本一致。2008年国际金融危机以前资本账户开放对人民币汇率呈现负向冲击即升值效应，随后逐渐转为贬值效应，且有不断增强的趋势。总体看来，短期内资本账户开放有利于国内金融市场的发展；但中长期效应来看，资本账户开放将对我国金融市场造成负向冲击。再次，由于我国对短期资本流动管理一直较为慎重，因此与资本账户总体开放相比，短期资本账户的开放对国内金融市场的冲击性稍弱、但存在易变性，尤其是在金融市场大幅下跌时，短期资本流动起着推波助澜的作用。当债券市场、股票市场价格或者汇率上升时，短期资本大幅流入进行套利，造成资产泡沫或者汇率升值压力；一旦泡沫破裂，短期资本便会大幅流出，进而引发羊群效应，导致金融市场急速下挫或者汇率大幅贬值。

第四，在Billio et al.（2012）的研究基础上，基于Granger因果检验方法、BEKK-MVGARCH模型，并结合Pearson静态相关系数和动态相关系数，构建了全球50只主要货币“有向有权”的汇率收益率和波动溢出网络。然后，参考多种网络关联性测度方法，全面解构了汇率收益率、波动溢出网络的总体关联性，以及各货币的风险吸收和外溢效应。进一步地，在外汇风险传染形成诱因理论分析的基础上，使用混合效应面板回归方法实证探究了资本账户开放、汇率制度改革等因素对外汇风险传染的影响，最后从内生性检验、估计方法和分时段样本三个角度做了稳健性检验。研究发现：首先，各样本国货币的波动溢出比收益率溢出更紧密；考察期内，汇率间的波动溢出关系较为稳定，而收益率溢出关系变动幅度大。全球主要货币总体关联性具有明显的时变特征和区制特征，且波动溢出与收益率溢出存在区制同步性。横向比较来看，全球外汇市场的主要挂牌货币和贸易使用货币是收益率网络的第一梯队货币，波动溢出网络总效应与收益率网络划分基本一致，仅加元、约旦第纳尔、土耳其里拉、日元存在差异。纵向比较来看，全球主要货币吸收效应、外溢效应和总效应的走势基本保持一致，但波动溢出网络稳定性强于收益率网络，收益率网络受国际金融危机冲击显著，美元恢复速度更快；发展中国家波动溢出网络和收益率网络未呈现一致性走势，稳定性均较弱；主要石油输出国家货币收益率和波动溢出网络较平稳，展现了贸易和石油锚的重要作用。总的来看，当前世界货币体系仍然是以美元为主导。其次，基于混合面板回归模型发现，资本账户开放和汇率制度改革是外汇风险传染的两个主要作用机制。资本账户开放或跨境资本流动自由化程度提高将导致收益率或波动溢出的风险吸收效应和外溢效应更大，亦即随着一国资本账户开放程度的提高，该国货币越易受到其他国家货币（尤其是美元等关键货币）汇率水平变动及汇率波动的影响，同时反向影响也易产生较大的外溢效应。而政府对外宣布的汇率制度越有弹性，汇率形成机制越接近市场化，该国货币受到其他国家货币汇率水平变动及汇率波动的影响越小，当然反向影响的外溢效应也更小。

第五，综合金融机构、货币市场、债券市场、股票市场、房地产市场、外汇市场和政府部门 7 个维度（共计 96 个指标），采用 TVP-FAVAR 模型构建了我国系统性金融风险指数。其次，以资本流动法衡量资本账户开放程度，并基于 SV-TVP-VAR 模型实证研究了资本账户开放对我国系统性金融风险的动态时变影响特征。研究发现：首先，金融指标的风险界定应依照经济增长的不同阶段进行判断，同时金融指标对经济增长的影响具有动态时变特征，如 M2 同比增速和出口同比增速与我国整体金融状况的相关性有所下降，而地方财政赤字的影响程度逐渐上升。由此，本书利用 TVP-FAVAR 模型构建了动态权重的我国系统性金融风险指数。本书构建的风险指数显示，2008 年国际金融危机及 2015—2016 年前后我国的系统性金融风险处于中高位，近期出现缓和迹象。从各金融子市场来看，金融机构和政府部门相对稳健，其余各市场部门风险波动强烈。同时，股票市场和房地产市场对于 2008 年国际金融风险的感知领先于其他各市场。另外，政府部门近期系统性风险逐渐显现，且有逐渐扩大的趋势，需引起合理重视。其次，从时变脉冲响应来看，资本账户总体开放对系统性金融风险的影响具有时变特征，金融危机以前资本账户的放开有利于我国金融风险缓解，随后开放的风险效应逐渐显现。而短期资本账户的开放对系统性金融风险展现出持续的危害性。从时变方差分解来看，系统性金融风险主要源自自身的累积，资本账户开放的影响相比较小。但随着我国资本账户开放进入加速期，资本账户总体开放的风险冲击已有大幅提升。

第六，人民币资本账户开放的整体模式要求政府统筹安排放松资本管制与其他金融市场化改革措施的配合，协调推进整个金融改革全面发展。本书选择利率市场化与汇率定价机制改革作为金融市场化改革的代表性内容，通过分析资本账户开放、利率市场化与浮动汇率制三项改革之间的相关关系，来建立适宜人民币资本账户开放的整体推进路径。从文中的实证结果来看，人民币资本账户的开放不宜像渐进模式中那样置于利率和汇率改革完成之后，因为利率和汇率的市场化改革将显著增强货币市场面对资本流动冲击时的敏感性和波动程度，导致在开放资本账户时引起利率和汇率的剧烈波动，冲击宏观经济稳定。本书以宏观经济平稳增长作为评价改革适宜性的标准，认为“利率市场化－资本账户部分开放－汇率市场化－资本账户完全开放”是适宜人民币资本账户开放的实现路径。这一过程能够充分发挥由资本账户开放带来的市场条件动力，来实现人民币价值的内部均衡和外部均衡，有助于降低金融改革过程中的宏观经济风险。

第七，影响资本账户开放进程的关键因素在于对开放风险水平的判断。本书认为资本账户开放风险的根本来源，在于开放账户后国际资本流动的剧烈变化对国内经济市场的影响。从开放风险的传导机制来看，国际资本流动变化引致的风险直接通过影响央行外汇占款规模来作用于国内宏观经济，外汇占款规模的变化会影响一国宏观货币政策的独立性，难以实现对货币流动性的有效管理，在国内经济从过热转向停滞或衰退时，国际资本迅速外逃将加剧市场经济恶化的速度，最终引致货币危机。国际资本流动风险传导的间接路径在于影响一国货币价值预期，造成利率和汇率市场的非理性波动，这一过程中存在的套利机会将进一步放大资本流动的规模，并左右资本流动的方向，对一国宏观经济的平稳发展造成难以弥补的危害。本书基于资本账户开放风险的传导机制，建立反映开放风险压力的 CAP 指数，对 CAP 指数的测度结果显示，当前中国面临的经济下行压力较大，在此阶段贸然加速推进资本账户开放，放宽资本流动管制，并不利于国内宏观经济稳定，可能加剧经济下行的压力。因此，根据前文建立的开放路径，协调推动资本账户开放与金融市场化改革共同发展，才是实现人民币资本账户目标的可靠选择。

二、风险防范对策

长期以来，资本账户开放、跨境资本流动管理与系统性性金融风险一直是社会各界关注的核心议题。基于以上的研究分析，本书的政策建议如下：

第一，进一步健全国内宏观经济调控体系，加强财政政策、货币政策以及汇率政策的协调运作，完善对国内经济市场的管理。稳定高效的宏观政策调控体系，是实现资本账户开放改革的重要基础。随着我国开放经常账户，并转向有管理的浮动汇率制度，财政政策、货币政策与汇率政策构成了半开放阶段下的宏观经济政策组合。资本账户开放会显著冲击国内货币政策的调控效果，利率工具对货币流动性的影响将减弱，难以发挥抑制通胀或通缩的作用。这要求货币政策选择更有效的公开市场操作、再贴现率和存款准备金率等工具，并积极创新更灵活货币调控工具，如 2014 年央行推出的定向降准、短期贷款便利等具有针对性的工具创新。在财政政策方面，应强化政府财政预算约束，完善财政投融资体系，尽快实现财政收支的动态平衡。资本开放过程中，一国的外债水平容易引起国际资本的投机性流动，因此，财政政策应着力于财政赤字与外债规模的管理，充分利用税收、支出预算、国债融资等工具调节国内经济总需求，维护经济增长。汇率政策作为宏观调控政策的关键性补充，为市场化管理资本流动规模提供价格工具，通过央行引导外汇市场的均衡汇率水平，能够避免套利或套汇资本破坏改革的连续性，保障国内货币政策与财政政策发挥调控作用。在资本账户开放进程中，三大政策的配合协作，有助于创造适合改革的稳定的宏观经济环境。

第二，完善市场的信息传递机制，明确信息披露要求，通过对部分改革内容的定期披露和提前通告，来实现对市场预期的管理，降低改革政策出台引起的非理性波动。人民币利率和汇率作为市场价格信息的基本载体，在资本账户开放过程中会频繁波动，而市场中存在的信息不对称将放大价格波动对市场主体交易或投资行为的影响，加深市场扭曲。政府在推进资本账户改革的同时，应着力改善市场的信息传递效率，在公布改革政策或进行政策调整时，可以尝试采取类似前瞻指引的方式，引导市场预期。改革部门可以设定透明的开放评价指标来决定是否加快改革进度，通过提前公告改革路线图或定期公开改革成果报告等方式，都有助于平稳市场预期，改善信息不对称引起的市场失灵效应。人民币资本账户开放的透明化，能够降低改革政策出台时投机性资本的短期变动，有助于维护宏观经济稳定，避免风险积累。

第三，加快推进国内产业结构调整，鼓励金融行业积极竞争，提升机构的市场反应能力与抗风险能力。国内各类企业部门作为承担改革开放风险的微观主体，应当重视提升自身的经营实力与抗风险能力，才能在开放过程中争取到突出的改革红利。我国在进行资本账户改革时，应当加快调整国内的产业结构，以适应国内市场与国际市场接轨所带来的经济环境变化。一方面，深化国有企业改革，打破部分行业的国有垄断，创造新的投资空间。这一过程有助于国内市场吸纳开放引入的国际资本投资，增强我国的投资吸引力和凝聚力。另一方面，加快以银行业为代表的金融业改革，培养银行机构的竞争盈利能力、风险抵抗能力和成本控制能力。资本账户开放带来的风险，国内银行首当其冲，如果缺乏与境外银行的竞争实力，在开放过程中容易面临经营风险，甚至引起国内银行业的危机。在推进开放改革时，还需通过对外贸、价格和流通等方面的配套改革，减轻企业债务负担，帮助企业完成增长方式转型，提升国内经济主体的竞争实力。

第四，积极转变资本管制的政策措施，创新价格调控工具，基本解除行政强制性干预措施，灵活运用数量控制和价格引导的方式调整资本账户开放水平。实现资本账户开放的改革，要求解除对资本跨境流动和货币自由汇兑等资本交易的限制，但不意味着对开放状态下的国际资本流动不管不问。资本账户对一国经济市场的重要性，使其不可能完全处于无管制状态。因此，建立市场导向的管理体系是维护资本账户开放可持续的关键因素。资本账户开放会带来大量的投机性资本，在发挥市场平衡作用的同时，也将积累市场风险。在管理工具创新上，政府应推动国内资金拆借、短期国库券、短期票据等短期货币工具市场的发展，借此发展出与市场特性匹配的价格调整工具，利用利率或汇率政策调节投机性资本的流动，平衡市场的供需压力，实现管理政策从禁止交易向引导交易的转变。最后，由于资本账户开放意味着国内市场与国际市场的联通，国际市场出现的风险影响同样会传递至国内市场，因此，在国际经济环境发生剧烈变化时，暂时性恢复资本账户管制有助于减轻国内市场承受的风险冲击。正如 2008 年金融危机爆发时，世界各国纷纷采取一定资本管制措施来隔离国内市场面临的风险影响，事后再逐渐放宽管制，恢复开放水平。总之，资本账户开放的改革应作为一国宏观经济稳定的政策构成予以统一考虑，在经济条件变化不适宜持续开放时，采取暂时性的管制政策有助于经济稳定，但在长期发展中，资本账户开放仍是应坚持的必然趋势。

第五，适时适度地资本账户管制、渐进推动资本账户开放仍然是最近一段时期的良策。资本账户开放显著制约着各驱动因素的影响程度，是我国短期资本流动规模变动的根本原因。2015年汇改后的一段时间内，人民币汇率贬值和跨境资本外流相互强化，致使外汇储备大量流失。随着货币当局实行了较为严格的资本账户管制措施[①]，资本外流趋势已有所放缓。因此，对于我国资本账户开放的后期政策实践，建议通过实时监测的跨境资本流动情况因时、因势采取行动，做出后续的系统安排。对于跨境资本流动的目的性做出具体划分：对于直接投资、贸易融资等中长期的跨境资本流动，只要经过真实性审核，便可采取一以贯之的开放措施；而对于短期投机性质的资本流动，应根据具体情况决定是否暂时采取管制措施。同时，资本账户要遵循逐步开放的原则，根据具体情况做出开放承诺，需要认清的是资本账户完全开放的条件永远不会充分具备，即使具备了也会失去。我们应该做到开放与管制相结合，利弊权衡、收支平衡、相机收放，如若遇到经济金融危机、国际收支显著失衡等特殊经济形势，为保障国内经济金融的稳定可持续，应临时采取资本管制措施。

第六，建立人民币汇率锚，做好市场预期管理。人民币汇率预期一直是影响我国跨境资本流动的关键因素，因此为了避免货币当局在汇率操作和跨境资本流动管理上的被动以及执行过程中的高成本，货币当局需要建立公开透明的市场规则，做好市场沟通和预期引导。2015年“8·11”汇改中货币当局主动放弃了对人民币汇率中间价的干预，导致人民币汇率贬值预期不断增强、外汇储备大幅流失，给外汇市场造成了巨大压力。为了扭转这一局势，货币当局在2015年底加入一篮子货币、2017年又引入“逆周期因子”，此举合理兼顾了汇率市场化改革和金融风险防范。因此，在未来汇改进程中，预期管理应成为中间价指导方式受限后央行外汇干预措施的重要形式，其中建立人民币汇率锚是关键。汇率锚的本质是央行向市场公开确立一个目标，这是市场对人民币汇率信心的根源，也是央行进行预期管理的重要手段，如果央行能让市场强化对人民币汇率锚的信心，那么市场预期就会被锚定，不会出现大幅度的混乱。

第七，在后续资本账户开放的过程中，要继续深化国内金融体制改革。原则上说，在资本账户实现开放之前，首先要完成对国内金融体制的全面改

① 如明确规范QFII需及时、准确报送，打击虚假贸易、地下钱庄，狙击境外保险，把关OFDI，要求境内机构资本项目外汇收入的使用应在经营范围内遵循真实、自用原则等。

革，包括利率市场化、汇率市场化和国内金融市场改革。但事实上，无论是资本账户开放还是国内金融体制改革，都是一个连续性的过程，在经济发展和金融市场运行的过程中，不同发展状况对应着不同的资本账户开放水平、利率和汇率弹性机制，货币当局应该根据具体的金融经济发展局势适时地调整资本账户开放水平、利率和汇率弹性机制。同时，资本账户开放与国内金融体制改革应该协同推进，二者是相辅相成的关系，资本账户开放需要国内金融市场改革的支持，资本账户开放也有助于倒逼国内金融市场的深化改革。

第八，强化系统性金融风险的监测和预警机制，并建立全面覆盖的金融监管理念。具体来说，一是要借鉴国际先进经验，尽快建立符合我国国情的系统性金融风险监测体系。二是为更好地监测系统性金融风险，还必须加快推进金融监管的信息化、数据化建设。三是建设完善的多层次资本交易市场，促进金融市场的稳定健康发展，全面协调发展包括货币市场、资本市场和外汇市场在内的各子金融市场，更好地发挥资金融通、资源配置和风险管理等重要作用，推动我国金融体系的市场化改革，提升金融效率水平，服务和促进实体经济的长效繁荣。四是加强和改进金融监管，弥补监管空白，尤其强化对于系统重要性的金融机构的建设和监控。系统重要性的金融机构对于金融系统的稳定性拥有双刃剑的特征，一方面由于其业务范围在广度和深度都有显著表现，导致其与其他金融机构的相关度提升，若出现风险点，将很容易扩散到整个金融系统，危及整体稳定性；另一方面，重要性的金融机构抗风险能力和责任也不容忽视，可通过借助其影响力来维护金融系统的稳定性。五是推动经济增长的结构化转型调整，同时深化金融改革，稳步化解社会性的高杠杆风险。加快推进利率市场化改革，完善人民币汇率市场化形成机制，推进人民币资本项目可兑换。在宏观调控上形成政策的可预期引导，从而提升金融系统运行的有效性和规律性，提高服务实体经济的能力。

第九，注意防范国际货币政策转向引发的金融风险。随着中国资本账户开放的快速推进，美联储货币政策和国际金融风险等“推力”因素对中国短期资本流动的影响日益加深，其中美联储货币政策逐步成为主导因素。因此，今后对跨境资本流动管理中的思路应重点“放眼海外”。前期，美国在经过三轮量化宽松货币政策之后，其经济实现稳步复苏，随后逐渐步入加息周期，近期也明确有缩表动向，此举必然引致新兴国家资本回流美国。展望 2019 年，国际金融局势仍然波云诡谲，例如全球经济依然低迷、重要经济体的货币政策出现分化、人民币面临长期贬值压力以及英国脱欧和美国特朗普执政的后续效应仍在发酵，我国资本流出压力依然很大。国际局势动荡不安，我国作为发展中国家，金融监管和抗风险能力仍有待加强，对金融风险的防范尤为必要。

第二节　研究展望

首先，本书是基于资本账户开放角度，研究其对资本流动、金融市场、系统性金融风险的影响机制，并对人民币资本账户开放的最优路径进行深入探讨，同时构建了人民币资本账户开放风险压力指数。但从宏观层面来看，金融开放意义更为广泛，也更具战略意义。但正是由于金融开放涵盖内容更广，其程度量化难度也更大，因此以往文献中常以资本账户开放程度近似表征金融开放。后续研究可以考虑从金融开放这一角度出发，不仅涵盖货币当局对资本账户的制度安排，也应包括资本市场、汇率制度等的法律规范，并在实证研究时予以细化。

其次，在研究资本账户开放背景下的我国短期资本流动时，由于需要将资本账户开放程度的测算量化到月度频率、而且更新至2017年，因此无法将各类资本账户开放程度进行细化，随后也无法对证券投资、其他投资等展开研究。因此，后续研究可以从这资本账户开放程度、短期资本流动测算的细化两个方面进一步深化。

再次，在对我国系统性金融风险测算时，金融指标的风险含义应根据其经济增长效应进行判断，同时金融指标对经济增长的影响具有动态时变特征，本书也正是这么做的。但同时，由于构建指标时考虑到数据可得性层面，考虑的维度和指标也许有一定的局限性，后续研究可从指标结构选取、样本扩展以及指数构建等方面进行进一步深化。

最后，在研究资本账户开放与经济增长、系统金融风险时，可以考虑构建开放经济体的动态一般均衡模型，以提供有益的微观研究基础。同时，可以从微观层面，研究经济主体应对开放引致的市场风险与改革红利。另外，也应放眼全球，从国际视角分析我国对外开放改革对其他国家（或地区）产生的影响。

参考文献

[1] 巴曙松 . 论中国资本市场的开放路径选择 [J]. 世界经济，2003（3）：67—71.

[2] 巴曙松，顾磊，严敏 . 我国国际资本流动的影响因素分析 [J]. 中国科学技术大学学报，2015（3）：246—253.

[3] 白晓燕，王培杰 . 资本管制有效性与中国汇率制度改革 [J]. 数量经济技术经济研究，2008（9）：65—78.

[4] 鲍勤，孙艳霞 . 网络视角下的金融结构与金融风险传染 [J]. 系统工程理论与实践，2014，34（9）：2202—2211.

[5] 毕海霞 . 警惕资本项目开放过程中的风险 [J]. 经济纵横，2013（10）：60—65.

[6] 蔡彤娟，陈丽雪 . 人民币与东亚国家货币汇率动态联动研究——基于 VAR—MVGARCH—BEKK 模型的实证分析 [J]. 亚太经济，2016（5）：23—29.

[7] 蔡彤娟，林润红 . 人民币与“一带一路”主要国家货币汇率动态联动研究——基于 VAR—DCC—MVGARCH—BEKK 模型的实证分析 [J]. 国际金融研究，2018（2）：19—29.

[8] 曹媚 . 国际投机资本流入中国的贸易根源 [J]. 世界经济研究，2009（7）：22—26.

[9] 陈创练，黄楚光，陈创波 . 资本账户开放、金融风险与外汇储备的非线性关系研究 [J]. 财经研究，2015（8）：64—78.

[10] 陈创练，杨子晖 . “泰勒规则”、资本流动与汇率波动研究 [J]. 金融研究，2012（11）：60—73.

[11] 陈创练，姚树洁，郑挺国，等 . 利率市场化、汇率改制与国际资本流动的关系研究 [J]. 经济研究，2017（4）：64—77.

[12] 陈瑾玫，徐振玲．我国国际短期资本流动规模及其对宏观经济的影响研究 [J]. 经济学家，2012（10）：31—39.

[13] 陈浪南，陈云．人民币汇率、资产价格与短期国际资本流动 [J]. 经济管理，2009（1）：1—6.

[14] 陈守东，杨莹，马辉．中国金融风险预警研究 [J]. 数量经济技术经济研究，2006（7）：36—48.

[15] 陈卫东，王有鑫．人民币贬值背景下中国跨境资本流动：渠道、规模、趋势及风险防范 [J]. 国际金融研究，2016，348（4）：3—12.

[16] 陈学彬，余辰俊，孙婧芳．中国国际资本流入的影响因素实证分析 [J]. 国际金融研究，2007（12）：53—60.

[17] 陈雨露．国际资本流动的经济分析 [M]. 北京：中国金融出版社，1997.

[18] 陈雨露，周晴．资本项目开放度和实际利差分析 [J]. 金融研究，2004（7）：40—50.

[19] 程惠芳，朱一鸣，潘奇，等．中国的资本账户开放、汇率制度改革与货币危机风险 [J]. 国际贸易问题，2016（11）：165—176.

[20] 成思危．人民币国际化之路 [M]. 北京：中信出版社，2014.

[21] 笪凤媛，张卫东．我国 1978—2007 年间非市场交易费用的变化及估算——基于 MIMIC 模型的间接测度 [J]. 数量经济技术经济研究，2009（8）：123—134.

[22] 戴淑庚，胡逸闻．资本账户开放风险指数的构建与测度 [J]. 经济与管理研究，2016（1）：46—54.

[23] 戴淑庚，余博．中国短期资本流动波动性及其驱动因素研究——基于资本账户开放的视角 [J]. 广东社会科学，2018（7）：25—36.

[24] 戴淑庚，余博．资本账户开放背景下中国短期资本流动的驱动因素研究——基于半参数平滑系数模型（SPSCM）[J]. 国际金融研究，2019（5）：76—86.

[25] 戴淑庚，余博．时变冲击、资本账户开放与金融市场 [J]. 经济经纬，2019（7）：63—70.

[26] 戴淑庚，张润苇，余博．人民币在岸汇率与香港离岸汇率联动研究：多目标政策下的“不可能三角”平衡 [J]. 现代财经，2017（4）：37—50.

[27] 邓超，陈学军．基于复杂网络的金融传染风险模型研究 [J]. 中国管理

科学，2014，2（11）：11—18.

[28] 丁志杰，田园 . 论资本项目有管理可兑换 [J]. 金融研究，2016（2）：96—105.

[29] 范立夫 . 我国利率政策与汇率政策协调问题研究——基于资产加权收益率平价模型的分析 [J]. 财贸经济，2011（7）：48—54.

[30] 方显仓 . 资本账户开放与我国银行体系风险 [J]. 世界经济研究，2014（3）：9—14.

[31] 方显仓，孙琦 . 资本账户开放与我国银行体系风险 [J]. 世界经济研究，2014（3）：9—14.

[32] 方意，颜茹云，郑子文 . 资本账户开放对银行风险的影响机制研究 [J]. 国际金融研究，2017（11）：33—43.

[33] 刚健华，赵扬，高翔 . 短期跨境资本流动、金融市场与系统性风险 [J]. 经济理论与经济管理，2018（4）：98—112.

[34] 高木信二，施建淮 . 中国资本账户自由化的战略 [J]. 国际经济评论，2005（6）：13—18.

[35] 宫晓琳 . 未定权益分析方法与中国宏观金融风险的测度分析 [J]. 经济研究，2012（3）：76—87.

[36] 荀琴，蔡辉，徐建国 . 资本账户开放与经济增长——长短期效应及渠道研究 [J]. 经济科学，2018（2）：45—59.

[37] 荀琴，王戴黎，鄢萍，等 . 中国短期资本流动管制是否有效 [J]. 世界经济，2012（2）：26—44.

[38] 管涛 . 中国资本项目管理现状及人民币资本项目可兑换前景展望 [J]. 世界经济，2002（3）：59—62.

[39] 管涛 . 当前做好汇率预期管理更重要 [J]. 新金融，2016（3）：4—7.

[40] 关益众，刘莉亚，程天笑 . 国际资本流动“突然中断”的预警指标体系研究 [J]. 财经研究，2013（2）：4—15.

[41] 国际货币基金组织 . 货币可兑换和金融部门改革：国际货币基金组织的分析框架及做法 [M]. 罗平，译 . 北京：中国金融出版社，1996.

[42] 郭桂霞，彭艳 . 我国资本账户开放的门槛效应研究 [J]. 金融研究，2016（3）：42—58.

[43] 郭珺，滕柏华 . 人民币与欧元、美元、日元之间的汇率联动分析 [J].

经济问题，2011（7）：95—99.

[44] 郭立甫 . 我国外汇市场压力的测算及影响因素研究——基于 MIMIC 模型 [J]. 国际金融研究，2014（1）：74—85.

[45] 郭强 . 中国资本账户开放排序的国际借鉴 [J]. 世界经济研究，2005（3）：57—60.

[46] 郭威 . 资本账户开放顺序的国际实践及对中国的启示 [J]. 财经科学，2007（8）：104—110.

[47] 郭永济，李伯钧，金雯雯 . 时变框架下中国货币流动性的影响研究：1992—2012[J]. 当代经济科学，2014，36（1）：1—11.

[48] 韩剑 . 国际资本流入的易变性及其对策研究 [J]. 国际金融研究，2012（5）：66—73.

[49] 何德旭，姚战琪，余升国 . 资本流动性：基于中国及其他亚洲新兴国家的比较 [J]. 经济研究，2006（9）：4—16.

[50] 何慧刚 . 中国资本账户开放——利率市场化和汇率制度弹性化 [J]. 经济经纬，2007（4）：124—127.

[51] 何启志 . 新常态背景下汇率市场化改革与汇率波动性研究 [J]. 国际金融研究，2017，359（3）：67—76.

[52] 何青，钱宗鑫，刘伟 . 中国系统性金融风险的度量——基于实体经济的视角 [J]. 金融研究，2018（4）：53—70.

[53] 侯晓霞 . 国际资本流动对经济增长的影响分析——基于国际数据的实证研究 [J]. 经济问题，2012（10）：97—100.

[54] 胡利琴，胡蝶，彭红枫 . 机构关联、网络结构与银行业系统性风险传染——基于 VAR—NETWORK 模型的实证分析 [J]. 国际金融研究，2018（6）：53—64.

[55] 胡逸闻，戴淑庚 . 人民币资本账户开放的改革顺序研究——基于 TVP—VAR 模型的期限结构分析 [J]. 世界经济研究，2015（4）：13—23+127.

[56] 胡逸闻，戴淑庚 . 人民币资本账户管制政策的强度与有效性 [J]. 财经科学，2015（7）：21—31.

[57] 胡义芳 . 国际资本流动下的中国金融安全实证分析 [J]. 财经理论与实践，2013，34（6）：25—28.

[58] 胡援成，王辉，朴明治 . 中国资本账户开放：30 年回顾与思考 [J]. 当

代财经，2009（2）：41—47.

[59] 黄均华．资本账户开放对货币市场稳定性的影响——基于 PSTR 模型的全球比较证据 [J]. 世界经济研究，2017（2）：3—11.

[60] 黄益平，王勋．中国资本项目管制有效性分析 [J]. 金融发展评论，2010（6）：107—134.

[61] 雷达，赵勇．门槛效应、资本账户开放与经济增长 [J]. 中国人民大学学报，2007，21（6）：25—33.

[62] 姜波克，朱云高．论人民币资本账户开放下货币政策制度的选择 [J]. 复旦学报（社会科学版），2004（6）：40—48.

[63] 焦成焕，何枭吟．资本账户开放下的金融风险分析 [J]. 经济与管理，2009，23（12）：73—76.

[64] 金荦．中国资本管制强度研究 [J]. 金融研究，2004（12）：9—23.

[65] 金荦，李子奈．中国资本管制有效性分析 [J]. 世界经济，2005（8）：22—31.

[66] 雷达．门槛效应，资本账户开放与经济增长 [J]. 中国人民大学学报，2007（6）：25—33.

[67] 雷达，赵勇．中国资本账户开放程度的测算 [J]. 经济理论与经济管理，2008（5）：5—13.

[68] 李庆云，田晓霞．中国资本外逃规模的重新估算：1982—1999[J]. 金融研究，2000（8）：72—82.

[69] 李敬，陈澍，万广华，付陈梅．中国区域经济增长的空间关联及其解释——基于网络分析方法 [J]. 经济研究，2014（11）：4—16.

[70] 李婧，吴远远．中国短期跨境资本流动影响因素实证研究：2009—2016[J]. 经济与管理研究，2017（8）：23—32.

[71] 李丽玲，王曦．资本账户开放、汇率波动与经济增长：国际经验与启示 [J]. 国际金融研究，2016，355（11）：24—35.

[72] 李巍．资本账户开放、金融发展和经济金融不稳定的国际经验分析 [J]. 世界经济，2008（3）：34—43.

[73] 李巍，张志超．不同类型资本账户开放的最优时点选择——基于金融稳定的视角 [J]. 金融研究，2009（11）：19—31.

[74] 李巍，张志超．不同类型资本账户开放的效应：实际汇率和经济增长

波动 [J]. 世界经济，2008（10）: 33—45.

[75] 李欣欣，刘海龙 . 市场非均衡与中国资本账户开放风险 [J]. 财经研究，2015（3）: 17—26.

[76] 李泽广，吕剑 . 金融开放的“数量效应”与“质量效应”再检验——来自跨国的经验证据 [J]. 国际金融研究，2017，360（4）: 56—65.

[77] 李志辉，李源，李政 . 中国银行业系统性风险监测研究——基于 SCCA 技术的实现与优化 [J]. 金融研究，2016（3）: 92—106.

[78] 梁琪，李政，郝项超 . 我国系统重要性金融机构的识别与监管——基于系统性风险指数 SRISK 方法的分析 [J]. 金融研究，2013（9）: 56—70.

[79] 梁芹，陆静 . 国际金融危机期间的汇率风险传染效应研究 [J]. 当代经济科学，2013，35（2）: 1—10.

[80] 林乐芬，应玮瑄 . 汇率市场化进程中短期国际资本流动影响因素实证分析 [J]. 四川大学学报（哲学社会科学版），2014（4）: 125—132.

[81] 林清泉，杨丰 . 金融开放与经济增长——基于面板阈值模型的实证分析 [J]. 应用概率统计，2011，27（2）: 163—171.

[82] 刘刚，何永 . 资本账户开放、金融杠杆率与系统性金融危机 [J]. 上海金融，2015（7）: 12—19.

[83] 刘刚，张友泽 . 人民币在“一带一路”货币圈发挥了锚效应吗 ?—基于人民币与主要国际货币比较研究 [J]. 国际金融研究，2018（7）: 32—41.

[84] 刘红忠，杨小海，韩永超 . 再论中国资本管制有效性 [J]. 世界经济文汇，2015（6）: 20—32.

[85] 刘立达 . 中国国际资本流入的影响因素分析 [J]. 金融研究，2007（3）: 62—70.

[86] 刘莉亚 . 境外热钱是否推动了股市、房市的上涨——来自中国市场的证据 [J]. 金融研究，2008（10）: 48—70.

[87] 刘莉亚，程天笑，关益众，刘晓磊 . 资本管制对资本流动波动性的影响分析 [J]. 国际金融研究，2013（2）: 37—46.

[88] 刘粮，陈雷 . 外部冲击、汇率制度与跨境资本流动 [J]. 国际金融研究，2018（5）: 45—54.

[89] 刘仁伍，覃道爱，刘华 . 国际短期资本流动监管理论与实证 [R]. 社会科学文献出版社，2008.

[90] 林松立 . 我国历年热钱规模的测算及 10 年预测 [R]. 国信证券宏观经济深度报告，2010.

[91] 娄伶俐，钱铭 . 资本账户开放测度方法：比较与综合 [J]. 国际金融研究，2011（8）：41—49.

[92] 罗毅丹，樊琦 . 一种新扩展的向量自回归模型及应用 [J]. 统计研究，2010，27（7）：95—100.

[93] 吕光明，徐曼 . 中国的短期国际资本流动——基于月度 VAR 模型的三重动因解析 [J]. 国际金融研究，2012（4）：61—68.

[94] 马杰，邵晨颖 . 基于 Klein 资本开放模型的实证研究及其对中国的启示 [J]. 中央财经大学学报，2007（5）：69—74.

[95] 马西森 . 资本账户自由化经验和问题 [M]. 北京：中国金融出版社，1995.

[96] 马宇，杜萌 . 新兴市场国际资本流动影响因素——基于美元因素和 GMM 方法的实证分析 [J]. 财贸经济，2013（1）：46—55.

[97] 马勇，陈雨露 . 资本账户开放与系统性金融危机 [J]. 当代经济科学，2010（4）：1—8.

[98] 麦勇，陈欢 . 汇率制度改革与人民币汇率联动的特征研究 [J]. 世界经济研究，2016（11）：3—10.

[99] 倪权生，潘英丽 .G20 国家资本账户开放度比较研究——基于改进的约束式测度法 [J]. 世界经济研究，2009（2）：19—22.

[100] 宁特林，谢朝阳 . 中国资本账户开放对金融稳定影响的研究 [J]. 投资研究，2016（9）：82—92.

[101] 潘敏，唐晋荣 . 反市场预期的人民币汇率操作能有效遏制短期资本流入吗？——基于 MS—VAR 模型的实证分析 [J]. 国际金融研究，2015（2）：88—96.

[102] 彭欢欢 . 资本账户开放对金融深化的影响——基于全球 58 个国家的实证研究 [J]. 南方金融，2016（12）：72—80.

[103] 彭欢欢，姚磊 . 资本开放、贸易开放与金融发展——基于中国的实证研究 [J]. 现代管理科学，2016（7）：36—38.

[104] 邱兆祥，史明坤，安世友 . 人民币资本账户逐步开放的顺周期性问题研究 [J]. 国际金融研究，2013（5）：24—31.

[105] 曲凤杰 . 中国短期资本流动状况及统计实证分析 [J]. 经济研究参考，2006（40）：14—21.

[106] 曲昭光 . 资本自由化与金融危机关系的分析 [J]. 国际金融研究，2001（11）：10—16.

[107] 曲昭光 . 人民币资本账户可兑换的前提条件——基于国际收支结构可维持性的分析 [J]. 世界经济，2006（2）：62—71.

[108] 任惠 . 中国资本外逃的规模测算和对策分析 [J]. 经济研究，2001（11）：69—75.

[109] 沈悦，李善燊，马续涛 .VAR 宏观计量经济模型的演变与最新发展——基于 2011 年诺贝尔经济学奖得主 Sims 研究成果的拓展脉络 [J]. 数量经济技术经济研究，2012（10）：150—159.

[110] 盛松成 . 为什么需要推进资本账户开放 [J]. 中国金融，2013（18）：24—27.

[111] 石刚，王琛伟 . 中国短期国际资本流动的测算——基于 BOP 表 [J]. 宏观经济研究，2014（3）：43—56.

[112] 石巧荣，程华强 . 中国资本项目开放——基于国民财富增长视角 [J]. 世界经济研究，2012（9）：23—30.

[113] 孙国峰 . 关于不可能三角理论的思考 [C]. 中国金融 40 人论坛“双周圆桌”第 20 期“人民币汇率改革路径选择”，2010.

[114] 孙立行 . 开放条件下中国金融风险预警指标体系研究 [J]. 世界经济研究，2012（12）：30—38.

[115] 孙立坚，孙立行 . 资本管理的有效性和政策的配套性 [J]. 金融研究，2003（1）：18—27.

[116] 孙俊，于津平 . 资本账户开放路径与经济波动——基于动态随机一般均衡模型的福利分析 [J]. 金融研究，2014（5）：48—64.

[117] 谭小芬，高志鹏 . 中美利率平价的偏离：资本管制抑或风险因素 ?——基于 2003—2015 年月度数据的实证检验 [J]. 国际金融研究，2017（4）：86—96.

[118] 唐洁尘，李容 . 人民币区域化视角下人民币与东亚货币联动性研究 [J]. 世界经济研究，2018（7）：38—55.

[119] 陶玲，朱迎 . 系统性金融风险的监测和度量——基于中国金融体系

的研究 [J]. 金融研究，2016（6）：18—36.

[120] 万蕤叶，陆静．金融危机期间汇率风险传染研究 [J]. 管理科学学报，2018（6）：12—28.

[121] 王国松，曹燕飞．我国资本账户与金融开放测度研究：1982—2010[J]. 国际经贸探索，2012（11）：68—76.

[122] 王三兴，王永中．资本渐进开放、外汇储备累积与货币政策独立性——中国数据的实证研究 [J]. 国际金融研究，2011（3）：37—45.

[123] 王世华，何帆．中国的短期国际资本流动：现状、流动途径和影响因素 [J]. 世界经济，2007（7）：12—19.

[124] 王勋．短期国际资本流动与中国金融抑制政策 [J]. 国际经济评论，2013（4）：72—85.

[125] 王益，齐亮．资本市场开放的国际比较与中国的选择 [J]. 管理世界，2003（6）：26—32.

[126] 王颖，李甲稳．东盟货币竞争性均衡与人民币货币锚效应——基于购买力平价模型 [J]. 重庆理工大学学报，2015，29（1）：144—149.

[127] 王中昭，杨文．人民币汇率对东盟各国汇率传染及其时变相关有效性研究 [J]. 国际金融研究，2014，331（11）：56—66.

[128] 汪川．资本账户开放的经济增长效应 [J]. 经济问题探索，2018（1）：11—22.

[129] 汪小亚．我国资本账户开放与利率、汇率政策的协调 [J]. 金融研究，2001（1）：97—104.

[130] 汪洋．中国的资本流动：1982—2002[J]. 管理世界，2004（7）：43—52.

[131] 吴信如．资本账户开放时机的内生决定：一个两阶段动态最优化模型 [J]. 世界经济，2006（6）：40—47.

[132] 奚君羊．资本流动对人民币汇率的影响 [J]. 国际金融研究，2002（2）：46—49.

[133] 谢平，邹传伟．金融危机后有关金融监管改革的理论综述 [J]. 金融研究，2010（2）：1—17.

[134] 徐传平．论资本市场开放在国际金融中心建设中的作用 [J]. 云南社会科学，2016（2）：66—70.

[135] 许涤龙，陈双莲 . 基于金融压力指数的系统性金融风险测度研究 [J]. 经济学动态，2015（4）：69—78.

[136] 徐明东，解学成 . 中国资本管制有效性动态研究：1982—2008[J]. 财经研究，2009（6）：29—41.

[137] 杨海珍，陈金贤 . 中国资本外逃：估计与国际比较 [J]. 世界经济，2000（1）：21—29.

[138] 杨权 . 资本账户开放，金融风险与最优外汇储备 [J]. 国际金融研究，2011（7）：22—33

[139] 杨荣海，李亚波 . 资本账户开放对人民币国际化“货币锚”地位的影响分析 [J]. 经济研究，2017（1）：136—150.

[140] 杨小海，刘红忠，王弟海 . 中国应加速推进资本账户开放吗 ?—基于 DSGE 的政策模拟研究 [J]. 经济研究，2017（8）：49—64.

[141] 杨子晖，陈创练 . 金融深化条件下的跨境资本流动效应研究 [J]. 金融研究，2015（5）：34—49.

[142] 杨子晖，李东承 . 我国银行系统性金融风险研究——基于“去一法”

[143] 的应用分析 [J]. 经济研究，2018（8）：36—51.

[144] 杨子晖，周颖刚 . 全球系统性金融风险溢出与外部冲击 [J]. 中国社会科学，2018，(12)：69—90.

[145] 姚小义，王曼霏 . 我国资本账户开放对跨境资本流动的影响 [J]. 系统工程，2016（12）：44—52.

[146] 姚战琪，张玉静 . 人民币汇率改革、资本项目开放对股票市场发展的影响 [J]. 经济纵横，2016（7）：79—87.

[147] 易纲，汤弦 . 汇率制度“角点解假设”的一个理论基础 [J]. 金融研究，2001（8）：5—17.

[148] 易宪容 . 中国资本账开放的条件与顺序 [J]. 江苏社会科学，2002（5）：6—12.

[149] 尹宇明，陶海波 . 热钱规模及其影响 [J]. 财经科学，2005（6）：131—137.

[150] 游宇，黄宗晔 . 资本管制对融资结构和经济增长的影响 [J]. 金融研究，2016（10）：32—47.

[151] 于洋，杨海珍 . 中国资本控制有效性的实证检验及启示 [J]. 管理评论，

2005，17（5）：3—7.

[152] 余永定 . 寻求资本项目开放问题的共识 [J]. 国际金融研究，2014（7）：3—6.

[153] 余永定 . 加快资本项目自由化很危险 [J]. 资本市场，2012（6）：14—17.

[154] 余永定，张明 . 资本管制和资本项目自由化的国际新动向 [J]. 国际经济评论，2012（5）：67—74.

[155] 张斌 . 如何评价资本管制有效性——兼评中国过去的资本管制效率 [J]. 世界经济，2003（3）：64—67.

[156] 张斌 . 人民币升值预期、短期资本流动及其影响 [C]. 中国社会科学院国际金融研究中心工作论文系列，2010.

[157] 张驰，任亮，张广建 . 资本账户开放、就业与经济增长——基于 PVAR 模型的经验证据 [J]. 经济问题探索，2018（7）;27—35

[158] 张春宝 . 中国资本账户开放与金融风险研究 [J]. 经济问题探索，2015（11）：166—173.

[159] 张金清，赵伟，刘庆富 . 资本账户开放与金融开放内在关系的剖析 [J]. 复旦学报（社会科学版），2008（5）：10—17.

[160] 张璟，刘晓辉 . 金融结构与固定汇率制度：来自新兴市场的假说和证据 [J]. 世界经济，2015（10）：3—29.

[161] 张礼卿 . 资本账户开放的政策性框架、前提条件、速度和顺序 [J]. 国际金融研究，1999（11）：18—24.

[162] 张礼卿 . 如何看待中国资本管制政策的调整 [J]. 国际经济评论，2007（11—12）：24—26.

[163] 张明 . 中国的资本账户开放仍应审慎渐进 [J]. 国际金融，2012（7）：3—6.

[164] 张明 . 中国资本账户开放：行为逻辑与情景分析 [J]. 世界经济与政治，2016（4）：139—155.

[165] 张明 . 中国面临的短期国际资本流动：不同方法与口径的规模测算 [J]. 世界经济，2011（2）：39—56.

[166] 张明，谭小芬 . 中国短期资本流动的主要驱动因素：2000—2012[J]. 世界经济，2013（11）：93—116.

[167] 张明，肖立晟 . 国际资本流动的驱动因素：新兴市场与发达经济体

的比较 [J]. 世界经济，2014（8）：151—172.

[168] 张天顶，张洪敏 . 金融开放度对跨境资本流动的影响——基于跨国数据的经验研究 [J]. 国际商务（对外经济贸易大学学报），2014（2）：13—20.

[169] 张谊浩，裴平，方先明 . 中国的短期国际资本流入及其动机——基于利率、汇率和价格三重套利模型的实证研究 [J]. 国际金融研究，2007（9）：41—52.

[170] 张谊浩，沈晓华 . 人民币升值、股价上涨和热钱流入关系的实证研究 [J]. 金融研究，2008（11）：87—98.

[171] 张英，兰荣蓉 . 国际资本流动管制理论述评 [J]. 经济评论，2007（5）：151—155

[172] 张永升，杨伟坤，荣晨 . 金融开放与经济增长：基于发达国家与发展中国家的实证分析 [J]. 财政研究，2014（3）：78—80.

[173] 张元萍 . 金融危机预警系统的理论透析与实证分析 [J]. 国际金融研究，2003（10）：32—38.

[174] 张泽 . 我国外汇储备波动影响因素的非对称分析 [D]. 东北财经大学，2015.

[175] 张志超 . 开放中国的资本账户：排序理论的发展及对中国的启示 [J]. 国际经济评论，2003（1）：5—17.

[176] 赵茜 . 资本账户开放、汇率市场化改革与外汇市场风险——基于外汇市场压力视角的理论与实证研究 [J]. 国际金融研究，2018（7）：86—96.

[177] 赵文生，刘树林 . 流动性过剩与全球失衡的单变量冲击分析—基于货币稀释理论 [J]. 管理科学学报，2018（3）：23—40.

[178] 智琨，傅虹桥 . 不同类型资本账户开放与经济增长：来自中低收入国家的证据 [J]. 经济评论，2017（4）：73—89.

[179] 周工，张志敏，李娟娟 . 资本账户开放对我国跨境资本流向的影响研究 [J]. 宏观经济研究，2016（10）：75—87.

[180] 周克 . 固定汇率下资本账户开放对经济的影响——基于修正的 Mundell 模型的动态分析 [J]. 世界经济研究，2007（3）：35—38.

[181] 周小川 . 人民币资本项目可兑换的前景和路径 [J]. 金融研究，2012（1）：1—19.

[182] 中国人民银行调查统计司课题组 . 我国加快资本账户开放的条件基

本成熟 [J]. 中国金融，2012（5）：14—17.

[183] 朱孟楠，刘林 . 短期国际资本流动、汇率与资产价格：基于汇改后数据的实证研究 [J]. 财贸经济，2010（5）：5—14.

[184] 中国人民银行调查统计司课题组 . 协调推进利率、汇率改革和资本账户开放 [J]. 中国金融，2012（9）：9—12.

[185] 朱孟楠，严佳佳 . 人民币汇率波动：测算及国际比较 [J]. 国际金融研究，2007（10）：54—61.

[186] 朱孟楠，闫帅，寇聪姗，张璐艺 . 资本项目开放会引发货币危机吗 ?[J]. 经济与管理研究，2017，38（7）：65—73.

[187] 朱正，贺根庆 . 危机冲击、市场时变联动与风险跨国传染途径——基于中美股票市场样本数据的实证研究 [J]. 中央财经大学学报，2015，1（5）：32—37.

[188] AART K. In search of the macroeconomic effects of capital account liberalization[R]. World Bank Working Paper, 1998.

[189] ACEMOGLU D, OZDAGLAR A, TAHBAZ-SALEHI A. Systemic risk and stability in financial networks[J]. American Economic Review, 2015,（105）:564-608.

[190] ACHARYA V, PEDERSEN L, PHILIPPON T, RICHARDSON M. Measuring systemic risk[J]. Review of Financial Studies, 2016,（30）:2-47.

[191] ADRIAN T, BRUNNERMIER M. CoVaR[J]. American Economic Review, 2016,（106）: 1705-1741.

[192] AIZENMAN J. Large hoarding of international reserves and the emerging global economic architecture[J]. The Manchester School, 2008, 76（5）:487-503.

[193] AIZENMAN J. Volatility, employment and the patterns of FDI in emerging markets[J]. Journal of Development Economics, 2003, 72（2）:585-601.

[194] AIZENMAN J, CHINN M D, ITO H. The emerging global financial architecture: Tracing and evaluating new patterns of the trilemma configuration[J]. Journal of International Money & Finance, 2010, 29（4）:615-641.

[195] AKRAM G M, BYRNE J P. Foreign exchange market pressure and capital controls[J]. Journal of International Financial Markets Institutions & Money, 2015,（37）:42-53.

[196] ALESINA A, GRILLI V, MILESI-FERRETTI G M. The political economy

of capital controls in capital mobility: the impact on consumption, investment, and growth, ed[C]. By LEIDERMAN L and RAZIN A (New York: Cambridge University Press) , 1994.

[197] ALESSANDRIA G A, QIAN J. Endogenous financial intermediation and real effects of capital account liberalization[J]. Journal of International Economics, 2005, 67 (1) : 97–128.

[198] ALFARO L, KALEMLI-OZCAN S, VOLOSOVYCH V. Why doesn' t capital flow from rich to poor countries? An empirical investigation[J]. Review of Economics and Statistics, 2008, (90) : 347–368.

[199] ALLEN F, BABUS A, CARLETTI E. Financial crises: theory and evidence[J]. Annual Review of Financial Economics, 2009, 1 (1) :97–116.

[200] ALLEN F, GALE D. Financial contagion[J]. Journal of Political Economy, 2000, 108 (1) :1–33.

[201] AOKI K, BENIGNO G, KIYOTAKI N. Adjusting to capital account liberalization[J]. General Information, 2010, (4) :561–562.

[202] ARIAS E F, MONTIEL P J. The surge in capital inflows to developing countries: An analytical overview[J]. The World Bank Economic Review, 1996, 10 (1) :51–77.

[203] ARIYOSHI A, HABERMEIER K, LAURENS B. Capital controls: country experiences with their use and liberalization[R]. IMF Occasional Paper, 2000, No.190.

[204] ARTETA C, EICHENGREEN B, WYPLOSZ C. When does capital account liberalization help more than it hurts?[J]. Nber Working Papers, 2001, (4) :561–562.

[205] BALAKRISHNAN R, DANNINGER S, ELEKDAG S, TYTELL I. The transmission of financial stress from advanced to emerging economies[J]. Emerging Markets Finance & Trade, 2011, 47 (sup2) :40–68.

[206] BARAB SI A L, ALBERT R. Emergence of scaling in random networks[J]. Science, 1999, 286 (5439) : 509–512.

[207] BARNETT V. The order of economic liberalization: financial control in the transition to a market economy by MCKINNON R I[J]. Economica, 1991, 60 (239) :538–539.

[208] BARRY E, MODY A. Interest rates in the north and capital flows to the

south: is there a missing link[J]. International Finance, 1998,(1):35–57.

[209] BARTOLINI L, DRAZEN A. Capital account liberalization as a signal[J]. American Economic Review, 1997,(1):138–54.

[210] BATTISTON S, GATTI D D, GALLEGATI M, GREENWALD B, STIGLITZ J E. Liaisons dangereuses: Increasing connectivity, risk sharing, and systemic risk[J]. Journal of Economic Dynamics & Control, 2012, 36(8):1121–1141.

[211] BAYOUMI T, OHNSORGE F. Do inflows or outflows dominate? Global implications of capital account liberalization in China[J]. IMF Working Papers, 2013,(189):1–32.

[212] BEKAERT G, HARVEY C R, LUNDBLAD C. Does financial liberalization spur growth?[J]. Journal of Financial Economics, 2005,(77):3–55.

[213] BEKAERT G, HARVEY C R, LUMSDAINE R L. The dynamics of emerging market equity flows[J]. Journal of International Money and Finance, 2002,(3):295–350.

[214] BEKAERT G, HARVEY C R, LUNDBLAD C. Financial openness and productivity[J]. World Development, 2011, 39(1):1–19.

[215] BILLIO M, GETMANSKY M, LO A W, PELIZZON L. Econometric measures of connectedness and systemic risk in the finance and insurance sectors[J]. Journal of Financial Economics, 2012, 104(3):535–559.

[216] BORIO C. Towards a macroprudential framework for financial supervision and regulation?[C]. BIS Working Paper, 2003, No.128.

[217] BRONER F, DIDIER T, ERCE A, SCHMUKLER S L. Gross capital flows: dynamics and crises[J]. Journal of Monetary Economics, 2013, 60(1):113–133.

[218] BRUNO M, DORNBUSCH R, LESLIE F, HELMERS C H. The open economy: tools for policymakers in developing countries[M]. Oxford University Press, 1988.

[219] BURASCHI A, PORCHIA P, TROJANI F. The cross–section of expected stock returns: learning about distress and predictability in heterogeneous orchards[J]. Ssrn Electronic Journal, 2010.

[220] CALVO G A. "On the costs of temporary liberalization/stabilization experiments," in CONNOLLY M and GONZALEZ C (eds.) economic reform and stabilization in Latin America, 1986.

[221] CALVO G A. Capital flows and capital-market crises: the simple economics of sudden stops[J]. Journal of Applied Economics, 1998,(1):35-54.

[222] CALVO G, LEIDERMAN L, REINHART C. Capital inflows and real exchange rate appreciation in Latin America[C]. IMF Staff Paper, 1993,(1):108-151.

[223] CALVO G A, MENDOZA E G. Capital market crises and economic collapse in emerging markets, an information friction approach[J]. American Economic Review, 2000,(2): 59-64.

[224] CARDARELLI R, ELEKDAG S, LALL S. Financial stress and economic contractions[J]. Journal of Financial Stability, 2011, 7(2):78-97.

[225] CASSANDRAS C C, GOKBAYRAK K. Hybrid controllers for hierarchically decomposed systems[J]. Hybrid Systems: Computation and Control, 2002:117-129.

[226] CASTIGLIONESI F, FERIOZZI F, LORENZONI G. Financial integration, liquidity, and the depth of systemic crisis[J]. Unpublished working paper. University of Tilburg, 2009.

[227] CHAKRAVORTI S. Analysis of systemic risk in multilateral net settlement systems[J]. Journal of International Financial Markets, Institutions and Money, 2000,(10):9-30.

[228] CHAN-LAU J A, CHEN Z H. A theoretical model of financial crises[J]. Review of International Economics, 2002,(1):53-63.

[229] CHANG R, VELASCO A. The Asian liquidity crisis[J]. Center for Applied Economics, New York University, 1998.

[230] CHEN J, QIAN X. Measuring on-going changes in China' s capital controls: A de jure and a hybrid index data set[J]. China Economic Review, 2015,(38):167-182.

[231] CHINN M D, ITO H. 2002. Capital account liberalization, institutions and financial development: cross country evidence[R]. NBER Working Paper, No.w8967.

[232] CHINN M D, ITO H. What matters for financial development? Capital controls, institutions, and interactions[J]. Journal of Development Economics, 2006, 81(1):163-192.

[233] CHINN M D, ITO H. A new measure of financial openness[J]. Journal of

Comparative Policy Analysis, 2008,（3）:309–322.

[234] CLINE W. “discussion” in LESSARD D and WILLIAMSON J eds., capital flight and third world debt（of Chapter 3）, institute for international economics, 1987.

[235] CORDEN W. Protection and liberalization: A review of snalytical issues[J]. IMF Occasional Paper, 1987,（54）.

[236] CUDDINGTON J T. Capital flight: estimates, issues, and explanations[J]. Princeton Studies in International Finance, 1986,（58）.

[237] DAI S G, YU B. Research on the dynamic relationship between RMB exchange rate and short–term capital flows[C]. Proceedings of the 10th（2018）International Conference on Financial Risk and Corporate Finance Management, Dalian University of Technology Electronic & Audio–visual Press, Dalian University of Technology Electronic & Audio–visual Press, July 2018:278–287.

[238] DANIEL B C, JONES J B. Financial liberalization and banking crises in emerging economies [J]. Journal of International Economics, 2007, 72(1):202–221.

[239] DEMIR, FIRAT. Volatility of short–term capital flows and private investment in emerging markets[J]. Journal of Development Studies, 2009, 45（5）:672–692.

[240] DENIZER C. Foreign entry in Turkey’s banking sector 1980–1997[R]. The World Bank Policy Research Working Paper, 2000, No.2462.

[241] DIEBOLD F X, YILMAZ K. Better to give than to receive: Predictive directional measurement of volatility spillovers[J]. International Journal of Forecasting, 2012, 28（1）:57–66.

[242] DIEBOLD F X, YLMAZ K. On the network topology of variance decompositions: Measuring the connectedness of financial firms[J]. Journal of Econometrics, 2014, 182（1）:119–134.

[243] DING D, JINJARAK Y. Development threshold, capital flows, and financial turbulence[J]. North American Journal of Economics & Finance, 2012, 23（3）:365–385.

[244] DONG H, LILLIAN C, WENLANG Z, TOMMY W. How would capital account liberalization affect China's capital flows and the Renminbi real exchange rates?[J]. China & World Economy, 2012, 20（6）:29–54.

[245] DOOLEY M. Country specific risk premiums, capital flight and net investment income payments in selected developing countries[C]. IMF Departmental Memorandum, 1986, No.86/17.

[246] DOOLEY M P. A model of crisis in emerging markets[J]. The Economic Journal, 2000, 110（1）:256–272.

[247] DOOLEY M P, ISARD P. Capital controls, political risk, and deviations from interest–rate parity [J]. Journal of Political Economy, 1980, 88（2）:370–384.

[248] DREHMANN M, TARASHEV N. Measuring the systemic importance of interconnected banks[J]. Journal of Financial Intermediation, 2013, 22（4）:586–607.

[249] EDWARDS S. Capital mobility and economic performance: are emerging economies different?[J]. Nber Working Papers, 2001.

[250] EDWARDS S. On the sequenceing of structural reforms[J]. OECD Working Paper, 1989, No.70.

[251] EDWARDS S. Capital mobility, capital controls, and globalization in the twenty–first century[J]. Annals of the American Academy of Political & Social Science, 2002, 579（1）:261–270.

[252] EDWARDS S, KHAN M S. Interest rate determination in developing countries: A conceptual framework[J]. IMF Economic Review, 1985,（3）:377–403.

[253] EICHENGREEN B. Capital account liberalization: what do cross–country studies tell us?[J]. World Bank Economic Review, 2001, 15（3）:341–365.

[254] EICHENGREEN B, GULLAPALLI R, PANIZZA U. Capital account liberalization, financial development and industry growth: a synthetic view[J]. Journal of International Money and Finance, 2011, 30（6）:1090–1106.

[255] EICHENGREEN B, MUSSA M. Capital account liberalization and the IMF[J]. Finance and Development, 1998,（35）:16–19.

[256] ELLIOTT M, GOLUB B, JACKSON M O. Financial networks and contagion[J]. American Economic Review, 2014,（104）:3115–3153.

[257] ELSAYED K M, PERROS H G. Financial integration, specialization and systemic risk[J]. Journal of International Economics, 2012, 88（1）:150–161.

[258] ENGLISH W, TSATSARONIS K, ZOLI E. Assessing the predictive power of measures of financial conditions for macroeconomic variables[J]. Bis Papers

Chapters, 2005,（22）.

[259] EPAULARD A, POMMERET A. Financial integration, growth and volatility[J]. Pacific Economic Review, 2016, 21（3）:330–357.

[260] ERTEN B, OCAMPO J A. Building a stable and equitable global monetary system[C]. Working Papers, 2014.

[261] ERTEN B, OCAMPO J A. Macroeconomic effects of capital account regulations[J]. IMF Economic Review, 2017,（65）:1–48.

[262] FELDSTEIN M, HORIOKA C. Domestic saving and international capital flows[J]. Economic Journal, 1980,（358）:314–329.

[263] FERNÁNDEZ A, KLEIN M W, REBUCCI A, SCHINDLER M, URIBE M. Capital control measures: a new dataset[J]. IMF Economic Review, 2016, 64（3）:548–574.

[264] FISHER S. Capital account liberalization and the role of the IMF?[C]. Essays in International Finance, 1998, No.207.

[265] FLEMING S. Domestic financial policies under fixed and under floating exchange rates[J]. IMF Staff Papers, 1962,（9）:369–379.

[266] FORBES K, FRATZSCHER M, STRAUB R. Capital–flow management measures: what are they good for? [J]. Journal of International Economics, 2015,（96）:76–97.

[267] FORBES K J, WARNOCK F E. Capital flow waves: surges, stops, flight, and retrenchment[J]. Journal of International Economics, 2012,（2）:235–251.

[268] FRANKEL J A, ROSE A K. Currency crashes in emerging markets: An empirical treatment[J]. Social Science Electronic Publishing, 1996, 41（3–4）:351–366.

[269] FUNKE N. Timing and sequencing of reforms: Competing views and the role of credibility[J]. Kyklos, 1993,（46）:337–362.

[270] GAI P, HALDANE A, KAPADIA S. Complexity, concentration and contagion[J]. Journal of Monetary Economics, 2011, 58（5）:453–470.

[271] GAI P, KAPADIA S. 2010. Contagion in financial networks[J]. Proceedings Mathematical Physical & Engineering Sciences, 466（2120）:2401–2423.

[272] GIANNETTI M. Financial liberalization and banking crises: The role of capital inflows and lack of transparency[J]. Journal of Financial Intermediation, 2007, 16(1):32–63.

[273] GIGLIO S, KELLY B, PRUITT S. Systemic risk and the macroeconomy: an empirical evaluation[J]. Journal of Financial Economics, 2016,（119）:457–471.

[274] GIORDANI P E, RUTA M, WEISFELD H, ZHU L. Capital flow deflection[J]. Journal of International Economics, 2016, 105（145）:102–118.

[275] GOODHART C, HOFMANN B. Asset prices and the conduct of monetary policy[C]. Royal Economic Society Conference, 2002.

[276] GRAY D F, JOBST A A. Systemic CCA–A model approach to systemic risk[J]. http://www.bundesbank.en/Redaktion/DE/Standardartikel/seite_nichit_gefunden.html, 2010.

[277] Greenwood R, Landier A, Thesmar D. Vulnerable banks[J]. Journal of Financial Economics, 2015, 115（3）:68–81.

[278] GRILLI M F. Economic effects and strcutural deteminants of capital controls[J]. IMF Staff Paper, 1995, 3（42）:517–551.

[279] GRILLI V, MILESI–FERRETTI G M. Economic effects and structural determinants of capital controls[J]. IMF Staff Papers, 1995,（42）:517–551.

[280] GUITIAN M, NSOULI S M. Currency convertibility in the middle east and north Africa[R]. IMF Working Paper, 1996.

[281] GUO F, HUANG Y S. Does 'hot money' drive China' s real estate and stock markets?[J]. International Review of Economics and Finance, 2010, 19（3）:452–466.

[282] GUPTA A S, SENGUPTA R. Capital flows and capital account management in selected Asian economies[C]. Mpra Paper, 2014.

[283] HAGEN J V, ZHANG H. A welfare analysis of capital account liberalization [J]. Review of International Economics, 2010, 16（3）:576–590.

[284] HAKKIO C S, KEETON W R. Financial stress: what is it and how can it be measured, and why does It matter?[J]. Economic Review – Federal Reserve Bank of Kansas City, 2009, 94（2）:5–50.

[285] HALDANE A G. Rethinking the financial network[J]. Fragile Stabilitt–stabile Fragilitt, 2013,（53）:243–278.

[286] HATZIUS J, HOOPER P, MISHKIN F, SCHOENHOLTZ K, WATSON M. Financial conditions indexes: a fresh look after the financial crisis[C]. NBER Working Paper Series, 2010, No.16150.

[287] HE D, CHEUNG L, ZHANG W, WU T. How would capital account liberalization affect China’ s capital flows and the Renminbi real exchange rates?[J]. China & World Economy, 2012,（6）:29–54.

[288] HENRY P B. Do stock market liberalization cause investment booms?[J]. Journal of Financial Economics, 2000, 58（12）:301–334.

[289] HENRY P B. Capital account liberalization: theory, evidence, and speculation[J]. Journal of Economic Literature, 2007, 45（4）:887–935.

[290] HUANG Y, TEMPLE J R W. Do external trades promote financial development?[C]. Cepr Discussion Papers, 2005.

[291] Illing M, Liu Y. Measuring financial stress in a developed country: An application to Canada[J]. Journal of Financial Stability, 2006, 2（3）:243–265.

[292] IMF. Three current policy issues in developing countries[J]. World Economic Outlook: Building institutions, 2003,（9）:65–111.

[293] IMF. International capital flows: reliable or fickle[R]. World Economic Outlook, 2011.

[294] ITO H. Financial development in Asia: thresholds, institutions, and the sequence of liberalization[J]. North American Journal of Economics & Finance, 2006, 17（3）:303–327.

[295] ITO H, CHINN M. The rise of the ‘Redback’ and China's capital account liberalization: An empirical snalysis on the determinants of invoicing currencies[C]. ADBI Conference Paper, 2013.7.

[296] JIANG C, ZHANG P. Threshold effects of capital account liberalization on productivity: bootstrap method in non-dynamic panels[J]. Wireless Personal Communications, 2017,（4）:1–11.

[297] JOHNSTON R B. Sequencing capital account liberalization and financial sector reform[J]. IMF Paper on Policy Analysis and Assessment, 1998.

[298] JOHNSTON R B, DARBAR S, ECHEVERRIA C. Sequencing of capital account liberalization: Issues from the experience in Chile, Indonesia, Korea and Thailand[R]. IMF Working Paper, 1997, 97/157.

[299] JOHNSTON R B, TAMIRISA N T. Why do countries use capital controls?[C]. IMF working paper, 1998, No.98/181.

[300] JORESKOG K G, GOLDBERGER A S. Estimation of a model with multiple indicators and multiple causes of a single latent variable[J]. Journal of the American Statistical Association, 1975,（351）:631–639.

[301] KAMINSKY G, LIZONDO S, REINHART C M. Leading indicators of currency crises[J]. Staff Papers, 1998, 45（1）:1–48.

[302] KAMINSKY G L, REINHART C M. The twin crises: the causes of banking and balance–of–payments problems[J]. American Economic Review, 1999, 89（3）:473–500.

[303] KAMINSKY G, SCHMUKLER S L. Short–run pain, long–run gain: the effects of financial liberalization[C]. Social Science Electronic Publishing, 2003.

[304] KARCHER S, STEINBERG D A. Assessing the causes of capital account liberalization: how measurement matters?[J]. International Studies Quarterly, 2013, 57（1）:128–137.

[305] KAYA I, LYUBIMOV K, MILETKOV M. To liberalize or not to liberalize: Political and economic determinants of financial liberalization [J]. Emerging Markets Review, 2012, 13（1）:78–99.

[306] KESKIN M, DEVIREN B, KOCAKAPLAN Y. Topology of the correlation networks among major currencies using hierarchical structure methods[J]. Physica A Statistical Mechanics & Its Applications, 2011, 390（4）:719–730.

[307] KIM E H, SINGAL V. Opening up of stock markets: lessons from emerging economies[J]. Journal of Business, 2000,（73）: 25–66.

[308] KIM S, KIM S H, WANG Y. Macroeconomic effects of capital account liberalization: the case of korea[J]. Review of Development Economics, 2010, 8（4）:624–639.

[309] KLEIN M W. Capital account openness and the varieties of growth experience[R]. National Bureau of Economic Research, 2003, No.9500.

[310] KLEIN M W. Capital account liberalization, institutional quality, and economic growth: theory and evidence[R]. NBER Working Paper, 2005.

[311] KLEIN M W, OLIVEI G P. Capital account liberalization, financial depth, and economic growth[J]. Journal of International Money and Finance, 2008, 27（6）:861–875.

[312] KOEPKE R. What drives capital flows to emerging markets? A survey of the empirical literature[C]. Mpra Paper, 2015.

[313] KOCAKAPLAN Y, DEVIREN B, KESKIN M. Hierarchical structures of correlations networks among Turkey' s exports and imports by currencies[J]. Physica A Statistical Mechanics & Its Applications, 2012, 391（24）:6509-6518.

[314] KOOP G, KOROBILIS D. A new index of financial conditions[J]. European Economic Review, 2014,（71）:101-116.

[315] KOSE M A, PRASAD E S, TAYLOR A D. Thresholds in the process of international financial integration[J]. Journal of International Money and Finance, 2011, 30（1）:147-179.

[316] KOSE M A, PRASAD E, ROGOFF K, WEI S J. Financial globalization: a reappraisal[C]. IMF working paper, 2006, WP/06/189.

[317] KOURI J K, MICHAEL G P. International capital flows and portfolio equilibrium[J]. Journal of Political Economy, 1974, 82（3）:443-468.

[318] KRAAY A. In search of the macroeconomic effect of capital account liberalization[R]. The World Bank, 1998.

[319] KRUGER A. Interactions between inflation and trade regime objectives in stabilization programs, in CLINE W R and WEINTRAUB S, eds. economic stabilization in developing countries[M]. Brookings Institution, 1981.

[320] KRUGMAN P. What' s new about the new economic geography? [J]. Oxford Review of Economic Policy, 1998, 14（2）:7-17.

[321] KRUGMAN P. What happened to Asia? Global competition and integration[C]. Springer US, 1999, 315-327.

[322] KRUGMAN P. Balance sheets, the transfer problem, and financial crises[J]. International Tax & Public Finance, 1999, 6（4）:459-472.

[323] LACK C P. A financial conditions index for Switzerland[C]. Bank for International Settlements, 2003,（19）.

[324] LAL D. The political economy of economic liberalization[J]. The World Bank Economic Review, 1987, 1（2）:273-299.

[325] LANE P R, MILESI-FERRETTI G M. The external wealth of nations: measures of foreign assets and liabilities for industrial and developing countries[J].

Journal of International Economics, 1999,(2):263–294.

[326] LANE P R, MILESI–FERRETTI G M. The external wealth of nations mark II: Revised and extended estimates of foreign assets and liabilities 1970–2004[J]. Journal of International Economics, 2007, 73（2）:223–250.

[327] LARDY N, DOUGLASS P. Capital account liberalization and the role of the Renminbi[J]. Social Science Electronic Publishing, 2011,(2888):496–513.

[328] LAW S H, AZMAN–SAINI W N W. Capital account liberalization and economic performance in Malaysia [J]. Singapore Economic Review, 2013, 58(3):407–367.

[329] LEVCHENKO A A, RANCIÈRE R, THOENIG M. Growth and risk at the industry level: The real effects of financial liberalization[J]. Journal of Development Economics, 2008, 89（2）:210–222.

[330] LEVINE R. Foreign banks, financial development, and economic growth[J]. Journal of Economic Literature, 1996,(35):224–255.

[331] LEVINE R, SCHMUKLER S L. Migration, spillovers, and trade diversion: The impact of internationalization on domestic stock market activity[J]. Journal of Banking and Finance, 2007, 31（6）:1595–1612.

[332] LI F, PEREZ–SAIZ H. Measuring systemic risk across financial market infrastructures[J]. Journal of Financial Stability, 2018,(34):1–11.

[333] LI Q, RACINE J S. Smooth varying–coefficient estimation and inference for qualitative and quantitative data[J]. Econometric Theory, 2010,(6):607–1637.

[334] LIPSEY E R. Foreign direct investment in three financial crises[J]. NBER Working Paper, 2001, No.8084.

[335] LUCAS R. Why doesn’t capital flow from rich to poor countries?[J]. American Economic Review, 1990,(80):92–96.

[336] MA G, MCCAULEY R N. Do China's capital controls still bind? Implications for monetary autonomy and capital liberalisation[J]. Bis Working Papers, 2007:312–341.

[337] MAKRIS M. Necessary conditions for infinite–horizon discounted two–stage optimal control problems[J]. Journal of Economic Dynamics and Control, 2001, 25（12）:1935–1950.

[338] MATHESON T D. Financial conditions indexes for the United States and euro area[J]. Economics Letters, 2012, 115（3）:441–446.

[339] MATHIESON D J, ROJAS–SUAREZ L. Liberalization of the capital account: Experiences and issues[J]. IMF Occasional Paper, 1993, No.103.

[340] MCKINNON R I. Money and capital In economic development[J]. American Political Science Review, 1973, 68（4）:1822–1824.

[341] MCKINNON R I, PILL H. Exchange rate regimes for emerging markets: Moral hazard and international overborrowing[J]. Oxford Review of Economic Policy, 1999, 15（3）:19–38.

[342] MCPHERSON M F. The sequencing of economic reforms: Lessons from Zambia[R]. Harvard Institute for International Development Papers, 1996, No.516.

[343] MEESE R A, ROGOFF K. Empirical exchange rate models of the seventies: Do they fit out of sample? [J]. Journal of International Economics, 1983, 14（1）:3–24.

[344] MICHAELSON L. Hot money flow in China: a look at the rapport between international capital flows and the business cycle[C]. The Conference Board China Center, 2010.

[345] MICHAELY M. The timing and sequencing of a trade liberalization policy, in CHOSKI A and PAPAGEORGIOU D, eds. Economic policy in a world of change. North Holland, 1986.

[346] MINSOO HAN. Capital account openness and the losses from financial frictions[R]. 2013 Meeting Paper for Society for Economic Dynamics, 2013.

[347] MISHKIN F S. The next great globalization: how disadvantaged nations can harness their financial systems to get rich[M]. Princeton University Press, 2006.

[348] MILESI–FERRETTI G M, TILLE C. The great retrenchment? International capital flows during the global financial crisis[J]. Economic Policy, 2011,（66）:289–346.

[349] MINSKY H. The financial instability hypothesis: a restatement. Thames Papers on Political Economy, 1978.

[350] MOGUILLANSKY G. Investment and Financial Volatility in Latin America [J]. CEPAL Review, 2002,（77）:45–63.

[351] MÜLLER J. Interbank credit lines as a channel of contagion[J]. Journal of

Financial Services Research, 2006, 29（1）:37–60.

[352] MUNDELL R A. Capital mobility and stabilization policy under fixed and flexible exchange rates[J]. Canadian Journal of Economics & Political Science, 1963,（24）:475–485.

[353] NAKAJIMA J. Time–varying parameter VAR model with stochastic volatility: an overview of methodology and empirical applications[J]. Monetary and Economic Studies, 2011, 29（11）:107–142.

[354] NIER E, YANG J, YORULMAZER T, ALENTORN A. Network models and financial stability[J]. Journal of Economic Dynamics & Control, 2007, 31（6）:2033–2060.

[355] NSOULI S M, RACHED M, FUNKE N. The speed of adjustment and the sequencing of economic reforms: Issues and guidelines for policymakers[J]. International Journal of Social Economics, 2005, 32（9）:740 –766.

[356] NYBERG P. Opening financial services to competition: The economic and political economy arguments[C]. Http://www.mof.go.jp/english/asem/asem03g.htm, 2001.

[357] OCAMPO J A. Capital account liberalization and management[C]. Wider Working Paper, 2015.

[358] OBSTFELD M. Risk–taking, global diversification and growth[J]. American Economic Review, 1995,（5）:1310–1329.

[359] OBSTFELD M. International currency experience: new lessons and lessons relearned[J]. Brookings Papers, 1995, 26（1）:119–196.

[360] O' DONNELL B. Financial openness and economic performance[R]. Dublin Ireland: Trinity College, 2001.

[361] OET M V, BIANCO T, GRAMLICH D, ONG S J. SAFE: an early warning system for systemic banking risk[C]. Federal Reserve Bank of Cleveland, Working Paper, November, 2011.

[362] OKADA K. The interaction effects of financial openness and institutions on international capital flows[J]. Journal of Macroeconomics, 2013, 35（1）:131–143.

[363] ONNELA J P, CHAKRABORTI A, KASKI K, KERTÉSZ J, KANTO A. Dynamics of market correlations: taxonomy and portfolio analysis[J]. Physical Review E Statistical Nonlinear & Soft Matter Physics, 2003, 68（5 Pt 2）:56–110.

[364] PRASAD E S, RAJAN R G. A pragmatic approach to capital account liberalization[J]. Journal of Economic Perspectives, 2008,（3）:149–172.

[365] PRASAD E, ROGOFF K WEI S J, KOSE M A. Effects of financial globalization on developing countries: some empirical evidence[R]. IMF, 2003.

[366] PRIMICERI G E. Time varying structural vector auto-regressions and monetary policy[J]. Review of Economic Studies, 2005, 72（3）: 821–852.

[367] QIN X, LUO C. Capital account openness and early warning system for banking crises in G20 countries[J]. Economic Modelling, 2014, 39（322）:190–194.

[368] QUINN D P. The correlates of change in international financial regulation[J]. American Political Science Review, 1997,（3）:531–551.

[369] QUINN D P. Capital account liberalization and financial globalization, 1890 - 1999: a synoptic view[J]. International Journal of Finance & Economics, 2003, 8（3）:189–204.

[370] QUINN D P, INCLAN Q C. The origins of financial openness: A study of current and capital account liberalization[J]. American Journal of Political Science, 1997, 41（3）:771–813.

[371] QUINN D P, TOYODA A M. Does capital account liberalization lead to economic growth?[J]. Review of Financial Studies, 2008, 21（3）:1403–1449.

[372] QUIRK P J, EVANS O. Capital account convertibility: Review of experience and implications for IMF policies[C]. IMF Occasional Paper, 1995, No.131.

[373] RAJAN R S. Financial crisis, Capital outflows and policy responses: Simple analytics and examples from East Asia. LKY School of Public Policy, National University of Singapore, 2005.

[374] REINHART C, MONTIEL P. The dynamics of capital movements to emerging economies during the 1990s[C]. Mpra Paper, 2001,（7577）.

[375] REINHARDT D, RICCI L A, TRESSEL T. International capital flows and development: Financial openness matters[J]. Journal of International Economics, 2013, 91（2）:235–251.

[376] REINHART C M, ROGOFF K. This time is different: eight centuries of financial folly[R]. Princeton University Press, 2008.

[377] REINHART C M, ROGOFF K S. Recovery from financial crises: evidence

from 100 episodes[J]. Nber Working Papers, 2014, 104（5）:50–55.

[378] REY H. Dilemma not trilemma: the global financial cycle and monetary policy independence. Proceedings–Economic Policy Symposium–Jackson Hole, 2013.

[379] RODRIK D. Who needs capital–account convertibility[J]. Essays in International Finance, 1998, 92（35）:348–375.

[380] ROLAND G. The political economy of transition[J]. Journal of Economic Perspectives, 2002, 16（1）:29–50.

[381] SAIDI H, ALOUI C. Capital account liberalization and economic growth: GMM system analysis[J]. International Journal of Economics and Finance, 2010, 2（5）:122–131.

[382] SAIDI H, GUESMI K, RACHDI H. Capital account liberalization, financial development and economic growth in presence of structural breaks and cross–section dependence[J]. Economics Bulletin, 2016, 36（4）:2225–2236.

[383] SCHINDLER M. Measuring financial integration: A new data set[J]. IMF Staff Papers, IMF Economic Review, 2009, 56（1）:222–238.

[384] SCHNEIDER F, ENESTE D H. Shadow economics a round the world: Size, causes, and consequences[J]. Journal of Economic Literature, 2000,（3）:77–114.

[385] SEBASTIAN E. Capital controls, sudden stops, and current account reversals[C]. NBER, 2007.

[386] SEDIK S T, SUN T. Effects of capital flow liberalization: What is the evidence from recent experiences of emerging market economies? [J]. IMF Working Papers, 2012,（275）:1–27.

[387] SILVA T C, SILVA M A D, TABAK B M. Systemic risk in financial systems: A feedback approach[J]. Journal of Economic Behavior & Organization, 2017,（144）:97–120.

[388] SILVA T C, SOUZA S R S D, TABAK B M. Monitoring vulnerability and impact diffusion in financial networks[J]. Journal of Economic Dynamics & Control, 2017,（76）:109–135.

[389] STAPLETON D C. Analyzing political participation data with a MIMIC Model[J]. Sociological Methodology, 1978,（15）:52–57.

[390] STIGLITZ J E. Boats, planes and capital flows[C]. Financial Times, 1998.

[391] STIGLITZ J E. Capital market liberalization, economic growth, and instability[J]. World Development, 2000, 28（6）:1075–1086.

[392] TAYLOR J. Defining systemic risk operationally, 2009.

[393] TETERYATNIKOVA M. Resilience of the interbank network to shocks and optimal bail-out strategy: advantages of "tiered" banking systems[C]. University of Vienna, Department of Economics, 2012, 178–184.

[394] THE WORLD BANK. World development report, 1985.

[395] THE WORLD BANK. Global economic prospects and the developing countries: Beyond financial crisis [R]. World Bank, 1998–1999.

[396] THIRLWALL A P, HUSSAIN M N. The balance of payment constraint, capital flows and growth rate differences between developing countries[J]. Oxford Economic Papers, 1982, 34（3）:498–510.

[397] TIROLE J. Financial crises, liquidity, and the international monetary system: financial crises, liquidity, and the international monetary system[M]. Princeton University Press, 2002, 297–302.

[398] TOBIN A. A proposal of international monetary reform[M]. Essays in Economics: Theory and Policy, Cambridge, Mass, MIT Press, 1982.

[399] TOMIYAMA K. Two-stage optimal control problems and optimality conditions[J]. Journal of Economic Dynamics & Control, 1985, 9（3）:317–337.

[400] TOYE J. The sequencing of strcutural adjustment programs: What are the issues?[J]. UNCTD/UNDP Occasional Paper, UNCTAD/EDM/Misc, 1999, No.70.

[401] TRABELSI M, CHERIF M. The causality issue in the financial openness and economic growth nexus: empirical evidence from selected emerging countries: 1975–2011[J]. Journal of Applied Finance & Banking, 2016,（6）:95–109.

[402] VERIKIOS G. Capital account liberalisation by China and the effects on global FDI and trade[J]. Global Economic Review, 2018,（4）:1–25.

[403] VIVIER-LIRIMONTY S. Contagion in interbank debt networks[J]. Giornale Italiano Di Cardiologia, 2012, 36–40.

[404] WATTS D J, STROGATZ S H. Collective dynamics of ‘small-world’ networks[J]. Nature, 1998, 393（6684）: 440–442.

[405] WEYMARK D N. Measuring exchange market pressure and intervention

in interdependent economics: A two-country model[J]. Review of International Economics, 1997,(1):72–82.

[406] WIHLBORG C, DEZSERI K. Preconditions for liberalization of capital flows: A review and interpretation, in CHRISTINE P R AND RICHARD J S, eds. Capital controls in emerging economies, Boulder, Colorado: Westview Press, 1997:33–44.

[407] WILLIAMSON J. Why capital account convertibility in India is premature[J]. Economic & Political Weekly, 2006, 41 (19):1848–1850.

[408] WILLIAMSON J. Whether financial liberalization?[R]. Keynote Address Delivered at the Second Annual Indian Derivatives Conference, 1998.

[409] ZHANG C, ZHU Y, LU Z. Trade openness, financial openness, and financial development in China[J]. Journal of International Money & Finance, 2015, 59 (9):287–309.

附　录

附录 1A　中国国际收支平衡表资本与金融项目

<table>
<tr><td>资本账户</td><td colspan="4"></td></tr>
<tr><td rowspan="22">金融账户</td><td rowspan="2">1. 直接投资</td><td>1.1 我国在外直接投资</td><td colspan="2"></td></tr>
<tr><td>1.2 外国在华直接投资</td><td colspan="2"></td></tr>
<tr><td rowspan="6">2. 证券投资</td><td rowspan="3">2.1 资产</td><td>2.1.1 股本证券</td><td></td></tr>
<tr><td rowspan="2">2.1.2 债务证券</td><td>2.1.2.1（中）长期债券</td></tr>
<tr><td>2.1.2.2 货币市场工具</td></tr>
<tr><td rowspan="3">2.2 负债</td><td>2.1.1 股本证券</td><td></td></tr>
<tr><td rowspan="2">2.1.2 债务证券</td><td>2.1.2.1（中）长期债券</td></tr>
<tr><td>2.1.2.2 货币市场工具</td></tr>
<tr><td rowspan="14">3. 其他投资</td><td rowspan="7">3.1 资产</td><td rowspan="2">3.1.1 贸易信贷</td><td>长期</td></tr>
<tr><td>短期</td></tr>
<tr><td rowspan="2">3.1.2 贷款</td><td>长期</td></tr>
<tr><td>短期</td></tr>
<tr><td>3.1.3 货币和存款</td><td></td></tr>
<tr><td rowspan="2">3.1.4 其他资产</td><td>长期</td></tr>
<tr><td>短期</td></tr>
<tr><td rowspan="7">3.2 负债</td><td rowspan="2">3.2.1 贸易信贷</td><td>长期</td></tr>
<tr><td>短期</td></tr>
<tr><td rowspan="2">3.2.2 贷款</td><td>长期</td></tr>
<tr><td>短期</td></tr>
<tr><td>3.2.3 货币和存款</td><td></td></tr>
<tr><td rowspan="2">3.2.4 其他负债</td><td>长期</td></tr>
<tr><td>短期</td></tr>
</table>

来源：外汇管理局：《中国外汇管理年报》，2013 年。

附录 3A 国际收支平衡表资本账户贷方交易规模占比表

项目		1997	1998	1999	2000	2001	2002	2003	2004
资本项目		0.00%	0.00%	0.00%	0.00%	0.00%	0.00%	0.00%	0.00%
我国在外直接投资		0.02%	0.02%	0.07%	0.14%	0.02%	0.03%	0.16%	0.02%
外国在华直接投资		5.85%	5.54%	4.67%	4.30%	4.50%	4.65%	4.39%	4.55%
股本证券	资产	0.00%	0.00%	0.00%	0.00%	0.00%	0.00%	0.00%	0.00%
（中）长期债券		0.00%	0.00%	0.01%	1.19%	0.00%	0.00%	0.63%	1.41%
货币市场工具		0.00%	0.00%	0.00%	0.00%	0.00%	0.00%	0.00%	0.00%
股本证券	负债	0.73%	0.09%	0.07%	0.73%	0.08%	0.20%	0.60%	0.73%
（中）长期债券		0.45%	0.13%	0.12%	0.04%	0.14%	0.00%	0.12%	0.19%
货币市场工具		0.01%	0.00%	0.00%	0.00%	0.00%	0.00%	0.00%	0.00%
贸易信贷	资产	0.00%	0.00%	0.00%	0.00%	0.07%	0.10%	0.19%	0.00%
贷款		0.01%	0.03%	0.06%	0.01%	1.51%	0.03%	1.71%	0.49%
货币和存款		0.01%	0.20%	1.55%	0.15%	0.03%	0.12%	0.34%	1.45%
其他资产		0.06%	0.70%	0.05%	0.33%	1.63%	0.97%	2.69%	2.75%
贸易信贷	负债	0.00%	0.00%	1.53%	1.92%	0.00%	0.25%	0.45%	1.34%
贷款		3.00%	3.10%	1.74%	1.29%	0.99%	4.59%	6.52%	12.3%
货币和存款		0.00%	0.02%	0.00%	0.00%	0.05%	0.36%	0.69%	0.97%
其他负债		1.82%	1.04%	0.74%	0.74%	0.53%	0.01%	0.58%	0.51%

项目		2005	2006	2007	2008	2009	2010	2011	2012	2013
资本项目		0.24%	0.20%	0.12%	0.10%	0.11%	0.11%	0.10%	0.07%	0.07%
我国在外直接投资		0.03%	0.03%	0.07%	0.06%	0.11%	0.17%	0.32%	0.38%	0.54%
外国在华直接投资		6.39%	6.41%	6.32%	5.41%	4.35%	5.99%	5.77%	4.47%	4.60%
股本证券	资产	0.00%	0.01%	0.07%	0.19%	0.39%	0.26%	0.21%	0.20%	0.20%

（中）长期债券	资产	0.18%	0.13%	1.86%	2.05%	1.41%	0.29%	0.25%	0.18%	0.18%
货币市场工具		0.05%	0.19%	0.17%	0.02%	0.29%	0.06%	0.01%	0.01%	0.00%
股本证券	负债	1.19%	2.07%	0.70%	0.25%	0.79%	0.78%	0.28%	0.57%	0.60%
（中）长期债券		0.08%	0.00%	0.11%	0.04%	0.06%	0.05%	0.11%	0.29%	0.30%
货币市场工具		0.02%	0.00%	0.00%	0.00%	0.00%	0.00%	0.09%	0.11%	0.26%
贸易信贷	资产	0.00%	0.08%	0.02%	0.68%	0.00%	0.01%	0.00%	0.01%	0.10%
贷款		0.41%	1.10%	0.55%	0.89%	1.21%	0.44%	0.11%	0.40%	0.55%
货币和存款		0.55%	0.41%	1.01%	2.18%	1.55%	0.68%	0.76%	1.45%	1.33%
其他资产		0.80%	0.59%	0.51%	1.30%	1.51%	0.55%	0.97%	0.21%	0.16%
贸易信贷	负债	1.47%	0.64%	1.10%	0.61%	1.01%	1.32%	0.83%	0.83%	0.66%
贷款		13.4%	21.2%	20.7%	13.0%	8.7%	13.2%	13.5%	10.6%	14.0%
货币和存款		2.77%	1.74%	3.93%	2.01%	1.24%	2.34%	3.16%	2.20%	1.79%
其他负债		0.42%	0.73%	0.23%	0.05%	0.35%	0.05%	0.16%	0.17%	0.17%

数据来源：国家外汇管理局《中国国际收支平衡表》（1997–2013 年）。

注释：原始数据单位亿元人民币。交易规模占比 = 账户交易规模 / 年度 GDP 总量。（附录 3C 同来源及注释）

附录 3B 国际收支平衡表资本账户贷方开放水平测度表

项目		1997	1998	1999	2000	2001	2002	2003	2004
资本项目		0.00	0.00	0.00	0.00	0.00	0.00	0.00	0.00
我国在外直接投资		0.00	0.00	0.00	0.25	0.00	0.00	0.25	0.00
外国在华直接投资		1.00	1.00	1.00	1.00	1.00	1.00	1.00	1.00
股本证券	资产	0.00	0.00	0.00	0.00	0.00	0.00	0.00	0.00
(中)长期债券	资产	0.00	0.00	0.00	0.75	0.00	0.00	0.50	0.75
货币市场工具	资产	0.00	0.00	0.00	0.00	0.00	0.00	0.00	0.00
股本证券	负债	0.50	0.00	0.00	0.50	0.00	0.25	0.50	0.50
(中)长期债券	负债	0.25	0.25	0.25	0.00	0.25	0.00	0.25	0.25
货币市场工具	负债	0.00	0.00	0.00	0.00	0.00	0.00	0.00	0.00
贸易信贷	资产	0.00	0.00	0.00	0.00	0.00	0.00	0.25	0.00
贷款	资产	0.00	0.00	0.00	0.00	0.75	0.00	0.75	0.25
货币和存款	资产	0.00	0.25	0.75	0.25	0.00	0.25	0.25	0.75
其他资产	资产	0.00	0.50	0.00	0.25	0.75	0.50	1.00	1.00
贸易信贷	负债	0.00	0.00	0.75	0.75	0.00	0.25	0.25	0.75
贷款	负债	1.00	1.00	0.75	0.75	0.50	1.00	1.00	1.00
货币和存款	负债	0.00	0.00	0.00	0.00	0.00	0.25	0.50	0.50
其他负债	负债	0.75	0.75	0.50	0.50	0.50	0.00	0.50	0.50
开放度平均值		20.59%	22.06%	23.53%	29.41%	22.06%	20.59%	41.18%	42.65%

项目	2005	2006	2007	2008	2009	2010	2011	2012	2013
资本项目	0.25	0.25	0.25	0.00	0.25	0.25	0.25	0.00	0.00
我国在外直接投资	0.00	0.00	0.00	0.00	0.25	0.25	0.25	0.25	0.50
外国在华直接投资	1.00	1.00	1.00	1.00	1.00	1.00	1.00	1.00	1.00

股本证券	资产	0.00	0.00	0.00	0.25	0.25	0.25	0.25	0.25	0.25
（中）长期债券		0.25	0.25	0.75	1.00	0.75	0.25	0.25	0.25	0.25
货币市场工具		0.00	0.25	0.25	0.00	0.25	0.00	0.00	0.00	0.00
股本证券	负债	0.75	1.00	0.50	0.25	0.50	0.50	0.25	0.50	0.50
（中）长期债券		0.00	0.00	0.25	0.00	0.00	0.00	0.25	0.25	0.25
货币市场工具		0.00	0.00	0.00	0.00	0.00	0.00	0.00	0.25	0.25
贸易信贷	资产	0.00	0.00	0.00	0.50	0.00	0.00	0.00	0.00	0.00
贷款		0.25	0.75	0.50	0.50	0.75	0.25	0.25	0.25	0.50
货币和存款		0.50	0.25	0.75	1.00	0.75	0.50	0.50	0.75	0.75
其他资产		0.50	0.50	0.50	0.75	0.75	0.50	0.50	0.25	0.25
贸易信贷	负债	0.75	0.50	0.75	0.50	0.75	0.75	0.50	0.50	0.50
贷款		1.00	1.00	1.00	1.00	1.00	1.00	1.00	1.00	1.00
货币和存款		1.00	0.75	1.00	1.00	0.75	1.00	1.00	1.00	0.75
其他负债		0.25	0.50	0.25	0.00	0.25	0.00	0.25	0.25	0.25
开放度平均值		38.24%	41.18%	45.59%	45.59%	48.53%	38.24%	38.24%	39.71%	41.18%

注释：根据账户交易规模占比的数据，利用五档赋值法得到每个账户的开放测度水平。五档分为，指标值大于2%，赋权重1，表示项目已基本无管制；在[1%,2%）中，赋值0.75，表示资本管制较弱；在[0.5%,1%）中，赋值0.5，表示存在中性的资本管制措施；在[0.1%,0.5%）中，赋值0.25，表示资本管制较强，该项目开放程度较低；小于0.1%则赋值0，表示完全管制。（附录3D同注释）

附录 3C 国际收支平衡表资本账户借方交易规模占比表

项目		1997	1998	1999	2000	2001	2002	2003	2004
资本项目		0.00%	0.01%	0.00%	0.00%	0.01%	0.00%	0.00%	0.01%
我国在外直接投资		0.35%	0.34%	0.27%	0.24%	0.68%	0.25%	0.16%	0.15%
外国在华直接投资		0.13%	0.21%	0.19%	0.25%	0.25%	0.30%	0.50%	0.38%
股本证券	资产	0.00%	0.00%	0.00%	0.00%	0.00%	0.00%	0.00%	0.00%
(中)长期债券	资产	0.12%	0.47%	1.23%	0.00%	0.54%	0.29%	0.00%	0.35%
货币市场工具	资产	0.00%	0.00%	0.00%	0.00%	1.45%	0.78%	0.39%	0.62%
股本证券	负债	0.00%	0.00%	0.00%	0.00%	0.00%	0.00%	0.00%	0.00%
(中)长期债券	负债	0.17%	0.21%	0.27%	0.00%	0.10%	0.04%	0.06%	0.03%
货币市场工具	负债	0.00%	0.01%	0.01%	0.00%	0.00%	0.00%	0.00%	0.00%
贸易信贷	资产	1.94%	2.69%	2.65%	1.37%	0.00%	0.00%	0.31%	1.07%
贷款	资产	0.29%	0.20%	0.45%	1.95%	0.04%	0.51%	0.62%	1.68%
货币和存款	资产	1.95%	0.12%	0.24%	0.79%	0.34%	0.34%	0.86%	0.09%
其他资产	资产	1.01%	2.18%	1.12%	1.01%	0.86%	0.64%	4.57%	2.26%
贸易信贷	负债	0.00%	0.00%	0.00%	0.00%	0.23%	0.00%	0.08%	0.09%
贷款	负债	2.56%	3.50%	1.80%	1.54%	1.13%	4.95%	6.01%	11.6%
货币和存款	负债	0.26%	0.67%	0.46%	0.01%	0.01%	0.34%	0.64%	0.87%
其他负债	负债	0.45%	1.05%	1.31%	1.10%	0.58%	0.02%	0.59%	0.30%

项目		2005	2006	2007	2008	2009	2010	2011	2012	2013
资本项目		0.01%	0.00%	0.01%	0.01%	0.01%	0.00%	0.00%	0.00%	0.02%
我国在外直接投资		0.83%	1.19%	0.72%	1.73%	1.28%	1.48%	1.21%	1.45%	1.62%
外国在华直接投资		0.38%	0.41%	0.42%	0.38%	0.85%	0.49%	0.63%	0.51%	0.78%
股本证券	资产	0.00%	0.08%	0.64%	0.25%	1.47%	0.45%	0.19%	0.16%	0.24%

（中）长期债券	资产	1.47%	5.27%	1.55%	0.88%	0.48%	0.25%	0.16%	0.26%	0.22%
货币市场工具		0.27%	0.36%	0.09%	0.39%	0.19%	0.08%	0.01%	0.07%	0.00%
股本证券	负债	0.00%	0.00%	0.00%	0.01%	0.02%	0.07%	0.18%	0.08%	0.12%
（中）长期债券		0.04%	0.00%	0.01%	0.00%	0.05%	0.04%	0.06%	0.00%	0.06%
货币市场工具		0.00%	0.00%	0.00%	0.00%	0.00%	0.00%	0.00%	0.00%	0.00%
贸易信贷	资产	1.32%	1.34%	0.92%	0.50%	0.91%	1.40%	1.30%	1.02%	0.98%
贷款		1.16%	0.89%	1.34%	1.43%	1.13%	0.92%	0.94%	1.47%	1.03%
货币和存款		1.14%	1.01%	1.24%	2.89%	1.50%	1.99%	2.88%	3.17%	1.35%
其他资产		0.71%	0.48%	4.43%	3.08%	0.24%	0.00%	0.08%	0.21%	0.80%
贸易信贷	负债	0.00%	0.00%	0.00%	1.16%	0.15%	0.20%	0.14%	0.13%	0.00%
贷款		13.1%	20.7%	20.1%	12.9%	8.47%	11.4%	11.6%	10.9%	12.6%
货币和存款		1.83%	1.20%	2.39%	1.93%	0.93%	0.98%	2.27%	3.17%	0.67%
其他负债		0.24%	0.23%	0.11%	0.12%	0.05%	0.06%	0.14%	0.08%	0.18%

附录 3D　国际收支平衡表资本账户贷方开放水平测度表

项 目	1997	1998	1999	2000	2001	2002	2003	2004
资本项目	0.00	0.00	0.00	0.00	0.00	0.00	0.00	0.00
我国在外直接投资	0.25	0.25	0.25	0.25	0.50	0.25	0.25	0.25
外国在华直接投资	0.25	0.25	0.25	0.25	0.25	0.25	0.50	0.25

股本证券	资产	0.00	0.00	0.00	0.00	0.00	0.00	0.00	0.00
（中）长期债券		0.25	0.25	0.75	0.00	0.50	0.25	0.00	0.25
货币市场工具		0.00	0.00	0.00	0.00	0.75	0.50	0.25	0.50
股本证券	负债	0.00	0.00	0.00	0.00	0.00	0.00	0.00	0.00
（中）长期债券		0.25	0.25	0.25	0.00	0.25	0.00	0.00	0.00
货币市场工具		0.00	0.00	0.00	0.00	0.00	0.00	0.00	0.00
贸易信贷	资产	0.75	1.00	1.00	0.75	0.00	0.00	0.25	0.75
贷款		0.25	0.25	0.25	0.75	0.00	0.50	0.50	0.75
货币和存款		0.75	0.25	0.25	0.50	0.25	0.25	0.50	0.00
其他资产		0.75	1.00	0.75	0.75	0.50	0.50	1.00	1.00
贸易信贷	负债	0.00	0.00	0.00	0.00	0.25	0.00	0.00	0.00
贷款		1.00	1.00	0.75	0.75	0.75	1.00	1.00	1.00
货币和存款		0.25	0.50	0.25	0.00	0.00	0.25	0.50	0.50
其他负债		0.25	0.75	0.75	0.75	0.50	0.00	0.50	0.25
开放度平均值		29.41%	33.82%	32.35%	27.94%	26.47%	22.06%	30.88%	32.35%

项目		2005	2006	2007	2008	2009	2010	2011	2012	2013
资本项目		0.00	0.00	0.00	0.00	0.00	0.00	0.00	0.00	0.00
我国在外直接投资		0.50	0.75	0.50	0.75	0.75	0.75	0.75	0.75	0.75
外国在华直接投资		0.25	0.25	0.25	0.25	0.50	0.25	0.50	0.50	0.50
股本证券	资产	0.00	0.00	0.50	0.25	0.75	0.25	0.25	0.25	0.25
（中）长期债券		0.75	1.00	0.75	0.50	0.25	0.25	0.25	0.25	0.25
货币市场工具		0.25	0.25	0.00	0.25	0.25	0.00	0.00	0.00	0.00
股本证券	负债	0.00	0.00	0.00	0.00	0.00	0.00	0.25	0.00	0.25
（中）长期债券		0.00	0.00	0.00	0.00	0.00	0.00	0.00	0.00	0.00
货币市场工具		0.00	0.00	0.00	0.00	0.00	0.00	0.00	0.00	0.00

贸易信贷	资产	0.75	0.75	0.50	0.50	0.50	0.75	0.75	0.75	0.50
贷款		0.75	0.50	0.75	0.75	0.75	0.50	0.50	0.75	0.75
货币和存款		0.75	0.75	0.75	1.00	0.75	0.75	1.00	1.00	0.75
其他资产		0.50	0.25	1.00	1.00	0.25	0.00	0.00	0.25	0.50
贸易信贷	负债	0.00	0.00	0.00	0.75	0.25	0.25	0.25	0.25	0.00
贷款		1.00	1.00	1.00	1.00	1.00	1.00	1.00	1.00	1.00
货币和存款		0.75	0.75	1.00	0.75	0.50	0.50	1.00	1.00	0.50
其他负债		0.25	0.25	0.25	0.25	0.00	0.00	0.25	0.00	0.25
开放度平均值		38.24%	38.24%	42.65%	47.06%	38.24%	30.88%	39.71%	39.71%	36.76%

附录 9A　TVP-VAR 模型滞后阶数的选择

	LR	FPE	AIC	SC	HQ
模型 1：$Y_t=(E,I,S)_t$					
0	NA	4.71e-12	-17.5667	17.5188	-17.5473
1	84.2746	3.41e-12	-17.8901	-17.6988*	-17.8127
2	43.6786	3.00e-12	-18.0195	-17.6848	-17.8842*
3	12.2884	3.07e-12	-17.9952	-17.5171	-17.8020
4	14.3502	3.11e-12	-17.9824	-17.3607	-17.7311
5	30.5892*	2.90e-12*	-18.0543*	-17.2893	-17.7450
6	7.3507	3.04e-12	-18.0071	-17.0986	-17.6398
模型 2：$Y_t=(E,I,S,C)_t$					
0	NA	5.91e-17	-26.0164	-25.9527	-25.9906
1	123.6464	3.76e-17	-26.4672	-26.0924	-26.3383
2	70.6343	3.08e-17	-26.6662	-26.1484*	-26.4343*
3	37.7237	2.97e-17	-26.7053	-25.8765	-26.3703
4	34,6509	2.89e-17	-26.7325	-25.6487	-26.2943
5	38.6139*	2.75e-17*	-26.7844*	-25.4456	-26.2432

6	26.1229	2.78e−17	−26.7732	−25.1794	−26.1289
模型 3：$Y_t=(E,I,S,JQ)_t$					
0	NA	2.72e−17	−26.7914	−26.7276	−26.7656
1	157.7439	1.47e−17	−27.4085	−26.9572	−27.2796
2	55.2445	1.30e−17	−27.5310	−27.0897*	−27.2990*
3	40.0006	1.24e−17	−27.5816	−26.7528	−27.2466
4	39.7457	1.17e−17	−27.6352	−26.5514	−27.1970
5	32.5558	1.15e−17	−27.6551	−26.3162	−27.1138
6	29.8725*	1.14e−17*	−27.6641*	−26.0703	−27.0198

注：LR: sequential modified LR test statistic（each test at 5% level）; FPE: Final Prediction Error; AIC: Akaike Information Criterion; SC: Schwarz Information Criterion; HQ: Hanan–Quinn Information Criterion.

后　记

自 2011 年起，本人一直在研究资本账户开放问题。为了促使教学相长，使博士生早日成才，让两个博士生胡逸闻、余博参与到本课题的研究中来。在师生共同努力下，历经 8 年的刻苦钻研，本书即将付梓出版。总的来说，对本问题研究的成果比较丰硕，在国外以及国内核心刊物上发表了 10 篇论文，加上即将出版的这本专著。所以，正应了这句话“一分耕耘、一分收获”。

尤其可喜的是，上述所刊发的多篇论文得到了学术界的嘉评、获得了很好的社会反响。论文《人民币资本账户开放的改革顺序研究——基于 TVP-VAR 模型的期限结构分析》（本书的第九章，发表在核心期刊《世界经济研究》2015 年第四期），旋即被中国人民大学国际货币研究所《国际货币评论》2015 年第 8 期总第 34 期收录，该刊评价本书“在国内人民币国际化研究领域具有领先学术水平”。论文《汇率市场化改革、外汇市场干预与人民币汇率波动——基于 SV-TVP-VAR 模型的动态分析》获“金融创新与风险管理国际论坛暨第十七届（2018 年）中国金融工程学年会”（2018 年 8 月）优秀论文。论文《资本账户开放会加剧系统性金融风险吗？》（本书的第八章）获“第三届（2018 年）上海国际金融中心建设年度论坛——金融开放、金融创新与金融安全”（2018 年 10 月）优秀论文。论文《汇率波动与制造业国际竞争力关系研究——基于主成分分析方法和国别面板 VAR 模型》获“第八届全国区域金融论坛”优秀论文（2018 年 5 月）。上述一系列成果的取得也得到了很好的社会反响。本书于 2018 年 12 月 23 日荣幸入选光明日报出版社 2019 年《博士生导师学术文库》，值此，本人深表感谢！此外，本书的出版还得到了厦门大学经济学院金融系的出版资助，再次，深表谢意！

远在闽西已是耄耋之年的父母对我“与寒窗孤灯相伴、与古圣先贤为友、与真理为友”的人生境界和人生理念予以极大理解、同情和高度的赞赏，正是他们的鼓励和支持才使我向着真理的顶峰不断迈进，也正是他们所秉承的客家祖训对儿女的教育熏陶才使我树立起“弘扬天道给万方著经立典、润济众生为百姓谋利造福”的天职与使命。因此，为儿只有更加勤勉地工作，尽心力奉献于国家和人民，才能报答父母的养育之恩。

做学问的目的正如司马迁所说“究天人之际，通古今之变”。换言之，就是探求天道、人道，以求天人合一、人与自然和谐；考察古今的变迁，从中得到借鉴，使社会不断进步。这些感悟在我 2018 年写的一首《七律》诗以及填的词《清平乐》中有所反映。兹将该诗词奉献给诸位，以酬谢给本书予以鼎力支持的亲人、师友！

七律·鹭岛中秋前夜下雨不能赏月有感

（2018 年 9 月 23 日中秋作于厦门）

今年中秋的前夜，下了一晚上的雨；今晚不能赏月，颇觉有憾。只好独自在书房看书，看了古圣先贤的人生观之后，顿觉豁然开朗，风霜雨雪、阴晴圆缺，此乃自然规律。遇风和日丽之时应当舒展奔放，遇阴晦天气之时应当凝神静气，与天地相俯仰；如是，则胸中自然洋溢祥和之气。

中秋前夜雨淋淋，欲醉花阴罢此心。
月朗天清须痛饮，风狂云怒且低吟。
轻翻经典观贤哲，遍阅华章考古今。
若与乾坤相俯仰，氤氲和气满胸襟。

清平乐·福建师大 84 级地理系毕业三十周年

（2018 年 7 月 9 日作于厦门大学经济学院）

今年是福建师大 84 级地理系毕业三十周年。三十四年前，八闽学子肩挑行囊，齐聚长安山下，研读堪舆术数、切磋古今地理，仰观风云气象、俯察江海波浪。最令人开心之事是野外考察，武夷山、桃源洞、琅岐岛、鹭岛等景观都留下了大家的足迹。想起来，犹如发生在昨天。自然奇观让人难以释怀，然而“自然之道”尤须探寻。道德经云“人法地、地法天、天法道、道法自然”。人类若能求得并遵循“自然之道”，概天下无忧矣！

勤学不辍，拟把书读破。
忆起激情仍似火，眨眼卅年已过。
九曲溪上伐舟，桃源洞里寻幽。
探觅自然之道，欲求天下无忧。

戴淑庚 博士、博士后
厦门大学经济学院金融系教授、博士生导师，金融系国际金融教研室主任
本书成稿于2018年12月31日